WIENER GEOGRAPHISCHE SCHRIFTEN

Herausgegeben von Klaus ARNOLD
Österreichische Gesellschaft für Wirtschaftsraumforschung (ÖGW)
Abteilung Praxisorientierte Wirtschaftsgeographie und räumliche Integrationsforschung
Wirtschaftsuniversität Wien

Band 65

D1666362

Räumliche versus nichträumliche Strukturmerkmale als Einflußgrößen des Versorgungsverhaltens

Eine vergleichende quantitative Analyse der Grundbedarfsdeckung im ländlichen Raum

Albert Hofmayer

Wien 1997

SERVICE FACHVERLAG

Der Druck dieser Schriftenreihe wird dankenswerterweise
gefördert durch
das Bundesministerium für Wissenschaft und Forschung in Wien
und die Österreichische Gesellschaft für Wirtschaftsraumforschung
an der Wirtschaftsuniversität Wien.

ISBN 3-85428-364-4

Druck: Servicebetriebe der ÖH an der Wirtschaftsuniversität Wien
Printed in Austria 1997

Vorwort des Herausgebers

Der vorliegende Band der „Wiener Geographische Schriften" wurde zur Gänze von Herrn Albert Hofmayer gestaltet. Er hat sich jahrelang mit der Thematik des Versorgungsverhaltens im ländlichen Raum beschäftigt; ein wesentlicher Teil seiner Recherchen und Ergebnisse wird in diesem Band vorgelegt. Als Herausgeber habe ich ihm dazu gerne die Möglichkeit geboten, wird doch mit dieser Schrift erstmals in dieser Reihe eine nunmehr bereits zehnjährige Forschungstradition publizistisch festgehalten, die zu einer in dieser Dichte in Österreich wohl einmaligen Sammlung von wissenschaftlichen Arbeiten über das Einkaufsverhalten von Bevölkerungsgruppen führte. Ein Verzeichnis der bereits abgeschlossenen Einzelarbeiten findet sich als bibliographischer Anhang am Ende dieses Bandes.

1988 wurde unter meiner Leitung die **Kaufkraftstromanalyse Niederösterreich** durchgeführt, bei der 8.000 Haushalte in ganz Niederösterreich über ihre Einkaufsgewohnheiten und Einkaufsziele befragt wurden. An dieser Untersuchung hat auch der Autor der vorliegenden Studie bereits mitgewirkt. In Zusammenhang damit wurden auch für jeden der niederösterreichischen Bezirke kurzgefaßte **Regionalstudien** verfaßt, welche die wichtigsten bezirksweisen Ergebnisse festhielten. Zudem entstanden aus der intensiven Befassung mit diesem Thema rund 20 Diplomarbeiten und Dissertationen, die sich mit der Vor-Ort-Problematik des Einkaufsgeschehens befassen. Dazu zählen, um nur einige zu nennen, die Diplomarbeiten von Leonore Jannach über den Raum Mödling und von Thomas Kinhirt über die Bucklige Welt bzw. die Dissertation von Klaus Lehner über Wiener Neustadt.

1990/91 arbeitete ich in einer Arbeitsgemeinschaft an der Erstellung einer **Kaufkraftstromanalyse für Wien** mit, bei der rund 5.000 Haushalte befragt wurden. Auch in diesem Fall entstanden aus der Beschäftigung mit diesem Thema rund 15 Diplomarbeiten, die sich mit dem Einkaufsverhalten in einzelnen Wiener Gemeindebezirken befaßten, so etwa von Stefan Eder über das Einkaufen in Währing. Daneben wurden auch einige spezielle Fragestellungen untersucht, etwa das spezifische **Einkaufsverhalten von Pensionisten** von Gerhard Scharinger im 21. Bezirk oder von Roland Schachl im 18. und 19. Wiener Gemeindebezirk.

Zur gleichen Zeit wurde die Thematik immer mehr ausgeweitet und insbesondere auch auf den Einkaufstourismus und die grenzüberschreitenden Einkaufsaktivitäten ausgedehnt. Es entstanden zahlreiche Arbeiten über das **Einkaufsverhalten ausländischer Touristen** in Wien und Salzburg, insbesondere jenes der Nordamerikaner, Japaner bzw. Ost- und Südostasiaten und der GUS-Gäste. Diese Studien dienten dazu, nicht nur das touristische Freizeitverhalten in den beiden Städten zu untersuchen, sondern insbesondere auch das Ausgabeverhalten und damit die von auswärtigen Gästen geleisteten ökonomischen Effekte und ihre regionale und branchenmäßige Verteilung zu analysieren. Philipp Kaplan, Robert Neuberger und Sylvia Kögler arbeiteten etwa über das Einkaufsverhalten japanischer, nordamerikanischer und GUS-Touristen in Wien, Evelyn Hörl über das Einkaufsverhalten japanischer Touristen in Salzburg.

Seit dem Wegfall des Eisernen Vorhangs 1989 hat sich zudem an den Schnittstellen Ostösterreichs zu den osteuropäischen Nachbarstaaten, insbesondere zu Tschechien, der Slowakei und Ungarn ein reger **Einkaufstourismus** entwickelt, der zunächst auch eine sehr starke Einkaufskomponente in Richtung Österreich aufwies. Untersuchungen wie jene über den Einkaufstourismus der Ungarn (Gyöngyver Daróczi 1991) bzw. der Tschechen in Österreich (Roland Rittenau 1992) stellten erstmals den Umfang, die besonderen Einkaufsrituale und die Branchenbezogenheiten dieses Verhaltensaspektes dar. Sie wurden durch Untersuchungen ergänzt, die an den Grenzübergängen durchgeführt wurden und damit die Möglichkeit boten, auch den grenzüberschreitenden Einkaufstourismus der Österreicher zu erfassen. Zu diesen Studien gehören jene von Albert Pribyl (1989), aber auch die großangelegte Studie über die Einkaufsgewohnheiten der Österreicher in Ungarn und der Ungarn in Österreich von Victoria Sari und Katalin Gerber (1996).

Mitte 1996 wurde unter meiner Leitung eine neue „Task Force" von ca. 15 DiplomandInnen gebildet, welche sich mit der wissenschaftlichen **Analyse des Einkaufsverhaltens der niederösterreichischen Bevölkerung im Jahre 1997** befaßt. Erstmals ist es damit methodisch möglich, derartige Massenuntersuchungen nicht nur als Querschnittsanalyse durchzuführen, sondern auch eine nunmehr fast zehnjährige Entwicklung trendmäßig zu verfolgen. Die Arbeiten, die noch 1997 in einer Studie publiziert werden, decken die wichtigsten Teilgebiete Niederösterreichs ab.

Ergänzend wurde in meinem Projektseminar im Wintersemester 1996/97 eine umfangreiche Befragung zum **Einkaufsverhalten im Ausland** durchgeführt. Mit insgesamt fast 3.000 Probanden wurden einige der wichtigsten Aspekte des Einkaufs- und Ausgabenverhaltens der niederösterreichischen, Wiener und kärntnerischen Bevölkerung in allen an Österreich angrenzenden Staaten untersucht. Flankierend wurden auch hier Befragungen an Grenzübertrittsstellen nach Tschechien, Ungarn, Italien und Slowenien durchgeführt.

Eine weitere Gruppe von Untersuchungen erfaßt die Einzugsgebiete und die Auswirkungen von **Einkaufszentren und Verbrauchermärkten.** Derartige Studien sind jene von Walter Kohlmayer über das Einkaufszentrum in Liezen, Steiermark, oder die Untersuchung von Bernhard Pulferer über die Auswirkungen von zwei Verbrauchermärkten im Osten Niederösterreichs.

Ein Teil dieser Studien befaßt sich mit der **Konkurrenz-Problematik** von traditionellen Einkaufsstraßen und randlichen Einkaufszentren, so die soeben abgeschlossene Arbeit von Georg Priessner über Krems an der Donau.

Andere Studien erfassen die Bedeutung der Nahversorgung und untersuchen, wie Konsumenten auf entstehende Lücken im Nahversorgungssystem reagieren. Dazu gehört die Diplomarbeit von Stephan Schreiber über die **Nahversorgung** im Burgenland, aber auch Branchenstudien, wie etwa jene über das **Konsumverhalten von Kunden an Tankstellen** von Jutta Gumpold.

Insgesamt ergibt sich aus dieser Vielzahl von Untersuchungen ein breitgefächertes Material, dessen wichtigste Ergebnisse im folgenden Band 66 unserer „Wiener Geographische Schriften" einem an praxisnahen wissenschaftlichen Untersuchungen interessierten Publikum zur Verfügung gestellt werden sollen.

Herr Hofmayer leitet mit seiner umfassenden Studie diese Veröffentlichungsreihe in mehrfacher Hinsicht ein. Zunächst durch die breite Erörterung des bisherigen methodischen Instrumentariums und der wissenschaftlichen Arbeiten, die zu diesem Themenbereich verfaßt wurden. Dann aber auch durch seine grundlegenden arbeitsmethodischen Untersuchungen über zwei unterschiedliche Erhebungsverfahren, die Tagebuch-Methode und die Interview-Methode. Letztlich lassen sich auch aus den gewählten Fallstudien, in denen einige der vielfältigen Ergebnisse ausgearbeitet wurden, interessante Schlußfolgerungen ziehen. Spricht dieser Band also in erster Linie den Wissenschafter an, so sollen in den nächsten Jahren in mehreren Bänden, die diesem Themenbereich gewidmet werden, vermehrt die empirischen Ergebnisse zu Wort kommen.

Klaus Arnold

Räumliche versus nichträumliche Strukturmerkmale als Einflußgrößen des Versorgungsverhaltens
Eine vergleichende quantitative Analyse der Grundbedarfsdeckung im ländlichen Raum

Inhalt

1. Einleitung
1.1. Fragestellung und Zielsetzung der Arbeit 1
1.2. Auswahl der zu untersuchenden Verhaltensdimensionen 6
1.3. Bemerkungen zum Erklärungshorizont und zum methodologischen Aufbau der Untersuchung 10

2. Einflußgrößen der gewählten Aspekte des Versorgungsverhaltens, Literaturüberblick
2.1. Überblick über die untersuchten Literaturbereiche 14
2.2. Einflußgrößen der Einkaufshäufigkeit 17
2.3. Einflußgrößen der personellen Beteiligung von Haushaltsmitgliedern an der Grundbedarfsdeckung 25
2.4. Einflußgrößen der Verkehrsmittelnutzung bei der Grundbedarfsdeckung 25
2.5. Einflußgrößen des Kopplungsverhaltens bei der Grundbedarfsdeckung 27
2.6. Einflußgrößen der Wegstrecken und Wegezeiten bei der Grundbedarfsdeckung . 28
2.7. Literaturaussagen über Grundbedarfsdeckung außerhalb von Geschäften 29
2.8. Überblick über die Methoden vergleichbarer Untersuchungen 30

3. Operationalisierung des Untersuchungsgegenstands
3.1. Operationalisierung der Verhaltensdimensionen 34
   3.1.1. Festlegung der zu beobachtenden Verhaltensobjekte 34
   3.1.2. Operationalisierung der geschäftebezogenen Verhaltensaspekte 37
   3.1.3. Quellen und Kanäle der Nahrungsmittelversorgung im ländlichen Raum 39
3.2. Empirische Modelle des Versorgungsverhaltens 42
   3.2.1. Allgemeines Einflußmodell der Grundbedarfsdeckung 42
   3.2.2. Empirisches Modell der Einkaufshäufigkeit 45
   3.2.3. Empirische Modelle der personellen Beteiligung an der Grundbedarfsdeckung 46
   3.2.4. Empirische Modelle der Verkehrsmittelnutzung 48
   3.2.5. Empirische Modelle des Kopplungsverhaltens bei der Grundbedarfsdeckung 49
   3.2.6. Empirisches Modell für den Alternativanteil der Grundbedarfsdeckung 51
3.3. Operationalisierung der Einflußgrößen der Haushaltsstruktur 52
3.4. Operationalisierung der Einflußgrößen der Raumstruktur 55
   3.4.1. Festlegung der räumlichen Basiseinheit 55
   3.4.2. Operationalisierung der Angebotsmerkmale der Wohnplätze 58
   3.4.3. Operationalisierung der Distanz- und Erreichbarkeitsmerkmale 63
   3.4.4. Operationalisierung der übrigen Raumstrukturmerkmale 66

4. Design der empirischen Erhebungen
4.1. Gewinnung der Verhaltensdaten und der Personen- und Haushaltsmerkmale 68

4.1.1. Festlegung der Methodik der Haushaltsbefragung 69
4.1.2. Gestaltung der Erhebungsinstrumente 73
4.2. Anlage der Stichprobe und Auswahl der Untersuchungsgebiete 75
4.2.1. Auswahlverfahren für die Erhebungshaushalte 75
4.2.2. Auswahl der Untersuchungsgebiete 78
4.3. Gewinnung der wohnplatzbezogenen Daten 80
4.3.1. Datenbank des Grundbedarfsangebots 80
4.3.2. Sonstige wohnplatzspezifische Daten 81
4.4. Datenintegration und Datenaufarbeitung 82

5. Charakterisierung der Untersuchungsgebiete
5.1. Überblick über die Siedlungs-, Bevölkerungs-, Wirtschafts- und Erreichbarkeitsstruktur der Untersuchungsgebiete 84
5.2. Die Untersuchungsgebiete im einzelnen... 87
5.2.1. Untersuchungsbereich Neunkirchen 87
5.2.2. Untersuchungsbereich Zwettl 90
5.2.3. Untersuchungsbereich Waidhofen an der Thaya 91
5.2.4. Untersuchungsbereich Amstetten 93
5.2.5. Die Untersuchungsgemeinden im Umland von Wien 94
5.2.6. Die Untersuchungsgemeinde im Voralpengebiet 95
5.2.7.. Die Untersuchungsgemeinden im Weinviertel 96
5.3. Zusammenfassung: Die Grundbedarfsangebotsverhältnisse im Vergleich............ 98

6. Prüfung der Datenqualität und deskriptive Ergebnisse
6.1. Datenaufarbeitung und -kontrolle, Repräsentativität der Stichprobe....................101
6.1.1. Datenaufarbeitung und Datenkontrolle 101
6.1.2. Repräsentativität der Stichprobe 105
6.1.3. Verteilung der weiteren Erklärungsvariablen in der Stichprobe 109
6.2. Deskriptive Ergebnisse I: Verteilungsmuster der Verhaltensvariablen 112
6.2.1. Ergebnisse für die einzelnen Verhaltensdimensionen 113
6.2.2. Überprüfung des Einflusses variierender Erhebungsumstände 122
6.3. Vorläufige Beantwortung der Hauptfrage im bivariaten Erklärungsrahmen 130
6.3.1. Inspektion der Korrelationsmatrizen der einzelnen Verhaltensdimensionen 130
6.3.2. Bivariate Ermittlung des Erklärungsbeitrags der Haushalts- und Raumvariablen zum
Versorgungsverhalten 131

7. Multivariate Analysen der Grundbedarfsdeckung
7.1. Spezifizierung der regressionsanalytischen Verfahren für die vorliegende
Fragestellung 136
7.1.1. Anwendungskontexte und Voraussetzungen der multiplen Regressionsanalyse 136
7.1.2. Verfahren der durchgeführten Regressionsrechnungen 138
7.1.3. Prüfung der Daten auf Linearität der Zusammenhänge 141
7.2. Ergebnisse der Analysen für die einzelnen Verhaltensdimensionen 144
7.2.1. Einflußgrößen der Einkaufshäufigkeit 144
7.2.2. Einflußgrößen der personellen Einkaufsbeteiligung 152
7.2.3. Einflußgrößen der Verkehrsmittelnutzung 157
7.2.4. Einflußgrößen der Kopplung beim Grundbedarfseinkauf 162
7.2.5. Einflußgrößen der Inanspruchnahme alternativer Bezugsquellen 169
7.3. Ausgewählte Ergebnisse für Teilgebiete der Untersuchung 173
7.3.1. Vergleichende Einflußanalyse der Einkaufshäufigkeit nach Teilgebieten 174
7.3.2. Regionale Modelle zur Schätzung der Einkaufshäufigkeit der Bevölkerung 177
7.3.3. Zusammenfassung: Einkaufshäufigkeit nach Teilgebieten 179

8. *Zusammenfassung der Untersuchung*
8.1. Fragestellung und Untersuchungsansatz 180
8.2. Ergebnisse der Literaturanalysen / Untersuchungshypothesen 181
8.3. Methodische Ergebnisse 184
    8.3.1. Vorgenommene Operationalisierungen 184
    8.3.2. Erhebungsmethodische Ergebnisse 185
    8.3.3. Angewandte regressionsanalytische Verfahren 188
8.4. Hauptergebnisse der Untersuchung 189
    8.4.1. Ausgewählte deskriptive Ergebnisse 189
    8.4.2. „Haushalt oder Raum?" – Antworten auf die erste Hauptfrage der Untersuchung 191
    8.4.3. Welche Einzelmerkmale der Haushalts- und Raumstruktur beeinflussen die Grundbedarfsdeckung? – Antworten auf die zweite Hauptfrage 194
8.5. Resümee und Ausblick 202
8.6. *Summary* 204

Literatur- und Quellenverzeichnis 206
    Zitierte Literatur 206
    Kartographische Quellen 216
    Statistische Quellen 217
    Bibliographischer Anhang: Von K. Arnold betreute Diplomarbeiten und Dissertationen über Einkaufsverhalten und verwandte Themen 218

Anhang: Tabellen, Karten und Erhebungsmaterialien 222

Verzeichnis der Abbildungen (inkl. Schemata und Karten) im Text

Abb. 1-1 Demographisch-sozioökonomische und räumlich-distanzielle Merkmale als Einflußgrößen der Bedarfsdeckung 5

Abb. 1-2 Die gewählten Untersuchungsdimensionen des Versorgungsverhaltens 10

Abb. 3-1 Schema möglicher Nahrungsmittelbezugsarten nach Anbieterart und Vertriebsform 41

Abb. 3-2 Ein Modell möglicher Einflußgrößen der Grundbedarfsdeckung – alle ausgewählten Verhaltensaspekte 43

Karte 3-1 Abgrenzung der Wohnplätze, Untersuchungsgebiet Neunkirchen 57

Abb. 4-1 Ablaufschema der Datengewinnung und Datenintegration 83

Karte 5-1 Erreichbarkeit eines Bäckergeschäfts – wohnplatzspezifische Wege zeiten, Untersuchungsbereich Neunkirchen 89

Abb. 6-1 Beispiele der kreierten Dateneingabemasken 103

Abb. 6-2 Haushaltsgrößen-Repräsentativität der befragten Haushalte 106

Abb. 6-3 Altersstruktur-Repräsentativität der befragten Haushalte 107

Abb. 6-4 Repräsentativität der Stichprobe nach Siedlungsgröße 108

Abb. 6-5 Lebensmittellagermöglichkeiten der Haushalte 110

Abb. 6-6 Einkäufe in Grundbedarfsgeschäften pro Haushalt und Woche, nach Teilgebieten 114

Abb. 6-7 Haupteinkäufer des Haushalts / Einkäufe-Anteil der Hausfrau 116

Abb. 6-8 Verkehrsmittelnutzung zum Grundbedarfseinkauf, nach Pkw-Besitz 117

Abb. 6-9 Anteil gekoppelter Grundbedarfseinkäufe, drei verschiedene Aspekte 118

Abb. 6-10 Häufigkeit von Grundbedarfsbezügen aus alternativen Quellen 120

Abb. 6-11 Alternative Bezugsakte in % aller Grundbedarfsbeschaffungen 121

Abb. 6-12 Bivariate Zusammenhänge der Einkaufshäufigkeit mit Haushaltsgröße und mit Wohnstandort 132

Abb. 6-13 Bivariate Zusammenhänge der Verkehrsmittelnutzung mit Haushalts größe und mit Wohnstandort 134

Abb. 7-1 Regressions-"Teilmodelle" für den Vergleich des Einflusses von Haushalts- und Wohnstandortsmerkmalen 139

Abb. 7-2 Linearitätsprüfung Einkaufshäufigkeit × ausgewählte Erklärungs variablen 143

Abb. 7-3 Empirisch verifiziertes Modell der Einkaufshäufigkeit I, Grundbedarfseinkäufe des Haushalts 148

Abb. 7-4 Empirisch verifiziertes Modell der Einkaufshäufigkeit II, Grundbedarfseinkäufe der Haushaltsmitglieder 149

Abb. 7-5 Empirisch verifiziertes Modell der personellen Beteiligung I, Anteil der Grundbedarfseinkäufe der Hausfrau allein 154

Abb. 7-6 Empirisch verifiziertes Modell der personellen Beteiligung II, Anteil der Grundbedarfseinkäufe mehrerer Haushaltsmitglieder gemeinsam 155

Abb. 7-7   Empirisch verifiziertes Modell der Verkehrsmittelnutzung I,
Anteil der mit Pkw getätigten Grundbedarfseinkäufe 160

Abb. 7-8   Empirisch verifiziertes Modell der Verkehrsmittelnutzung II,
Anteil der zu Fuß oder mit Fahrrad getätigten Grundbedarfseinkäufe 161

Abb. 7-9   Empirisch verifiziertes Modell der Kopplungsaspekte I, Anteil
der Grundbedarfseinkäufe im Zuge von Mehrstationsausgängen 164

Abb. 7-10 Empirisch verifiziertes Modell der Kopplungsaspekte II, Anteil
der Grundbedarfseinkäufe im Zuge von Mehrgeschäfteausgängen 165

Abb. 7-11 Empirisch verifiziertes Modell der Kopplungsaspekte III, Anteil
der Grundbedarfseinkäufe mit Arbeitswegekopplung 168

Abb. 7-12 Empirisch verifiziertes Modell „alternativer" Grundbedarfsbezüge I,
Anteil an den Haushaltsbeschaffungen 171

Abb. 7-13 Empirisch verifiziertes Modell „alternativer" Grundbedarfsbezüge II,
Anteil an den Beschaffungen der Haushaltsmitglieder 172

Verzeichnis der Tabellen im Text

Tab. 2-1   Determinanten der Einkaufshäufigkeit in den ausgewählten Modellen
des Einkaufsverhaltens 18

Tab. 2-2   Einflußgrößen der Lebensmittel-Einkaufshäufigkeit im empirischen
Modell von J. R. Blaylock 21

Tab. 2-3   Einflußgrößen des Einkaufsverkehrsverhaltens, Zusammenschau
empirischer Arbeiten 23

Tab. 2-4   „Stadt-Land"-Vergleich des Kopplungsverhaltens in der BRD laut
KONTIV-Erhebungen 28

Tab. 3-1   Empirisch testbares Modell der Häufigkeit von Grundbedarfseinkäufen .. 46

Tab. 3-2   Empirisch testbares Modell des Anteils der von der Hausfrau allein
getätigten Grundbedarfseinkäufe 47

Tab. 3-3   Empirisch testbares Modell des Anteils der mit Pkw getätigten
Grundbedarfseinkäufe 48

Tab. 3-4   Empirisch testbare Modelle des Anteils der Grundbedarfseinkäufe
im Zuge von Mehrstationenausgängen und von Mehrfach-Einkäufen 49

Tab. 3-5   Empirisch testbares Modell des Anteils der Grundbedarfseinkäufe
auf Arbeits- und Dienstwegen 50

Tab. 3-6   Empirisch testbares Modell des Anteils alternativer
Grundbedarfsbezüge 51

Tab. 3-7   Ableitung der einkaufsfunktionellen Wertigkeit der
Grundbedarfsgeschäftstypen im Untersuchungsgebiet 60

Tab. 3-8   Schema möglicher Zusammensetzungen des „ausreichenden
Grundbedarfsangebots" 61

Tab. 3-9   Ausprägungen der Grundbedarfsangebotsqualität des Wohnplatzes 62

Tab. 3-10 Systematik der Erreichbarkeitsbegriffe und -maßzahlen nach L. Bach 63

Tab. 3-11 Ausprägungen der grundbedarfsbezogenen Lagequalität 66

Tab. 4-1   Gegenüberstellung der zwei Erhebungsmethoden 72

Tab. 4-2   Verteilung der Interviews auf Siedlungsgrößen und Distanzzonen,
Untersuchungsgebiet Waidhofen a.d. Thaya 77

Tab. 4-3   Zuordnung der Untersuchungsgebiete zu den Siedlungsstrukturzonen
Niederösterreichs 79

Tab. 5-1   Siedlungs-, Bevölkerungs- und Wirtschaftsstruktur der Untersuchungs-
gebiete 85

Tab. 5-2   Erreichbarkeitsverhältnisse der Untersuchungsbereiche 86

Tab. 5-3   Grundbedarfsangebot in den Befragungsgebieten, nach Wohnplätzen 98

Tab. 5-4   Grundbedarfsspezifische Lagequalität der befragten Wohnplätze 99

Tab. 6-1   Größe der auswertbaren Stichprobe, nach Teilgebieten 102

Tab. 6-2   Daten zur Haushaltsstruktur der Stichprobe, nach Teilmassen 109

Tab. 6-3   Korrelationsmatrix der metrischen Haushaltsvariablen 111

Tab. 6-4   Einfluß situativer Erhebungsmerkmale auf die Verhaltensdaten 124

Tab. 6-5   Einfluß des Interviewergeschlechts auf die Verhaltensdaten 126

Tab. 6-6   Einflüsse des Erhebungszeitpunkts auf die Verhaltensdaten 128

Tab. 6-7   Verteilung der Befragungen und der genannten Einkäufe auf
Wochentage 129

Tab. 6-8   Test auf Mittelwertdifferenz der Einkaufshäufigkeit, Variablen
Haushaltsgröße und Lagequalität 132

Tab. 7-1   Ergebnisse der vergleichenden Einflußanalyse, Dimension
Einkaufshäufigkeit 145

Tab. 7-2   Ergebnisse der vergleichenden Einflußanalyse, Dimension
personelle Beteiligung am Einkaufen 152

Tab. 7-3   Ergebnisse der vergleichenden Einflußanalyse, Dimension
Verkehrsmittelnutzung 158

Tab. 7-4   Ergebnisse der vergleichenden Einflußanalyse, Dimension
Kopplungsverhalten 163

Tab. 7-5   Ergebnisse der vergleichenden Einflußanalyse, Anteil alternativer
Bezugsakte 170

Tab. 7-6   Vergleichende Einflußanalyse für die Bereiche Neunkirchen
und Zwettl: Häufigkeit von Haushaltseinkäufen 174

Tab. 7-7   Vergleichende Einflußanalyse für die Bereiche Waidhofen und Amstetten: Häufigkeit von Grundbedarfseinkäufen der Haushaltsmitglieder 176

Tab. 7-8   Empirische Mittelwerte und Schätzwerte der Einkaufshäufigkeit
nach Teilbereichen 178

Tab. 8-1   Vergleich der zwei Erhebungsmethoden hinsichtlich ihrer Eignung zur
Erfassung des Versorgungsverhaltens – Ergebnis der Parallelstrategie ... 186

Tab. 8-2   Überblick über die Hauptergebnisse der Untersuchung I –
Vergleichende Einflußanalyse von Haushalts- und Raummerkmalen 192

Tab. 8-3   Überblick über die Hauptergebnisse der Untersuchung II –
Einzelne Einflußvariablen der Grundbedarfsdeckung 196

1. EINLEITUNG

Das Einleitungskapitel enthält folgende Abschnitte:
– Darlegung der Hauptfragestellung und ihrer Bedeutung, Festlegung des Charakters der heranzuziehenden räumlichen und nichträumlichen Einflußmerkmale, Aufstellung eines problemadäquaten Modells der Grundbedarfsdeckung (1.1.);
– Auswahl der zu untersuchenden Verhaltensdimensionen, wobei die Unterschiede zu bisherigen geographischen Studien des Versorgungsverhaltens verdeutlicht werden (1.2.);
– Methodologische Bemerkungen zum Erklärungshorizont und zum Aufbau der Arbeit (1.3).

1.1. Fragestellung und Zielsetzung der Arbeit

In den Untersuchungen des Versorgungsverhaltens von seiten der Wirtschafts- und Sozialgeographie standen bisher zwei Arten von Fragestellungen im Vordergrund: „Welche Ziele – Orte oder Geschäfte – werden beim Einkauf gewählt?" (A), und „Welche Einzugs- bzw. Marktgebiete bilden sich für verschiedene Versorgungsbetriebe oder für verschiedene Versorgungs- bzw. Bedarfsstufen heraus?" (B).

Eine Gemeinsamkeit aller dieser Untersuchungen ist ihr vorrangiges Interesse an den **Zielorten** der räumlichen Interaktion, seien diese nun einzelne Geschäfte oder Versorgungsstandorte oder größere Standorträume. Das primäre Erkenntnisobjekt sind in Untersuchungen des Typs A die von den Haushalten aufgesuchten Zielorte selbst sowie die Gründe der Wahl bestimmter Zielorte ('destination choice') – letzteres erst in der neueren Forschung –, und in Arbeiten des Typs B die Versorgungs- oder Marktgebiete, die von diesen Interaktionszielen „aufgespannt" werden – um einen von Hans BOBEK verwendeten Ausdruck zu gebrauchen.

Nun wurden gerade bezüglich der Wahl von Zielen (Einkaufs- oder anderen Funktionsstätten) im Raum in jüngster Zeit Forschungsarbeiten vorgelegt, die zeigen, daß im realisierten Einkaufsverhalten des Konsumenten sowohl die Relationen zwischen den gesuchten Gütern (Substitutions- und Komplementärbeziehungen) als auch die Qualitäts-, Preis- und Distanzrelationen zwischen Geschäften und Geschäftsagglomerationen zu berücksichtigen sind; vgl. u. a. Lucia LO (1991, 1992) und Gunther MAIER (1993, 1995). Die Zielwahl erweist sich somit immer mehr als ein äußerst komplexer Vorgang, der eine sehr eingehende Beschäftigung erfordert.

Die vorliegende Arbeit geht von der Auffassung aus, daß es auch abgesehen von der Zielwahl Aspekte des Versorgungsverhaltens gibt, die zu bearbeiten durchaus in das Forschungsfeld der Geographie fällt. Solche Verhaltensaspekte sind: Wahl des Einkaufszeitpunkts und der Einkaufshäufigkeit, Wahl der Art von Bezugsquellen (Geschäfte oder andere), personelle Beteiligung an der Güterversorgung, Verkehrsmittelwahl und Kopplungsaspekte.

Der hier vorgestellte Ansatz unterscheidet sich von den meisten bisherigen Arbeiten zunächst einmal dadurch, daß nicht die Zielorte (Geschäfte oder Orte) oder die Determinanten ihrer Wahl untersucht werden, sondern der Einfluß des Wohnortes auf das Versorgungsverhalten. Im Mittelpunkt des vorliegenden Ansatzes stehen also die **Quellorte** des Versorgungsverhaltens, die sich ja in vielerlei Hinsicht unterscheiden: Siedlungsgröße, Geschäftsausstattung, Erreichbarkeits- und Lageverhältnisse etc. Es soll untersucht werden, wie groß der Einfluß dieser Raummerkmale des Wohnstandorts auf das Versorgungsverhalten ist. Bei den untersuchten Aspekten des Versorgungsverhaltens ergibt sich aus dem wohnortbezogenen Ansatz ein weiterer Unterschied zur bisherigen Forschung, wie in Abschnitt 1.2. dargelegt wird.

Eine Antwort auf die Frage nach der Größe des Einflusses *räumlicher Merkmale* wird dadurch zu geben versucht, daß deren Einfluß mit jenem der gleichzeitig auf das Versorgungsverhalten einwirkenden *Personen- und Haushaltsmerkmale* quantitativ verglichen wird. Letztere sind daher in der Untersuchung konzeptionell in analoger Weise und empirisch möglichst ebenso detailliert zu erfassen wie die Raummerkmale.

In vorläufig operationalisierter Form lautet die *Hauptfrage der Untersuchung* – wobei die Präzisierung der Begriffe anschließend erfolgt – wie folgt:

> *Wie stark hängt das Versorgungsverhalten der Bevölkerung von „räumlichen" Eigenschaften ihres Wohnstandortes – wie Qualität des Geschäfteangebots im Nahbereich, Distanzstruktur der Einkaufsstätten, Verkehrslage, Erreichbarkeit anderer Bezugsquellen u. a. – ab?*
>
> *Sind die Verhaltensdifferenzierungen, die auf diese „räumlichen" Merkmale zurückgeführt werden können, stärker oder schwächer als jene, die sich durch demographisch-ökonomische Statusvariablen der Person und des Haushalts – wie Alter, Haushaltsgröße, Berufstätigkeit, Sozialschicht u. a. – erklären lassen?*

Die Zielsetzung der Arbeit liegt in erster Linie auf grundsätzlicher Ebene. Es soll ein Beitrag geleistet werden zur Frage der Stärke des Einflusses von „räumlichen Merkmalen" auf das Verhalten der Bevölkerung. Diese Frage wurde in der Geographie und auch in benachbarten Wissenschaften häufig aufgeworfen, jedoch – wie der Literaturüberblick (Kapitel 2) zeigt – nur selten durch empirische Untersuchungen zu beantworten versucht. In einer der wenigen Arbeiten, die diese Frage zu beantworten suchen, schreibt die bekannte US-amerikanische Geographin Susan HANSON: „Die meisten Autoren anerkennen zwar, daß das Verhalten wahrscheinlich von soziodemographischen und auch von räumlichen Variablen abhängt. Danach wenden sie sich aber anderen Forschungszielen zu, nicht der Abschätzung des Einflusses der einen oder anderen oder beider Variablengruppen auf das Verkehrsverhalten" (HANSON 1982, S. 179; Übersetzung A.H.). Dieselbe Einschätzung der Forschungslage findet sich in einem neueren Beitrag (HANSON & SCHWAB 1986).

Ebenso wie HANSON (1982, S. 179) ist auch der Verfasser der Ansicht, daß die aufgeworfene Frage von grundlegender Bedeutung für die Geographie ist. Eine Antwort darauf erscheint sowohl vom *theoretischen* Standpunkt als auch für *angewandte* Fragestellungen, vor allem der Güterversorgungs- und Verkehrspolitik, interessant. Aber auch für die *disziplinpolitische* Position der Geographie im Kreis der Wissenschaften und diesbezügliche Argumentationen kann es nur nützlich sein, wenn quantifizierte Aussagen über die Einflußstärke räumlicher Faktoren erarbeitet werden. Die vorliegende Untersuchung möchte hiezu einen Beitrag leisten, indem nichträumliche und räumliche Einflüsse auf das Versorgungsverhalten vergleichend abgeschätzt werden.

Diese Frage könnte sicherlich auch am Beispiel anderer Verhaltensbereiche untersucht werden. Wenn es hier nur für das Versorgungsverhalten geschieht, so vor allem aus dem praktischen Grund, daß eine Untersuchung für mehrere Verhaltensbereiche den Rahmen dieser Arbeit übersteigen würde. Es seien aber an dieser Stelle einige Eigenschaften angeführt, welche ein Verhaltensbereich nach Meinung des Verfassers aufweisen sollte, damit die Frage nach der Stärke räumlicher und nichträumlicher Einflüsse auf das Verhalten in zielführender Weise beantwortet werden kann.

(a) Raumabhängigkeit des Verhaltens: Der untersuchte Verhaltensbereich muß sowohl empirisch als auch aus theoretischer Sicht eine gewisse Abhängigkeit von Raummerkmalen aufweisen. Dies ist beim Einkaufs- und Versorgungsverhalten der Fall, für welches begründete Aussagen über den Einfluß von räumlich-distanziellen Variablen vorliegen (vgl. Kapitel 2 u. 3).

(b) eindeutig verortete Verhaltensträger: Eine Beantwortung der Frage erfordert Subjekte, die eindeutig einem und nur einem räumlichen Bezugspunkt des Verhaltens zugeordnet sind. Dies kann bei allen Privathaushalten, die nur e i n e n Wohnsitz haben, angenommen werden; nicht jedoch bei Zweitwohnungsbesitzern.

Würde man Unternehmen oder Betriebe als Verhaltensträger untersuchen, ergäbe sich die Schwierigkeit, daß in vielen Fällen – und im Zuge wirtschaftlicher Konzentrationstendenzen zunehmend – die Entscheidungen an ganz anderen Orten getroffen werden als dort, wo sie sich auswirken. Dies gälte z. B. auch für einen wesentlichen Teil der Lebensmittelgeschäfte, nämlich jene, die zu Handelsketten gehören.

(c) möglichst universelle Verbreitung des betreffenden Verhaltens: Um eine gut fundierte Beantwortung dieser grundlegenden Frage zu erreichen, erscheint es günstig, einen Verhaltensbereich zu wählen, der möglichst ubiquitär bei allen Schichten der Bevölkerung vorkommt. Das Versorgungsverhalten zählt als Teil der Lebenserhaltung bzw. der „oikosozialen Funktionen" nach BOBEK (1948, S. 120) zu den unbedingt notwendigen Verhaltensäußerungen, die in jedem Haushalt ausgeübt werden – nicht zufällig gehört ja ein Herd oder zumindest eine Kochstelle sowohl in der amtlichen Statistik als auch nach allgemeinem Verständnis zu den konstitutiven Merkmalen einer Wohnung und eines Haushalts.

(d) günstige Erfaßbarkeit des Verhaltens: Über das Einkaufs- und Versorgungsverhalten weiß in jedem Haushalt mindestens eine Person Bescheid; es kann, eine gewisse Auskunftsbereitschaft vorausgesetzt, relativ leicht erhoben werden.

(e) objektives bzw. leicht objektivierbares Verhalten: Gerade wenn eine Untersuchung menschlichen Verhaltens unter neuer Perspektive erfolgt, scheint es günstig, Phänomene zu wählen, die sich in Raum und Zeit manifestieren und deren Erfassung intersubjektiv überprüfbar ist. Das Versorgungsverhalten weist – neben anderen Aspekten – zahlreiche objektive Merkmale in diesem Sinne auf.

(f) Einheitlichkeit des Handlungsziels: Eine empirische Untersuchung des Einflusses räumlicher Merkmale bedeutet zwar nicht unbedingt den Verzicht auf die Thematisierung von Motiven und anderen subjektiven Merkmalen von Handlungen, sie wird jedoch durch ein Ausblenden derselben wesentlich erleichtert. Eine derartige Vereinfachung erscheint andererseits nur bei solchen Verhaltensbereichen gerechtfertigt, bei denen Ziel und Zweck vorgegeben bzw. interpersonell gleich sind. Dies ist z. B. beim Freizeitverhalten nicht der Fall. Es trifft aber auch auf das Versorgungsverhalten nur zu, wenn es auf die Deckung der unmittelbaren Lebensbedürfnisse im engeren Sinn eingeschränkt wird: siehe hiezu unten, 1.2.

Nach diesen Kriterien erscheint es somit wohl begründet, das Versorgungsverhalten im Bereich der Grundbedarfsdeckung zum Gegenstand einer empirischen Untersuchung der Frage „Haben Haushalts- oder Raummerkmale einen stärkeren Einfluß?" zu wählen.

Charakter der heranzuziehenden Erklärungsvariablen und Eingrenzung des Unter-
suchungsobjekts

Bisher wurde von „räumlichen" Merkmalen gesprochen, ohne den verwendeten
Raumbegriff und den Charakter der räumlichen Erklärungsvariablen zu bestimmen; dies
soll nunmehr geschehen. Anschließend wird der Charakter der nichträumlichen Erklärungsvariablen festgelegt und die Rolle beider Variablengruppen in einem vereinfachten
Gesamtmodell des Grundbedarfsdeckungsverhaltens veranschaulicht, siehe Abb. 1-1.

Bezüglich der „räumlichen" Merkmale wird in dieser Arbeit folgende Ansicht vertreten: *Räumliche Merkmale* sind *dem jeweiligen Standort inhärente Sachverhalte,*
die vom einzelnen Individuum oder Haushalt zumindest kurzfristig *nicht verändert*
werden können. Räumliche oder Raum-Merkmale unterscheiden sich von den ebenfalls
zur Verhaltenserklärung herangezogenen demographischen und sozioökonomischen
Merkmalen primär dadurch, daß sie nicht an einzelne Personen oder Haushalte, sondern
an den Standort gebunden sind und daher für alle Individuen am selben Standort zumindest annähernd gleich sind. Die überindividuelle Gleichheit impliziert weiters, daß die
Raummerkmale als *Merkmale der realen, physischen Welt* aufgefaßt werden und nicht
als Perzeption der Außenwelt ('mental map'), welche je nach Person subjektiv verschieden ist. – Die wichtigsten in dieser Untersuchung verwendeten Raummerkmale sind:
Ausstattung des Wohnstandorts mit Versorgungseinrichtungen, Lage und Erreichbarkeit
(nach verschiedenen quantifizierbaren Kriterien) sowie (physische) Distanz von bestimmten Versorgungseinrichtungen; eine taxative Aufzählung aller verwendeten
Raummerkmale wird im Abschnitt 3.2. geboten. Auf den Begriff des Wohnstandorts
und das damit verbundene Abgrenzungs- und Maßstabsproblem wird im Abschnitt 3.4.
eingegangen.

In bezug auf die Einflußnahme der solcherart definierten Raummerkmale auf das
Verhalten wird in dieser Arbeit folgende Ansicht vertreten (vgl. Abbildung 1-1): Selbstverständlich wirken diese Merkmale, wenn überhaupt, nur sehr indirekt und *über ver-*
schiedenste Zwischeninstanzen gefiltert auf das (Entscheidungs-) Verhalten ein [1]. Wie
und auf welchen Kanälen diese Einwirkung geschieht, ist meines Erachtens primär eine
Frage psychologisch-philosophischer Natur. Diese Wissenschaften bieten hiezu ein
breites Spektrum ganz verschiedener Erklärungsansätze, von behavioristischen Ansät-
zen wie z. B. Stimulus-Response-Modellen auf der einen Seite bis zu Philosophien des
Raumes, etwa von O. F. BOLLNOW, auf der anderen.

Aus der getroffenen inhaltlichen Festlegung der räumlichen Merkmale ergibt sich
folgerichtig auch der Charakter der heranzuziehenden *Personen- und Haushaltsmerk-*
male. Um nämlich beide Gruppen von Erklärungsvariablen in der gleichen forschungslogischen Distanz zum Explanandum „Bedarfsdeckungsverhalten" zu halten – vgl.
Abbildung 1-1 –, erscheint es angebracht, auch auf der Seite von Person und Haushalt
nicht subjektive Einstellungen heranzuziehen, sondern eindeutig objektivierbare Merkmale, also in erster Linie *demographische und sozioökonomische Statusvariablen* –
Alter, Haushaltsgröße, Berufsstruktur, Familienzyklusphase u. ä. – sowie die *Verfüg-*

---

[1] Faßt man den Begriff menschliches Verhalten hingegen so weit, daß auch nicht gewollte Handlungen
oder Phänomene subsumiert werden – z. B. Krankheiten –, so kann durchaus auch eine direkte Einwirkung der physischen Umwelt auf den Menschen vorkommen.

barkeit von Privatfahrzeugen. Eine taxative Aufzählung der herangezogenen Personen-
und Haushaltsmerkmale findet sich ebenfalls im Abschnitt 3.2.

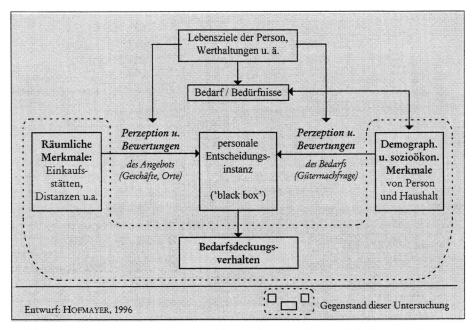

**Abbildung 1-1: Demographisch-sozioökonomische und räumlich-distanzielle
Merkmale als Einflußgrößen der Bedarfsdeckung** (einfaches Basismodell)

Das Modell (Abb. 1-1) verdeutlicht die Rolle und Position der gewählten räumli-
chen und nichträumlichen Merkmale im Bedarfsdeckungshandeln von Privathaushalten.
Daraus wird u. a. ersichtlich, daß die vorliegende Untersuchung nicht das gesamte Um-
feld der Bedarfsdeckung thematisiert. So sind etwa die institutionellen Rahmenbedingungen der Güterversorgung (Gewerbeberechtigungen, Öffnungszeiten) und der
Raumüberwindung (Benzinpreis, sonstige Transportkosten) nicht im Modell dargestellt.
Sie können im Rahmen des Untersuchungsansatzes ausgeblendet werden, sofern das
Gebiet der empirischen Untersuchungen diesbezüglich einheitlich gewählt wird. Es sei
betont, daß die genannten „objektiven" Erklärungsvariablen nicht wegen der Fixierung
auf ein bestimmtes Handlungs- oder Verhaltensmodell – die Frage nach den menschlichen Entscheidungsmechanismen wird bewußt ausgeklammert – ausgewählt werden,
sondern aus forschungslogischen und auch forschungspraktischen Gründen. Durch diese
Beschränkung ist es auch von untergeordneter Bedeutung, welches theoretische Modell
des Konsumentenverhaltens dem Ansatz zugrundegelegt wird. Diesbezüglich kann auf
die wirtschaftswissenschaftliche Standardliteratur, z. B. MEFFERT (1992), verwiesen
werden; einen Überblick hierüber aus geographischer Sicht gibt STAUDACHER (1990).
Was die Frage nach einem geeigneten *Untersuchungsgebiet* betrifft, so wurde davon ausgegangen, daß im *ländlichen Raum* eine größere Differenziertheit von Wohnort-
und Lagemerkmalen herrscht als im städtischen; in diesem Sinne äußert sich auch

HANSON (1982, S. 180). Innerhalb des ländlichen Raums wurde aus praktischen Gründen Niederösterreich gewählt, und innerhalb dieses Landes ein breites Spektrum von Wohnstandorten unterschiedlicher Größe und Lagequalität (vgl. Kap. 4 und 5).

1.2. Auswahl der zu untersuchenden Verhaltensdimensionen

Zunächst wird die Auswahl des Bedarfsbereichs, dann jene der zu untersuchenden Verhaltensaspekte vorgenommen.

Festlegung des Bedarfsbereichs

Es ist eine offenkundige Tatsache, daß zwischen Haushalten große Unterschiede in der Bedarfs- bzw. Konsumstruktur bestehen. Wie bereits dargelegt, strebt die Untersuchung die Erfassung des Versorgungsverhaltens in einem Bedarfsbereich an, der in allen Bevölkerungsschichten gegeben ist, dessen Deckung aus einheitlichen Motiven erfolgt und auch wenig von persönlichen Präferenzen abhängig ist.

Als ein solcher Bedarfs- bzw. Güterbereich können am ehesten die *Nahrungsmittel* und die *übrigen zur Haushaltsführung benötigten Güter* gelten, die in der Literatur oft auch als „Güter des täglichen Bedarfs" bezeichnet werden. Von den Wirtschaftswissenschaften ist seit dem vorigen Jahrhundert, ausgehend von Ernst ENGEL und dem nach ihm benannten Gesetz, bis heute wiederholt nachgewiesen worden, daß dieser Ausgabenbereich der Privathaushalte am wenigsten von einer Variation des Einkommens abhängig ist – in ökonomischer Diktion: daß die Ausgaben für Nahrungsmittel und mit der Haushaltsführung unmittelbar verbundene Güter die geringste Einkommenselastizität aufweisen.

Diese Güter werden im weiteren in dieser Arbeit als **„Grundbedarf"** bezeichnet, und ihre Beschaffung als „Grundbedarfsdeckung". Der Terminus „Grundbedarf" ist in der Ökotrophologie zur Kennzeichnung der genannten Warengruppen geläufig (vgl. PIORKOWSKY, 1984 a).

Diese Begriffsabgrenzung deckt sich nicht mit jener der Konsumerhebungen des Österreichischen Statistischen Zentralamts, welche außer Nahrungsmitteln und Haushaltsbedarf auch Bekleidung (inkl. Schuhe), Beheizung, Beleuchtung und Wohnungsmiete zum Grundbedarf rechnen. – Andererseits soll in der Arbeit der Begriff „Versorgung" eher vermieden werden, der meines Erachtens ein wenig an Güterzuteilung durch eine zentrale Obrigkeit erinnert (vgl. hiezu auch H. LINDE, 1977, S. 8) und der außerdem, vor allem in Deutschland, auch etwas ganz anderes bezeichnen kann, nämlich eine Funktion der technischen Infrastruktur entsprechend der Entsorgung. – Der Begriff „Versorgungsverhalten" wird hingegen in der Arbeit als gemeinsamer Überbegriff für Einkaufsverhalten und andere Beschaffungshandlungen privater Haushalte mangels anderer hiefür eingeführter Bezeichnungen beibehalten; im funktionalen Sinn wird derselbe Verhaltenskomplex als Grundbedarfsdeckung bezeichnet.

Durch diese Festlegung wird auch vermieden, auf die Analyse des Bedarfs bzw. Konsums positionaler und anderer nicht lebensnotwendiger Güter eingehen zu müssen, was mit erheblichen zusätzlichen Problemen verbunden wäre [2]. Solche Güter sind nicht nur an sich substituierbar, sondern bei ihnen besteht auch das Phänomen einer regional

---

[2]) Vgl. hiezu etwa aus absatzwirtschaftlicher Sicht W. ADLWARTH (1983), aus soziologischer Sicht z. B. Peter A. BERGER (1990).

differenzierten Bedarfs- oder Nachfragesubstituierung, worauf L. LÖTSCHER (1980) hingewiesen hat.

LÖTSCHER untersuchte, ob ein bestimmtes Gut bzw. eine Dienstleistung an unterschiedlichen Wohnstandorten „überhaupt nachgefragt wird – und wenn ja: bis zu welchem Aufwand, und wenn nein: liegt statt dessen eine Substitution vor?" (a.a.O., S. 6), anhand einer Befragung von Lehrerhaushalten in Norddeutschland (Stadtgebiet von Hamburg und mehrere Kreise in Ost- und Nordfriesland). Im einzelnen konnte er eine wohnstandortabhängige Substituierung der Nachfrage nach Freizeit- und Kulturdienstleistungen nachweisen: Freizeittätigkeiten wie Abendausgänge oder Urlaubsreisen werden im ländlichen Raum durch Erholung im eigenen Garten u.ä. substituiert. Für materielle Güter des gehobenen Bedarfs konnte er eine analoge Substitution zumindest wahrscheinlich machen. Die Grundbedarfsdeckung im dargelegten Sinn wurde von ihm nicht untersucht.

Aus dieser Sicht läßt sich die Fragestellung der vorliegenden Arbeit wie folgt formulieren: Welche Adaptierungsstrategien an „räumliche Beschränkungen" wenden Privathaushalte in einem Bedarfsbereich an, in dem der Verbrauch quantitativ vorgegeben und nicht substituierbar ist?

Festlegung der Verhaltensaspekte der Grundbedarfsdeckung

Der zentrale Untersuchungsgegenstand *Versorgungsverhalten zur Grundbedarfsdeckung* sei zunächst umschrieben als das beobachtbare Muster jener Aktivitäten von Haushaltsmitgliedern, die direkt der Beschaffung der entsprechenden Güter für den eigenen Haushalt dienen [3]. Die genauere Definition wird im folgenden abgeleitet.

In der geographischen Forschung im deutschen Sprachraum wurde bisher, wie auch aus dem Literaturüberblick (Kapitel 2) hervorgeht, vorrangig das „räumliche Einkaufsverhalten", also die Zielort-Wahl und unmittelbar damit zusammenhängende Aspekte, thematisiert [4]. Demgegenüber werden in der wirtschafts- und sozialwissenschaftlichen Einkaufsverhaltensforschung insgesamt wesentlich mehr Verhaltensaspekte untersucht. So umfaßt etwa laut G. FINCK (1990, S. 94) das Einkaufsverhalten folgende Aspekte: „(1) *Entfernung* und Wegezeit zu den aufgesuchten Einkaufsstätten, (2) *Zahl* der aufgesuchten Einkaufsstätten, (3) *Betriebsformen* der aufgesuchten Einkaufsstätten, (4) *Häufigkeit des Einkaufs* in den verschiedenen Einkaufsstätten, (5) *Aufteilung des Budgets* auf die aufgesuchten Einkaufsstätten sowie (6) *Art des Erreichens* der aufgesuchten Einkaufsstätten" (Hervorhebung im Original).

Als Bezugspunkt für die Auswahl der Verhaltensaspekte dient die alltagsweltliche Entscheidungssituation der Haushalte im ländlichen Raum. Dort sind zur Erfüllung der Aufgabe Grundbedarfsdeckung etwa folgende Fragen zu klären: „Wann / wie oft wird eingekauft?" – „Wer kauft ein?" (in Mehrpersonenhaushalten) – „In welchen Geschäften?" – „Ist ein Fahrzeug vorhanden / wenn ja, welches?" – „Was muß man sonst noch erledigen? Was davon geht mit dem Einkaufen zusammen?" – „Wo wird eingekauft, in welchem Ort bzw. Geschäft?". – Darüber hinaus stellt sich in ländlichen Haushalten

---

[3]) Damit werden sowohl Aktivitäten, die nur der Informationsbeschaffung über Einkaufsmöglichkeiten dienen, als auch die Lieferung von Bedarfsgütern ins Haus durch andere Personen ausgeschlossen; die Tatsache, daß Güter in Form von Hauszustellung bezogen werden, wird allerdings berücksichtigt (vgl. Punkt f im Schema Abbildung 1-2).

[4]) Eine vor wenigen Jahren erschienene Arbeit über Versorgungsverhalten beginnt mit der Feststellung: „Einkaufsverhalten wird innerhalb der Geographie vorwiegend unter dem räumlichen Aspekt der Einkaufsorientierung untersucht. Diese Ausrichtung wird in starkem Maße von der Zentralitätsforschung beeinflußt ..." (KAGERMEIER 1991, S. 13). Dieser Einschätzung ist durchaus zuzustimmen.

vielfach vor den genannten Fragen eine ganz andere, nämlich: „Welche Grundbedarfsgüter müssen überhaupt eingekauft werden?" Denn gerade im ländlichen Raum besteht
eine breite Palette von Bezugsmöglichkeiten außerhalb von Geschäften, wie noch gezeigt werden wird.

Obwohl die Abfolge dieser Fragen sicher nicht in allen Haushalten gleich ist und
keine allgemeingültige Entscheidungshierarchie postuliert werden kann, wird doch
deutlich, daß die Zielort-Wahl, also das Aufsuchen eines bestimmten Einkaufsorts oder
bestimmten Geschäfts, nicht das primäre Objekt einer Wahlhandlung ist, sondern eher
aus vorausliegenden Entscheidungen bzw. Sachzwängen resultiert. Dies relativiert ihre
Bedeutung im Rahmen des gesamten Versorgungsverhaltens.

Auch aus einem methodischen Grund erscheint es begründet, den Verhaltensaspekt
„Wahl des Zielortes" aus der Untersuchung auszuklammern. Im gewählten Erklärungsansatz dient ja der Standort – in Form des Wohnstandorts und seiner Eigenschaften – als
wichtiges Explanans des Versorgungsverhaltens. Würde man die Zielort-Wahl untersuchen, so müßte ein Explanandum „Einkaufsort" aus einem Explanans „Wohnort" erklärt
werden; der Standort träte also auf beiden Seiten des Erklärungsmodells auf, was zusätzliche methodologische Probleme aufwerfen würde.

Aus der Nicht-Untersuchung der Zielorte-Wahl folgt, daß die *Aufteilung der Ausga-*
ben auf Einkaufsstätten nicht thematisiert wird. Dieser Aspekt ist ein wichtiges Unter-
suchungsobjekt in (klein)räumlichen Analysen der Kaufkraftströme. Eine breitangelegte
empirische Analyse der Ausgaben nach Güterarten und Einkaufsorten liegt für das Untersuchungsgebiet in Form der „Kaufkraftstromanalyse Niederösterreich" (ARNOLD ET
AL., 1988) bereits vor.

Folgende Aspekte des Versorgungsverhaltens werden in dieser Arbeit thematisiert:

(1) Die **Einkaufshäufigkeit** pro Zeitabschnitt: Die Anzahl der Einkäufe bzw. Besorgungen wird im vorliegenden Ansatz als zentraler Aspekt des Versorgungsverhaltens
angesehen, der auch mit den meisten übrigen Verhaltensaspekten in Beziehung steht.
Einerseits ist die Einkaufshäufigkeit nicht unabhängig vom Spektrum der aufgesuchten
Geschäftsarten, die sich ja durch die Breite des Angebots unterscheiden; vgl. anschließend, (2). Gerade bei Grundbedarfsgütern gilt andererseits die Aussage, daß selteneres
Einkaufen eines Haushalts c.p. eine größere Warenmenge pro Einkauf bedeutet. Im
Vergleich von Haushalten gleicher Bedarfsmenge stellt daher die Einkaufshäufigkeit (in
inverser Form) auch eine *Maßzahl für das durchschnittliche Einkaufsvolumen* dar. Dieses ist wiederum abhängig von der Transportkapazität, die dem Haushalt für die einzelnen Einkäufe zur Verfügung steht, und damit vom Verkehrsmittel; siehe anschließend,
(3).

(2) Die **Geschäftsartenwahl:** Dieser Verhaltensapekt – an sich ein Aspekt der
Zielwahl – wird nur soweit es zur Erklärung der Einkaufshäufigkeit erforderlich ist in
die Untersuchung einbezogen. Hiefür erscheint es ausreichend, nur nach wenigen *Kate-*
gorien von Grundbedarfs-Geschäften zu differenzieren. Neben den traditionellen Nah-
rungshandwerksbetrieben Bäcker und Fleischer sollen nur zwei Arten von Lebensmit-
telgeschäften unterschieden werden: der kleine „Nahversorgungsbetrieb", in dem in der
Regel relativ kleine Mengen eingekauft werden, und der große „Supermarkt" oder Verbrauchermarkt, in welchem üblicherweise Groß- oder Vorratseinkäufe getätigt werden.

(3) Die *Art des Erreichens der aufgesuchten Einkaufsstätten*, d. h. die **Verkehrsmittelnutzung,** ist nicht nur an sich von Interesse – vor allem in der Gegenüberstellung Pkw / Nicht-Pkw –, sondern ihre Erfassung ist auch Vorbedingung für die angestrebte Berechnung des Wegezeitaufwands. Eine empirische Analyse dieses Verhaltensmerkmals erfordert einerseits eine genaue Erhebung der Verkehrsmittelnutzung möglichst für jeden Einkaufsakt, und andererseits auf seiten der Erklärungsmerkmale die exakte Erfassung der Verfügbarkeit von Fahrzeugen bestimmter Art im Haushalt. Auch auf Seite der Raummerkmale kommt zur Erklärung der Verkehrsmittelnutzung ein breites Spektrum von Variablen – Erreichbarkeitskriterien des Geschäfteangebotes, Qualität des öffentlichen Verkehrs u. a. – in Betracht.

Neben diesen sollen noch folgende Dimensionen des Versorgungsverhaltens – in bewußter Erweiterung gegenüber bisherigen geographischen und absatzwirtschaftlichen Studien – untersucht werden:

(4) **Personelle Beteiligung der** einzelnen **Haushaltsmitglieder** an der Grundbedarfsdeckung: Die Analyse und „Erklärung" der bisher genannten Verhaltensmerkmale, insbesondere der Einkaufshäufigkeit, erfordert eine detaillierte Erfassung der personellen und Zeitressourcen der Haushalte. Die hiefür zu erhebenden Daten ermöglichen es, auch die personelle Einkaufsbeteiligung in Mehrpersonenhaushalten zu thematisieren. Durch die Berücksichtigung dieser Verhaltensdimension werden die beiden Analyseebenen Person und Haushalt miteinander verknüpft.

(5) Ein weiterer interessierender Verhaltensaspekt sind die **Kopplungsphänomene der Grundbedarfsdeckung**: Dabei handelt es sich sowohl um das Einkaufen in mehreren Geschäften ('multi-shopping') als auch um die Kopplung von Einkäufen mit anderen Erledigungen ('multi-purpose trips'). Im vorliegenden Ansatz wird postuliert, daß die Kopplungsphänomene, die vertiefte Aussagen über die lebensweltliche, zeitlich-räumliche Einbettung des Versorgungsverhaltens gestatten, nicht nur von haushaltsstrukturellen, sondern auch von wohnstandortspezifischen Gegebenheiten beeinflußt werden.

(6) Ein besonderes Anliegen des vorliegenden Ansatzes ist es, die Gesamtstruktur der Grundbedarfsdeckung der Haushalte zu erfassen. Daher werden nicht nur die Einkäufe in Ladengeschäften, sondern auch **Beschaffungen aus anderen Bezugsquellen** untersucht und die Inanspruchnahme solcher Quellen zu „erklären" versucht. Gerade im ländlichen Raum stehen der Bevölkerung nämlich vielfältige Alternativen zur Deckung des Grundbedarfs zur Verfügung (vgl. Abschnitt 3.1.3., „Quellen und Kanäle der Nahrungsmittelversorgung im ländlichen Raum"). Der Anteil solcher „alternativer Bedarfsdeckungen" ist vermutlich nicht nur vom standörtlichen Angebot, sondern auch von personen- und haushaltsstrukturellen Faktoren abhängig.

(7) Eine wesentliche Dimension des Versorgungsverhaltens sind schließlich *die* **Einkaufsweglängen und der Wegezeitaufwand**. Zur Berechnung der Weglängen ist auch die Erhebung der Einkaufsorte – deren Wahl im vorliegenden Ansatz nicht thematisiert wird – erforderlich. Durch Kombination mit der Verkehrsmittelnutzung für den einzelnen Einkaufsakt können die Wegezeiten bestimmt werden.

Somit ergibt sich folgendes Set von Verhaltensdimensionen zur Überprüfung der Hauptfrage der Untersuchung (Abb. 1-2).

Fragestellung im Haushalt	Dimension (Aspekt) des Versorgungsverhaltens
Wie oft wird eingekauft ?	a) **Häufigkeit** von Grundbedarfseinkäufen **insgesamt**
In welchen Arten von Geschäften ?	b) **Arten**spektrum der aufgesuchten **Grundbedarfsgeschäfte *)** *(Bäcker, Fleischer, kleines / großes Lebensmittelgeschäft)*
Wer kauft ein (mit wem) ?	c) **personelle Beteiligung** von Haushaltsmitgliedern an Grundbedarfseinkäufen *(nur in Mehrpersonenhaushalten)*
Ist Fahrzeug vorhanden ? Welches ?	d) Art des Erreichens der Einkaufsstätten: **Verkehrsmittelnutzung** für Grundbedarfsdeckung
Was wird zusammen mit dem Einkaufen erledigt ?	e) **Kopplung** der Grundbedarfsdeckung im Rahmen des **Einkaufens** und mit **anderen Aktivitäten** außer Haus
Was wird ohne Einkauf beschafft ?	f) Inanspruchnahme **anderer Bezugsquellen** außer dem Einkauf in Geschäften
resultierender Wegeaufwand	g) zurückgelegte **Wegstrecken** und **Wegezeitaufwand** insgesamt für Grundbedarfsdeckung

*) Dimension b) – ein Aspekt der Zielwahl – wird nur als verhaltensinterne Einflußgröße berücksichtigt, aber nicht wie die übrigen Dimensionen in ihrer Abhängigkeit untersucht (vgl. Text).

Abbildung 1-2: Die gewählten Untersuchungsdimensionen des Versorgungsverhaltens

Diese Dimensionen erscheinen geeignet, das lebensweltlich relevante Verhaltensmuster der Grundbedarfsdeckung von Privathaushalten im ländlichen Raum zu charakterisieren. Für jeden dieser Verhaltensaspekte soll untersucht werden, wie weit er durch Personen- und Haushaltsmerkmale einerseits und Raummerkmale andererseits beeinflußt wird bzw. „erklärt" werden kann.

1.3. Bemerkungen zum Erklärungshorizont und zum methodologischen Aufbau der Untersuchung

Zum Abschluß des Einleitungskapitels sollen noch einige Hinweise auf den theoretischen Erklärungsanspruch der Arbeit und ein Überblick über ihren Aufbau gegeben werden.

Der unmittelbare Untersuchungsgegenstand der Arbeit sind menschliche Versorgungshandlungen mit den bereits genannten Aspekten oder Dimensionen. Im folgenden sei kurz dargelegt, von welcher metatheoretischen Grundposition aus sie betrachtet werden und wie das Untersuchungsziel in methodologischer Hinsicht erreicht werden soll.

Der Verfasser teilt die Überzeugung der handlungstheoretischen Grundperspektive, daß das Wichtigste bei jeder menschlichen Aktivität die Ziele, Sinnstrukturen oder Absichten der handelnden Personen sind. Mit Zielen dieser Art befaßt sich aber die vorliegende Arbeit ausdrücklich nicht. Denn wie schon dargelegt, wird auf deren Erfassung verzichtet; genauer gesagt: es wird zum Erkenntnisobjekt ein Handeln gewählt, dessen Ziele als bekannt und bei allen Handelnden gleich postuliert werden (es wird vorausgesetzt, daß alle Versorgungshandlungen setzenden Personen das eine Ziel verfolgen, Grundbedarfsgüter für ihren Haushalt zu erwerben).

Diese Einschränkung geschieht auch aus der Auffassung heraus, daß das primäre Forschungsfeld der Geographie im Bereich menschlichen Verhaltens die in Raum und Zeit manifesten und als solche beobachtbaren Akte sind. Daß beim vorliegenden Ansatz auf eine Analyse von subjektiven Einstellungen (Motiven, Präferenzen u.ä.) verzichtet werden kann, wurde bereits begründet (vgl. oben 1.1.); daraus resultiert auch eine gewisse Eingrenzung der praktisch-empirischen Arbeiten.

Dies darf aber nicht dahingehend mißverstanden werden, als ob der Verfasser der Ansicht wäre, daß die Haushaltmitglieder in ihrem grundbedarfsbezogenen Handeln keine Entscheidungen träfen. Das tun sie auch in den betrachteten Verhaltensaspekten sehr wohl. Sie stehen in Entscheidungssituationen wie den folgenden: „Wann kaufe ich ein?" – „Wer von uns kauft ein?" – „Welches Verkehrsmittel steht (überhaupt bzw. zu welchen Zeiten) zur Verfügung?" – „Muß ich alles selber kaufen, oder lasse ich mir manches ins Haus liefern?" – Diese Entscheidungen sind allerdings in der hier gewählten handlungstheoretischen Perspektive keine Ziel-, sondern Mittelentscheidungen bzw. Entscheidungen über Mittelkombinationen.

Welche „Erklärungs"-leistung wird mit dieser Arbeit beabsichtigt?

Aus dem Gesagten ergibt sich, daß es nicht um ein Erklären im eigentlichen Sinne von beobachteten Handlungen gehen kann. Es geht vielmehr darum, eine plausible Begründung dafür zu finden, warum sich ein Haushalt A anders verhält als ein Haushalt B, indem er andere Mittel zur Erreichung desselben Handlungszieles „wählt" bzw. einsetzt. Auch für ein so verstandenes „Erklären" ist es erforderlich, das empirisch festgestellte Versorgungshandeln von Personen auf einen Referenzmaßstab, auf ein Handlungsmodell zu beziehen. Andernfalls können die Handlungen überhaupt nicht interpretiert werden.

Ein solches Modell menschlichen Handelns wird bereits am Anfang der Untersuchung benötigt, sofern man – wie in dieser Arbeit – testbare Hypothesen über den Einfluß einzelner Merkmale auf beobachtbare Aspekte des Handelns aufstellen will. Nach der Gewinnung empirischer Daten werden bei der Datenauswertung unterschiedliche formal-statistische Beziehungen zwischen „erklärenden" Merkmalen und einzelnen Verhaltensvariablen festgestellt. Nur auf Grund desselben Handlungsmodells ist es möglich, diese Zahlen (z. B. Korrelationskoeffizienten) in Aussagen über den größeren oder geringeren Einfluß dieser Merkmale auf die Entscheidungssituation der Haushalte zu transformieren.

In dieser Arbeit wird als Bezugsmaßstab das *zweckrationale Handlungsmodell*, welches die Leitstrategien Kostenminimierung und/oder Nutzenmaximierung enthält, gewählt. Dies auch deswegen, weil die meisten theoretischen Aussagen zum Versorgungsverhalten [5] und die aus diesen abgeleiteten Untersuchungshypothesen auf demselben Modell fußen. Das zweckrationale Handlungsmodell zum Unterschied vom normorientierten und vom verständigungsorientierten – die Begriffe gehen auf Max WEBER zurück – ist nach B. WERLEN (1988, S. 279) dann heranzuziehen, wenn es um die Lösung technischer Problemaspekte bzw. um die Angabe der Mittel für (vor)gegebene Ziele geht. Wie bereits dargelegt, wird die Grundbedarfsdeckung als ein Verhaltensbereich aufgefaßt, dessen Ziel einheitlich und bekannt ist. Daher erscheint dieses Modell aus forschungslogischer Sicht adäquat.

Die Ergebnisse der Untersuchung können daher nur darüber etwas aussagen, ob unter den Prämissen des zweckrationalen Handlungsmodells die Haushalte von den in Betracht gezogenen Sachverhalten beeinflußt werden. Falls wider Erwarten keine statistisch signifikanten Beziehungen aufgedeckt werden, kann dies zweierlei bedeuten:

entweder (A) es gibt außer den ausgewählten erklärenden Variablen andere, die die untersuchten Personen berücksichtigen, wobei sie doch zweckrational handeln;

oder (B) die untersuchten Personen handeln nach einem anderen Referenzmaßstab. Als ein solcher käme z. B. das „Satisfizer-Modell" in Betracht (vgl. J. WOLPERT, 1963/ 1970, 1964).

Die Untersuchung besteht aus einem theoretischen und einem empirischen Teil. Hauptziel des theoretischen Teils ist die Aufstellung von operationalisierten Hypothesen über die Determinanten des Versorgungsverhaltens, die dann im empirischen Teil anhand eines selbst erhobenen Datenmaterials überprüft werden. Die *wesentliche Forschungsschritte der Arbeit* sind:

Damit der eben genannte Fall (A) nicht eintritt, wird zunächst die einschlägige *Literatur* dahingehend durchforstet, welche strukturellen Personen-, Haushalts- und Raummerkmale bisher zur „Erklärung" der ausgewählten Aspekte des Versorgungsverhaltens herangezogen wurden (Abschnitte 2.1. bis 2.7). Das Literaturkapitel schließt mit einem Überblick über die in einschlägigen empirischen Arbeiten angewandten Methoden, an dessen Ende die anzuwendenden Verfahren der Datenerhebung und multivariaten Auswertung der Art nach festgelegt werden (2.8).

Im anschließenden Kapitel „Operationalisierung des Untersuchungsgegenstands" werden, nach Definition der zu „erklärenden" Verhaltensvariablen (3.1.), *empirisch testbare Modelle* für jeden Verhaltensaspekt formuliert und die darin enthaltenen Einflußhypothesen – auch in graphischer Form – präsentiert (3.2). Anschließend werden sämtliche in den Modellen enthaltenen Erklärungsvariablen operationalisiert, zunächst jene der Haushaltsstruktur, dann jene der Raumstruktur (3.3. und 3.4). Im Hinblick auf die regressionsanalytische Überprüfung wird bei allen Variablen ein metrisches Skalenniveau angestrebt. Damit ist die theoretisch-methodologische Bühne bereitet, auf der sich die empirische Untersuchung abspielen soll.

Im empirischen Teil der Arbeit wird zunächst das *Erhebungsdesign* festgelegt

---

[5]) Die Beibehaltung des Begriffs "Versorgungs*verhalten*" in einer Arbeit mit handlungstheoretischer Grundperspektive ist zugegebenermaßen nicht ganz konsequent. Ich gebrauche ihn ebenso wie die meisten Autoren eher im umgangssprachlichen Sinn, ohne Bezugnahme auf die metatheoretische Grundposition.

(Kapitel 4). Da die Literaturanalyse ergab, daß als Erhebungsinstrumente in vergleichbaren Untersuchungen z. T. Einmal-Befragungen, z. T. tagebuchartige Aktivitätenprotokolle verwendet wurden, werden beiden Verfahren parallel eingesetzt, um den Einfluß der Erhebungsmethode zu überprüfen. Damit in Zusammenhang werden Erhebungszeitraum, Intervieweauswahl, Fragebogengestaltung u.ä. erörtert. Entsprechend der Hauptfrage der Untersuchung wird besonderes Augenmerk auf die Auswahl der konkreten Untersuchungsgebiete und die räumliche Anlage der Stichprobe gelegt. Die Siedlungs- und Bevölkerungsstrukturen, Angebots- und Erreichbarkeitsverhältnisse der ausgewählten *Untersuchungsgebiete* werden anschließend, unterstützt durch Karten, charakterisiert (Kapitel 5).

Vor der statistischen Auswertung wird ein Überblick über die Datenaufarbeitung und die Repräsentativität der Haushaltsstichprobe in den einzelnen Untersuchungsgebieten gegeben; auch der Einfluß unterschiedlicher Erhebungssituationen auf die ermittelten Verhaltensvariablen wird überprüft (Kap. 6, *deskriptive Datenanalyse*). Erst dann werden die Daten analysiert, beginnend mit der Inspektion der Korrelationsmatrizen und der Überprüfung auf Linearität der Beziehungen. Die Aussagen, die in bivariatem Erklärungsrahmen möglich sind, werden kurz aufgezeigt (Abschnitt 6.3).

In der eigentlichen, *multivariaten Datenanalyse* (Kapitel 7) wird hauptsächlich das Instrumentarium der multiplen Regressionsanalyse eingesetzt, wobei eine gegenüber dem Standardverfahren etwas modifizierte Analysemethode angewandt wird, welche eine direkte Beantwortung der „dichotomen" Fragestellung gestattet. Die dargestellten empirisch validierten Modelle beinhalten sowohl eine Antwort auf die Frage „Hat der Haushalt oder der Raum einen stärkeren Einfluß auf das Versorgungsverhalten?" als auch darauf, welche Haushalts- bzw. Raumstrukturmerkmale die einzelnen Verhaltensaspekte beeinflussen. Einige der aus der Gesamtstichprobe ermittelten Modelle werden danach auch auf Teilregionen der Untersuchung angewandt. Dadurch sollen einerseits die Hauptergebnisse empirisch abgesichert werden; andererseits führt dies möglicherweise zur Aufdeckung regionalspezifischer Besonderheiten der Einflußgrößen des Versorgungsverhaltens.

Im *Schlußabschnitt* (Kap. 8) werden die Hauptergebnisse der Untersuchung in komprimierter Form zusammengefaßt und den einschlägigen Aussagen der bisherigen Forschung gegenübergestellt. Die Arbeit schließt mit einem kurzen Ausblick auf praktische Anwendungen und mögliche Erweiterungen des hier präsentierten Untersuchungsansatzes in methodischer und inhaltlicher Hinsicht.

2. EINFLUSSGRÖSSEN DER GEWÄHLTEN ASPEKTE DES VERSORGUNGSVERHALTENS – LITERATURÜBERBLICK

Gemäß 1.2. umfaßt die eigene Untersuchung folgende Aspekte des Versorgungsverhaltens: Häufigkeit von Grundbedarfseinkäufen, personelle Beteiligung der Haushaltsmitglieder daran, Verkehrsmittelnutzung, Kopplungsverhalten, Wegstrecken und Wegezeitaufwand sowie Inanspruchnahme anderer Bezugsquellen der Grundbedarfsdeckung. Für jeden dieser Verhaltensaspekte sollen die Einflußgrößen struktureller Art, welche in der theoretisch-modellhaften und empirischen Literatur bisher genannt wurden, identifiziert werden.

Die Literaturaussagen werden hier – nach einer Auflistung der untersuchten Literaturbereiche (2.1.) – schlagwortartig für die einzelnen Verhaltensaspekte referiert (2.2. bis 2.7); danach werden Erkenntnisse über Untersuchungsmethoden zusammengefaßt (2.8). Eine ausführliche Fassung dieses Abschnitts, die auf die einzelnen zitierten Arbeiten näher eingeht, kann beim Verfasser in der Abteilung Praxisorientierte Wirtschaftsgeographie der WU Wien eingesehen bzw. bezogen werden (Manuskript, ca. 80 Seiten).

2.1. Überblick über die untersuchten Literaturbereiche

Die untersuchte einschlägige Literatur läßt sich nach dem methodologischen Ansatz und den herangezogenen Einflußvariablen in folgende Bereiche gliedern: (a) formalisierte quantitative (ökonometrische) Modell des Einflußverhaltens, (b) empirische Konsum- und Konsumentenforschung von wirtschaftswissenschaftlicher Seite, (c) verkehrswissenschaftliche und verkehrsgeographische Arbeiten, (d) geographische und regionalwissenschaftliche Versorgungs- und Einkaufsverhaltensforschung – dieser große Literaturbereich wird hier auf den deutschen Sprachraum beschränkt –, (e) zeitgeographische, soziologische und andere verhaltenswissenschaftliche Arbeiten, (f) Großbefragungen über das Einkaufsverhalten; der letztgenannte Literaturbereich wird nur für Österreich untersucht.

a) Modelle des Einkaufsverhaltens

Zum Literaturbereich der „Modelle" werden hier nur solche gezählt, die nicht anhand konkreter Daten überprüft wurden; empirisch verifizierte Modelle sind in den folgenden Literaturbereichen, vor allem b) und c), zu finden. Weiters werden nur solche Modelle berücksichtigt, in welchen die Einkaufs- oder Besorgungsfrequenz thematisiert und auch endogen generiert wird. Daher bleiben die in der wirtschaftswissenschaftlichen Literatur meistzitierten Konsumverhaltensmodelle – HOWARD & SHETH (1969); ENGEL, BLACKWELL & KOLLAT (1978) u. a. – außer Betracht; ebenso die meisten Modellierungen von Wegeketten ('trip chaining': vgl. THILL & THOMAS 1987) sowie die 'purchase incidence models' (vgl. TIMMERMANS & GOLLEDGE 1990), die zwar an der zeitlichen Verteilung der Einkäufe, aber nicht an deren Einflußgrößen interessiert sind.

Damit verbleiben für die anschließende Literaturanalyse die Modelle von S. LANGE (1972, 1973), W.R. BACON (Monographie 1984; Beitrag 1992), G. MULLIGAN (1987), CH.A. INGENE & A. GHOSH (1990) und B. LENTNEK, M. HARWITZ & S. NARULA (1987 u. frühere Beiträge). Alle diese Modelle gehen von einer identischen Bedarfsstruktur der Haushalte aus, Verhaltensunterschiede ergeben sich nur aus unterschiedlichen Standorten der Haushalte bzw. unterschiedlicher Lage und Distanz zu Einkaufsstätten. Aus dem nachfolgend Referierten wird deutlich, daß die Modellierung von Mehrgüter-Einkäufen, selbst wenn sie im selben Geschäft erfolgen, einen großen formalen Aufwand erfordert.

b) Empirische Konsum(enten)forschung von wirtschaftswissenschaftlicher Seite

Kunden- und Konsumentenbefragungen werden sehr häufig durchgeführt, zumeist im Auftrag des Einzelhandels oder einschlägiger Interessenvertretungen, wobei als Zielsetzungen Marktforschung für neue Produkte und Informationen über die Kundenpräferenzen für bestimmte Geschäftstypen vorherrschen. Beispiele für solche Untersuchungen sind etwa die Arbeiten der Gesellschaft für Konsumforschung (GfK, Nürnberg), in Österreich das GfK-Haushaltspanel. Aussagen zu „unseren" Verhaltensaspekten finden sich darin kaum.

Weiters gilt, daß in empirischen Untersuchungen des Versorgungsverhaltens der Konsumenten von wirtschaftswissenschaftlicher Zielsetzung zumeist monetäre Aspekte im Vordergrund stehen. Sofern nichtmonetäre Verhaltensaspekte untersucht werden, werden die Strukturvariablen meist nicht so spezifiziert, daß eine Vergleichbarkeit mit dem vorliegenden „dichotomen" Erklärungsansatz besteht. Dies gilt z. B. für das in methodischer Hinsicht vielbeachtete 'Cardiff Consumer Panel' (zur Methodik: GUY ET AL., 1983; Auswertungen: WRIGLEY & DUNN 1984 a, b, c und 1985, GUY & WRIGLEY 1987), aber auch für die empirischen Auswertungen von G. FINCK (1990: Haushaltsbefragungen im Raum Mannheim). Als empirisch-ökonomische Arbeiten mit vergleichbarem Erklärungsansatz wurden nur R. VICKERMAN & T. BARMBY (1984) und J. R. BLAYLOCK (1989) gefunden. Beide Arbeiten formulieren zur Auswertung vorhandener Einkaufsverhaltensdaten Regressionsmodelle mit der abhängigen Variable Einkaufshäufigkeit (s. unten, 2.2).

Absatzwirtschaftlich orientierte Einzelarbeiten, die aus der Sicht des Konsumenten einzelne der gesuchten Verhaltensaspekte behandeln, stammen u. a. von DAVIS & RIGAUX (1974), RUHFUS (1976), BEBIÉ (1978), MÜLLER-HAGEDORN (1978, Handbuch 1986), DAHLHOFF (1980), BAUER & FINCK (1980), SCHANINGER (1981), BUFE (1981), GRUNDHÖFER (1982), D. MÜLLER (1989); für Österreich sind zu nennen: WIST (1975), MARSCHNER (1980 a, b, 1981, 1982), HUBER (1988). Weiters finden sich Einzelaussagen in Arbeiten der Forschungsstelle für den Handel Berlin (FfH 1980, 1981, 1983) und in den Literaturüberblicken von M. PIORKOWSKY (1984 a) und MAYER & BOOR (1988). Insgesamt überwiegen in diesem Literaturbereich also ältere Arbeiten.

Manche hier interessierenden Aspekte werden auch in agrar- und haushaltsökonomischen Arbeiten thematisiert: PERTZSCH (1975, mit Referierung der älteren deutschen Literatur), GRIMMER & SCHULZ-BORCK (1982), CÉCORA (1985, 1991, 1993).

c) Verkehrswissenschaftliche und verkehrsgeographische Arbeiten

In diesem Literaturbereich gibt es zahlreiche Arbeiten, die auf Verkehrs- oder Mobilitätserhebungen, d. h. Repräsentativerhebungen der täglichen Ortsveränderungen von Einzelpersonen, basieren. Dabei werden sowohl Personen- und Haushalts- als auch Raumstrukturvariablen erhoben und deren Einfluß u. a. auch auf das Einkaufs- und Versorgungsverhalten untersucht.

Die bekanntesten in Richtung Versorgungsverhalten ausgewerteten Erhebungen sind: 'Upsala Household Travel Survey' (BURNETT 1978, CROUCHLEY ET AL. 1982, HANSON & HANSON 1981, HANSON 1980 a, 1980 b, 1982, HUFF & HANSON 1986, HANSON & HUFF 1988); 'Hamilton Travel Diary Survey' in Kanada (MILLER & O'KELLY, 1983, O'KELLY, 1983, WILLIAMS 1988, 1989) und verschiedene Erhebungen in Stadtregionen Nordamerikas (vgl. STRATHMAN ET AL., 1994). In Mitteleuropa sind einschlägige Auswertungen von regionalen Verkehrsuntersuchungen im Rhein-Neckar-Raum, im Raum Salzburg und in Nürnberg zu nennen (WERMUTH 1978, 1982; E. RUPPERT 1981), aber auch von landesweiten Mobilitätserhebungen u. a. in den Niederlanden (VAN DER HOORN 1979, GOLOB 1986) und in Deutschland (KONTIV-Erhebungen 1976, 1982 und 1989: HAUTZINGER & KESSEL 1977, HERZ 1982, 1984; zur Methodik vgl. BRÖG 1985, HAUSHALTSBEFRAGUNGEN ZUM VERKEHRSVERHALTEN 1986, KLOAS & KUNERT 1994).

Auch in Österreich wurden ähnliche Verkehrserhebungen durchgeführt, z.B. eine Repräsentativerhebung in ganz Oberösterreich, zuletzt 1992 (AMT DER OÖ LANDESREGIERUNG 1995); kleinräumigere Erhebungen liegen für Graz und Salzburg inkl. Umgebung (NAHVERKEHRSKONZEPT ZENTRALRAUM SALZBURG 1985), für Stadtteile (Innsbruck: TIEFENTHALER ET AL. 1989) und einige Mittelstädte vor (z. B. GESAMTVERKEHRSKONZEPT WIENER NEUSTADT 1992). Sie wurden jedoch, von Einzelfällen (KÖLL 1989, VCÖ 1996) abgesehen, bisher nicht versorgungsspezifisch ausgewertet.

Ein Überblick über die wichtigsten Arbeiten wird im Abschnitt 2.2.(c) gegeben.

d) Geographische und regionalwissenschaftliche Versorgungs- und Einkaufsverhaltensforschung (im deutschen Sprachraum)

In geographischen Arbeiten über das Einkaufsverhalten steht bisher der Aspekt der Zielorte-Wahl eindeutig im Vordergrund; daneben werden vor allem Fragen der Versorgungsqualität thematisiert, letztere stärker in regionalwissenschaftlichen Arbeiten. Die hier interessierenden Aspekte werden nur selten bzw. oft nur nebenbei behandelt. Einschlägige Aussagen finden sich in folgenden Arbeiten: MÜLLER & NEIDHART (1972), BÖHM & KRINGS (1975), KLINGBEIL (1978), DÜRR (1979), KRETH (1979 a, b), POPP (1979), HEINRITZ (1979 b), WEHLING (1979); ESCHER, JURCZEK & POPP (1982); KUNST (1985: Veränderung der verhaltensrelevanten Distanzstruktur); KÖHLI (1990: Vergleich Türkinnen – Deutsche), KAGERMEIER (1991: Hinterland von Passau, ähnliche Struktur wie Niederösterreich).

Die Forschungssituation in Österreich ist darüber hinaus dadurch charakterisiert, daß neuere Arbeiten von Geographen über das Einkaufsverhalten nur für den urbanen bzw. suburbanen Raum vorliegen: SEGER (1987), WEICHHART (1988) – bezüglich der bis etwa 1980 erschienenen Literatur sei auf den Überblicksbeitrag von STIGLBAUER (1983) verwiesen. – Neuere Aussagen über das Versorgungsverhalten im ländlichen Raum Österreichs finden sich daher nur verstreut, überwiegend in Diplomarbeiten. Hier sind vor allem die zahlreichen, von K. ARNOLD betreuten regionalen Auswertungen der Kaufkraftstromanalyse Niederösterreich und nachfolgende Arbeiten zu nennen (vgl. Anhang zum Literaturverzeichnis dieses Bandes), weiters einige sozialgeographische

Gemeindeuntersuchungen (FUCHS 1984, KRAGLER 1984, BUCHACHER 1985, FERA 1985) und – aus aktionsräumlicher Perspektive – KADLETZ (1988).

e) Zeitgeographische, soziologische und andere verhaltenswissenschaftliche Arbeiten

'time geography', Zeitbudget- und soziologische Aktionsraumforschung: HÄGERSTRAND (1970), LENNTORP (1976, 1979); BLASS (1980), KÖSSLER (1984); HORTON & REYNOLDS (1971), CHAPIN (1974), CULLEN & GODSON (1975), CARLSTEIN, PARKES & THRIFT (1978 a, b, c); LINDE (1977), CLAR ET AL. (1979), DANGSCHAT ET AL. (1982), J. FRIEDRICHS (1977, 1990).

Agrar- und Landsoziologie (im deutschen Sprachraum): KNIRIM ET AL. (1974); PEVETZ & RICHTER (1993).

Psychologie und andere Verhaltenswissenschaften (in Österreich): LINDNER (1984), BUCHINGER (1988), PAMMER (1991).

f) Großbefragungen über das Einkaufsverhalten (in Österreich)

Lebensmittelhandelserhebung in Tirol (MARINELL & VAN STAA 1986); Kaufkraftstromanalyse Niederösterreich (K. ARNOLD ET AL. 1988); Kaufkraftstromanalyse Wien (BÖKEMANN ET AL. 1992, DOUBEK ET AL. 1993), Kaufkraftstromanalyse Vorarlberg (KAMMER D. GEWERBL. WIRTSCHAFT FÜR VORARLBERG 1989, teilweise aktualisiert in: REGIONALE KAUFKRAFT ... VORARLBERG, 1995).

Zu diesem Literaturbereich können auch einige Sonderprogramme der regelmäßigen Mikrozensus-Erhebungen des Österreichischen Statistischen Zentralamts gerechnet werden (vgl. VOLLMANN 1985, WOLF 1985, 1989; DENK 1989, ZEIDLER 1991 a, b, 1992, 1993; EICHWALDER 1993).

2.2. Einflußgrößen der Einkaufshäufigkeit

Explizit auf eine Erklärung der Einkaufshäufigkeit zielen vor allem Arbeiten aus den Literaturbereichen (a) formalisierte Modelle, (b) empirische wirtschaftswissenschaftliche Konsumentenforschung und (c) Verkehrswissenschaft und Verkehrsgeographie. Insbesondere von den Modellen wird der Einkaufshäufigkeit eine Schlüsselrolle im gesamten Versorgungsverhalten zugeschrieben. Daher werden die Literaturaussagen über die Einflußgrößen dieses Verhaltensmerkmals relativ ausführlich dargestellt.

a) Aussagen aus Modellen des Einkaufsverhaltens

Eine Zusammenschau der einschlägigen Aussagen der bereits zitierten Modelle bietet Tabelle 2-1. Es sei betont, daß alle diese Modelle nicht spezifisch für die Grundbedarfsdeckung, sondern allgemein für die Beschaffung mehrerer (zwei bis drei) Güter unterschiedlicher Besorgungshäufigkeit entwickelt wurden, und daß mit einer Ausnahme keine Preisunterschiede zwischen Geschäften berücksichtigt werden. In allen Modellen ist die Einkaufsfrequenz die primäre Zielgröße einer Optimierungsaufgabe des kostenminimierenden oder nutzenmaximierenden Haushalts. Es werden nur die wichtigsten Aussagen referiert; auf besonders restriktive oder diskutable Annahmen wird hingewiesen, jedoch ohne sie zu diskutieren.

Tabelle 2-1: Determinanten der Einkaufshäufigkeit in den ausgewählten Modellen des Einkaufsverhaltens

Determinante	Autoren	Bemerkung zu einzelnen Autoren bzw. Modellen
Verbrauchshäufigkeit bzw. Bedarfsmenge pro Zeiteinheit	Lange Bacon Mulligan Lentnek et al. Ingene & Ghosh	(nicht im Modell mit Ausgabenrestriktion) Maßzahl: Geldwert d. Bestandsverluste pro Tag
Lager(haltungs)kosten	Bacon Ingene & Ghosh	auch Lagerkapazitätsunterschiede erwähnt
Preis einer einzelnen Ware	Bacon Ingene & Ghosh Lentnek et al.	(nicht im Modell mit Ausgabenrestriktion) Tagespreis-Unterschiede zwischen Geschäften
Besorgungskosten insg. (ohne Preis der Waren)	Lange (Lentnek et al.)	Gesamt-Zeitaufwand ("Kopplungsspielraum") Annahme: unabh. v. Anzahl d. Güter u. d. Stationen
Fahrtkosten (meist ohne Verkehrsmittel-differenzierung)	Lange Bacon Mulligan Ingene & Ghosh	"äußere Raumüberwindung" auch Fahrtkostenunterschiede zw. Verkehrsmitteln
'shopping cost' (Zeitaufwand im Geschäft)	Lange Bacon	außerdem "Informationsaufwand" berücksichtigt direkt proportional z. Zahl der gekauften Güter
individ. Transportkapazität	Bacon	nur im nutzenmaximierenden Modell
Arbeitsort und andere Kopplungsmöglichkeiten	(Bacon)	nur verbal berücksichtigt
Distanz zu Geschäften verschied. Angebotsbreite	Mulligan Ingene & Ghosh	3 Geschäftstypen (Angebot: 1 / 2 / 3 Güter) 2 Geschäftstypen
Einkommen	Lange Bacon (1992)	

eigene Zusammenstellung; weitere Erläuterungen im Text.

Von den ausgewählten Modellen erscheinen für die Grundbedarfsdeckung am ehesten jene zutreffend, die die Bedarfsmenge als fix vorgegeben annehmen (Mengenrestriktion). Dies wird nur in Kostenminimierungsmodellen geleistet, während in nutzenmaximierenden Modellen ein größerer Nutzen durchwegs durch ein Mehr an erworbenen Gütern ausgedrückt wird. Andererseits wird bisher nur von nutzenmaximierenden Modellen auch der Zeitaufwand berücksichtigt.

Kostenminimierende Modelle sind von den genannten nur BACON (1984) und INGENE & GHOSH, beide mit Mengenrestriktion; als eine Variante betrachtet BACON als einziger auch den Fall einer Ausgabenrestriktion (fixe Gesamtausgabensumme), was am ehesten für besonders arme Haushalte zutrifft und praktisch zwangsweise dazu führt, daß die Ernährungsausgaben zwischen den ärmeren Haushalten am wenigsten variieren (Engel'sches Gesetz, vgl. A. ENGEL 1895).

Zu den einzelnen Einflußgrößen ist folgendes festzuhalten:

Verbrauchshäufigkeit bzw. Bedarfsmenge: Die Einflußrichtung ist in allen Modellen derart, daß rascher bzw. in größeren Mengen verbrauchte Güter häufiger eingekauft werden. Diese „Güter des kurzfristigen Bedarfs" geben den Grundrhythmus der Einkaufstätigkeit vor, welche in den meisten Modellen als eine Abfolge von 1-Gut- und Mehr-Güter-Einkäufen angenommen wird.

Lagerhaltungskosten und Lagerkapazität: Ein Haushalt kauft umso häufiger ein, je höher die *Lagerhaltungskosten* – welche sich nach BACON (1984, S. 17) zusammensetzen aus „technischen" Kosten der Lagerhaltung (Kühlung, Sicherheit), Opportunitätskosten der entgangenen Zinsen des ausgegebenen Geldes und aus Verderblichkeitskosten (Geldwert der wegen möglichen Verderbs über den eigentlichen Bedarf hinaus gekauften „Reservegüter") – sind. Ein Einfluß der *Lagerkapazität* wird nur von BACON erwähnt, und zwar derart, daß dann, wenn die Kapazität für die mit optimaler Frequenz beschafften Gütermengen nicht ausreicht, die Einkaufshäufigkeit erhöht werden muß.

Preis und Preisunterschiede einzelner Güter: Obwohl der Preis in der Basisformel der mengenrestringierten Modelle von BACON und INGENE & GHOSH vorkommt, übt er auf die Einkaufshäufigkeit kaum einen Einfluß aus, weil keine Preisunterschiede zwischen Geschäften berücksichtigt werden und daher immer ein Einkauf beim nächstgelegenen Angebot des jeweiligen Gutes angenommen wird. Unterschiedliche Preise desselben Gutes in verschiedenen Geschäften werden nur im nutzenmaximierenden Modell der „kontextuellen Theorie der Nachfrage" (LENTNEK ET AL.) berücksichtigt.

Besorgungskosten insgesamt: LANGE operationalisiert die Besorgungskosten durch den Zeitaufwand und nimmt an, daß umso mehr Güter bei einer einzelnen Besorgung gekauft werden, je mehr Zeit dem Konsumenten zur Verfügung steht; daraus resultiert eine Reduktion der Zahl der Einkäufe, also verminderte Einkaufshäufigkeit bei großem „Kopplungsspielraum" [1]. – LENTNEK ET AL. treffen die diskutable Annahme, daß die Zeit- und Geldkosten einer Besorgung unabhängig von der gekauften Gütermenge und von der Zahl der aufgesuchten Stationen seien. Die optimale Häufigkeit von Einkäufen ergibt sich in diesem Modell als Quotient aus den Gesamtkosten einer Besorgung dividiert durch den Geldwert der Bestandsverluste (Verbrauch plus eventueller Verderb) pro Tag, wobei nicht einzelne Güter, sondern Typen von Besorgungen nach Mindest-Einkaufslisten ('must-buy-list') berücksichtigt werden.

Fahrtkosten und Distanz zwischen Haushalt und Geschäft: In den meisten Modellen werden die Fahrtkosten nicht weiter differenziert; nur BACON erörtert auch den Einfluß der Kosten unterschiedlicher Verkehrsmittel (vgl. unten 2.4). Graphische Darstellungen der Fahrtkosten als direkt proportional zur Entfernung Haushalt–Geschäft finden sich im kostenminimierenden Modell von INGENE & GHOSH (1-dimensional entlang einer Strecke) und im nutzenmaximierenden Modell von MULLIGAN (2-dimensionaler Raum). In allen Modellen, die die Fahrtkosten berücksichtigen, nimmt mit zunehmenden Kosten bzw. zunehmender Entfernung die optimale Einkaufshäufigkeit ab.

'shopping cost': Der Besorgungsaufwand im Geschäft wird von LANGE als „innere Raumüberwindung" bezeichnet und als die durchschnittlich zwischen den Käufen zweier Güter im Geschäft benötigte Zeit quantifiziert, ähnlich von BACON und INGENE & GHOSH. Je höher dieser Zeitaufwand ist, desto häufiger wird – c.p. – eingekauft.

Individuelle Transportkapazität: LANGE behandelt diesen Aspekt unter „Besorgungskapazität", worunter er die in Volumen oder Gewicht gemessenen Transport-

---

[1]) LANGE (1972, 1973) wendet den Begriff „Kopplung" nur auf das Einkaufsverhalten i. e. S. an und versteht unter „horizontaler Kopplung" die gemeinsame Besorgung von Gütern gleicher Verbrauchshäufigkeit, und unter „vertikaler Kopplung" die gemeinsame Besorgung von Gütern unterschiedlicher Verbrauchshäufigkeit.

möglichkeiten des Konsumenten versteht; nach BACON wird die individuelle Transportkapazität durch die Nutzung eines bestimmten Verkehrsmittels und/oder körperliche Beschränkung bestimmt, wobei „Beschwerlichkeit" als negativer Nutzen quantifiziert wird. Daraus können sich Einschränkungen der gekauften Gütermenge ergeben, welche auf die Einkaufshäufigkeit erhöhend wirken.

Einkaufsmöglichkeiten durch Arbeitsort- und andere Kopplungen: Sie werden nur von BACON berücksichtigt. Einkäufe vom Arbeitsplatz aus oder gekoppelt mit anderen Tätigkeiten können seiner Meinung nach in gleicher Weise charakterisiert werden durch „Verfügbarkeit von Besorgungszeit ohne Raumüberwindungskosten". Er bezeichnet diesen Vorteil als so groß, daß zu fragen sei, warum nicht alle Besorgungen auf diese Weise getätigt werden; leider erörtert er diese Frage nur verbal und ohne die Richtung des Einflusses der Kopplungsmöglichkeiten auf die Einkaufshäufigkeit zu spezifizieren. Es ist aber anzunehmen, daß vermehrte Kopplungsmöglichkeiten eher frequenzerhöhend wirken.

Distanz zu Geschäften verschiedener Angebotsbreite: Für den Grundbedarf sind primär die Aussagen von INGENE & GHOSH relevant, weil sie aus einem kostenminimierenden Modell abgeleitet werden (das an sich empirisch reichere Modell von MULLIGAN ist nutzenmaximierend). Es werden zwei Güter unterschiedlicher Besorgungshäufigkeit, zwei Arten von Geschäften und zwei räumlich getrennte Geschäftestandorte betrachtet: ein „agglomerierter Standort", an dem ein hochrangiges Geschäft, das allerdings nur Gut 1, nicht auch Gut 2 anbietet (INGENE & GHOSH 1990, S. 72 [!]), sowie mindestens ein niedrigrangiges Geschäft, wo nur Gut 2 angeboten wird, bestehen, und in größerer Entfernung ein „isolierter Standort" mit einem niedrigrangigen Geschäft. Die Einkaufshäufigkeiten insgesamt (Ein-Gut- und Zwei-Güter-Einkäufe zusammen) sind bei Konsumenten in unmittelbarer Nähe der beiden Geschäftestandorte nicht wesentlich verschieden, mit zunehmender Entfernung von beiden Geschäftestandorten nimmt die Gesamteinkaufshäufigkeit durchwegs ab. Dabei bestehen jedoch große Unterschiede: Im Raum zwischen den beiden Geschäftestandorten unterschreitet die Häufigkeit nirgends die Hälfte des Maximums, während in der Peripherie, d.h. an Wohnstandorten jenseits des „isolierten Standorts", die Einkaufshäufigkeit gegen Null geht (INGENE & GHOSH 1990, S. 77).

Einkommen: Abgesehen vom Modell mit Ausgabenrestriktion (s. oben) wird ein direkter Einfluß des Haushaltseinkommens nur von LANGE und im nutzenmaximierenden Modell des aggregierten Einkaufsverhaltens von BACON (1992) identifiziert. Nach LANGE wirkt sich höheres Einkommen über eine Erhöhung der Fahrgeschwindigkeit (schnellere Verkehrsmittel verfügbar) nur auf die möglichen Einkaufsdistanzen und damit auf die Einkaufsweglängen aus (s. unten, 2.6.) aus; nach BACON bewirkt höheres Einkommen eine Erhöhung der Einkaufshäufigkeit auch der einzelnen Haushalte.

b) Wirtschaftswissenschaftliche Konsumentenforschung

Die beiden unter 2.1.b) genannten *empirischen Modelle* sind als Zwei-Gleichungsmodelle formuliert, die simultan die Ausgabenhöhe und die Einkaufshäufigkeit schätzen. VICKERMAN & BARMBY (1984) analysieren sämtliche Einkaufsaktivitäten von Haushalten, während BLAYLOCK (1989) als einziger der bisher genannten Autoren ein Modell speziell für das Versorgungsverhalten mit Lebensmitteln aufstellt.

VICKERMAN & BARMBY berücksichtigen zur Erklärung der Häufigkeit von Einkaufsausgängen britischer Haushalte (Daten: 'shopping diaries', Sussex, 1972) folgende Einflußgrößen: Haushaltseinkommen, Haushaltsgröße und Pkw-Anzahl, und zwei Indizes, die die Geschäfteattraktivität im Umkreis des Wohnstandorts und die Fahrtkosten zu denselben Geschäftszentren beschreiben. Mit diesen fünf Variablen wird ein formal gültiges Regressionsmodell erzielt, welches allerdings nur 3 % der Varianz der Einkaufsfahrten zu erklären vermag – wobei die beiden Raumvariablen einen größeren Einfluß als die drei Haushaltsstrukturvariablen ausüben.

Das Modell der Lebensmittel-Einkaufshäufigkeit von BLAYLOCK wurde empirisch an einer landesweiten Konsumstichprobe von US-amerikanischen Haushalten (US Food Consumption Survey, 1985) überprüft. Es enthält folgende Erklärungsvariablen, wobei auch ihre Einflußrichtung und relative Einflußstärke angegeben ist (Tabelle 2-2):

Tabelle 2-2: Einflußgrößen der Lebensmittel-Einkaufshäufigkeit im empirischen Modell von J. R. Blaylock

Einflußgröße (in Klammer: Erläuterung zur Codierung)	Erwartete | festgest. Einflußrichtung *)		Reihung nach Einflußstärke
Hh-Einkommen pro Kopf	–	?	13 (nicht sign.)
Ausgaben für Lebensmittel	+	+	12
Haushaltsgröße	+	+	5
Haushaltsvorstand weiblich (1 = kein männl. Erwachsener)	–	–	4
Erwerbstätigkeit der Hausfrau (1 voll, 0 nicht beschäftigt)	?	–	8
Alter der Hausfrau	?	+	3
Bildungsniveau der Hausfrau (besuchte Schuljahre)	?	+	7
Mahlzeiten außer Haus (Anzahl p. Woche)	–	–	10
selbsterzeugte Nahrungsmittel (Geldwert p. Woche)	–	–	11
Hautfarbe (1 farbig, 0 weiß)	–	–	1
staatl. Unterstützung durch 'Food Stamp Program' (1 = ja)	–	–	2
Region innerhalb USA **)	?	s. Anmkg	6
Distanz zum nächstliegenden Lebensmittel-Geschäft	–	–	9

Quelle: Blaylock 1989, S. 846.
Anmerkungen zu Tabelle 2-2:
*) Einflußrichtung: + je größer, desto häufiger wird eingekauft; – je kleiner, desto häufiger;
    ? Einflußrichtung nicht spezifiziert.
**) Der Einfluß der Region der USA (Northeast / North Central / South / West) wurde durch drei Dummy-Variablen in Relation zur Region Northeast spezifiziert, wobei die Einkaufshäufigkeit wie folgt abnimmt: Northeast > North Central > South > West; die Differenzen zwischen Nordost- und Westregion und zwischen Nordost- und Südregion erwiesen sich in der multivariaten Analyse als signifikant.

In BLAYLOCKs Untersuchung ergaben sich als wichtigste Determinanten der Einkaufshäufigkeit also Hautfarbe und Lebensmittelkartenbezug, gefolgt von Alter der Frau, Fehlen eines männlichen Erwachsenen im Haushalt, Haushaltsgröße und großräumiger Lage des Wohnorts. Erst an 9. Stelle wirkt die Distanz des nächstgelegenen Lebensmittelgeschäfts; fast keinen Einfluß übt die Ausgabenhöhe, überhaupt keinen Einfluß das Haushaltseinkommen aus. – Auch wenn man die beiden erstgenannten Einflußgrößen als US-spezifisch ausklammert, bleibt als Ergebnis festzuhalten, daß den

Haushaltsstrukturvariablen ein deutlich stärkerer Einfluß als den Raumstrukturvariablen zuzukommen scheint; dabei ist freilich auch die unterschiedliche Zahl von Erklärungsvariablen in den zwei Gruppen in Rechnung zu stellen.

c) Verkehrswissenschaft und Verkehrsgeographie

Die wichtigsten der in 2.1.(c) erwähnten Arbeiten, die sowohl Personen- und Haushalts- als auch Raumstrukturmerkmale zur Erklärung des Einkaufsverkehrsverhaltens – überwiegend der Einkaufshäufigkeit, aber auch weiterer Aspekte – heranziehen, sind in Tabelle 2-3 zusammengestellt. Drei davon erklären die *Häufigkeit von Einkaufsaktivitäten,* ebenso wie hier beabsichtigt, unter Anwendung multivariater Verfahren (methodische Details siehe unten, 2.8).

M. WERMUTH (1982) untersucht mit einer hierarchischen Varianzanalyse die Häufigkeit einzelner Aktivitäten, darunter Einkaufen, von Personen im Tagesablauf. Nach seinen Ergebnissen läßt sich das Auftreten einer Aktivität ganz überwiegend aus den Personenmerkmalen Alter, Beruf, Geschlecht und Pkw-Verfügbarkeit erklären, zu einem weiteren nennenswerten Anteil aus Haushaltsmerkmalen, und (im Schnitt aller Aktivitäten) nur zu 4 % aus Raumstrukturmerkmalen; bei der Aktivität Einkaufen beträgt dieser Anteil gar nur 2 %. WERMUTH erwähnt allerdings, daß der Erklärungsanteil der Raumstruktur größer wäre, wenn die Standortseinheiten kleinräumiger abgegrenzt worden wären.

Susan HANSON (1982) untersucht mit multipler Regressionsanalyse u. a. die Häufigkeit von Geschäftsbesuchen (Zahl aufgesuchter Geschäfte) pro Person. Sie kommt zum Ergebnis, daß diese bei Berufstätigen hauptsächlich von drei Personenmerkmalen abhängt, nämlich Geschlecht (Frauen kaufen häufiger ein als Männer), Bildungsstand (höher Gebildete häufiger) und Beschäftigungsausmaß (Vollbeschäftigte seltener); an vierter Stelle von dem Raumstrukturmerkmal „Zahl von Einrichtungen aller Art (Tätigkeitsgelegenheiten) im Umkreis von 1 km ab der Arbeitsstätte" (je mehr, desto häufiger). Bei Nichtberufstätigen hängt die Häufigkeit nur von Geschlecht und Bildungsstand ab. Der auf diese vier bzw. zwei Merkmale rückführbare Erklärungsanteil beträgt allerdings nur 20 % bzw. 28 %. – In einem neueren Beitrag faßt HANSON die Ergebnisse dieser und mehrerer vergleichbarer Untersuchungen wie folgt zusammen: 'The characteristics of the individual traveler have been found to be more important than attributes of the spatial environment (the nature of the transportation system or the location of potential destinations) in shaping travel patterns' (HANSON & SCHWAB 1986, S. 177).

P. A. WILLIAMS (1989) untersucht den Einfluß der Wohnstandortlage, ausgedrückt durch ein aggregiertes Erreichbarkeitsmaß, auf die Wegehäufigkeit von Haushalten. Er zeigt zunächst graphisch bzw. in bivariatem Erklärungszusammenhang, daß Bewohner der 'suburbs' generell höhere Wegehäufigkeit als Innenstadtbewohner haben. In einer nachfolgenden multivariaten Analyse kommt er zum Ergebnis, daß nichträumliche Merkmale wesentlich mehr erklären als räumliche. In seinen Berechnungen werden allerdings die nichträumlichen Einflußgrößen nicht durch Strukturmerkmale abgebildet, sondern durch ein Verhaltensmerkmal (sic!), die „Gesamtzahl von Außer-Haus-Erledigungen", welche in einem vorgelagerten Modell aus den fünf Haushaltsvariablen, aber auch aus der Wohnstandortlage „erklärt" wird (WILLIAMS 1988). Dies entwertet seine Ergebnisse zumindest für den hier verfolgten Ansatz.

Tabelle 2-3: Einflußgrößen des Einkaufsverkehrsverhaltens, Zusammenschau empirischer Arbeiten

Autoren	Datenbasis: Stadt / Gebiet, Erhebungsjahr und -dauer, Stichprobe	zur Erklärung herangezogene **Personen- und Haushalts-variablen**	herangezogene **Raum-variablen** *kursiv: kleinste räumliche Analyseeinheit (Anzahl)*	**Explananda** (nur einkaufsspezifische Sachverhalte angeführt)
van der Hoorn (1979)	Niederlande 1975, 1066 Personen, 'diaries' über 1 Woche	Autoverfügbarkeit; 5 Personengruppen: erwerbstät. M, F*, Hausfrauen, Schüler /Studenten, andere	1 Var: *Siedlungsräume (7):* ländlich, ländl.-industrialisiert, Kleinstädte, Pendlerstädte, Mittelstädte, Großstädte, Metropolen	Einkaufszeitaufwand (Wegezeit, 'in-store'-Zeit) pro Woche
Ruppert et al. (1981)	Nürnberg 1975, 4130 Haushalte, 1 Werktag	Hh-größe, Alter aller Pers., Erwerbstätig-keit d. Manns, Pkw-Zahl, Haushaltstyp (nach Lebenszyklus-phase)	1 Var: statist. Distrikte n. Wohnlage: Zentrum, Nebenzentren (NZ), Einzugsbereiche von NZ, Randgebiete *Wohnlage (4 Typen)*	Einkaufshäufigkeit, Einkaufswegdauer, Fahrtenketten
Wermuth (1978, 1982)	Salzburg + Umg. / Rhein-Neckar 1970 44.000 / 404.000 Personen, 1 Tag	Personen und Haushalte als Faktoren einer Varianzanalyse	Verkehrszellen u. -bezirke als Faktoren einer Varianzanalyse *Verkehrszellen (134 / 626)*	Häufigkeit der Aktivität "Einkaufen" am Berichtstag
Hanson (1982)	Upsala (Schweden) 1971, 350 Personen, 'travel diaries' über 35 Tage	6 SD Person-Var; 3 Haushalts-Var: Einkommen, Haushaltsgröße, Pkw-Verfügbarkeit	4 Var (urspr. 41 Var): Zahl der Tätigkeitsgelegenheiten im Umkreis von 1 bzw. 4 km vom WSt bzw. Arbeitsplatz; *WSt, Arbeitsplatz (ca. 300)*	Zahl der Geschäftsbesuche
Herz (1982, 1984)	gesamte BRD 1976 + 1982, ca. 65.000 Personen, 1 Werktag (KONTIV-Erhebung)	6 SD Person-Var: Geschl., Erwerbst., Lebenszyklus, Pkw-besitz, Bildung, Wohnform	2 Var: Bevölkerungsdichte-, Gemeindegrößenklasse *Verkehrsbezirke (18 Typen, davon 2 dargestellt)*	Einkaufshäufigkeit, Einkaufszeitdauer, Kopplungen beim Einkaufen, Aktivitätensequenzen
Williams (1988, 1989)	Hamilton (Canada) 1978, 704 Haushalte, 'travel diaries' 14 Tage	5 Haushalts-Var: Hh-Einkommen, Ø-Alter, Hh-größe, beschäft. Hh-mitgl., Pkw-Zahl	1 Var: Lagequalität-Index des WSt (erreichbare Einkaufs-, Arbeits-, Freizeitgeleg., Ø Pkw-Fahrzeit; *146 Stadtteile*	Wegehäufigkeit, Mehrfachzielfahrten, Reisezeiten
Strathman et al. (1994)	Portland Region (US) 1985, 2718 Haushalte, 1 Wochentag	1 Pers-Var: Geschl., 14 Hh.-Var: Pkw-Zahl, Einkommen, Hh-typ (12 Typen)	4 Vars: Arbeitsort CBD, Arbeitsort Suburb, WSt Suburb, Distanz z. Arbeit	Wegeketten

Quelle: eigene Zusammenstellung;
* Abkürzungen: F Frauen, M Männer; SD = soziodemographisch(e); Var = Variable(n); WSt = Wohnstandort.

Die übrigen Arbeiten enthalten u. a. folgende Aussagen über *Einflüsse* auf die *Einkaufshäufigkeit*, jedoch nur aus bivariatem oder deskriptivem Erklärungsrahmen:
Kinderbetreuung und Berufstätigkeit der Hausfrau: Frauen mit Kind kaufen mit steigendem Beschäftigungsausmaß seltener ein (RUPPERT).

Lebenszyklusphase: 2-Personen-Rentnerhaushalte kaufen deutlich häufiger ein als jüngere 2-Personen-Haushalte (RUPPERT).

Pkw-Verfügbarkeit: kontroverse Aussagen über die Einflußrichtung. Während die meisten Arbeiten einen erhöhenden Einfluß angeben, ergab sich für Stadtrandhaushalte von Innsbruck (KÖLL) bei voller Pkw-Verfügbarkeit die geringste Einkaushäufigkeit: nur 1 Einkauf pro Woche, gegenüber 5 Einkäufen von Berufstätigen ohne Pkw.

Großräumige Lage: Hausfrauen aus dem ländlichen Raum kaufen seltener ein als städtische; jedoch ist dieser Einfluß geringer als jener der *Pkw-Verfügbarkeit* (HERZ).

d) Aussagen der übrigen Versorgungs- und Einkaufsverhaltensforschung

In den übrigen Literaturbereichen wurden Aussagen über die Abhängigkeit der Einkaufshäufigkeit bisher nur aus deskriptiven oder höchstens bivariaten Erklärungszusammenhängen abgeleitet. Die soziologische Aktionsraumforschung stellte Hypothesen über die Auswirkungen unterschiedlicher Wohnortlage in Städten auf. Auf die Einkaufshäufigkeit anwendbar erscheint am ehesten die *Restriktionshypothese*, gemäß der bei hoher Distanzbelastung die Dauer und/oder Reichweite von Tätigkeiten reduziert oder überhaupt auf sie verzichtet wird (FRIEDRICHS 1977).

Alter / Lebenszyklusphase und Berufstätigkeit: Laut WEHLING kaufen berufstätige Hausfrauen Lebensmittel unabhängig vom Alter etwa 10 mal pro Monat ein, nichtberufstätige je nach Lebenszyklus 12 mal (mit kleinem Kind) bis 9 mal (im Pensionsalter). Nach KAGERMEIER hat die Berufstätigkeit der Hausfrau keinen Einfluß, aber eine Doppelberufstätigkeit von Mann und Frau erhöht die Einkaufshäufigkeit.

Sozialschicht: keine lineare Beziehung (KRETH, für Mainz); Hausfrauen der Unterschicht kaufen Grundbedarf 7 mal im Monat, jene der Mittelschicht 10 mal (KRAGLER, für Glanegg, Kärnten);

Nationalität: Ausländerinnen kaufen häufiger ein als Deutsche (KÖHLI, für Kiel).

Wohndauer am Ort: Eingesessene und Zugezogene unterscheiden sich hinsichtlich Einkaufshäufigkeit nicht (ESCHER ET AL., WEBER 1993).

Geschäftsart: je größer ein Verbrauchermarkt, desto seltener wird in diesem eingekauft (WEICHHART).

Einkaufsort-Wahl: Haushalte, die nicht am Wohnort einkaufen, kaufen seltener ein (KAGERMEIER).

Arbeitsort: berufstätige Hausfrauen kaufen umso häufiger ein, je besser das Angebot am Arbeitsort ist (KADLETZ).

Zeitdistanz zum aufgesuchten Lebensmittelgeschäft: je kürzer diese ist, desto häufiger wird eingekauft (KRETH, signifikant); ähnlich HEINRITZ, der aber nur Käufe in Verbrauchermärkten untersucht.

Siedlungsgröße und Wohnortlage: In Großstädten werden häufiger tägliche Kleineinkäufe von Lebensmitteln als auf dem Land getätigt (MARSCHNER, für Innsbruck und Bezirk Reutte). Dieselbe Tendenz ergibt sich aus den MIKROZENSUS-Erhebungen 1984 und 1990 (ZEIDLER 1991 a).

Vorratshaltung: Da in den Haushaltstypen bzw. Raumkategorien geringer Einkaufshäufigkeit auch die Vorräte tendenziell größer sind (ZEIDLER 1991 b), kann man folgenden Schluß ziehen: je größer die gehaltenen Vorräte, desto seltener wird eingekauft.

2.3. Einflußgrößen der personellen Beteiligung von Haushaltsmitgliedern an der Grundbedarfsdeckung

Dieser Verhaltensaspekt wird in den ausgewählten Modellen nicht behandelt. Allgemeine Aussagen über die personelle Beteiligung an der Versorgung des Haushalts finden sich in der wirtschaftswissenschaftlichen Literatur. Viele Arbeiten betonen die überragende Rolle der Hausfrau, welche auch als *'gate-keeper'*-Funktion (A. BEBIÉ 1978) bezeichnet wird. Sie äußert sich u. a. darin, daß die Hausfrau fast alle Nahrungsmittel der Familie nach ihrem Gutdünken einkauft und nahezu den gesamten Bedarf ihrer kleineren Kinder selbst artikuliert und einkauft (MAYER & BOOR 1988).

Diese generelle Tendenz wurde durch die meisten der genannten empirischen Arbeiten bestätigt. Personenbezogene Erhebungen (vgl. 2.2.c, MIKROZENSUS 1990) ergaben übereinstimmend folgende Abfolge der Einkaufshäufigkeit von Personengruppen: nichtberufstätige Hausfrauen > berufstätige Frauen > Pensionistinnen > Pensionisten > berufstätige Männer. Differenziertere, haushaltsbezogene Aussagen über Einflüsse auf die personelle Einkaufsbeteiligung – zumeist nur durch deskriptive Verfahren gewonnen – besagen:

Lebenszyklusphase: In jüngeren Haushalten kauft durchwegs die Hausfrau überwiegend und der Mann kaum ein, auch dann nicht, wenn die Frau durch Beruf und Kinder mehrfach belastet ist; erst in 2-Personen-Altenhaushalten kaufen Männer viel häufiger als früher, u. U. sogar häufiger als ihre Frauen (RUPPERT, für Nürnberg).

Berufsschicht / „Agrarität": In den Haushalten von Landwirten ist der Anteil der Grundbedarfsbesorgungen durch die Hausfrau allein am geringsten, die Beteiligung anderer Haushaltsmitglieder am größten (österr. MIKROZENSUS 1984, PERTZSCH 1975 für Hessen).

Arbeitszeitregime des Mannes in Familien mit Kindern: LINDNER (1984, für den Raum Bischofshofen, Land Salzburg) weist nach, daß sich Schichtarbeiter in signifikant höherem Ausmaß an den Hausarbeiten, darunter Einkaufen, beteiligen als vergleichbare männliche Haushaltsvorstände mit starrer Arbeitszeit; diese Aussage gewinnt dadurch an Gewicht, daß sie mit einem multivariaten Verfahren (mehrfaktorielle Varianzanalyse) erzielt wurde.

Ein Hinweis auf die Bedeutung *haushaltsübergreifender Bedarfsdeckung* findet sich bei CÉCORA (1985): Im ländlichen Raum unternehmen 9 – 11 % der Haushalte regelmäßig und 44 – 53 % der Haushalte fallweise Einkaufsfahrten gemeinsam mit Nachbarn (obwohl sämtliche Erhebungshaushalte mindestens 1 Pkw besaßen !); Vergleichszahlen für städtische Räume und für Österreich liegen leider nicht vor.

2.4. Einflußgrößen der Verkehrsmittelnutzung bei der Grundbedarfsdeckung

Von den angeführten versorgungsspezifischen Modellen behandelt nur BACON (1984) die Frage der Verkehrsmittelwahl. Er identifiziert hiefür drei Einflußgrößen:

Fahrtkostenunterschiede zwischen Verkehrsmitteln, aber auch zwischen Haushalten: der optimierende Haushalt wählt das kostengünstigste Verkehrsmittel;

unterschiedliche Fahrzeugverfügbarkeit, vor allem bezüglich Pkw im Haushalt: bei geringer Verfügbarkeit kann auch ein abwechselndes Nutzen zweier verschiedener Verkehrsmittel (Pkw, Bus) optimal sein;

Käufe vom Arbeitsplatz aus (Arbeitsortkopplung): durch einen Arbeitsplatz in der Nähe von Einkaufsgelegenheiten erhöht sich der Anteil der zu Fuß getätigten Besorgungen.

Ein allgemeines – nicht versorgungsspezifisches – theoretisches Modell der fahrtspezifischen Verkehrsmittelwahl für die Alternative Pkw oder ÖV hat M. WERMUTH (1980) vorgelegt und anhand der Rhein-Neckar-Verkehrserhebung (vgl. Tabelle 2-3) getestet.

WERMUTH nimmt Einflußfaktoren auf zwei Ebenen an: indirekte Faktoren, welche vor allem soziodemographische Merkmale des Verkehrsteilnehmers, aber auch objektive Merkmale der Verkehrsmittel (z. B. Frequenz, Fahrtdauer) umfassen, und direkte Faktoren, welche (1.) äußere Zwänge (objektive Gründe), (2.) subjektive Gründe und (3.) kognitive Merkmale der Verkehrsmittel umfassen (a.a.O., S. 97 ff). In diesem konzeptionellen Rahmen wird die eigentliche Verkehrsmittelwahl als Entscheidungsprozeß mit fünfstufiger Hierarchie von jeweils dicho- bis trichotomen „Prozeßvariablen" aufgefaßt:
Die oberste Ebene bilden Pkw-Besitz bzw. Existenz eines öffentlichen Verkehrsmittels, die nächste die ständige Pkw-Verfügbarkeit, die dritte Ebene die fahrtspezifische Pkw-Verfügbarkeit – die Ebenen 2 und 3 hängen außer von Personenmerkmalen nur von der jeweils nächsthöheren Hierarchieebene ab – . Erst auf der vierten Ebene wird die fahrtspezifische Verkehrsmittelwahlsituation analysiert, in welche auch subjektive Gründe eingehen und die drei Ausprägungen besitzt: Pkw-Gebundenheit, ÖV-Gebundenheit und Wahlfreiheit. Personen, die entweder an den Pkw oder an ein öffentliches Verkehrsmittel gebunden sind – das waren im empirischen Test des Modells 39 % (Pkw) bzw. 27 % (ÖV) – treffen die Entscheidung bereits auf dieser Ebene; lediglich wahlfreie Personen (ca. 34 %) entscheiden die fahrtspezifische Verkehrsmittelbenutzung (fünfte Ebene) aufgrund subjektiv bewerteter Qualitätsmerkmale der beiden Verkehrsmittel.

Da die fahrtspezifische Pkw-Verfügbarkeit und Verkehrsmittelwahlsituation nur sehr schwer empirisch erhoben werden können, sind zur Implementierung dieses Modells aufwendige Schätz-Berechnungen der Übergangswahrscheinlichkeiten zwischen Entscheidungsebene 2 und 3 sowie 3 und 4 erforderlich (WERMUTH 1980, S. 113 – 117). Dies dürfte mit ein Grund sein, daß dieses Modell m. W. bisher noch nicht in Untersuchungen des Versorgungsverhaltens angewandt wurde. Bei einer Anwendung im Rahmen des vorliegenden Ansatzes wäre weiters zu berücksichtigen, daß das Wermuth-Modell nur die Verkehrsmittelnutzung für einen einzelnen Versorgungsweg erklärt, und daß zur Erklärung der Verkehrsmittelanteile in einem längeren Zeitraum ein sehr großer Erhebungsaufwand bzw. zusätzliche Annahmen erforderlich wären.

Ein Einfluß der *Pkw-Verfügbarkeit* auf die Verkehrsmittelwahl wird von vielen der genannten empirischen Arbeiten nachgewiesen; darüber hinaus werden folgende Einflußgrößen erwähnt:
Haushaltsgröße / Generationenzahl: Drei-Generationen-Haushalte haben den höchsten Pkw-Anteil und den geringsten Fußweg-Anteil bei ihren „täglichen Besorgungen" (MIKROZENSUS 1984; mit folgender Einschränkung: Das Verkehrsmittel wurde nur für alle Besorgungen zusammen erfragt, wobei nur 3 von 9 vorgegebenen Besorgungen den Grundbedarf im vorliegenden Sinn betreffen).

Berufsschicht / „Agrarität": Landwirtshaushalte haben den höchsten Pkw-Anteil und den geringsten Fußweg-Anteil (MIKROZENSUS 1984, s. oben).

Lebenszyklusphase: Pensionisten erledigen die „täglichen Besorgungen" „teilweise oder immer" relativ am meisten mit öffentlichen Verkehrsmitteln, wobei der Anteil in ländlichen Gemeinden sogar höher als in Großstädten ist (28 bzw. 25 %, ebenda). – Im Gegensatz dazu berichtet KAGERMEIER, daß öffentliche Verkehrsmittel nur von 0,5 % aller ländlichen Haushalte „hauptsächlich" zur Grundbedarfsdeckung benutzt werden.

Siedlungsgröße: In Orten mit < 5000 Einw. geschehen 50 – 55 % der Lebensmitteleinkäufe zu Fuß, in Großstädten mit > 500.000 Einw. 80 – 85 % (sieben deutsche Untersuchungen 1962–1969, referiert von PERTZSCH 1975). Für Österreich 1984 ergab sich, daß die „täglichen Besorgungen" in Großstädten von 33 % der Haushalte zur Gänze zu Fuß erledigt werden, in Landgemeinden nur von 5 % (VOLLMANN 1985).

Geschäfteausstattung des Wohnorts / Distanz Wohnstandort – Lebensmittelgeschäft: Bewohner von Kleinsiedlungen (ohne Geschäfte) kaufen relativ häufiger mit Pkw ein als Bewohner von Gemeindehauptorten (KADLETZ; KAGERMEIER, signifikant); letztere verzichten zu etwa 25 % auf vorhandene Pkws und tätigen die Einkäufe zu Fuß oder mit Fahrrad (KAGERMEIER).

2.5. Einflußgrößen des Kopplungsverhaltens bei der Grundbedarfsdeckung

Unter „Kopplungen" werden in dieser Arbeit, in Anlehnung an die Terminologie bei HEINRITZ („mono-/multifinale" Ausgänge) und den meisten geographischen Autoren, Mehrzweck-Ausgänge verstanden, die außer einem Grundbedarfseinkauf noch mindestens eine andere Erledigung umfassen; die genaue Operationalisierung der zu untersuchenden Verhaltensbegriffe erfolgt in Abschnitt 3.1. Eine deskriptive Aussage über die Bedeutung von Kopplungskäufen findet sich bei CÉCORA (1985): 46,3 % der von ihm untersuchten Haushalte tätigen wenigstens 1 mal im Monat einen Lebensmitteleinkauf auf dem Arbeits- oder Schulweg, wobei auf solche Käufe nur 7 % der Lebensmittelausgaben entfallen.

Von den erwähnten Modellen behandelt nur BACON dieses Phänomen ('joint purpose trips'), und zwar im Rahmen der Verkehrsmittelwahl; s. oben. Von seiten der soziologischen Aktionsraumforschung wurde die *Kompensationshypothese* entwickelt, welche besagt, daß höhere Distanzbelastung sich durch erhöhte Rationalität und durch *Koppelung* von Tätigkeiten kompensieren läßt (FRIEDRICHS 1977).

Unter den empirischen Arbeiten bringt vor allem R. HERZ (1982, 1984) Aussagen über Einflußgrößen des Kopplungsverhaltens. HERZ untersucht zwei Kopplungsphänomene, die hier wie folgt bezeichnet werden: „Mehrfach-Einkäufe" (mehr als 1 Einkauf, also 2 oder mehr Geschäftsbesuche mit mindestens 1 Weg dazwischen, pro Tag) und „Mehrzweckausgänge mit Einkauf" (mindestens 1 Einkauf und mindestens 1 Erledigung anderer Art – z. B. Arbeit, Freizeit – im Rahmen eines Ausgangs), und schlüsselt sie u. a. nach fünf Personenkategorien und zwei Raumstrukturtypen auf: siehe Tabelle 2-4.

Tabelle 2-4: „Stadt-Land"-Vergleich des Kopplungsverhaltens in der BRD laut KONTIV-Erhebungen

Kopplungsaspekt	Erheb.-jahr	erwerbstät. M urban	rural	erwerbstät. F urban	rural	Hausfrauen urban	rural	Rentner, M+F urban	rural	Jugendliche urban	rural
% Personen mit Mehrfach-Einkäufen	1976	< 1	< 1	1,2	1,2	10,1	7,7	8,9	2,4	< 1	< 1
	1982	< 1	< 1	1,2	< 1	10,0	6,7	2,1	4,4	< 1	< 1
% Personen mit Mehrzweckausgang mit Einkauf	1976	2,0	* 1,2	5,0	* 2,9	1,4	* < 1	1,0	* < 1	< 1	< 1
	1982	1,9	< 1	6,2	6,6	4,0	2,4	< 1	4,4	< 1	< 1

Quelle: eigene Zusammenstellung und Berechnungen nach R. HERZ, 1982 und 1984.

Erläuterungen zu Tabelle 2-4:

„urban": Großstädte > 300.000 Einw., „rural": Gemeinden < 5000 Einw. in dünnbesiedelten Regionen.

* (zwischen zwei Zahlen): Unterschied zwischen urban und rural signifikant (t-Test, alpha = 0,05).

Die angegebenen Werte beziehen sich i. a. auf Personen mit vergleichbaren Mobilitätsbedingungen, d. s. Führerscheinbesitzer in Haushalten mit mind. 1 Pkw; nur bei den Jugendlichen auf alle Personen.

Die aus Tabelle 2-4 abzuleitenden Aussagen über die „Kopplungsneigungen" von Personen werden im folgenden weiteren empirischen Ergebnissen gegenübergestellt.

Erwerbsstatus und Geschlecht: Mehrfach-Einkäufe werden am häufigsten von nichtberufstätigen Hausfrauen getätigt, gefolgt von Rentnerinnen und Rentnern; Mehrzweckausgänge mit Einkauf sind hingegen bei berufstätigen Frauen am häufigsten. Bei den übrigen Personengruppen treten Kopplungen nur selten auf. – Dies deckt sich mit empirischen Erkenntnissen der soziologischen Aktionsraumforschung (FRIEDRICHS 1990).

Siedlungsstruktur: 1976 bestand bei fast allen Personengruppen im urbanen Raum eine signifikant höhere Neigung zu Mehrzweckausgängen mit Einkauf – nicht jedoch zu Mehrfach-Einkäufen – als im ländlichen Raum; 1982 waren diese Unterschiede allerdings wesentlich geringer. – Nach MARSCHNER (1981) bestand in Innsbruck eine doppelt so hohe Kopplungsrate als im Landbezirk Reutte (16,5 % aller Lebensmitteleinkäufe auf Arbeits- oder Schulweg, gegenüber 8 %). Laut MIKROZENSUS 1984 erledigen Haushalte in Großstädten die täglichen Besorgungen zu 23 % nicht von der Wohnung aus (also auf jeden Fall mit Kopplung), ländliche Haushalte nur zu 16 %.

Geschäftsstandort: Für Kunden von Verbrauchermärkten [VM] ermittelte POPP (1979), daß VM im ländlichen Raum häufiger im Rahmen von Mehrzweckausgängen aufgesucht werden als innerstädtische VM.

2.6. Einflußgrößen der Wegstrecken und Wegezeiten bei der Grundbedarfsdeckung

Die zurückgelegten Wegstrecken sind nicht nur eine Funktion der Einkaufshäufigkeit, sondern auch der Zielorte-Wahl, welche im vorliegenden Ansatz nicht untersucht wird. Die aufgewendeten Wegezeiten ergeben sich im wesentlichen als Funktion von Wegstrecken und Verkehrsmittel.

Formal-theoretische Aussagen über **Wegstrecken** enthält nur das aggregierte Einkaufsverkehrsverhaltensmodell von BACON (1992). Darin wird begründet, daß durch eine Fahrtkostenverteuerung nicht nur die Zahl der Einkaufswege, sondern auch die Gesamtlänge der zurückgelegten Strecken zurückgeht. Dieselbe Wirkung kann mit gewissem Vorbehalt auch für eine Distanzzunahme, also für entferntere Wohnstandorte, angenommen werden.

Folgende empirische Arbeiten treffen Aussagen über Einflüsse auf die Wegstrecken, wobei nur MÜLLER & NEIDHART (1972) ein multivariates Verfahren anwandten:

Alter: Ältere Haushalte legen kürzere Wege zurück (MÜLLER & NEIDHART).

Wohndauer am Ort: Alteingesessene haben stärkere Ortsbindung (ebenda).

Sozialschicht / Pkw-Verfügbarkeit: je höher der Status, desto längere Einkaufswege werden zurückgelegt; ebenso bei höherer Pkw-Verfügbarkeit (ebenda); bei höheren Schichten sind die Einkaufs-Aktionsräume tendenziell ausgedehnter (FERA).

Zahl der Einkaufsgelegenheiten im Nahbereich: je mehr, desto kürzer sind die einzelnen Einkaufswege (KRETH, DANGSCHAT ET AL.: beide nur für städtische Räume).

Aussagen über Einflußgrößen des **Wegezeitaufwands** fürs Einkaufen finden sich nur in wenigen empirischen Arbeiten. Die für Österreich publizierten Mikrozensusdaten sind kaum differenziert und beruhen auf subjektiver Einstufung in sehr grobe Klassen.

Lebenszyklusphase: Nach einer Tagebucherhebung in Baden-Württemberg (KÖSSLER 1984), in welcher allerdings Wegezeit und 'in-store'-Zeit für alle Güter zusammengefaßt wurden, wird die meiste Zeit fürs Einkaufen von nichterwerbstätigen Ehepaaren ohne Kind aufgewendet (68 Minuten pro Woche), gefolgt von Allein- und Doppelverdienerhaushalten mit Kind (beide je 60 Minuten).

2.7. Einflußgrößen der Grundbedarfsdeckung außerhalb von Geschäften

Ein wesentlicher Teil des Grundbedarfs kann gerade im ländlichen Raum auch außerhalb von Geschäften gedeckt werden. Welche Vertriebs- bzw. Bezugsformen im Rahmen dieser Verhaltensdimension zu unterscheiden sind, wird in 3.1.3. genauer dargelegt. Allerdings sind Aussagen über das Ausmaß der Grundbedarfsdeckung aus solchen Quellen, wie sie etwa für das ländliche Großbritannien vorliegen (MOSELEY & PACKMAN 1985), in der deutschsprachigen Literatur nur spärlich zu finden.

Es gibt einige empirische Untersuchungen über die Angebotssituation in Deutschland (WÖLK 1983, WIEBE 1983, PRIEBS 1990), bezüglich Österreich wurden keine spezifischen Untersuchungen bekannt; einige Hinweise zur Angebotssituation in Niederösterreich geben PAMMER (1991) und VCÖ (1996). Noch schwieriger zu finden sind Aussagen über mögliche Einflußgrößen der Inanspruchnahme solcher „alternativer Bezugsquellen". Folgende seien genannt:

Ausmaß der Selbstversorgung mit Nahrungsmitteln: Die Abhängigkeit dieses Verhaltensaspekts von der Berufsschicht bzw. „Agrarität" des Haushalts versteht sich von selbst. Nach den Ergebnissen der Konsumerhebung 1984 entfallen in Haushalten von aktiven Landwirten 32,7 % der Verbrauchsausgaben für Ernährung auf Entnahmen aus dem eigenen Betrieb, in den Haushalten landwirtschaftlicher Pensionisten rund 26 % (ÖSTAT 1986 a, S. 41 f.). Innerhalb der bäuerlichen Bevölkerungsgruppe wurde in einer älteren Untersuchung in Hessen auch ein *Lagegradient* festgestellt (PERTZSCH 1975): je peripherer der Standort, desto höher die Eigenversorgung. CÉCORA (1985) beziffert für *nicht*bäuerliche Haushalte im ländlichen Raum Deutschlands die Eigenversorgung mit Nahrungsmitteln mit 5 % (allerdings inkl. Direktkäufe bei Bauern, s. unten).

Bedarfsdeckung bei fahrenden Händlern / Verkaufswagen: In Hessen konnten 1975 laut PERTZSCH 2,4 % der bäuerlichen Haushalte bei einem „Verkaufswagen an der Haustür" kaufen. – Die Kaufkraftstromanalyse Niederösterreich (ARNOLD ET AL. 1988) ermittelte in der Gesamtstichprobe durchschnittlich 4,5 % Präferenz für fahrende Händler oder Zusteller als Nahrungsmittelquellen, mit Höchstwerten in den Bezirken Waidhofen a. d. Ybbs und Waidhofen a. d. Thaya (15 bzw. 14 %), was auf zwei unterschiedliche Einflußgrößen hindeutet: im ersten Fall *Streusiedlungsstruktur*, im zweiten Fall ein entsprechendes *ambulantes Angebot*, als Antwort auf vollzogene starke Ausdünnung des Geschäftenetzes (vgl. SCHÖNBAUER 1981; HANDELSKAMMER NÖ 1981).

Direktbezüge vom Bauern („Ab-Hof-Käufe"): In ländlichen Siedlungen Mittelkärntens kaufen 63,4 % der Bevölkerung Milch und Butter bei benachbarten Bauern (KRAGLER 1984). FEGERL (1985, Raum Retz, Niederösterreich) ermittelte regelmäßige Bezüge von Wein, Kartoffeln und Eiern sowie Fleisch bei 62 %, 44 % und 16 % seiner Stichprobe, welche allerdings nur Zweitwohnsitz-Haushalte umfaßte; als wichtigste Gründe wurden *Nähe* des Angebots und *Frische* der Produkte genannt. Bei der *Kaufkraftstromanalyse Niederösterreich* 1988 wurde die Präferenz für „Käufe direkt beim Erzeuger einschließlich Bauernmarkt" erfragt: der Landesdurchschnitt betrug 6,2 %, mit Höchstwerten in denselben zwei Bezirken wie oben, gefolgt von Lilienfeld und dem Stadtbezirk Krems. – Diese Aussagen deuten darauf hin, daß die Inanspruchnahme dieser Bezugsquelle stärker von *Produktpräferenzen*, und diese wiederum u. U. auch von der Sozialschicht, beeinflusst wird.

2.8. Überblick über die Methoden vergleichbarer Untersuchungen

In diesem Abschnitt werden anhand der referierten Literatur folgende Aspekte behandelt: Methoden der Datengewinnung (a), der Charakter der herangezogenen Raumstrukturdaten und Größe der räumlichen Bezugseinheiten (b), und angewandte statistische Auswertungsmethoden (c). Daraus werden Folgerungen für die Methodik der eigenen empirischen Untersuchungen (d) gezogen.

a) Methoden der Datengewinnung

Während die meisten der eigentlichen Einkaufsverhaltens-Untersuchungen auf *einmaligen Haushaltsinterviews* – schriftlichen oder mündlichen – beruhen, werden in Verkehrs- und Zeitbudgetuntersuchungen *tagebuchartige Aktivitätenprotokolle* verwendet, letztere für einen Erhebungszeitraum von 1 Tag bis maximal 35 Tagen. Vergleichende Aussagen über die spezifischen Stärken dieser zwei Methoden enthält u. a. der Sammelband von JUSTER & STAFFORD (1985).

In einem Beitrag dieses Bandes wird betont, daß die Tagebuch-Methode validere Ergebnisse liefert als allgemein formulierte ('stylized') Fragestellungen wie etwa „Wie viele Stunden tun Sie . . . . . pro Woche?" (J. ROBINSON, a.a.O., S. 55 ff.). Aber auch bei gezielten Fragen etwa nach den Einkaufsaktivitäten an den einzelnen Tagen der vergangenen Woche stellen sich methodische Probleme. Vergleichsstudien über den Zusammenhang zwischen 'recall period' (Erinnerungszeitraum bzw. Berichts-Abstand) und Datenqualität ergaben nämlich, daß sich Respondenten an Aktivitäten, die an den drei Wochenendtagen Freitag, Samstag und Sonntag stattfanden, bis zu 7 Tage danach noch recht gut erinnern; bezüglich ihrer Aktivitäten an Normalarbeitstagen (Montag bis Donnerstag) setzt hingegen bereits 24 Stunden danach ein Vergessensprozeß ein, sodaß eine Erfassung im Abstand mehrerer Tage bereits zu einer um 10 – 20 % schlechteren Datenqualität führt. Als Erklärung wird angeführt, daß sich der Tagesablauf an Normalarbeitstagen offensichtlich so wenig voneinander unterscheidet, daß manche Ereignisse leicht vergessen werden (JUSTER & STAFFORD 1985, S. 6).

Diese methodischen Befunde machen es wahrscheinlich, daß Tagebucherhebungen die bessere Methode sind, um zuverlässige Daten über die gewünschten Dimensionen des Versorgungsverhaltens zu erhalten.

In bezug auf die Gewinnung realitätsnaher Entfernungs- und Wegelängenangaben kommen mehrere Autoren (G. MEYER 1977; J.T. COSHALL 1985) zu der Erkenntnis, daß erfragte Angaben ziemlich unzuverlässig sind. Diese Erfahrungen wurden durch eigene Tests, die im Rahmen des Lehrbetriebs durchgeführt wurden, bestätigt.

b) Raumstrukturdaten / räumliche Bezugseinheiten

Während die vergleichbaren Untersuchungen bei den Personen- und Haushaltsmerkmalen fast durchwegs dieselben Variablen berücksichtigen (vgl. Tabelle 2-3), werden bei den Raumstrukturdaten zwar generell weniger, jedoch von jedem Autor andere Merkmale herangezogen. In formaler Hinsicht lassen sich die verwendeten Raumstrukturvariablen folgenden Arten zuordnen:

Punktgenaue Sachdaten: Dieses sehr aufwendige Verfahren wurde beim 'Upsala Travel Survey' durchgeführt (vgl. Tab. 2-3, HANSON). Der Datenbestand enthält nicht nur für jede befragte Person den Wohnstandort und die Standorte aller von ihr durchgeführten Erledigungen (Einkäufe und andere) im physischen Raum koordinatengenau, sondern auch die Standorte sämtlicher Tätigkeitsgelegenheiten samt Attributen im gesamten Stadtgebiet aufgrund einer gleichzeitig durchgeführten Kartierung. Nur aus Raumstrukturdaten dieser Art können Wegelängen und Erreichbarkeits- und Zugänglichkeitswerte exakt berechnet werden.

Kleinräumige flächige Bezugseinheiten: Bei den meisten Arbeiten geographischer Autoren wurden sowohl der Wohnort als auch die Aktivitätenstandorte und deren Attribute flächigen Bezugseinheiten zugeordnet, etwa in der Größe von Baublöcken (KRETH) bis zu innerstädtischen Zählgebieten (WILLIAMS). Damit können noch m.o.m. differenzierte Distanzklassen und Lagemaßzahlen gebildet werden, die Ermittlung von Wegelängen ist jedoch problematisch.

Nur Raumkategorien: Diese Art der Raumabbildung, meist nach groben Lageklassen, herrscht in Arbeiten von ökonomischer, z. T. auch verkehrswissenschaftlicher Seite vor. Da der individuelle Standort nicht berücksichtigt wird, können keine distanziellen oder Ausstattungsmaßzahlen gebildet werden.

Eine Entscheidung über die Größe der räumlichen Bezugseinheiten (Maßstabsfrage) und damit verbunden auch über die Art der Raumstrukturvariablen wird in Abschnitt 3.4. getroffen.

c) Statistische Auswertungsmethoden

Direkt vergleichbar mit dem angestrebten eigenen Ansatz sind jene Untersuchungen, die multivariate Verfahren mit simultaner Berücksichtigung von Haushalts- und Raumvariablen anwenden: dies sind die Arbeiten von BLAYLOCK, WERMUTH und HANSON.

J. R. BLAYLOCK (1989) operationalisiert die Haushalts- bzw. Raumstruktur über 9 bzw. 2 metrische, z.T. binäre Variablen (vgl. oben, 2.2.b). Da das Verhaltensmerkmal Einkaufshäufigkeit in seinen Daten nur dichotom abgebildet ist, wählt er zu seiner Erklärung eine *Logit-Analyse* (zur Methode vgl. u. a. BAHRENBERG ET AL., 1992).

M. WERMUTH (1978, 1982) wendet ein spezielles *varianzanalytisches Verfahren* an, wobei er aber als Quelle der Varianz („Faktoren") nicht wie üblich Merkmalsausprägungen, sondern die Elementareinheit Person sowie die Aggregationseinheiten Haushalt, Verkehrszelle und Verkehrsbezirk selbst heranzieht. Er begründet dies damit, daß für die Stichprobe ein Modell *dreifacher hierarchischer Klassifikation mit zufälligen Effekten* angemessen sei; in diesem Rahmen sei die Varianzkomponente einer Einheit „ein Maß für die gemeinsame Wirkung aller denkbaren" mit dieser Einheit verbundenen Merkmale (WERMUTH 1978, S. 63), so daß die Varianzkomponente der Ebene Person Schlüsse auf den gemeinsamen Einfluß aller Individuen zulasse, jene der Aggregationsebene Haushalt auf den gemeinsamen Einfluß aller Haushalte, usw. Die Faktoren dieser Varianzanalyse haben daher sehr viele Ausprägungen (in der Untersuchungsregion Salzburg): Personen: rund 44.400, Haushalte: rd. 17.500, Verkehrszellen: 134, Verkehrsbezirke: 31.

Das mit diesem Verfahren erzielte Ergebnis ist, daß 78 % der Varianz des beobachteten Verhaltens durch die Personen, 18 % durch die Haushalte, knapp 1 % durch die Verkehrszellen und knapp 4 % durch die Verkehrsbezirke erklärt werden. Wenngleich eine fundierte Methodenkritik an dieser Stelle nicht geleistet werden kann, ist eine gewisse Ähnlichkeit zwischen den Erklärungsanteilen und der Anzahl der Fälle auf den vier Hierarchiestufen nicht zu übersehen. Auf jeden Fall gilt, daß mit einer Varianzanalyse solcher Art keine Aussagen über den Einfluß inhaltlicher Raumstrukturmerkmale möglich sind.

Susan HANSON (1982) bildet die Raumstruktur ursprünglich durch 41 Variablen für jeden Wohnstandort ab, von denen die meisten die Anzahl von Tätigkeitsgelegenheiten verschiedener Art in sechs kumulativen Entfernungszonen (bis 0,5 km, bis 1 km, ... bis 5 km) angeben; diese Zugänglichkeitsmaße sind naturgemäß stark interkorreliert. Die Fülle an Raumvariablen wird vor der eigentlichen Datenanalyse durch eine *Hauptkomponentenanalyse* auf zwei Faktoren reduziert; von diesen wird einer als „Zahl und Vielfalt der Einrichtungen in größerer Entfernung", der andere als ebensolche in der Nähe interpretiert; für Berufstätige ergeben sich zwei weitere Faktoren, die von den analogen Zugänglichkeitsvariablen ab der Arbeitsstätte gebildet werden. Nur die jeweils höchstladende Ursprungsvariable jedes Faktors geht als räumliche Erklärungsvariable in die anschließende *schrittweise Regressionsanalyse* ein. In diese werden zunächst nur die zwei bzw. (bei Berufstätigen) vier ausgewählten Raumvariablen zwangsweise einbezogen – mit der Begründung, daß der Erklärungsbeitrag des Raums auf jeden Fall berücksichtigt werden soll –, erst danach die soziodemographischen Variablen. Dennoch ergibt sich für letztere ein weit überwiegender Einfluß (vgl. oben, 2.2.c).

Gegen diese Vorgangsweise kann man einwenden, daß durch die geringe Zahl von Raumvariablen, welche überdies nicht versorgungsspezifisch ausgewählt wurden, sicher nicht der ganze Erklärungsanteil der Raumstruktur erfaßt wird. Dies würde eher durch Heranziehung der bei der Hauptkomponentenanalyse ermittelten Faktoren erreicht, was aber den Nachteil hätte, daß für keine der ursprünglichen Variablen der Einfluß quantifiziert werden könnte.

d) Folgerungen für die anzuwendende Methodik

Als Resümee für die Methodik der eigenen empirischen Arbeiten ist festzuhalten:

Datengewinnung: Aufgrund der referierten Ergebnisse methodischer Vergleichsstudien ist es sehr wahrscheinlich, daß eine Tagebucherhebung realitätsnähere Ergebnisse als eine Einmal-Befragung liefert. Da jedoch der Großteil der vergleichbaren geographischen Literatur auf einmaligen Haushaltsbefragungen beruht, sollen die empirischen Arbeiten auch dazu genutzt werden, beide *Datengewinnungsmethoden parallel einzusetzen* und deren Effekte *vergleichend zu evaluieren*. Damit erhält die vorliegende Arbeit auch eine *methodische Fragestellung* neben der inhaltlichen Hauptfragestellung.

Weiters erscheint es wegen der von mehreren Autoren berichteten mangelnden Qualität von erfragten Distanzen und Weglängenangaben ratsam, die zur Grundbedarfsdeckung zurückgelegten Wegstrecken nicht durch direktes Erfragen, sondern durch genaues Erfassen der Ausgangs- und der Zielorte jedes Geschäftsbesuchs zu gewinnen. – Details zu den hier genannten und weitere Punkten der Erhebungsmethodik werden in Kapitel 4 festgelegt.

Statistische Modellierung und Auswertung: Bereits von Anfang an war beabsichtigt, ein multivariates Verfahren einzusetzen, das auf metrischem Niveau zu messende Verhaltensvariablen aus metrischen Explanantia „erklärt"; dies legt ein *regressionsanalytisches Verfahren* nahe. Nicht nur für die Einkaufshäufigkeit, sondern für jeden untersuchten Verhaltensaspekt soll je ein Regressionsmodell aufgestellt werden. Dabei sollen die quantitativen Informationen der Daten möglichst unverkürzt in die eigentliche Analyse eingehen, und der Einfluß der Erklärungsvariablen der Haushalts- und der Raumstruktur auch einzeln ermittelt werden. Aus den vorgestellten Arbeiten ist auch abzuleiten, daß es günstig sein dürfte, eine nicht allzu ungleiche Zahl von Personen-/Haushaltsvariablen einerseits und Raumstrukturvariablen andererseits in den Modellen zu spezifizieren, um eine Antwort auf die Frage nach dem Erklärungsbeitrag der beiden Variablengruppen zu erhalten. – Das methodische Design der Regressionsanalysen wird erst nach Prüfung der Datenqualität im Detail festgelegt (s. Abschnitt 7.1)..

3. OPERATIONALISIERUNG DES UNTERSUCHUNGSGE-GENSTANDS

Hauptziel dieses Kapitels ist die Spezifizierung von empirisch testbaren Modellen der strukturellen Einflußgrößen für jeden Verhaltensaspekt der Grundbedarfsdeckung. Zuvor sind jedoch noch die Verhaltensmerkmale in einer Weise zu definieren, daß statistisch möglichst exakte Aussagen getroffen werden können. Weiters sind die in den Modellen enthaltenen Erklärungsvariablen exakt zu definieren. Das Kapitel ist daher wie folgt gegliedert:

Im ersten Abschnitt werden die Verhaltensvariablen, die die einzelnen Aspekte der Grundbedarfsdeckung beschreiben, operational definiert (3.1). Danach werden für jeden Verhaltensaspekt die empirisch testbaren Modelle formuliert (3.2). Danach werden, soweit erforderlich, die Erklärungsvariablen definiert, zunächst jene der Haushaltsstruktur (3.3), zuletzt – etwas ausführlicher – jene der Raumstruktur (3.4).

3.1. Operationalisierung der Verhaltensdimensionen

Bereits in der Einleitung wurden die zu untersuchenden Aspekte oder Dimensionen des Versorgungsverhaltens ausgewählt und teilweise präzisiert (s. oben 1.2). In diesem Abschnitt werden jene Ergänzungen dazu geboten, die zur Operationalisierung des Untersuchungsobjekts erforderlich sind: Zunächst wird festgelegt, welche konkreten Verhaltenselemente oder -objekte bei der Untersuchung überhaupt gemessen und „erklärt" werden sollen (3.1.1). Danach werden die einkaufsbezogenen Verhaltensaspekte in Form operationaler Variablen definiert (3.1.2). Schließlich wird ein Überblick über die im ländlichen Raum anzutreffenden Formen des Nahrungsmittelbezugs außerhalb von Geschäften gegeben, an dessen Ende Verhaltensvariablen bezüglich der „alternativen Bezüge" definiert werden (3.1.3).

3.1.1. Festlegung der zu beobachtenden Verhaltensobjekte

Aus der Zielsetzung der Arbeit und den untersuchungsrelevanten Verhaltensdimensionen ergibt sich, daß die zu beobachtenden Verhaltensobjekte im wesentlichen die *Einkäufe* sind. Menschliches Verhalten ist jedoch kaum je eindeutig fragmentiert, sondern bildet ein Kontinuum (darin besteht eine gewisse Analogie zur Erdoberfläche), das in größeren Handlungszusammenhängen steht. Für die Untersuchung des Verhaltens im dargelegten Sinne ist es nötig, Verhaltenselemente zu isolieren und operational zu definieren. Hiezu sind einige Überlegungen anzustellen, am besten am Beispiel einer realen Einkaufssituation.

Beispiel eines Einkaufsausgangs im ländlichen Raum

Nehmen wir an, eine Person unternimmt von ihrem Wohnort H aus eine Einkaufs-
fahrt mit dem Pkw und hat folgende Erledigungen vor: Nahrungsmittel kaufen, ein
Haushaltsgerät (z.B. Handmixer) reparieren lassen und in die Apotheke gehen.
Die Nahrungsmittel bekommt sie im gewohnten Supermarkt im Ort A. Das Haus-
haltsgerät hat sie in einem Geschäft dort in der Nähe gekauft; daher geht sie
gleich vom Parkplatz zu Fuß dorthin. Aber leider – das Geschäft ist geschlossen
(andere Variante: es hat überhaupt zugesperrt). Sie sucht in der Umgebung ein
anderes Geschäft. Nach längerem Suchen findet sie eines, in dem aber das Gerät
nicht zur Reparatur genommen wird; nach entsprechendem Fragen findet sie ein
Geschäft, wo man es zwar reparieren würde, aber zu einem Preis, der ihr unak-
zeptabel erscheint. Die Person geht den relativ weiten Weg zum Auto zurück (die
Wiedergabe der Stimmung bleibt dem Leser überlassen) und fährt in einen ande-
ren, größeren Ort B, wo sie das Gerät zwar auch nicht reparieren lassen kann,
aber nach Besuch mehrerer Geschäfte ein neues kauft. Danach fährt sie wieder in
den Ort A zurück, wo sie die Apotheke kennt (daß es auch in B eine Apotheke gibt,
hat sie nicht gewußt bzw. übersehen); dort bekommt sie das Medikament (gegen
Bezahlung der Rezeptgebühr) und fährt, mit einem kurzen Tank-Stop unterwegs,
ziemlich erschöpft nach H zurück. Im Handschuhfach fällt ihr ein Urlaubsreiseka-
talog auf, den sie unterwegs irgendwo („Ja, wo war es eigentlich? ... es muß, be-
vor ich im Stehcafé war, gewesen sein") mitgenommen hat.

Es kommt also in der Realität gar nicht so selten zu komplexen Handlungssequen-
zen, die selbst von den beteiligten Personen nur mit Mühe rekonstruiert werden können.

Wenn das Versorgungsverhalten untersucht werden soll, ist vorab zu klären, bis zu
welcher Detailliertheit menschliches Handeln zergliedert werden soll, und in welche
Verhaltensobjekte. In diesem Zusammenhang könnte man an das soeben gebrachte Einkaufsbeispiel folgende Fragen stellen:

Welche Arten von Aktivitäten wurden bei diesem Ausgang durchgeführt? Nur Einkaufen, oder auch andere? Wenn ja, welche?

Wie viele Einkäufe waren es? Und in welchen Orten wurden wie viele Einkäufe
getätigt?

Mit welchem Verkehrsmittel war die Person zu welchem Einkauf unterwegs?

Welche Kopplungen welcher Art haben stattgefunden? (von Aktivitäten? von Einkäufen?)

Alle diese Fragen können erst beantwortet werden, wenn die verwendeten Begriffe
operational definiert wurden.

Von größter Bedeutung für die weitere Untersuchung ist die Definition der primären
Verhaltenseinheit, welche als Basis aller empirischen Aussagen zu erheben ist. Sie muß
eindeutig operational festgelegt werden, denn mit umgangssprachlichen Bezeichnungen
wie „Einkauf" oder „Besorgung" können ganz verschiedene Begriffsinhalte gemeint

sein. In den referierten Untersuchungen des Einkaufs- und Versorgungsverhaltens werden im wesentlichen *drei Verhaltenseinheiten*, die sich konzeptionell klar unterscheiden, wenngleich sie nicht immer klar unterscheidbar gemacht werden, verwendet: Ausgang, Einkauf und Geschäftsbesuch.

(1) In der Aktionsraumforschung, Verkehrswissenschaft und 'time geography' ist das Hauptinteresse meist auf den *Ausgang* im Sinne einer *Handlungssequenz mit Ortsveränderung* gerichtet. Ein Ausgang beginnt an einem definierten Ort des Tagesablaufs (meist in der Wohnung), steuert einen oder mehrere Zielpunkte (Stationen, 'stops') an, wo Aktivitäten einer bestimmten Art (oder auch mehrerer verschiedener Arten) verrichtet werden, und kehrt dann wieder zum Ausgangspunkt zurück.

(2) In der psychologischen, z. T. auch in der wirtschaftswissenschaftlichen Konsum- und Konsumentenforschung steht meist der *Einkauf* im Sinne einer *intentionalen Einheit der Besorgung* ('single shopping act[ivity]') im Mittelpunkt der Untersuchung. Ein Einkauf umfaßt in der Regel mehrere Güter und häufig auch mehrere Einkaufsstätten – sei es, daß dies von vornherein beabsichtigt war, sei es, daß man ein gewünschtes Gut an der aufgesuchten Einkaufsstätte nicht gefunden hat und ein räumlicher Suchprozeß beginnt (vgl. G. MAIER, 1995).

(3) Eine zeitlich und räumlich enger gefaßte Verhaltenseinheit stellt schließlich der einzelne *Geschäftsbesuch* dar, der zumeist, aber keineswegs immer mit einer Markttransaktion (Kauf) verbunden ist. Die Erfassung von Geschäftsbesuchen bereitet zumindest quantitativ im allgemeinen im Rahmen einer Befragung keine Schwierigkeiten.

Von diesen drei Verhaltenseinheiten sind *die einzelnen Geschäftsbesuche* für den hier verfolgten Ansatz als primäre Beobachtungseinheit am geeignetsten. Sie erlauben einen eindeutigen Vergleich von Einkaufshäufigkeiten, ihnen sind Verkehrsmittel eindeutig zuzuordnen (vgl. obiges Einkaufsbeispiel), für sie ist die personelle Beteiligung angebbar, und sie bilden auch die Bausteine von Mehrfach-Einkäufen. Allerdings reicht eine Erfassung der Geschäftsbesuche nicht ganz aus, um alle angestrebten Verhaltensdimensionen analysieren zu können. Aussagen über das Kopplungsverhalten sind nur möglich, wenn auch die *weiteren Erledigungen*, die im Zuge eines *Ausgangs* mit Grundbedarfsgeschäftsbesuch stattfinden, erfaßt werden: vgl. hiezu 3.1.2.(e). Weiters müssen für die Untersuchung der Verhaltensdimension „Inanspruchnahme alternativer Bezugsquellen" auch die *sonstigen Beschaffungsvorgänge*, die *nicht in einem Geschäft* stattfinden, entsprechend erfaßt werden: vgl. 3.1.3.

Um die *einkaufsbezogenen Verhaltensdimensionen* eindeutig messen zu können, sind noch einige Begriffsklärungen und Festlegungen vorzunehmen.

1 – *Welche Betriebe und Einrichtungen zählen überhaupt als „Geschäft", und wie ist ein „Geschäftsbesuch" von ähnlichen Handlungen abzugrenzen?*

Es wird – in Anlehnung an die Wortbedeutung von „Geschäft" in Österreich und Süddeutschland – folgendes Abgrenzungskriterium festgelegt: Als „Geschäftsbesuche" gelten physische Anwesenheiten in *Betrieben, die primär Waren* (Sachgüter, nicht Dienstleistungen) *verkaufen*, sofern die dort gekauften (bzw. zu kaufen beabsichtigten) Waren *mitgenommen*, d. h. nicht oder zumindest nicht zur Gänze im Geschäft konsumiert werden. Somit waren im obigen Einkaufsbeispiel nicht nur der Besuch im Supermarkt, sondern auch die Aufenthalte in der Apotheke, im Handwerksbetrieb und an der

Tankstelle Geschäftsbesuche, nicht jedoch die zwei Besuche im Reisebüro und im Steh-café.

2 – *Welche Geschäfte zählen als Grundbedarfsgeschäfte?*

Zu den Grundbedarfsgeschäften werden folgende Geschäftsarten gerechnet: *Bäcker*, *Fleischer* und Lebensmittelgeschäfte aller Art; letztere wurden bereits (vgl. 1.2.) in die zwei Hauptkategorien *"Nahversorgungsläden"* und große *"Supermärkte"* differenziert. Daneben werden die Obst- und Gemüse-, Milch-, Getränkeläden u. ä. zu einer Kategorie *"spezialisierte Lebensmittelgeschäfte"* zusammengefaßt. Zu dieser Kategorie werden auch die täglich oder mindestens ein Mal pro Woche abgehaltenen Märkte gerechnet; seltener stattfindende Märkte – z. B. Jahrmärkte – werden hingegen zur Kategorie „fahrende Händler", also zu den alternativen Bezugsquellen, gezählt; vgl. unten 3.1.3.

3 – *Sind die Grundbedarfseinkäufe aller Haushaltsmitglieder zu berücksichtigen?*

Diese Frage stellt sich angesichts der Versorgungsverhältnisse in Haushalten mit fernpendelnden Mitgliedern. Diese Personen – überwiegend Berufstätige, z. T. auch Studierende – unterhalten während der Woche einen eher provisorischen Wohnsitz am Arbeitsort (bzw. Studienort) mit zugehörigen Versorgungsaktivitäten [1]. Bei den Wochenpendlern kommen Grundbedarfseinkäufe relativ häufig vor, vermutlich sogar umso häufiger, je unvollständiger die Eigenverpflegung am Arbeitsort ist. Es würde zu beträchtlichen Verzerrungen der Einkaufshäufigkeit und anderer Verhaltensaspekte führen, wenn man diese Geschäftsbesuche am Arbeitsort als normale Haushaltseinkäufe betrachtete. Sie werden daher aus der empirischen Erhebung ausgeklammert.

Zur Festlegung „einkaufsfähiger" Personen siehe unten, 3.3.1.

3.1.2. Operationalisierung der geschäftebezogenen Verhaltensaspekte

In diesem Unterabschnitt werden für jene Untersuchungsdimensionen, die sich auf Geschäftsbesuche beziehen, empirisch gewinnbare Verhaltensvariablen auf möglichst hohem (metrischem) Skalenniveau definiert. Die Operationalisierung von Variablen der Inanspruchnahme „alternativer Bezugsquellen" erfolgt anschließend (siehe 3.1.3).

a) *Verhaltensvariablen der Einkaufshäufigkeit:*

Aus dem bisher Dargelegten folgt, daß „Einkaufshäufigkeit" in dieser Untersuchung als „Anzahl von Besuchen in Grundbedarfsgeschäften, mit Kauf von mindestens einer nicht dort konsumierten Ware, pro Zeiteinheit" verstanden wird. Der Zeitraum, für welchen das Verhalten zu erfassen ist, sollte aufgrund der Literaturanalyse mindestens eine Woche betragen. Die genaue Festlegung des Berichtszeitraums erfolgt im Zusammenhang mit der Gestaltung der Erhebungsinstrumente (Kapitel 4). Diese als Absolutzahl pro Haushalt gemessene zentrale Verhaltensvariable wird im folgenden als (Gesamtzahl der) *Grundbedarfseinkäufe* (abgekürzt: *GBE*) bezeichnet.

---

[1]) Falls die Rückkehr in den Stammhaushalt nicht allwöchentlich, sondern seltener erfolgt, was vor allem bei Studierenden auftritt, wird der provisorische Wohnsitz in Anlehnung an die österreichische amtliche Statistik bereits als eigener Haushalt klassifiziert, d. h. die betreffende Person zählt nicht mehr zu den Haushaltsmitgliedern. Die weiteren Ausführungen beziehen sich nicht auf diese Fälle, sondern nur auf echte Wochenpendler.

b) Verhaltensvariablen der Geschäftsartenwahl:

Diese Verhaltensdimension wird durch zwei Variablen ausgedrückt, die als Prozentanteile an der Gesamtzahl der Grundbedarfseinkäufe definiert sind:

(KlAnt) „Kleineinkäufe-Anteil": Anteil der auf Nahversorgungsläden und spezialisierte Lebensmittelgeschäfte entfallenden Grundbedarfseinkäufe;

(GrAnt) „Großeinkäufe-Anteil": Anteil der Grundbedarfseinkäufe in Supermärkten, Verbrauchermärkten und anderen Großformen des Lebensmittelhandels.

c) Verhaltensvariablen der personellen Beteiligung an den Haushaltseinkäufen:

Zur Beschreibung dieser Verhaltensdimension, die nur für Mehrpersonenhaushalte – genauer: für Haushalte mit mehreren „einkaufsfähigen" Personen– angebbar ist, werden zwei metrische Variablen sowie eine nominale Variable, die die möglichen Personen-Kombinationen beschreibt, operationalisiert:

(EAntHF) „Hausfrauenanteil": %-Anteil der von der haushaltführenden Person allein durchgeführten Grundbedarfseinkäufe an allen GBE;

(EAntMP) „Mehrpersonenanteil: %-Anteil der von mehreren Personen gemeinsam getätigten Grundbedarfseinkäufe an allen GBE;

(Hkomb) Grundbedarfseinkäufer des Haushalts, mit etwa folgenden Ausprägungen:
– nur haushaltführende Person (HF), immer oder überwiegend allein
– immer oder überwiegend HF + Gatte / Lebensgefährte gemeinsam
– immer oder überwiegend HF + anderes Haushaltsmitglied (z. B. Kind) gemeinsam
– immer oder überwiegend Gatte / Lebensgefährte allein
– immer oder überwiegend anderes Haushaltsmitglied (weder HF noch Gatte/Lebensgef.) allein
– immer oder überwiegend mehrere andere Haushaltsmitglieder gemeinsam.

Weitere Kombinationen können sich aus der empirischen Erhebung ergeben.

d) Verhaltensvariablen der Verkehrsmittelnutzung zum Einkaufen:

Sowohl im Hinblick auf die angestrebte Wegezeitberechnung als auch auf die erklärenden Variablen erscheint eine Differenzierung in folgende drei Verkehrsmodi ausreichend: Pkw oder Motorrad / öffentliche Verkehrsmittel (Bus, Bahn) / Fahrrad oder zu Fuß. Die wichtigste Verhaltensdifferenzierung ist jene in Einkäufe mit Pkw und Einkäufe ohne Pkw. Eine Unterscheidung bei den erstgenannten zwischen Selbstfahrern und Mitfahrern, wie sie in personenzentrierten Untersuchungen verwendet wird, dürfte beim vorliegenden haushaltszentrierten Ansatz nicht erforderlich sein; außerdem wird die personelle Beteiligung bei den einzelnen Einkäufen bereits durch eigene Variablen erfaßt (s. oben). Somit werden folgende drei metrische Variablen definiert:

(PkwP) %-Anteil der mit Pkw (inkl. Motorrad) durchgeführten Grundbedarfseinkäufe,
(OeVAnt) %-Anteil der mit öffentlichen Verkehrsmitteln durchgeführten GBE,
(FuRaP) %-Anteil der zu Fuß oder mit Fahrrad durchgeführten GBE.

e) Verhaltensvariablen der Kopplung der Grundbedarfsdeckung:

Der Begriff „Kopplung" wird ebenso wie in den meisten geographischen Arbeiten auf Ausgänge bezogen, allerdings werden nur jene Ausgänge berücksichtigt, in deren Verlauf wenigstens ein Grundbedarfseinkauf stattfand. Dabei erscheint es nicht nötig, die Nicht-Einkaufstätigkeiten genau zu verorten, es genügt die Erfassung der Tatsache, daß außer einem Grundbedarfsgeschäft mindestens ein anderer Aktivitätenstandort aufgesucht wurde. Die solcherart erfaßten *Ausgänge mit* (mindestens einem) *Grundbedarfs-*

einkauf lassen sich differenzieren in *einfache Einkaufsausgänge* des Typs „Wohnung –
nur 1 Grundbedarfsgeschäft – Wohnung" einerseits und in *Mehrstationenausgänge*
('multi-stop-trips'), d. s. alle übrigen Ausgänge, andererseits. Durch Differenzierung der
letzteren werden, in Anlehnung an die empirische Referenzliteratur (vgl. oben 2.5.), folgende drei metrische Maßzahlen gebildet:

(MSA) „ *Mehrstationenanteil"*: Grundbedarfseinkäufe, die im Zuge von Mehrstationenausgängen aller Art getätigt werden, in v.H. aller GBE (Maßzahl der allgemeinen
Kopplungsintensität der Grundbedarfsdeckung);

(MGA) „ *Mehrfach-Einkäufe-Anteil"*: Grundbedarfseinkäufe, die im Zuge von Ausgängen mit zwei oder mehr Geschäftsbesuchen erfolgen, in v.H. aller GBE
(Maßzahl des 'multi-shopping');

(ADW) „ *Arbeits- und Dienstwege-Anteil"*: Grundbedarfseinkäufe, die auf dem Hin-
oder Rückweg zur bzw. von der Arbeitsstätte oder von der Arbeitsstätte aus
(inkl. Dienstwege und Mittagspause) durchgeführt werden, in v.H. aller GBE
(Maßzahl der Arbeitskopplung). – Dieser Kopplungsaspekt wird logischerweise
nur für Haushalte mit mindestens einer berufstätigen Person analysiert.

f) Verhaltensvariablen der Wegstrecken und Wegezeiten:

Durch die Erfassung von Ausgangs- und Endpunkt der einzelnen Geschäftsbesuche
soll für jeden Haushalt die Gesamtlänge der im Berichtszeitraum zurückgelegten Versorgungswege ermittelt werden. Daraus kann unter Berücksichtigung der benutzten
Verkehrsmittel (s. oben) die Wegezeit berechnet werden. Angestrebt wird die Gewinnung folgender metrischer Verhaltensvariablen:

(WegLaeng) Summe zurückgelegter Wegstrecken für Grundbedarfseinkäufe (in km),
(WegZeit) Summe aufgewendeter Wegezeiten für Grundbedarfseinkäufe (in min).

3.1.3. Quellen und Kanäle der Nahrungsmittelversorgung im ländlichen Raum

(Operationalisierung der Verhaltensdimension „Inanspruchnahme alternativer Bezugsquellen")

Der Einkauf in Geschäften stellt nicht die einzige Möglichkeit dar, wie Haushalte
ihren Bedarf an Nahrungsmitteln decken können. Es gibt im ländlichen Raum sowohl
andere *Anbieter* als auch andere *Vertriebs- und Bezugsformen*. Sie werden in dieser Arbeit unter der Bezeichnung „alternative" Bezugsquellen bzw. Bezüge zusammengefaßt.

Außer den Ladengeschäften des Einzelhandels und des Nahrungsmittelhandwerks
(Bäcker, Fleischer) sind im ländlichen Raum folgende *Anbieter* verbreitet:
– *fahrende Händler verschiedener Art*, die bestimmte Nahrungsmittel, v. a. Frischwaren, und andere Güter, überwiegend des Grundbedarfs, anbieten. Im ländlichen Niederösterreich treten neben dem traditionellen *ambulanten Handel* (Obst- und Gemüse-,
Besen- und Bürstenhändler u. a.) auch *ortsansässige Bäcker und Fleischer* relativ häufig
als fahrende Händler auf (VCÖ 1996); siehe anschließend.
– *landwirtschaftliche Betriebe*, die je nach Produktionsrichtung verschiedene Nahrungsmittel erzeugen und diese auch Endverbrauchern in der einen oder anderen Form
zur Verfügung stellen (eine neuere geographische Analyse der Direktvermarktung aus

produzentenbezogener Sicht bietet H. PACHNER 1992 a, 1992 b). Daneben treten an vielen Orten weitere *nichtgewerbliche Produzenten* mit speziellen Angeboten auf (vor allem Imker, daneben nichtbäuerliche Geflügel- und Kleintierhalter, Fischteich-Besitzer und Jäger); sie werden mit den Bauern im folgenden zu einer Kategorie „landwirtschaftliche (oder ähnliche) Produzenten" subsumiert [2].

Gemeinsames Kennzeichen der „alternativen Bezugsquellen" ist, daß sich die Güterbeschaffung nicht in einem ortsfesten Ladengeschäft mit allgemein geregelten Öffnungszeiten abspielt. Im einzelnen sind jedoch vielfältige *Vertriebs- bzw. Bezugsformen* im Hinblick auf Ort und Zeit der Transaktion und Wege(zeit)aufwand des Konsumenten zu unterscheiden:

(1) Die „individuellste" Form eines ambulanten Angebots stellt die *Direktlieferung ins Haus* dar: entweder in Form regelmäßiger Hauszustellung aufgrund längerfristigen Liefervertrags, oder auch durch Hausbesuche im Rahmen von Verkaufstouren. Die eigene Erhebung ergab, daß diese beiden Formen im ländlichen Niederösterreich vor allem von Wein- und Eierhändlern, z. T. auch von Landwirten, praktiziert werden.

(2) Die meisten Direktbezüge aus landwirtschaftlichen Betrieben erfolgen durch *Ab-Hof-Käufe* der Konsumenten am Bauernhof selbst.

(3) Ein auf bestimmte Standorte und Kaufzeiten beschränktes *ambulantes Angebot in traditioneller Form* sind die *Märkte*, sowohl *Wochenmärkte* oder noch häufigere (bis zu tägliche) Märkte – die zumeist in zentralen Orten stattfinden (vgl. E. GORMSEN 1992) – als auch seltenere periodische Märkte vom Typus *Jahrmarkt*, welche auch heute noch in fast jeder ländlichen Gemeinde Österreichs abgehalten werden (vgl. MÄRKTE-VERZEICHNIS 1991, 1992). – In der vorliegenden Arbeit werden, wie bereits erwähnt, Käufe auf Wochenmärkten als Geschäftsbesuche gerechnet und nur Grundbedarfskäufe auf seltenen Märkten zu den „alternativen Bezügen" gerechnet.

(4) Eine *neuere Form* des ambulanten Angebots, die vor allem in Siedlungen ohne Ladengeschäft vorkommt, ist der Halt von *Verkaufswagen oder mobilen Läden an bestimmten Angebotspunkten*, die ein oder auch mehrere Male pro Woche angefahren werden. Diese Vertriebsform wurde von der MIGROS-Genossenschaft in der Schweiz 1925 eingeführt und wird dort auch heute noch in schlecht versorgten ländlichen Regionen und Außenbezirken der Städte praktiziert, wenngleich der Hauptumsatz von MI-GROS heute in Ladengeschäften erfolgt (GRAFF 1994).

Rechtsgrundlage für den Einsatz von Verkaufswagen im Untersuchungsgebiet ist folgende Bestimmung der österreichischen Gewerbeordnung: „§ 53a (1) Bäcker, Fleischer und Lebensmittelhändler dürfen Waren, zu deren Feilhaltung sie auf Grund ihrer diesbezüglichen Gewerbeberechtigung berechtigt sind, im Umherziehen von Ort zu Ort oder von Haus zu Haus feilbieten.

(2) Das Feilbieten gemäß Abs. 1 darf nur von Gewerbetreibenden ausgeübt werden, die in dem Verwaltungsbezeirk, in dem sie das Feilbieten ausüben, oder in einer an diesen Bezirk angrenzenden Gemeinde das betreffende Gewerbe in einer ortsfesten Betriebsstätte ausüben; außerdem dürfen nur solche Waren feilgeboten werden, die auch in dieser ortsfesten Betriebsstätte feilgehalten werden" (Gewerbeordnung 1973, § 53a neugefaßt mit 1.7.1993, BGBl. 29/1993). Die Genehmigung für diese Vertriebsform wird von der Bezirkshauptmannschaft erteilt.

Im ländlichen Niederösterreich wird Verkaufswagenhandel fast ausschließlich von Bäckern und Fleischern betrieben, nicht jedoch von Lebensmittelhändlern. Aus deren Kreis war zum Erhebungszeitpunkt kein einziger Genehmigungsfall bekannt (mündl.

---

[2]) Die Bezugsquelle Versandhandel spielt bei der hier betrachteten Grundbedarfsdeckung keine Rolle.

Auskunft der Wirtschaftskammer Niederösterreich, 1994).

In der Realität gibt es auch *Übergangsformen* zwischen ambulantem Angebot und Direktlieferung ins Haus, vor allem bei den Obst- und Gemüse- sowie den Weinhändlern, die ihr Absatzgebiet saisonal durchfahren und dabei die Haltepunkte nach Erfahrung und Ortskenntnis bestimmen.

Die folgende Übersicht (Abb. 3-1) zeigt die wesentlichen Kombinationen von Anbieterkategorie und Vertriebs-/Bezugsform. Durch die Form der Ankreuzung in den Zellen wird bereits angedeutet, wie stark die einzelnen Kombinationen im Untersuchungsgebiet verbreitet sind; vgl. Kapitel 5. Es ergeben sich insgesamt 14 mögliche Bezugsarten, von denen nicht weniger als 11 alternative Bezüge darstellen.

Vertriebs- bzw. Bezugsform *Bezugsquelle (Anbieter)*	Normalangebot bzw. Einkauf an der permanenten Betriebsstätte des Anbieters	Lieferung direkt ins Haus (nach vorangehender Bestellung oder auf Verkaufstour)	ambulantes Angebot bzw. Einkauf an nicht-permanentem Angebotspunkt
Lebensmittelgeschäfte aller Art	X	(x)	(x)
Bäcker (mit Ladengeschäft)	X	X	X
Fleischer (mit Ladengeschäft)	X	X	x
fahrender Händler i.e.S. (ohne Ladengeschäft)	---	X *(Verkaufstour)*	X *(Wochen-, Jahrmarkt)*
landwirtschaftlicher (oder ähnlicher) Produzent	X *(Ab-Hof-Verkauf)*	X *(v. a. Weinbauern)*	(x) *(Bauernmarkt)*

eigener Entwurf.　　　　　　　　　　　　　　　　　alternative Bezüge

Abbildung 3-1: Schema möglicher Nahrungsmittelbezugsarten nach Anbieterart und Vertriebsform

Eine weitere Bezugsquelle, die nicht in dieser Abbildung dargestellt ist, bildet die *Eigenerzeugung von Nahrungsmitteln*. Wirkliche Bedeutung für die Grundbedarfsdeckung erreicht sie nur in bäuerlichen Haushalten, die ihre Produkte zum Teil direkt konsumieren (v. a. Milch, Eier, Geselchtes), zum Teil an Verarbeitungsbetriebe liefern und in veredelter Form von diesen wiederbeziehen (Butter, Topfen u. ä. aus selbsterzeugter Milch von der Molkerei; Wurst u. ä. aus eigenen Nutztieren vom Fleischhauer).

Eigenerzeugung von Nahrungsmitteln kommt aber in beschränktem Ausmaß vereinzelt auch in Haushalten ohne Erwerbslandwirtschaft vor, und zwar sowohl in Haushalten von landwirtschaftlichen Pensionisten (v. a. Kartoffel-, z. T. auch Weinbau) als auch – neuerdings zunehmend – bei Hobby- und Teilzeitlandwirten (Anbau von Kartoffeln und/oder speziellen Getreidesorten, Schafhaltung u. a.).

Einen geringfügigen Beitrag zur Haushaltsernährung leisten im Untersuchungsgebiet schließlich auch die weit verbreiteten Hausgärten. Eigenversorgung mit Bedeutung für die Grundbedarfsdeckung wird in dieser Untersuchung jedoch nur angenommen, wenn der Haushalt mindestens ein Nahrungsmittel, das nicht Obst oder Gemüse ist, selbst erzeugt. Im folgenden wird die Eigenerzeugung bzw. das Ausmaß der Selbstversorgung mit Nahrungsmitteln nicht zu den alternativen Bezügen, sondern zu den Erklärungsvariablen gerechnet.

Nach diesen Festlegungen ist es möglich, folgende Variablen der Verhaltensdimension „Inanspruchnahme alternativer Bezugsquellen" zu operationalisieren:

(Zust) Zahl der Hauslieferungen (Zustellungen) pro Zeiteinheit

(Ambul) Zahl der Käufe bei fahrenden Händlern pro Zeiteinheit

(AbHof) Zahl der Direktkäufe bei landw. Produzenten (Ab-Hof-Käufe) pro Zeiteinheit

(AlterB) Zahl der Beschaffungsakte pro Zeiteinheit aus allen „alternativen Quellen" zusammen;

(AlterA) „Alternativ-Anteil": Beschaffungsakte pro Zeiteinheit aus allen „alternativen Quellen" in Prozent aller Grundbedarfsdeckungsakte (inkl. Geschäftsbesuche).

3.2. Empirische Modelle des Versorgungsverhaltens

Bereits in einem früheren Beitrag wurde vom Verfasser ein graphisches Modell der Einflußgrößen des nichtmonetären, räumlich-zeitlichen Einkaufsverhaltens von Haushalten entworfen (HOFMAYER 1990). In Weiterentwicklung dieses Modells und unter Benutzung der Erkenntnisse aus der Literaturanalyse (Kapitel 2) wird für die hier interessierenden Aspekte der Grundbedarfsdeckung zunächst ein allgemeines heuristisches Modell in graphischer Form aufgestellt. Es dient der Zusammenschau möglichst aller Merkmale der Personen-/Haushaltsstruktur und der Raumstruktur, welche vermutlich einen Einfluß auf einzelne oder mehrere Verhaltensaspekte ausüben (3.2.1). Danach werden empirisch testbare Modelle für die einzelnen Verhaltensdimensionen – ausgenommen Weglängen und Wegezeitaufwand, für welche keine eindeutigen Literaturaussagen vorliegen – aufgestellt (3.2.2. bis 3.2.6).

3.2.1. Allgemeines Einflußmodell der Grundbedarfsdeckung

Im allgemeinen Einflußmodell (Abb. 3-2) werden die einzelnen Erklärungsvariablen jeweils einem „Haupteinflußfaktor" zugeordnet. Insgesamt werden 10 Haupteinflußfaktoren unterschieden, sechs auf Seite der Personen- und Haushaltsstruktur (H1 ... H6), vier auf Seite der Raumstruktur (R1 ... R4). Darüber hinaus werden auf beiden Seiten auch einige nicht direkt versorgungsrelevante „summarische" Merkmale spezifiziert, die in empirischen Arbeiten als Einflußgrößen genannt werden.

Als Haupteinflußfaktoren von seiten der demographisch-sozioökonomischen Haushaltsstruktur werden folgende Sachverhalte angenommen:

(H1) die *Bedarfsmenge an Nahrungsmitteln*, wobei im vorliegenden Ansatz nur die Fremdbezugsmenge (abzüglich der Eigenerzeugung) zu berücksichtigen ist;

(H2) die *Lagerkapazität für Nahrungsmittel* im Haushalt;

(H3) die *personellen und Zeit-Ressourcen*: Zahl der für Grundbedarfsdeckung in Frage kommenden („einkaufsfähigen") Personen, und Ausmaß an disponibler Zeit aufgrund struktureller Merkmale der Haushaltmitglieder;

Präsumptive Haupteinflußfaktoren

strukt. Personen- und Haushaltsmerkmale   *Ausstattungs- u. Erreichbarkeitsmerkmale*

H1 Bedarfsmenge:
- Haushaltsgröße
- im Haushalt konsumierte Mahlzeiten
- Selbstversorgungsgrad

R1 Geschäfteangebot am Wohnstandort:
- Zahl der Grundbedarfsgeschäfte
- Artenvielfalt der Grundbedarfsgeschäfte (inkl. Wochenmarkt bis tgl. Markt)
- funktionale Wertigkeit der GB-geschäfte

H2 Lagerkapazität für Lebensmittel:
- Tiefkühltruhe
- andere LM-Lagermöglichkeiten

Verhaltensaspekte der Grundbedarfsdeckung:

Einkaufshäufigkeit

personelle Beteilig.

Verkehrsmittelwahl

Kopplungsverhalten

alternative Bezüge

Wegstrecken und Wegezeitaufwand

R2 Distanz / relative Lage zu Grundbedarfsgeschäften:
- Distanz d. nächstgeleg. LM-Geschäfts (inkl. Bäcker, Fleischer)
- Distanz d. nächst. großen LMG
- Mindestdistanz bis zu ausreich. Grundbedarfsangebot
- funktionale Wertigkeit der GB-geschäfte am nächsten Standort

H3 personelle u. Zeit-Ressourcen:
- „einkaufsfähige" Personen (insgesamt / weiblich)
- Berufstätigkeit, Beschäftigungsausmaß d. Hausfrau / übr. Pers.
- Betreuungsverpflichtungen (insg. / f. Kinder / ältere Pers.)

H4 Motorisierungsmerkmale:
- Zahl der Pkws
- Pkws je Hh-mitgl./Erwachsene
- Pkw-Verfügbarkeit d. Hausfrau
- Pkws je Führerscheinbesitzer

R3 sonstige Bezugsquellen am Wohnstandort:
- Zahl ambulanter LM-Anbieter
- Brachenvielfalt ambul. Anbieter / Breite des Güterspektrums
- Häufigkeit d. ambul. Angebots
- Zahl landwirtsch. Betriebe

H5 Tagespendler-Merkmale:
- Beschäftigung in potentiellen Einkaufsorten
- Pendelverkehrsmittel

R4 Öffentl. Verkehrsverbindung Wohnort – potentielle Einkaufsorte
- Fahrtdauer mit Bus / Bahn
- Bus- / Bahn-Frequenz

H6 Soziale Schicht / Ortsverbundenheit

Summarisches Haushaltsmerkmal:
- Lebenszyklusphase

Summarische Wohnortsmerkmale:
- Ortsgröße
- Siedlungsweise / sozialwirts. Siedlungstyp
- Tätigkeitsgeleg. (nichtldw. Arbeitsstätten)

eig. Entwurf, unter Benutzung v. HOFMAYER 1990.
Abkürzungen: GB Grundbedarf; LMG Lebensmittelgeschäft.
Weitere Erläuterungen im Text.

Abbildung 3-2: Ein Modell möglicher Einflußgrößen der Grundbedarfsdeckung – alle ausgewählten Verhaltensaspekte

(H4) der *Motorisierungsgrad* als Maß der technischen Distanzüberwindungskapazität der Haushaltsmitglieder, wobei Art und Zahl der Fahrzeuge wie auch deren Verfügbarkeit für die Grundbedarfsdeckung zu berücksichtigen sind;

(H5) das Bestehen bzw. die Intensität von *Tagespendelbeziehungen zu potentiellen Einkaufsorten* (wobei letztere in Relation zum jeweiligen Wohnstandort zu definieren sind) sowie die zum täglichen Pendeln benutzten Verkehrsmittel.

(H6) Als weitere mögliche Einflußdimension werden die *Sozialschicht* und andere objektivierbare soziologische Merkmale wie *Ortsverbundenheit* spezifiziert. Nach den Literaturaussagen ist der Einfluß dieser Merkmale für die gewählten Aspekte der Grundbedarfsdeckung zwar gering, er soll aber nicht ununtersucht bleiben.

Als summarisches Merkmal wird die *Lebenszyklusphase* des Haushalts herangezogen. Sie kann als synthetischer Indikator angesehen werden, welcher die Bedarfsmenge und die Zeitressourcen, z. T. auch die Motorisierungs- und Arbeitspendelverhältnisse des Haushalts gebündelt abbildet.

Von seiten der Raumstruktur werden folgende Haupteinflußfaktoren angenommen:

(R1) die *Geschäfte-Ausstattung des Wohnorts*, differenziert nach Zahl und Angebotsbreite der Grundbedarfsgeschäfte;

(R2) *Distanz und Qualität der Grundbedarfsgeschäfte*: bei der Operationalisierung dieses komplexen Sachverhalts sind sowohl verhaltensrelevante Distanzmaßzahlen als auch die funktionale Wertigkeit des Geschäfte-Angebots zu berücksichtigen (vgl. unten 3.3.);

(R3) die *sonstigen Nahrungsmittelbezugsquellen* außer Ladengeschäften im Wohnort, differenziert nach Breite des Angebots und zeitlicher Angebotsdichte;

(R4) die Existenz bzw. Qualität einer *Verkehrsanbindung* des Wohnorts *an potentielle Einkaufsorte im öffentlichen Verkehr:* für die nichtmotorisierte Bevölkerung besitzt dieser Faktor vermutlich Verhaltensrelevanz bei der Grundbedarfsdeckung.

Neben diesen unmittelbar versorgungsbedeutsamen Wohnstandortsmerkmalen lassen sich mehrere Sachverhalte angeben, die in indirekter Weise und generalisierend gewisse Rückschlüsse auf die Bedingungen der Grundbedarfsdeckung im ländlichen Raum erlauben („summarische Merkmale"):

– die *Ortsgröße* (Bevölkerungs- oder Haushaltezahl): sie wird in vielen referierten empirischen Arbeiten zur Kennzeichnung der Siedlungsstruktur verwendet. Eine Maßzahl hiefür ist die absolute Größe aber – da im untersuchten ländlichen Raum Gemeinden, die aus zahlreichen Siedlungen bestehen, vorherrschen – nur dann, wenn sie auf die Siedlung und nicht auf die Gemeinde bezogen wird;

– *Siedlungsweise* (Streu- / Sammelsiedlung) und *sozialwirtschaftlicher Siedlungstyp* (agrarischer Charakter): diese Merkmale dienen in der Literatur ebenfalls als Siedlungsstruktur- bzw. Stadt-Land-Indikatoren. Darüber hinaus können sie ebenso wie die Ortsgröße als indirekte Indikatoren für Ortsgemeinschaft, Nachbarschaftshilfe und andere Formen zwischenmenschlicher Solidarität aufgefaßt werden;

– die *Zahl nichtlandwirtschaftlicher Arbeitsstätten*, als Indikator für Tätigkeitsgelegenheiten insgesamt in unmittelbarer Nähe des Wohnstandorts.

Abschließend sei auf die Tatsache hingewiesen, daß in diesem Modell die oft zitierte ***Mobilität*** nicht direkt als Erklärungsfaktor des Versorgungsverhaltens aufscheint. Der Begriff wurde bewußt vermieden, weil er mehrdeutig ist und bei vielen Autoren im Sin-

ne des tatsächlichen Ortsveränderungsverhaltens verwendet wird, d. h. als Verhaltensdimension. „Mobilität" im Sinne der (technischen) Distanzüberwindungskapazität wird
hingegen sehr wohl als Erklärungsfaktor berücksichtigt; sie muß allerdings im vorliegenden „dichotomen" Ansatz auf die zwei Seiten des Modells aufgespalten werden: Für
den motorisierten Teil der Bevölkerung ist „Mobilität" ein Haushaltsmerkmal
(Hauptfaktor H4); für die Nichtmotorisierten, die auf öffentliche Verkehrsmittel angewiesen sind, ist sie ein überindividuelles Raumstrukturmerkmal (Hauptfaktor R4).

3.2.2. Empirisches Modell der Einkaufshäufigkeit

Für diese Verhaltensdimension werden in der ausgewerteten Literatur Einflüsse aus
fast allen der genannten Haupteinflußfaktoren genannt. Das für die empirische Untersuchung aufgestellte Modell enthält daher sehr viele Erklärungsvariablen, die entweder
vermehrend oder vermindernd auf die Zahl der Einkäufe wirken. In der folgenden Darstellung des Modells (Tabelle 3-1) ist die *vermutete Einflußrichtung* durch ein Plus-
oder Minuszeichen gekennzeichnet. Damit sind in bildhafter Form *Hypothesen für die
empirische Überprüfung im Regressionsmodell* formuliert; ausformuliert lauten diese
Hypothesen:
   bei Pluszeichen: „Je *größer* (kleiner) der Wert dieser Erklärungsvariablen, desto
häufiger (seltener) wird eingekauft" *(gleichsinniger Einfluß)*;
   bei Minuszeichen: „Je *größer* (kleiner) der Wert dieser Erklärungsvariablen, desto
seltener (häufiger) wird eingekauft" *(gegenläufiger Einfluß)*.
   Durch ein Fragezeichen sind jene Einflußgrößen gekennzeichnet, bei denen aufgrund der Literaturanalysen entweder die Einflußrichtung nicht eindeutig ist oder vermutlich eine nichtlineare Beziehung besteht.
   Gemäß dem Modell wirken in etwa linear vermehrend auf die Einkaufshäufigkeit
– von seiten der *Haushaltsstruktur:* abgesehen von Haushaltsgröße bzw. Bedarfsmenge, eine größere Zahl von nichtberufstätigen, einkaufsfähigen und weiblichen Haushaltsmitgliedern, Berufstätigkeit in Orten mit besserem Geschäfteangebot als der Wohnort, insbesondere wenn dies bei der Hausfrau der Fall ist; weiters fehlende Selbstversorgung, geringe Lagerkapazität, Nichtberufstätigkeit der Hausfrau und fehlende bzw. geringe Betreuungsverpflichtungen;
– von seiten der *Raumstruktur:* ein breites Geschäfteangebot am Wohnstandort, geringe Distanzen zu Grundbedarfsgeschäften, ein geringes Angebot „alternativer" Bezugsquellen am Wohnstandort und ein größerer, funktional vielfältiger Wohnort.
   Außerdem hängt die Einkaufshäufigkeit auch von der Geschäftsartenwahl und von
zwei *anderen untersuchten Verhaltensdimensionen* ab – deren Einflüsse werden im folgenden als „Interdependenzen" bezeichnet –, nämlich der Verkehrsmittelwahl (je mehr
Pkw-Einkäufe, umso seltener) und der Zahl alternativer Grundbedarfsbezüge.
   Nicht eindeutige Einflußrichtung besteht nur beim Pkw-Besitz (vgl. 2.2.c). Nichtlineare Einflüsse werden angenommen von seiten der *Altersgruppe der Hausfrau* und *Lebenszyklusphase* des Haushalts: die mittleren Lebensphasen (Haushalte mit Hausfrau im
Alter von 30 bis unter 60 Jahren bzw. Haushalte mit Kindern) besitzen eine höhere Einkaufshäufigkeit als Haushalte davor und Haushalte in höherem Alter. – Zur Behandlung
dieser und anderer nichtmetrischer Variablen im Regressionsmodell vgl. 6.3.1.

Tabelle 3-1:
Empirisch testbares Modell der Häufigkeit von Grundbedarfseinkäufen

Die Häufigkeit der Grundbedarfseinkäufe eines Haushalts wird beeinflußt von ...	
Haushaltsstrukturmerkmale:	*Raumstrukturmerkmale:*
– Bedarfsmenge (Haushaltsgröße: +; Tagespendler: ?; Fernpendler: +)	+ Artenvielfalt der Grundbedarfsgeschäfte am Wohnstandort
– Selbstversorgungsgrad	– Distanz des nächstgelegenen Grundbedarfsgeschäfts
– Lebensmittellagerkapazität	– Mindestdistanz zur ausreichenden Grundbedarfsdeckung
+ N nichtberufstätige Erwachsene	– Zahl der ambulant angebotenen Grundbedarfs-Gütergruppen
+ N „einkaufsfähige" weibl.Personen	– Häufigkeit eines ambulanten Angebots
? Altersgruppe der Hausfrau	– Zahl landwirtsch. Betriebe
– Beschäftigungsausmaß der Hausfrau	+ Bevölkerungszahl
– Pflegeverpflichtungen	? Siedlungsweise
– Betreuungsverpflichtungen für Kinder (differenziert nach Altersgruppen)	+ N nichtlandwirtsch. Arbeitsstätten
? Pkw-Besitz	*andere Verhaltensmerkmale:*
+ N Berufstätige in Ort m. breiterem Geschäfteangebot als Wohnort	+ Anteil der Einkäufe in kleinen Nahversorgungsläden
+ Hausfrau berufstätig in Ort m. breiterem Geschäfteangebot als Wohnort	– Anteil der Einkäufe mit Pkw
? Lebenszyklusphase	– Beschaffungen aus alternativen Quellen

Erläuterungen zur Einflußrichtung (Plus-, Minus-, Fragezeichen): siehe Text.

3.2.3. Empirische Modelle der personellen Beteiligung an der Grundbedarfsdeckung

Für diese Verhaltensdimension (nur für Mehrpersonenhaushalte mit mehreren „einkaufsfähigen" Personen sinnvoll angebbar; die meisten Einpersonen- und Alleinerzieherhaushalte besitzen hinsichtlich personeller Beteiligung an der Grundbedarfsdeckung keine Wahlfreiheit) wurden zwei metrische Verhaltensvariablen operationalisiert, der „Hausfrauenanteil" *(EantHF)* und der „Mehrpersonenanteil" *(EantMP)*. Diese zwei Variablen sind zwar nicht völlig komplementär, jedoch so weit voneinander abhängig, daß für beide dieselbe Einflußgrößenstruktur angenommen wird. Das empirisch zu überprüfende Modell wird im folgenden nur für den „Hausfrauenanteil" explizit formuliert (Tabelle 3-2); für den „Mehrpersonenanteil" der Grundbedarfsdeckung gelten dieselben Einflußvariablen, jedoch mit umgekehrter Einflußrichtung.

Tabelle 3-2: Empirisch testbares Modell des Anteils der von der Hausfrau allein getätigten Grundbedarfseinkäufe

Der Anteil d. von d. Hausfrau allein getätigten Grundbedarfseinkäufe wird beeinflußt von … (nur Haushalte mit mehreren „einkaufsfähigen" Personen)	
Haushaltsstrukturmerkmale:	*Raumstrukturmerkmale:*
− Zahl „einkaufsfähiger" bzw. weiblicher „einkaufsfähiger" Haushaltsmitglieder	+ Artenvielfalt der Grundbedarfsgeschäfte am Wohnstandort
− Berufstätigkeit bzw. Beschäftigungsausmaß der Hausfrau	− Mindestdistanz zur ausreichenden Grundbedarfsdeckung
− Schichtarbeit d. männl. Partners (im Vgl. zu Arbeitern mit starrer Regelarbeitszeit)	
+ Führerscheinbesitz der Hausfrau	
+ Pkw-Verfügbarkeit der Hausfrau	
+ Paar-Haushalt aus der Arbeiterschicht	
+ Haushalt von nichtlandw. Selbständigen	*andere Verhaltensmerkmale:*
− Landwirte-Haushalt	+ Anteil Einkäufe in kl. Nahversorgungsläden
− Paar-Haushalt von Senioren	− Anteil Einkäufe mit Pkw
? sonst. Lebenszyklusphasen	

Erläuterungen zur Einflußrichtung (Plus-, Minus-, Fragezeichen): siehe Text, 3.2.2.

Die angenommenen Einflüsse der Haushaltsstruktur basieren z. T. auf der referierten verkehrs- und verhaltenswissenschaftlichen Literatur (HANSON 1982, RUPPERT 1981, LINDNER 1984 u. a.), z. T. auf den verfügbaren, allerdings rein deskriptiven Auswertungen des österreichischen Mikrozensus 1990, z. T. auf weiteren Überlegungen im Rahmen des zweckrationalen Handlungsmodells.

Die angeführten Einflußhypothesen der Raumstrukturmerkmale basieren auf folgender Überlegung: An Wohnstandorten mit fehlendem oder schmalem Angebot und in großer Entfernung zu ausreichenden Geschäften besteht ein stärkerer Zwang, die Fahrten zum Arbeitsplatz und andere Erledigungen des 'mandatory travel' (WESTELIUS 1972, 1973) auch für Grundbedarfseinkäufe zu nutzen; solche Fahrten werden in Mehr-Erwachsenen-Haushalten überwiegend von anderen Haushaltsmitgliedern, nicht von der Hausfrau, unternommen.

Die Überlegungen, die zur Annahme von Interdependenzen mit *anderen Verhaltensdimensionen* führen, sind folgender Art: Die *Geschäftsartenwahl* wirkt vermutlich in der Form auf die personelle Beteiligung ein, daß Einkäufe in kleinen Geschäften überwiegend von der Hausfrau allein getätigt werden, während umgekehrt bei Mehrpersoneneinkäufen eher Großformen des Einzelhandels aufgesucht werden. Da solche „Familieneinkäufe" ganz überwiegend mit dem Pkw durchgeführt werden, ergibt sich die angegebene Wechselbeziehung mit der *Verkehrsmittelwahl* (vgl. Tabelle 3-2).

3.2.4. Empirische Modelle der Verkehrsmittelnutzung

Die Einflußhypothesen werden nur für das Verhaltensmerkmal *Pkw-Anteil der Grundbedarfseinkäufe (PkwP)* explizit dargestellt (Tabelle 3-3). Dieselben Variablen, aber mit umgekehrten Vorzeichen, werden als Einflußgrößen des *Anteils der zu Fuß oder mit Rad getätigten Einkäufe (FuRaP)* angenommen. Ebenfalls nicht eigens dargestellt wird das Modell für den Anteil der Grundbedarfseinkäufe mit öffentlichen Verkehrsmitteln (*OeVAnt*); es enthält dieselben Variablen und zusätzlich die Variablen des ÖV-Angebots, die im allgemeinen Modell spezifiziert wurden (Hauptfaktor R4 in Abb. 3-2).

Tabelle 3-3: Empirisch testbares Modell des Anteils der mit Pkw getätigten Grundbedarfseinkäufe

Anteil der mit Pkw (inkl. Motorrad) getätigten Grundbedarfseinkäufe wird beeinflußt von ...	
Haushaltsstrukturmerkmale:	*Raumstrukturmerkmale:*
+ Haushaltsgröße (Generationenzahl)	− Grundbedarfsgeschäft am Wohnort vorhanden?
+ Zahl der Pkws (Kfz) im Haushalt	− Artenvielfalt der Grundbedarfsgeschäfte am Wohnstandort
+ Pkws (Kfz) je Führerscheinbesitzer	+ Mindestdistanz zur ausreichenden Grundbedarfsdeckung
+ Führerscheinbesitz der Hausfrau	− Ortsgröße
+ Pkw-Verfügbarkeit der Hausfrau	
+ Hausfrau Tagespendler m.Pkw (Selbstfahr.)	*andere Verhaltensmerkmale:*
+ Landwirte-Haushalt	− Einkaufshäufigkeit
− Pensionisten-Haushalt	− Anteil Einkäufe der Hausfrau allein
? sonst. Lebenszyklusphasen	− Anteil Einkäufe in kl. Nahversorgungsläden

Erläuterungen zur Einflußrichtung (Plus-, Minus-, Fragezeichen): siehe Text, 3.2.2.

Auf Seite der Haushaltsstruktur sind nach allen einschlägigen Literaturaussagen die Motorisierungsvariablen, darunter vor allem jene, die die „Individualmobilität" der Hausfrau messen, für die Verkehrsmittelnutzung von Bedeutung. Die Hypothese eines höheren Anteils von Pkw-Einkäufen in bäuerlichen Haushalten basiert auf Mikrozensus-Publikationen.

Auf Seite der Raumvariablen ist vermutlich entscheidend, ob am Wohnstandort überhaupt eine Einkaufsmöglichkeit besteht. Wenn nicht, sind Einkäufe zu Fuß oder mit Rad völlig oder praktisch unmöglich, und das Kraftfahrzeug bzw. in nicht motorisierten Haushalten das öffentliche Verkehrsmittel wird zum unabdingbaren Requisit der Grundbedarfsdeckung in Geschäften.

Über die Wechselwirkungen der Verkehrsmittelnutzung mit den anderen Verhaltensdimensionen Einkaufshäufigkeit, personelle Beteilung und Geschäftsartenwahl wurde bereits gehandelt (s. oben, 3.2.2. und 3.2.3).

3.2.5. Empirische Modelle des Kopplungsverhaltens bei der Grundbedarfsdeckung

Zur Kennzeichnung der Kopplungsaspekte wurden insgesamt drei Verhaltensvariablen definiert. Für die beiden ersten, den „Mehrstationenanteil" *(Anteil der Grundbedarfseinkäufe auf Mehrstationenausgängen, MSA)* und den „Mehrfach-Einkäufe-Anteil" *(Anteil der Grundbedarfseinkäufe im Rahmen von Ausgängen mit mehreren Geschäftsbesuchen, MGA)*, werden weitgehend ähnliche Einflußhypothesen formuliert, so daß beide empirischen Modelle in e i n e r Tabelle dargestellt werden (Tab. 3-4).

Tabelle 3-4: Empirisch testbare Modelle des Anteils der Grundbedarfseinkäufe im Zuge von Mehrstationenausgängen und von Mehrfach-Einkäufen

Der Anteil der Grundbedarfseinkäufe auf Mehrstationenausgängen (MSA) bzw. auf Ausgängen mit Einkäufen in mehreren Geschäften (MGA) wird beeinflußt von ...	
Haushaltsstrukturmerkmale:	*Raumstrukturmerkmale:*
+ Anzahl / Anteil berufstätiger Haushaltsmitglieder	+ (MSA) Mindestdistanz zur ausreichenden Grundbedarfsdeckung
– Alter der Hausfrau / hohe Lebenszyklusphase	? (MGA) Mindestdistanz zur ausreichenden Grundbedarfsdeckung
+ Zahl der Kinder im Schulalter	– Tätigkeitsgelegenheiten im Wohnumfeld
+ (MSA) Berufstätigkeit der Hausfrau – (MGA) Berufstätigkeit der Hausfrau	+ (MSA) Ortsgröße / urban – rural ? (MGA) Ortsgröße / urban – rural
+ Pkws je Haushalt / je Führerscheinbesitzer	*andere Verhaltensmerkmale:*
+ Pkw-Verfügbarkeit der Hausfrau	+ Zahl der Grundbedarfseinkäufe insg.
	+ Anteil Einkäufe in kl. Nahversorgungsläden

Erläuterungen zur Einflußrichtung (Plus-, Minus-, Fragezeichen): siehe Text, 3.2.2.

Als Erklärungsvariablen auf Haushaltsseite werden einerseits Variablen, die eine Verknappung des Zeitbudgets mit sich bringen (vgl. FRIEDRICHS 1990), spezifiziert, andererseits Besitz und Verfügbarkeit von Pkws, wodurch der Einfluß der höheren Warentransportkapazität und Versatilität, also der höheren „allgemeine Erledigungskapazität" des Verkehrsmittels Privatauto, abgebildet wird. Die Einflüsse von seiten der Schulkinderzahl und des Alters der Hausfrau beruhen auf der besonders vielfältigen Bedürfnis- und Erledigungsstruktur in der erstgenannten Lebensphase bzw. auf deren Reduktion im Alter. Zur unterschiedlichen Einflußrichtung einer Berufstätigkeit der Hausfrau auf MSA und MGA vgl. oben 2.5. (empirische Ergebnisse von HERZ).

Auf Seite der Raumstruktur ist an sich zu erwarten, daß Haushalte aus angebotslosen, entfernten Standorten ihre – gemäß den referierten Modellen selteneren – Einkaufsfahrten für jeweils mehr Besorgungen pro Fahrt nutzen als andere Haushalte, daß also relativ mehr Einkäufe im Zuge von Mehrstationenausgängen (MSA) durchgeführt werden. Ob dieselbe Tendenz auch für den Anteil von Mehrfach-Einkäufen (MGA) gilt, erscheint hingegen fraglich. Denn Mehrfach-Einkäufe in mehreren Geschäften können

unter heutigen Angebotsverhältnissen durch einen einzigen Großeinkauf in einem großen Super- oder Verbrauchermarkt bzw. einem integrierten Geschäftszentrum ersetzt
werden (vgl. unten, 3.4). Gerade wegen ihres beschränkten Zeitbudgets könnte es auch
sein, daß peripher wohnende Haushalte ihren Bedarf verstärkt in solchen Großformen
decken. Daher wird die Hypothese über den Einfluß der Mindestdistanz bzw. der Lagequalität auf den Mehrfach-Einkäufe-Anteil nur mit unbestimmtem Vorzeichen formuliert. – Eine gleichsinnige Einwirkung auf beide Kopplungsvariablen wird hingegen von
der Zahl der Tätigkeitsgelegenheiten (nichtlandw. Arbeitsstätten aller Art) am Wohnstandort erwartet. Wenn nämlich viele Funktionsstätten im Wohnumfeld liegen, kann
ein Haushalt vieles direkt in einem kurzen Weg von der Wohnung aus erledigen, während im umgekehrten Fall ein stärkerer Zwang zur Kopplung von Erledigungen (aller
Art, darunter auch mit der Grundbedarfsdeckung) besteht. Die Einflüsse der Ortsgröße
bzw. der Siedlungsstruktur beruhen auf den in 2.5. referierten Aussagen von HERZ sowie MARSCHNER.

Die angenommene Interdependenz mit der Einkaufshäufigkeit ergibt sich aus dem
beschränkten Zeitbudget; jene mit der Geschäftsartenwahl folgt aus dem durchschnittlich geringeren Volumen und dem häufigeren Gelegenheits- bzw. Impulscharakter
('convenience shopping') der Einkäufe in kleinen Nahversorgungsläden.

Das Erklärungsmodell für die dritte Kopplungsvariable, den *Anteil der Grundbedarfseinkäufe auf Arbeits- und Dienstwegen (ADW)*, enthält im wesentlichen dieselben
Einflußvariablen, dazu jedoch Hypothesen aus dem Bereich der berufsbedingten Zeit-
ressourcen und der Pendelverhältnisse des Haushalts (Tabelle 3-5).

**Tabelle 3-5: Empirisch testbares Modell des Anteils der Grundbedarfseinkäufe auf
Arbeits- und Dienstwegen**

Der Anteil der Grundbedarfseinkäufe auf Arbeits- und Dienstwegen (ADW) wird beeinflußt von . . .	
Haushaltsstrukturmerkmale:	*Raumstrukturmerkmale:*
+ Anzahl / Anteil berufstätiger Haushalts-mitglieder	+ Mindestdistanz zur ausreichenden Grund-bedarfsdeckung
+ Zahl der Kinder im Schulalter	– Tätigkeitsgelegenheiten im Wohnumfeld
+ Hausfrau vollbesch. m. starrer Arbeitszeit	? Ortsgröße / urban – rural
+ Pkws je Haushalt / je Führerscheinbesitzer	
+ Pkw-Verfügbarkeit der Hausfrau	
+ Zahl der Pkw-Tagespendler, Selbstfahrer	
+ Hausfrau Pkw-Tagespendler, Selbstfahrer	*andere Verhaltensmerkmale:*
+ Zahl d. Berufstätigen in Ort m. breiterem Geschäfteangebot als Wohnort	+ Zahl der Grundbedarfseinkäufe insg.
+ Hausfrau berufstätig in Ort m. breiterem Geschäfteangebot als Wohnort	+ Anteil Einkäufe in kl. Nahversorgungsläden
+ Beamten-/Angestellten-Haushalt	

Erläuterungen zur Einflußrichtung (Plus-, Minus-, Fragezeichen): siehe Text, 3.2.2.

Eine Vollbeschäftigung der Hausfrau mit starrer Arbeitszeit (also ohne Gleitzeit) schränkt die zeitlichen Ressourcen zur Grundbedarfsdeckung ein und erhöht den Zwang zur Arbeits- und Dienstwegekopplung. Je mehr Haushaltsmitglieder – vorrangig wieder die Hausfrau – mit einem Pkw selbst zur Arbeit fahren, ein desto höherer Anteil des Grundbedarfs wird in Kopplung mit Arbeits- und Dienstwegen gedeckt. Diese Tendenz wird vermutlich dadurch verstärkt, daß der Arbeitsplatz in einem Ort mit besseren Einkaufsmöglichkeiten als der Wohnort liegt. – Schließlich berücksichtigt das aufgestellte Modell auch die Zugehörigkeit des Haushalts zur Angestellten- und Beamtenschicht, für welche beim Mikrozensus 1990 die höchste Arbeitswegekopplungsrate ermittelt wurde.

Da Arbeitsplatz und Arbeitsort im gewählten Erklärungsrahmen zu den Haushaltsmerkmalen gehören, werden auf Seite der Raumstruktur dieselben Einflußhypothesen wie bei den zwei anderen Kopplungsaspekten angenommen.

3.2.6. Empirisches Modell für den Alternativanteil der Grundbedarfsdeckung

Zur Kennzeichnung der Verhaltensdimension „Inanspruchnahme alternativer Bezugsquellen" wurden mehrere Variablen operationalisiert. Die Absolutzahlen der Beschaffungsakte – Zahl der Hauslieferungen, der Käufe bei fahrenden Händlern, der Direktkäufe bei landwirtschaftlichen Produzenten – erscheinen sowohl einzeln als auch in ihrer Summe doch so stark vom standörtlichen Angebot abhängig, daß ein empirisches Modell wenig Erkenntnisgewinn verspricht. Wesentlich interessanter erscheint ein Modell für den Anteil dieser alternativen Beschaffungen an allen Grundbedarfsdeckungsakten des Haushalts, also ein Erklärungsmodell für den *Alternativanteil der Grundbedarfsdeckung (AlterA)*: siehe Tabelle 3-6.

Tabelle 3-6:
Empirisch testbares Modell des Anteils alternativer Grundbedarfsbezüge

Der Anteil der Grundbedarfsbezüge aus alternativen Quellen wird beeinflußt von ...	
Haushaltsstrukturmerkmale:	*Raumstrukturmerkmale:*
– Zahl „einkaufsfähiger" Haushaltsmitglieder	– Artenvielfalt der Grundbedarfsgeschäfte am Wohnstandort
+ Hilfsbedürftigkeit	+ Distanz des nächstgeleg. GB-Geschäfts
+ Pflegeverpflichtung	+ Mindestdistanz zur ausreichenden Grundbedarfsdeckung
– Pkw-Besitz	+ Zahl ambulant angeboteter GB-Güter
+ Wohndauer	+ Häufigkeit des ambulanten Angebots
+ Verwandte im Ort	+ Zahl landw. Betriebe
? Sozialschicht	– Ortsgröße / urban – rural
? Lebenszyklusphase	*andere Verhaltensmerkmale:*
	– Zahl der Grundbedarfseinkäufe insg.

Erläuterungen zur Einflußrichtung (Plus-, Minus-, Fragezeichen): siehe Text, 3.2.2.

Entsprechend der Verschiedenartigkeit der alternativen Bezüge enthält das Modell neben Zeitbudget- und Motorisierungsmerkmalen auch Merkmale der Hilfsbedürftigkeit und der Pflegeverpflichtungen, die vermutlich für Hauszustellungen relevant sind; weiters die metrischen soziologischen Merkmale Wohndauer und Zahl der Verwandten im Ort. Durch längere Ansässigkeit vertieft sich u. a. die wechselseitige Bekanntschaft mit ambulanten Händlern; durch das Bestehen von Verwandtschaftsbeziehungen im Wohnumfeld wird vermutlich die Grundbedarfsdeckung beim Bauern gefördert, zumal Bezüge von Verwandten z. T. unentgeltlich sind. Einflüsse von seiten der nichtmetrischen Merkmale Sozialschicht und Lebenszyklusphase (neben der Hilfsbedürftigkeit, s. oben) werden ebenfalls angenommen, allerdings in ihrer Richtung unbestimmt gelassen.

Auf Seite der Raumstruktur sind neben Qualität und Distanz des Geschäfteangebots natürlich die Merkmale des ambulanten Angebots und des bäuerlichen Angebots relevant. Darüber hinaus werden auch Einflüsse summarischer Wohnstandortsmerkmale im Sinne der „Stadt-Land"-Differenzierung spezifiziert. – Die Hypothese einer inversen Wechselbeziehung mit der Einkaufshäufigkeit prüft, ob die alternativen Bezüge eine Substitutionsfunktion zu den Einkäufen in Geschäften besitzen.

3.3. Operationalisierung der Einflußgrößen der Haushaltsstruktur

In diesem Abschnitt werden die in den empirischen Modellen enthaltenen Erklärungsvariablen der Haushaltsstruktur, soweit erforderlich, operational definiert. Die meisten Haushaltsstrukturvariablen bedürfen keiner ausdrücklichen Definition, weil ihr Inhalt und ihre Ausprägungen durch die verwendete Bezeichnung eindeutig feststehen. Derartige Variablen sind (in Klammer der Variablenname in der Datei, vgl. Anhang 1), gegliedert in formaler Hinsicht:
– metrisch-diskrete Variablen, welche einen eindeutigen Sachverhalt in Absolutzahlen fassen: *Tagespendler (H1-2), Nichttagespendler (H1-3), nichtberufstätige Haushaltsmitglieder (H3-1), Pkws im Haushalt (H4-1a), Tagespendler mit eigenem Pkw (H5-1), Wohndauer im Haus (H6-4), Verwandte im Ort (H6-5);*
– Variablen, die aus Absolutzahlen abgeleitete Prozentanteile beinhalten: *Pkws je Führerscheinbesitzer (H4-3).*
– Binärvariablen, d. h. kategoriale Variablen mit nur zwei Ausprägungen (0, 1): *Landwirtshaushalt (H6-3,* wobei auch Neben- und Zuerwerbsbetriebe zählen); *nichtlandwirtschaftlicher Selbständigen-Haushalt (H6-2), Beamten-/Angestellten-Haushalt (H6-6), Arbeiter-Paar-Haushalt (H6-1)* – Kriterium ist jeweils der Beruf des Haushaltsvorstands – ; *Schichtarbeit des männl. Haushaltsvorstands (H3-9)* – die zwei letztgenannten Variablen besitzen nur in (Ehe-)Paar-Haushalten den Wert 1 – ; *Führerscheinbesitz der Hausfrau (H4-4); Hausfrau Tagespendler mit eigenem Pkw (H5-2).*

Für einige Haushaltsstrukturvariablen sind jedoch mehrere Meßvorschriften denkbar, und sie werden in der Literatur auch unterschiedlich definiert. Sie werden im folgenden operationalisiert.

Haushaltsgröße *und* ***Bedarfsmenge:*** In zahlreichen statistischen und haushaltsökonomischen Arbeiten wird nicht die einfache Personenzahl verwendet, sondern eine nach verschiedenen Umrechnungsschlüsseln modifizierte, woraus sich Konstrukte wie „Vollverpflegspersonen" o. ä. ergeben (vgl. M. SCHEFFTER 1991; für Österreich: BUCHEGGER 1986, WILLI 1989, WOLF 1990 a). Derartige Äquivalenzzahlen dienen in erster Linie monetären Analysen und sind auch in der wissenschaftlichen Haushaltsökonomie keineswegs unumstritten; vgl. die fundamentale Kritik von R. GRONAU 1988. – Ziel der Operationalisierung in der vorliegenden Analyse ist nicht die Ausgabensumme, sondern die *Bedarfsmenge*. Als Maßzahl hiefür wird die Zahl der tatsächlich im Laufe einer Woche im Haushalt zubereiteten Mahlzeitenportionen gewählt. Damit wird auch die Tatsache berücksichtigt, daß der „Grundbedarf" eines Kleinkinds (Verköstigung und sonstige Versorgung), am Gesamtaufwand inkl. Zeit gemessen, im Schnitt wohl kaum geringer, eher größer ist als jener für ein erwachsenes Haushaltsmitglied. Die Bedarfsmenge errechnet sich daher in dieser Arbeit ausgehend von der *Haushaltsgröße* im Sinne der Personenzahl (Variable *H1-1*), multipliziert mit drei Mahlzeiten pro Tag, abzüglich einer Mahlzeit pro Werktag für jeden Tagespendler und abzüglich drei Mahlzeiten pro Werktag für jeden Nichttagespendler: Variable *Mahlzeiten pro Woche (H1-4)*.

Selbstversorgungsgrad: Die Variable Landwirtshaushalt bietet nur einen sehr groben Anhaltspunkt. Das Mindestwarenspektrum, ab welchem Selbstversorgung berücksichtigt wird, wurde bereits in 3.1.3. festgelegt (andere Güter als Obst und Gemüse müssen erzeugt werden). Darauf aufbauend wird als Maßzahl der Selbstversorgung die *Zahl selbsterzeugter Grundnahrungsmittel (H1-5)* gewählt.

Um vergleichbare Aussagen über das Ausmaß der Eigenerzeugung zu gewinnen, muß das Spektrum der Grundnahrungsmittel in einheitlicher Weise differenziert werden; dasselbe Schema wird auch bei den Variablen des ambulanten Angebots angewandt (s. unten). Es werden – neben Obst und Gemüse – weitere 12 *Nahrungsmittelgattungen* unterschieden: Fleisch (außer Geflügel und Wild) / Wurstwaren / Geflügel, Wild, Fisch / Eier / Milch / Butter, Topfen, Rahm / Mehl, Zucker, Honig / Brot, Backwaren, Getreide / Kartoffel / Tiefkühlprodukte und Konserven / Süßwaren / Wein, Most u. a. Getränke (in Anlehnung an G. HEINRITZ 1989, S. 117 – 125).

Lebensmittellagerkapazität: Da einschlägige Meßanweisungen in der Literatur fehlen, werden folgende vier Vorratsmedien unterschieden: Kühlschrank, Tiefkühltruhe, Speisekammer und Keller, und ihr Vorhandensein im Sinne einer Rangskala kumuliert (Variable *H2*, mit den Ausprägungen [0] 1 bis 4).

„einkaufsfähige" Person: Durch dieses Konstrukt wird die geistige und physisch-biologische Fähigkeit einer Person zur selbständigen Durchführung der Grundbedarfsdeckung gekennzeichnet. Unter Verwendung von Erkenntnissen über das Versorgungsverhalten von Senioren (vgl. G. S. SMITH 1988, J. LAURINKARI 1988) wird folgende operationale Definition festgelegt: Als „einkaufsfähig" gilt jede Person, die *mindestens 18 Jahre alt und weder hilfsbedürftig noch pflegebedürftig* ist (Anzahl solcher Personen im Haushalt: Variable *H3-2a*, Anzahl weiblicher „einkaufsfähiger" Personen: *H3-2*). – *Hilfsbedürftigkeit* wird angenommen, wenn ein (Senioren-)Haushalt entweder sich nicht mehr voll verköstigt oder beim Einkaufen haushaltsfremde Hilfe in Anspruch nimmt. *Pflegebedürftigkeit* eines Haushaltsmitglieds wird angenommen, wenn es regelmäßig mindestens 1 Stunde pro Tag gepflegt werden muß.

Betreuungsverpflichtungen für ältere Personen: Als Maßzahl dieses Erklärungsmerkmals dient die *Zahl der* geleisteten *Pflegestunden pro Woche (*Variable *H3-8).*

Betreuungsverpflichtungen für Kinder: Sie werden durch die Zahl der Kinder im

Haushalt gemessen, wobei nach drei Altersgruppen differenziert wird: *Zahl der Kinder unter 6 Jahren (H3-5), Zahl der Kinder im Schulalter (H3-6), Zahl der Kinder von 15 bis unter 18 Jahren (H3-6)*; die Summe wird durch die Variable *Unt18* ausgedrückt.

Altersgruppe der Hausfrau: Die genannten empirischen Arbeiten erbrachten zwar z. T. widersprüchliche Aussagen über den Einfluß dieses Merkmals auf das Versorgungsverhalten, verwenden aber fast durchwegs folgende drei Altersgruppen: *unter 30 Jahre (H3-3a), 30 bis unter 60 J. (H3-3), 60 und mehr Jahre (H3-3_)*.

Beschäftigungsausmaß der Hausfrau: Obwohl eine metrische Variable „Arbeitsstunden pro Woche" durchaus erfaßbar wäre, wird aufgrund eigener Kenntnis der Lebensumstände in ländlichen Haushalten folgende Rangfolge von Binärvariablen vorgezogen: – keine Berufstätigkeit *(H3-4_)* – teilzeitbeschäftigt außer Haus oder mithelfend im Familienbetrieb *(H3-4a)* – unselbständig außer Haus vollbeschäftigt mit Gleitzeit oder Schicht-/Turnus-Dienst, oder selbständig beschäftigt *(H3-4)* – unselbständig außer Haus vollbeschäftigt mit starrer Arbeitszeit *(H3-4b)*.

Pkw-Verfügbarkeit der Hausfrau: In der Literatur wird meist folgende dreigeteilte Abstufung verwendet: Haushalte ohne Pkw, teilweise (zeitlich eingeschränkte) Verfügbarkeit, volle Verfügbarkeit. Da die teilweise Verfügbarkeit schwierig zu messen ist, wird eine andere Operationalisierung gewählt, welche auch den Vorteil eindeutig metrischer Datenqualität hat: *Zahl der Pkws, welche die Hausfrau insgesamt benutzt (H4-2)*.

Berufstätigkeit in potentiellen Einkaufsorten: Dieser Umstand wurde bereits in den empirischen Modellen als „Berufstätigkeit in einem Ort mit besserem Geschäfteangebot als der Wohnort" operationalisiert; dasselbe Kriterium verwendet auch R. KLEIN (1992). Dies setzt eine vergleichende Bewertung der Qualität des Geschäfteangebots von Wohnort und Arbeitsort voraus: vgl. 3.4. Es ist zu beachten, daß dies eine relative Eigenschaft ist, denn derselbe Arbeitsort besitzt gegenüber manchen Wohnorten ein besseres Angebot, gegenüber anderen nicht. Danach können die Variablen *Hausfrau berufstätig in Ort mit besserem Geschäfteangebot als Wohnort* (Binärvariable *H5-3*) und *Zahl der Berufstätigen in Orten mit besserem Geschäfteangebot als Wohnort (H5-1)* gebildet werden.

Lebenszyklusphase: In Übereinstimmung mit führenden Lehrbüchern des Konsumentenverhaltens (KOTLER 1989, KROEBER-RIEL 1992) wird eine siebenteilige Gliederung gewählt, und zwar in einer Form, welche mit der amtlichen österreichischen Statistik kompatibel ist („Haushaltstyp II" der Volkszählung):

(Lz1) jüngere alleinstehende Person (Einpersonenhaushalt unter 40 Jahre);

(Lz2) junges Paar ohne Kind (Zweipersonenhaushalt, Frau >= 40 Jahre);

(Lz3) Familie mit Kleinkind (mind. 3 Personen, jüngste unter 6 Jahre);

(Lz4) Familie mit Schulkind (mind. 3 Personen, jüngste 6 bis < 15 Jahre);

(Lz5) Familie mit älterem Kind (mind. 3 Personen, jüngste 15 bis 25 Jahre);

(Lz6) älteres Paar ohne Kind (Zweipersonenhaushalt, Frau über 40 Jahre);

(Lz7) ältere alleinstehende Person (Einpersonenhaushalt >= 40 Jahre).

Senioren-Paar-Haushalt: Da dieser Haushaltstyp – der typische Pensionisten- oder Rentnerhaushalt – im eben genannten Lebenszyklusschema nicht vorkommt, wird er wie folgt definiert: Zweipersonenhaushalt ohne Berufstätige mit mindestens 1 eine Alterspension beziehenden Person (Binärvariable *Pens)*.

Um alle hiemit operationalisierten Haushaltsstrukturmerkmale zu erfassen, sind entsprechende Fragen in das Erhebungsinstrument einzubauen; vgl. hiezu Kapitel 4.

3.4. Operationalisierung der Einflußgrößen der Raumstruktur

Wie in Kapitel 2 gezeigt, herrscht in der einschlägigen Literatur weitgehend Übereinstimmung darüber, daß die wesentlichen Einflußdimensionen des Versorgungsverhaltens von seiten der Raumstruktur das Angebot am Wohnort und die relative Lage bzw. Erreichbarkeit des Angebots insgesamt sind. Die Operationalisierung erfordert also einerseits eine Bewertung des Geschäfteangebots, andererseits eine Ermittlung der verhaltensrelevanten Distanzen. Im Detail werden jedoch von den einzelnen Autoren ganz verschiedene Variablen zur Messung dieser Sachverhalte verwendet.

Der vorliegende Abschnitt umfaßt folgende Ausführungen: Festlegung der räumlichen Basiseinheit der Untersuchung (3.4.1.), Quantifizierung der Angebotsqualität, d. h. der grundbedarfsrelevanten Ausstattungsmerkmale der Wohnstandorte (3.4.2.), Auswahl und Definition der grundbedarfsrelevanten Distanzvariablen (3.4.3). Schließlich werden die Anbindung im öffentlichen Verkehr und die summarischen Merkmale des Wohnstandorts operationalisiert (3.4.4).

3.4.1. Festlegung der räumlichen Basiseinheit

Die Grundvoraussetzung für alle Operationalisierungen der Raumstruktur bildet die Definition einer *räumlichen Basiseinheit*, welche der Merkmalsträger sowohl der Angebotsqualität als auch der grundbedarfsrelevanten Distanzen ist. Im Erklärungsrahmen dieser Arbeit ist diese Basiseinheit der Wohnstandort, welcher als Ausschnitt der Realwelt mit überindividuell gleichen Bedingungen der Grundbedarfsdeckung aufgefaßt wird (vgl. Kap. 1). Für den gewählten ländlichen Untersuchungsraum läuft die Operationalisierungsaufgabe darauf hinaus, die Wohnstandorte so zu definieren bzw. abzugrenzen, daß sowohl die Bedingung „überindividuelle Gleichheit der Geschäfteausstattung" als auch die Bedingung „überindividuelle Gleichheit der grundbedarfsrelevanten Distanzstruktur" erfüllt sind.

Erfüllt sind beide Bedingungen wohl in allen Orten, in denen es kein Grundbedarfsgeschäft gibt. Die Geschäfteausstattung ist natürlich überall gleich, und die Distanzen zu Geschäften sind ebenfalls praktisch gleich, denn die geringen Entfernungsunterschiede zu den durchwegs außerhalb des Orts liegenden Geschäften sind sicher nicht verhaltensrelevant. – In Siedlungen mit wenigstens einem Grundbedarfsgeschäft sind hingegen die Distanzen, wenn man sie exakt mißt und kontinuierlich differenziert, nicht für alle Haushalte gleich, d.h. die zweite Bedingung ist eigentlich nicht erfüllt. Wenn man allerdings die Distanzen gestuft erfaßt und dabei als erste Distanzkategorie den *fußläufig erschließbaren Nahbereich* ausweist, können die Verhältnisse innerhalb kleiner Orte als annähernd gleich gelten. Als fußläufig erschließbarer Nahbereich wird in den meisten einschlägigen Untersuchungen ein Distanzbereich bis 600 m oder bis 10 Minuten Gehzeit angenommen (vgl. Ergebnisse der OÖ Verkehrserhebung, AMT DER OBERÖSTERR. LANDESREGIERUNG 1995). Darin drückt sich die allgemein akzeptierte Ansicht aus, daß ein Überwinden solch geringer Distanzen ohne Fahrzeug möglich ist und daß keine soziale Benachteiligung auftritt, solange Tätigkeitsgelegenheiten wie Einkaufsstätten oder Haltestellen des öffentlichen Verkehrs innerhalb dieses Bereichs liegen.

Daher werden Siedlungen, in denen keine größeren als fußläufige Entfernungen auftreten, im Rahmen dieser Arbeit als einheitliche Wohnstandorte aufgefaßt. Erst ausgedehntere Siedlungen sollen in mehrere Wohnstandorte untergliedert werden. Die solcherart abgegrenzten räumlichen Bezugseinheiten werden als *Wohnplätze* bezeichnet.

Im Hinblick auf die praktische Abgrenzung der Wohnplätze wurde untersucht, wie weit die vorliegende kleinräumige Siedlungsgliederung des Österreichischen Statistischen Zentralamts diesem Konstrukt entspricht. Die kleinsten Territorialeinheiten, für welche in Österreich statistische Daten vorliegen, sind entweder – im Fall kleiner Orte, die zur Gänze einem einzigen Zählsprengel zugehören – diese Orte selbst, welche im Ortsverzeichnis als „Ortschaftsbestandteile"[3] bezeichnet werden, oder – wenn der Ort (= Ortschaftsbestandteil) nicht nur einem, sondern mehreren Zählsprengeln zugehört, was in der Regel bei größeren Orten der Fall ist – ein Zählsprengel-Anteil eines Ortschaftsbestandteils; vgl. hiezu das amtliche Ortsverzeichnis 1991. Für diese Territorialeinheiten wurde im untersuchten ländlichen Niederösterreich anhand einer systematischen Stichprobe durch Testmessungen in amtlichen topographischen Karten einschließlich der Zählsprengelgrenzen (ÖSTAT 1985, im Verzeichnis „Kartographische Quellen") überprüft, wie groß *die maximale Längserstreckung der Wohnbebauung* ist. Die Messungen ergaben, daß letztere in 95 % der Fälle nicht mehr als 600 m beträgt. Wenn man dazu noch berücksichtigt, daß Grundbedarfsgeschäfte in Siedlungen dieser Größe praktisch nie am Außenrand liegen, sondern – sofern noch ein Geschäft besteht – im inneren Ortsbereich, kann die fußläufige Erschließbarkeit dieser kleinsten Territorialeinheiten als erwiesen gelten.

Somit wird die amtliche Detailgliederung der Siedlungen zur Abgrenzung herangezogen – was die Gewinnung statistischer Daten für die räumlichen Bezugseinheiten erleichtert – und *Wohnplatz* definiert als *die kleinste territoriale Einheit, die im amtlichen österreichischen Ortsverzeichnis bei den Siedlungen ausgewiesen wird* (s. oben).

Die folgende Karte 3-1 zeigt die konkrete Abgrenzung der Wohnplätze in einem Teil des Untersuchungsgebiets Neunkirchen, südliches Niederösterreich; die anschließende Tabelle zeigt die statistischen Daten für dieselben territorialen Einheiten aus dem Ortsverzeichnis. Der Kartenausschnitt enthält sowohl die größte Siedlungsagglomeration aller untersuchten Gebiete (Ternitz – Schwarzatal, ca. 15.000 Einwohner) als auch Kleindörfer und Streusiedlungen.

Es sei darauf hingewiesen, daß die gewählte Abgrenzung nicht nur wesentlich feingliedriger ist als eine bloße Differenzierung nach Orten („Ortschaftsbestandteilen"), sondern auch feiner als eine generelle Zählsprengelgliederung. Denn die Zählsprengel umfassen in der Regel mehrere Ortschaftsbestandteile, und auch dann, wenn ein Zählsprengel Teil einer größeren Siedlung ist, reicht er häufig über diese hinaus und umfaßt auch noch Klein- oder Streusiedlungen (vgl. Karte 3-1). Die mittlere Größe der Wohnplätze in allen eigenen Untersuchungsgebieten (vgl. Kapitel 4) beträgt ca. 400 m Längserstreckung und 359 Einwohner (interquartile Spannweite: 102 – 892 Einwohner), wobei Wohnplätze mit mehr als 1000 Einwohnern nur als Teile größerer, dicht verbauter Siedlungen auftreten. Zum Vergleich: Die Durchschnittsgröße der Einheiten auf Zählsprengelebene – das sind Zählsprengel und nicht in Zählsprengel gegliederte Kleingemeinden – in Niederösterreich beträgt 650,1 Einwohner (Bevölkerungszahlen laut Volkszählung 1991, vgl. ÖSTAT 1993 im Verzeichnis „Statistische Quellen").

---

[3]) "Die *Ortschaftsbestandteile* stellen die *eigentlichen Siedlungen* dar, die durch ihre *abgesonderte Lage und besondere lokale Bedeutung* hervorhebenswert sind": ÖSTAT (1993), Ortsverzeichnis 1991 Niederösterreich – Wien, Band 1, S. 12 (Hervorhebungen im Original).

Karte 3-1: Abgrenzung der Wohnplätze, Untersuchungsgebiet Neunkirchen

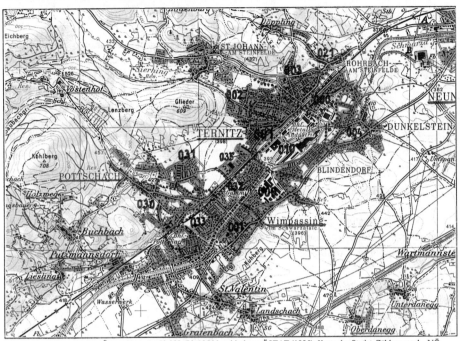

eig. Entwurf; Grundkarten: Österr. Karte 1 : 50.000, Bl. 105 Neunkirchen; ÖSTAT (1985): Karte der Statist. Zählsprengel – NÖ

Siedlung (Ortschaftsbestandteil), die mit Wohnplatz ident ist

Siedlung, die aus mehreren Wohnplätzen besteht

Grenze von Wohnplätzen innerhalb e. Siedlung (mit Zählsprengel-Nr.)

weitere Erläuterungen im Text.

0   500   1000 m

Maßstab:

Gemeinde	Wohnplatz-Name (in Klammer: sonstige Wohnplatz-Bezeichnung in der Karte) *	topogr. Kenn-zeichnung (inkl. Agraranteil **)	Gebäude insgesamt	Geb. mit mind. 1 Wohnung	Geb. m. Haupt-wohnsitz	Haus-halte	Wohn-bevöl-kerung	land-/fw Betriebs-stätten	Anmerkungen
Buchbach	*Buchbach*	Dorf / 2	96	94	71	81	233	16	* Mit 000 ... 035 (Zähl-
	Liesling	Rotte / 2	41	38	29	32	91	7	sprengel-Nr. im Orts-
Grafenbach - St.Valentin (Teil)	*Grafenbach*	Dorf / 1	329	307	268	321	832	17	verzeichnis) sind jene Wohnplätze gekenn-
	Landschach	Dorf / 3	43	31	28	36	124	13	zeichnet, die nur Teile
	St. Valentin	Dorf / 1	195	185	164	287	743	6	von Ortschaftsbestand-
	Oberdanegg	Dorf / 2	45	44	37	46	129	12	teilen sind,
Ternitz (Teil)	*Holzweg*	Rotte / 3	11	10	9	12	37	4	mit A u. B jene Wohn-
	Pottschach – Mitte (030)	Stadtteil	334	293	266	383	931	19	plätze, die zwar Ort-
	Pottschach – NW (031)	Stadtteil	287	275	269	634	1423	0	schaftsbestandteile sind,
	Pottschach – Ost (032)	Stadtteil	290	284	271	366	847	0	aber in der amtlichen
	Pottschach – Süd (033)	Stadtteil	358	345	315	366	918	1	topogr. Karte keinen
	Pottschach – NO (035)	Stadtteil	72	69	69	374	858	5	Ortsnamen besitzen.
	Putzmannsdorf	Stadtteil	305	288	271	333	811	10	
	Döppling	Dorf / 2	22	19	19	22	71	4	** **Agraranteil:** Anteil
	St. Johann am Steinfelde	Stadtteil	269	253	223	265	681	11	der Gebäude, die einen
	Spinnerei Rohrbach (B)	Häusergruppe	8	5	5	62	208	0	land- u. forstw. Betrieb
	Ternitz – Mitte (000)	Stadtteil	129	110	104	168	469	0	beherbergen, an allen
	Ober Ternitz 1 (001)	Stadtteil	226	201	195	449	1041	1	Gebäuden:
	Ober Ternitz 2 (002)	Stadtteil	298	278	268	629	1370	1	/ 1 0 – <13 %
	Mitter Ternitz (003)	Stadtteil	322	291	278	615	1380	2	/ 2 13 – <26 %
	Dunkelstein (004)	Stadtteil	366	340	313	477	1138	9	/ 3 26 – <50 %
	Blindendf-Stahlwerk (010)	Stadtteil	277	213	210	303	787	1	(im Ortsverzeichnis
	Rohrbach a. Steinf. (021)	Stadtteil	145	139	125	152	391	12	nur für eindeutig
	Urbanhof (A)	Häusergruppe	35	28	28	126	311	0	ländliche Siedlungen
Vöstenhof (Teil)	*Vöstenhof*	Rotte / 2	19	17	14	15	48	4	angegeben).
Wartmannstet-ten (Teil)	*Unterdanegg*	Dorf / 3	37	33	30	33	105	13	**Quelle:**
	Wartmannstetten	Dorf / 1	194	179	154	176	485	24	ÖSTAT (1993):
Wimpassing	*Wimpassing – NO (000)*	Markt / 1	196	149	143	484	1109	8	Ortsverzeichnis Nieder-
	Wimpassing – SW (001)	Markt / 1	244	219	204	389	898	2	österreich – Wien.

3.4.2. Operationalisierung der Angebotsmerkmale der Wohnplätze

Ziel dieses Unterabschnitts ist die Definition von Erklärungsvariablen aus dem Bereich der grundbedarfsspezifischen Angebotsqualität, unter Einschluß der alternativen Bezugsquellen. In der einschlägigen Literatur werden zur Kennzeichnung der standörtlichen Angebotsqualität unter anderem die Summe der Verkaufsflächen und die Summe der erzielten Einzelhandelsumsätze herangezogen. Diese Variablen standen aus Sekundärquellen nicht in der erforderlichen territorialen Feingliederung zur Verfügung, eine Primärerhebung im gesamten Untersuchungsraum hätte einen großen Aufwand bedeutet bei gleichzeitig geringer Wahrscheinlichkeit, verlässliche Daten zu erhalten. Daher wird die Ausstattungsqualität auf andere Weise operationalisiert.

Zuvor seien die Angebotsvariablen der *alternativen Bezugsquellen* operationalisiert, was an sich einfacher ist – diese Daten können andererseits sicher nicht aus vorliegenden Statistiken entnommen werden; vgl. 2.7. – Folgende Variablen messen das Angebot der zwei Bezugsquellen Hauszustellung und ambulante Händler:

Häufigkeit eines ambulanten Angebots am Wohnplatz (R3-1): Diese Variable gibt an, wie oft pro Woche Lieferanten bzw. Händler kommen.

Breite des wöchentlich verfügbaren ambulanten Angebots (R3-2): Diese Variable gibt an, wie viele von insgesamt 13 möglichen Nahrungsmittelgattungen (vgl. 3.3.) mindestens ein Mal pro Woche am Wohnplatz von seiten der genannten Anbieter verfügbar sind.

Die Verfügbarkeit von Ab-Hof-Käufen wird gemessen durch die *Zahl landwirtschaftlicher Betriebe* am Wohnplatz *(R3-3)*.

Die Operationalisierung des grundbedarfsbezogenen Geschäfteangebots erfolgt in zwei Schritten: (A) Bewertung des Angebots von Geschäften, (B) aggregierte Bewertung des Geschäfteangebots von Wohnplätzen.

(A) Bewertung des Angebots der einzelnen Geschäfte bzw. Geschäftstypen

Um die grundbedarfsbezogene Geschäfteausstattung von Wohnplätzen zu erfassen, reicht eine dichotome Variable der Geschäftsarten, wie sie als verhaltensinterne Erklärungsgröße (vgl. 3.1.2.) definiert wurde, nicht aus. Die Angebotsqualität muß genauer differenziert werden.

Aus eigener langjähriger Beobachtung der Angebotssituation im Untersuchungsraum sowie den bei der Mitarbeit an der Kaufkraftstromanalyse Niederösterreich gewonnenen Erfahrungen ergibt sich, daß die Lebensmittelgeschäfte im engeren Sinne, abgesehen von den Nahrungshandwerksgeschäften Bäcker und Fleischer, *vier Typen* zuzuordnen sind:

Typ 1, Großformen des Lebensmittelhandels: Verbrauchermärkte, große Supermärkte und große Diskonter. Kennzeichen dieser Betriebe ist, daß sie ein vollständiges Grundbedarfsspektrum bieten (vgl. anschließend); in bezug auf die Verkaufsfläche liegt die Untergrenze im allgemeinen bei 400 m², vereinzelt aber auch darunter;

Typ 2, Selbstbedienungs-Lebensmittelgeschäfte einschließlich *Kaufhäuser mit SB* [4]:
Obwohl die Geschäfte dieses Typs von ihren Inhabern und von der Bevölkerung im
Untersuchungsgebiet häufig als „Supermärkte" bezeichnet werden, bilden sie von der
Angebotsbreite her eine andere Kategorie als Typ 1;
   Typ 3, Gemischtwarenhandlungen u. ä. traditionelle Läden (dörfliche „Kaufhäuser")
ohne Selbstbedienung: Betriebe dieser Art stellen zwar ein Relikt- bzw. Persistenzphä-
nomen dar, waren aber zum Erhebungszeitpunkt im untersuchten ländlichen Raum noch
relativ häufig anzutreffen.
   Typ 4, kleine Lebensmittelgeschäfte mit Teilsortiment, vor allem an Frischwaren:
Obst- und Gemüse-, Milch- und Getränkegeschäfte, einschließlich neue „Bioläden". Zu
diesem Typ werden, wie bereits erwähnt, auch die wöchentlich oder häufiger stattfindenden Märkte gerechnet, sofern dort Nahrungsmittel angeboten werden.

   Um aus diesen Geschäftstypen auf die Angebotsqualität schließen zu können, wird
eine Maßzahl ihrer *einkaufsfunktionellen Wertigkeit* benötigt. Informationen hierüber
bietet eine unveröffentlichte betriebsformenspezifische *Sortimentserhebung* des österreichischen Lebensmittelhandels, die von NIELSEN MARKETING RESEARCH, Wien [5] in
den Jahren 1992 und 1993 durchgeführt wurde. Deren Ergebnisse wurden durch eigene
Stichproben und Beobachtungen der Interviewer (vgl. Kap. 4) überprüft, so daß folgende Aussagen über das Angebot der Grundbedarfsgeschäftstypen im Untersuchungsraum
getroffen werden können.

   1.) Es bestehen zwar große Unterschiede zwischen den Geschäftstypen hinsichtlich
der Sortimentstiefe; aber alle Lebensmittelgeschäfte der Typen 1 bis 3 führen zumindest
die grundlegenden Warengattungen des Trockensortiments (Nährmittel, Gewürze, Konserven, Kaffee etc., Süßwaren) und Getränke (alkoholische und alkoholfreie).
   2.) Die Gemischtwarenläden ohne Selbstbedienung führen nur ein sehr einge-
schränktes Frischwarenangebot (manche nur Milch und wenige Milchprodukte, Obst
nur fallweise).
   3.) In Orten ohne Bäckergeschäft, aber mit Lebensmittelgeschäft(en) führt mindestens eines davon auch Brot und Gebäck; in Orten mit Bäckergeschäft ist dies nicht immer der Fall.
   4.) Frischfleisch wird weder in kleinen noch in mittleren (SB-) Lebensmittelge-
schäften geführt, sondern nur in den Verbrauchermärkten und großen Supermärkten.
   5.) Die SB-Lebensmittelgeschäfte und SB-Kaufhäuser führen, abgesehen von Brot
und Gebäck (s. oben), folgende Frischwaren: Wurst, Obst und Gemüse, Molkereipro-
dukte und Eier.

   Aus den erhobenen Angebotsverhältnissen lassen sich Aussagen über *Substitutionsbeziehungen zwischen Einkäufen in den einzelnen Geschäftstypen* ableiten. Es läßt sich
eine Maßzahl errechnen, welche angibt, wieviele Einkäufe in jeweils kleineren Geschäften durch einen Einkauf im gegebenen Geschäft ersetzt werden können; als Basiswert
jedes Geschäftstyps wird 1 angenommen. Diese Maßzahl drückt somit die gesuchte ein-
kaufsfunktionelle Wertigkeit der Geschäftstypen aus: siehe Tabelle 3-7.

---

[4]) Selbstbedienung wird im folgenden meist mit "SB" abgekürzt.
[5]) Für die Überlassung dieser Daten sei Herrn Mag. Martin Kaufmann, Firma NIELSEN Marketing Research, herzlich gedankt.

Tabelle 3-7: Ableitung der einkaufsfunktionellen Wertigkeit der Grundbedarfsgeschäftstypen im Untersuchungsgebiet

Typ Nr	Ein Einkauf in einem Geschäft des Typs ...	ersetzt einen Einkauf in Geschäft d. Typs Nr	Anmerkung zum Sortiment im Grundbedarfsbereich	einkaufsfunkt. Wertigkeit
1	Verbrauchermarkt oder großer Supermarkt	2, 3, 4, 5, 6	Sortiment breiter und tiefer als Geschäfts typ 2; mit Frischfleisch-Abteilung	6
2	SB-Lebensmittelgeschäft, Kaufhaus mit SB	3, 4, (5)	Frischwaren-Sortiment außer Fleisch; Brotverkauf je nach Ort (s. Text)	4 bzw. 3 *
3	Gemischtwarenhandel	(5)	Sortiment weniger tief als Geschäftstyp 2, kaum Frischwaren; Brotverkauf je nach Ort	2 bzw. 1 *
4	LM-Teilsortiment-Geschäfte; Grünmarkt	---	zumeist nur Frischwaren (einer oder weniger Gattungen)	1
5	Bäcker	---		1
6	Fleischer	---		1

Quellen: eigene Erhebungen im Untersuchungsgebiet; unveröffentlichtes Material der Firma NIELSEN Marketing Research, Wien.

*) höherer Wert: mit Brot und Gebäck; niedrigerer Wert: ohne Brot und Gebäck (abhängig von Bäckergeschäft im Ort, vgl. Text).

Um eventuellen Mißverständnissen vorzubeugen, sei zum Konstrukt der einkaufsfunktionellen Wertigkeit angemerkt, daß selbstverständlich diese einfache Maßzahl nur wenig oder fast nichts über die tatsächliche Attraktivität von Geschäften aussagt, welche außer von der Angebotsbreite noch von vielen anderen Faktoren (z. B. vom Preisniveau, von anderen absatzpolitischen Maßnahmen, von der Einkaufsatmosphäre, der durchschnittlichen Dauer eines Einkaufs, usw.) abhängt. Die Berücksichtigung derartiger Merkmale – und zwar von einzelnen Geschäften, nicht bloß von Geschäftsarten – wäre unbedingt erforderlich, wenn man eine Erklärung der Geschäfte- und Einkaufsortwahl beabsichtigt; diese liegt aber außerhalb des Untersuchungsansatzes. Hier geht es nur um die Gewinnung einer vergleichenden Maßzahl der Geschäfteausstattung von Standorten in der Größe von Wohnplätzen; vgl. anschließend.

(B) Aggregierung der Einzelgeschäftswerte zu Angebotsmaßzahlen der Standorte

Eine einfache numerische Maßzahl der Geschäfteangebotsqualität von Wohnplätzen stellt die *Artenvielfalt der Grundbedarfsgeschäfte,* bezogen auf obige Geschäftstypen, dar (Variable *R1-2,* Werte 0 bis maximal 6). Sie ist zwar wesentlich aussagekräftiger als die Zahl der Geschäfte, es ist aber auf Basis der bisherigen Überlegungen möglich, noch aussagekräftigere Maßzahlen zu konstruieren.

Ausgangspunkt hiefür ist die warenmäßige Zusammensetzung des Grundbedarfs (im eingangs festgelegten Sinn: Nahrungsmittel und übrige zur Haushaltsführung benötigte Güter). Unter der Voraussetzung einer gesunden, nicht einseitigen Ernährung zählen dazu neben den Grundnahrungsmitteln des Trockensortiments auch Frischwaren der folgenden Warengattungen: Obst und Gemüse, Milch und Milchprodukte, Eier, Fleisch und Wurst.

Mit Hilfe deser Annahme läßt sich aus der gegebenen Sortimentscharakteristik ableiten, welche Geschäftstypen im Untersuchungsgebiet zur Beschaffung dieses Warenbündels erforderlich sind. Dieses geschäftebezogene Konstrukt wird als *„ausreichendes Grundbedarfsangebot"* bezeichnet. Durch das Adjektiv „ausreichend" wird ausgedrückt, daß es nur um die Erhältlichkeit der betreffenden Warengruppen an sich geht, nicht um eine bestimmte Tiefe des Sortiments; auch Annahmen über die Häufigkeit des Bedarfs oder der Einkäufe werden nicht getroffen. Ein solches ausreichendes Grundbedarfsangebot kann durch folgende Geschäfte bereitgestellt werden (Tab. 3-8):

Tabelle 3-8: Schema möglicher Zusammensetzungen des „ausreichenden Grundbedarfsangebots"

Vari-ante	Typen von Grundbedarf anbietenden Geschäften	Kürzel
(1)	Verbrauchermarkt oder großer Supermarkt allein	VM/SM
(2)	SB-Lebensmittelgeschäft / SB-Kaufhaus *) + Fleischer	SBL+F
(3)	Gemischtwarenhändler *) + Obst- u. Gemüseladen + Fleischer	G+O+F

eigener Entwurf;

*) zum Erfordernis von Bäckergeschäften bzw. zum Angebot an Brot und Gebäck siehe oben, (A).

Mithilfe des ausreichenden Grundbedarfsangebots [6] und der einkaufsfunktionellen Wertigkeit können relativ differenzierte Maßzahlen der Angebotsqualität von Wohnplätzen gewonnen werden, wie nunmehr gezeigt wird. Jeder Wohnplatz kann zunächst dahingehend bewertet werden, welche Grundbedarfsgeschäfte vorhanden sind und welche auf ein AGBA fehlen. Weiters läßt sich anhand von Tabelle 3-8 für jeden Wohnplatz ermitteln, zwischen wie vielen Grundbedarfsdeckungsvarianten, auf Geschäftstypen bezogen, die Haushalte in ihrem Nahbereich wählen können. Somit bildet die *Anzahl von AGBA-Varianten pro Wohnplatz* (Variable *NAGBA*, mit Werten von 0 bis 3) auch einen *Indikator der bestehenden Geschäfte-Auswahl*, der zwar nur vier Ausprägungen, aber eindeutig metrische Datenqualität besitzt.

Eine Bewertung des Gesamtangebots der Wohnplätze hat über die Geschäfte hinaus auch das Angebot und die Qualität von alternativen Bezugsquellen zu berücksichtigen. Es ergeben sich drei wesentliche Ränge im ländlichen Raum: Wohnplätze völlig ohne Geschäft / Wohnplätze zwar mit Geschäft(en), aber ohne ausreichendes Grundbedarfsangebot / Wohnplätze mit ausreichendem Grundbedarfsangebot. Für die gesuchte Variable *Grundbedarfsangebotsqualität des Wohnplatzes (R1-3)* läßt sich eine eindeutige Rangreihung mit insgesamt 12 Stufen ermitteln: vgl. Tabelle 3-9. Da die ausgewiesene Punktezahl jeder Stufe auf der einkaufsfunktionellen Wertigkeit basiert und diese wiederum auf den Substitutionsbeziehungen zwischen den Geschäftstypen, besitzt diese Variable ein Datenniveau, das über das einer üblichen Ordinalskala hinausgeht.

---

[6] Im folgenden wird „ausreichendes Grundbedarfsangebot" meist abgekürzt als AGBA.

Tabelle 3-9: Ausprägungen der Grundbedarfsangebotsqualität des Wohnplatzes

Innerhalb des Wohnplatzes vorhandene Grundbedarfsgeschäfte	Punkte
A) Wohnplätze völlig ohne Geschäfte:	
1) ohne irgendeine alternative Bezugsquelle	0,00
2) nur Landwirte im Ort und/oder fahrende Händler seltener als 1 mal pro Woche	0,25
3) ambulantes Angebot einer GB-Branche, mindestens 1 mal pro Woche	0,50
4) ambulantes Angebot von 2 oder mehr GB-Branchen, je mind. 1 mal pro Woche	0,75
B) Wohnplätze mit GB-Geschäft(en), aber nicht im Ausmaß eines AGBA:	
1) kein LM-Vollsortiment, nur Bäcker o d e r Fleischer o d e r LM-Teilsort.	1,00
2) nur Gemischtwarenladen (+ Bäcker)	2,00
3) kl. LM-Geschäft (+ Bäcker) + Fleischer o d e r LM-Teilsortiment	3,00
4) nur SB-Lebensmittelgeschäft bzw. SB-Kaufhaus (+ LM-Teilsortiment)	4,00
C) Wohnplätze mit GB-Geschäften im Ausmaß eines AGBA:	
1) nur SB-Lebensmittelgeschäft/SB-Kaufhaus + Fleischer (SBL+F)	5,00
2) nur Verbrauchermarkt und/oder großer Supermarkt (VM/SM)	6,00
3) sowohl SBL+F als auch Gemischtwaren + Obst-u.Gemüseladen + Fleischer (G+O+F)	8,00
4) sowohl VM/SM als auch SBL+F und/oder G+O+F	10,00

eigener Entwurf.
Abkürzungen: GB = Grundbedarf, LM = Lebensmittel, SB = Selbstbedienung.

Nur die Bewohner von Wohnplätzen ab Stufe C1 haben überhaupt die Möglichkeit, ihren Grundbedarf zur Gänze innerhalb des fußläufigen Nahbereichs zu decken. An allen übrigen Standorten ist die Bevölkerung zumindest für einen Teil der Bedarfsdeckung, an A-Standorten sogar für jeglichen Geschäftseinkauf auf 'Outshopping' mit Verkehrsmitteln angewiesen.

Wohnplätze mit mindestens ausreichender Angebotsqualität im Nahbereich liegen vermutlich in folgenden Siedlungstypen bzw. Wohnlagen: Stufe C1 in Gemeindehauptorten, Stufe C2 in Stadtrandlagen. Noch bessere Angebotsqualität, weil mehrere AGBA-Varianten beinhaltend, bieten die Wohnplätze der Stufen C3 (mit den zwei AGBA-Varianten SBL+F und G+O+F [7] und C4 (alle drei AGBA-Varianten, einschließlich neuer Einzelhandels-Großformen): sie sind nur in Innenstadtbereichen mit hoher Geschäftedichte zu erwarten. Die dort wohnenden Haushalte können bei der Deckung ihres Grundbedarfs zwischen mehreren Kombinationen von Geschäftstypen und zahlreichen Geschäften im Nahbereich wählen; diese Wohnplätze stellen die bestausgestatteten Standorte im Untersuchungsraum dar.

---

[7]) Ein alleiniges Vorkommen der Geschäftekombination G+O+F (Gemischtwaren + Obst-/Gemüseladen + Fleischer) ohne ein größeres SB-Lebensmittelgeschäft (SBL) am selben Wohnplatz ist unter heutigen Verhältnissen sehr unwahrscheinlich; daher wird die Kombination G+O+F nicht als eigene Angebotsqualitätsstufe ausgewiesen. Der Einfluß von zusätzlich zu SBL vorkommenden Gemischtwaren- und kleinen Lebensmittelläden, der die Geschäfteauswahl des Wohnplatzes vermehrt, wird in den Stufen C3 und C4 bewertet.

3.4.3. Operationalisierung der Distanz- und Erreichbarkeitsmerkmale

In diesem Unterabschnitt wird zunächst die adäquate Maßzahl und Maßeinheit für grundbedarfsspezifische Erreichbarkeits- und Distanzmerkmale erörtert und ausgewählt. Danach werden die in den empirischen Modellen enthaltenen Erreichbarkeits- und Lagevariablen – Distanz des nächstgelegenen Lebensmittelgeschäfts, Mindestdistanz zur ausreichenden Grundbedarfsdeckung – operational definiert.

Leider gibt es im Bereich der Lage- und Erreichbarkeitsmaßzahlen keine allgemein anerkannte Terminologie. Dies ist darauf zurückzuführen, daß in der Literatur die Frage, was unter relativer Lage und/oder Erreichbarkeit zu verstehen sei, ganz verschieden beantwortet wird (vgl. u. a. ÖBERG 1976, MOSELEY ET AL. 1977, PIRIE 1979, ECKELMANN ET AL. 1985, HENKE ET AL. 1985, E. KUNZE 1988, K. HORN 1989, GUTIÉRREZ PUEBLA 1991, JORDAN & NUTLEY 1993) – diesen Zustand beklagen auch Nachbarwissenschaften der Geographie, vgl. ALLEN ET AL. (1993). Um die auf diesem Feld bestehende Begriffsvielfalt nicht noch zu vermehren, wird auf eine vorhandene und relativ häufig zitierte Terminologie Bezug genommen, nämlich jene von L. BACH (1978 a, b), welche auch in englischer Sprache publiziert wurde (BACH 1980, 1981).

Ein Vorzug der BACH'schen Lagebegriffe-Systematik liegt – trotz einer gewissen Unschärfe im Detail – darin, daß sie die Auswahl eines Lagequalitäts- oder Erreichbarkeitsmaßes von mehreren inhaltlichen Kriterien, nämlich dem räumlichen Typ der Interaktion, der Verhaltensweise der Bevölkerung und dem im Standortkalkül enthaltenen Bewertungskriterium (d. h. von der mit der Standortwahl verfolgten Zielsetzung), abhängig macht und für jede Kriterien-Kombination eine problemadäquate Erreichbarkeits- oder Lagemaßzahl angibt: siehe Tabelle 3-10.

Tabelle 3-10: Systematik der Erreichbarkeitsbegriffe und -maßzahlen nach L. Bach

Typ des Inter-aktionssystems	Kollektorsystem		Distributorsystem	
Leistungsaustausch wo?	*am Anbieterstandort* *		*am Nachfrager("Benutzer")-standort*	
Lagequalität der ...	Anbieterstandorte	Benutzerstandorte	Anbieterstandorte	Benutzerstandorte
in bezug auf die ...	Benutzerstandorte	Anbieterstandorte	Benutzerstandorte	Anbieterstandorte
wird bezeichnet als ...	Erreichbarkeit (der Anbieterstandorte)	Zugänglichkeit (der Benutzerstandorte)	Zugänglichkeit (der Anbieterstandorte)	Erreichbarkeit (der Benutzerstandorte)

Verhaltensannahme	*(a)*	*(b)*	*(c)*
Der „Benutzungs-umfang" ist ...	invariant (unabhängig von Distanz und von Angebotseigenschaften)	nur von Distanz abhängig (je weiter, desto geringer)	sowohl von Distanz als auch von „Attraktivität" des Angebots abhängig
adäquate Erreich-barkeitsmaßzahl bei „kollektivem Standortkalkül"	Summe der Raumüberwindungsaufwände	Summe der Nachfragemengen („Gesamtumfang der Benutzung aller Einrichtungen")	Potential-Summe jedes Benutzerstandorts („Zugänglichkeit der Benutzerstandorte")

Quellen: L. BACH (1978 a, S. 54; 1978 b, S. 25–33 u. 301), geringfügig modifiziert.

*) BACH bezeichnet die Anbieterstandorte als „zentrale Standorte".

Überträgt man dieses Begriffsgerüst (Tab. 3-10) auf die Grundbedarfsdeckung, so handelt es sich vom Interaktionstyp her, da der Leistungsaustausch überwiegend in Geschäften der Anbieter stattfindet, um ein Kollektorsystem. In diesem Rahmen ist die Lagequalität der einzelnen „Benutzerorte" in bezug auf die Anbieterorte zu bewerten. Das gesuchte Lagemaß ist also ein Index der grundbedarfsbezogenen „Zugänglichkeit" der Nachfragerorte. Da die Gesamtheit der (möglichen) Interaktionen das Bewertungskriterium ist, handelt es sich laut BACH um ein „kollektives Standortkalkül".

Um die richtige Lagequalitätsmaßzahl, d. h. die jeweils problemadäquate Berechnungsvorschrift, auszuwählen, ist laut BACH die Verhaltensweise der Bevölkerung im Hinblick auf den „Benutzungsumfang" zu berücksichtigen. Wie dieser zu operationalisieren ist, wird von BACH in einem späteren Beitrag präzisiert: darunter sei 'the volume of consumption', also die Nachfragemenge, zu verstehen (BACH 1980, S. 302). Für den Grundbedarf im Sinne dieser Untersuchung erscheint dann am ehesten die Verhaltensannahme (a) zutreffend. Denn die von einem Wohnplatz ausgehende Nachfragemenge nach Waren des Grundbedarfs ist weder abhängig von der Distanz zum Angebot noch von dessen „Attraktivität".

Verhaltensannahme (a) impliziert laut BACH (1978 b, S. 28), daß jeder Nachfrager den für ihn nächstgelegenen Angebotsstandort aufsucht und daß er *ausschließlich nach dem Distanzkriterium* (entweder physische Distanz oder Zeit oder Fahrtkosten) diese Entscheidung trifft. Daher ist als Maßzahl zur Charakterisierung der Erreichbarkeit (bzw. laut BACH: der „Zugänglichkeit") der Wohnplätze der *tatsächliche Raumüberwindungsaufwand* zu wählen, der sowohl als räumliche Distanz oder als Zeitaufwand zur Distanzüberwindung faßbar ist. Da es hier um die überindividuelle Erreichbarkeit von Standortseinheiten geht, wird die räumliche Distanz festgelegt. Die betreffende Raumüberwindungsmaßzahl wird allerdings nur als solche, nicht wie von BACH angegeben als Summe berücksichtigt: Denn BACH behandelt erklärtermaßen die Standortwahl von Einrichtungen, während es hier nur um die Gewinnung eines wohnplatzbezogenen Lage- oder Erreichbarkeitsmaßes geht.

Diese Maßzahl besitzt auch den Vorteil, daß die Erklärungsvariablen der wohnplatzbezogenen Erreichbarkeit in denselben Maßeinheiten gemessen werden wie der Verhaltensaspekt „zurückgelegte Wegstrecken", sodaß Verhaltens- und Erklärungsvariable direkt miteinander verglichen werden können. Dies ist zum Beispiel beim Potentialmaß – das in der Literatur ziemlich häufig zur Kennzeichnung der Lagequalität herangezogen wird, aber lt. BACHs Systematik für die vorliegende Fragestellung nicht adäquat ist – nicht der Fall. Zur Kritik am Potentialmaß vgl. etwa GUSTAFSSON 1973, referiert bei HEINRITZ 1979 a, S. 71 f., weiters HENKE ET AL. 1985.

Gemäß der soeben getroffenen Festlegung wird als *Maßeinheit des Distanzüberwindungsaufwands* die *tatsächliche Weglänge* (Summe von Hin- und Rückweg) im physischen Raum gewählt. Bei der Wertezuweisung sollen die spezifischen Verhältnisse der fußläufigen Bedarfsdeckung (innerhalb des Wohnplatzes) berücksichtigt werden. Daher werden die in den empirischen Modellen enthaltenen Distanz- und Lagevariablen wie folgt definiert:

(R2-1) Distanz des nächstgelegenen Lebensmittelgeschäfts: tatsächliche Weglänge im Individualverkehr. Liegt das nächstgelegene LM-Geschäft im selben Wohnplatz, wird der wohnplatzspezifische Distanzwert je nach Größe des bebauten Gebiets

festgelegt (zwischen 0,1 bis 0,5 km). Liegt das nächste LM-Geschäft außerhalb des Wohnplatzes, so wird die kürzeste bestehende Straßenverbindung gerechnet.

(R2-2) Mindestdistanz zur ausreichenden Grundbedarfsdeckung: sie wird nach denselben Regeln wie die vorgenannte Variable berechnet. Bei dieser Variable tritt im Untersuchungsgebiet relativ häufig der Fall auf, daß das AGBA auf mehr als einen Standort verteilt ist, sodaß zur Deckung des Grundbedarfs auf kürzestem Wege eine „Rundreise" vom Wohnplatz zu jedem dieser Geschäftsstandorte durchgeführt werden muß. Die Mindestdistanzwerte können entweder manuell anhand von genauen Standort- und Straßenkarten berechnet werden, oder automatisiert mithilfe eines Geographischen Informationssystems mit entsprechenden Analysewerkzeugen. – Eine einfacher zu berechnende Ersatzgröße für diese Variable stellt die folgende dar: *Distanz des nächstgelegenen Verbrauchermarkts / großen Supermarkts (R2-2a).*

Damit sind alle spezifizierten Einflußgrößen der Angebotsqualität und -distanz operationalisiert. Auf Fragen der empirischen Gewinnung dieser und anderer Raumstrukturmerkmale wird in Kapitel 4.3. eingegangen.

Abschließend sei noch auf die *Frage eines kombinierten Indikators,* der die beiden Dimensionen Angebotsqualität am Wohnplatz und Distanz des Angebots in einer einzigen Maßzahl ausdrückt, eingegangen. Die Berechnung derartiger Maßzahlen der „Versorgungsqualität" ist ein wesentliches Anliegen der älteren empirischen Literatur (vgl. BOOTZ 1968, DISCHKOFF 1974, CENTONZE 1978, DOHLE 1978, FfH 1977, 1980, 1981, usw.). Eine Zusammenschau der vorgeschlagenen Maßzahlen und eine Kritik derselben findet sich bei G. FINCK (1990, S. 75 – 95, Abschnitt „Objektive Indikatoren für die Konsumentenversorgung"). Alle solchen Berechnungen sind mit dem Problem der gegenseitigen Aufrechnung von Qualität und Distanz konfrontiert, was immer nur mit eher willkürlichen Festlegungen gelöst werden kann. Beim vorliegenden regressionsanalytischen Erklärungsansatz ist ein solcher kombinierter Indikator nicht erforderlich, zumal für beide Dimensionen bereits metrische Maßzahlen definiert wurden.

Andererseits lassen sich aus den bisherigen Operationalisierungen relativ einfach *anschauliche Kategorien der „grundbedarfsbezogenen Lagequalität"* ableiten, die durch jeweils unterschiedliche objektive Verhaltensrestriktionen für die Konsumenten charakterisiert sind; dies wird in Tabelle 3-11 veranschaulicht.

Dieser Lagequalitätsindikator wurde vom Verfasser bereits in einem gesonderten Beitrag, der primär die Zielortewahl in einem Teilgebiet dieser Untersuchung analysierte, verwendet (HOFMAYER 1995). Es ergab sich, daß sich die Haushalte in diesen Wohnortlagekategorien nicht nur hinsichtlich der Zielortewahl, sondern auch in ihrer Einkaufshäufigkeit deutlich unterscheiden. In dem Beitrag wurden allerdings nur deskriptive Analysemethoden angewandt.

Daher soll das Raumstrukturmerkmal „grundbedarfsspezifische Lagequalität", obwohl es in den empirischen Modellen nicht enthalten ist, versuchsweise auch in den regressionsanalytischen Berechnungen berücksichtigt und sein Erklärungsbeitrag im multivariaten Rahmen für die hier interessierenden Verhaltensaspekte überprüft werden. Die einzelnen Ausprägungen dieses Merkmals sind hiefür als Binärvariablen *(Lage1* bis *Lage6)* zu definieren.

Tabelle 3-11: Ausprägungen der grundbedarfsbezogenen Lagequalität

Rang stufe	Grundbedarfsgeschäfte und Distanzverhältnisse	Verhaltensbeschränkungen für die Grundbedarfsdeckung der Haushalte
7	Das ausreichende Grundbedarfsangebot (AGBA) ist am Wohnstandort vorhanden	*keine*
6	AGBA zwar nicht am Wohnplatz vorhanden, aber im Ortsverband (einer aus mehreren Wohnplätzen bestehenden Siedlung)	*keine wesentlichen, aber längere Wege als in Stufe 7*
5	nur Teile eines AGBA am Wohnplatz, aber volles AGBA am nächstgelegenen Angebotsstandort (der nicht zur selben Siedlung gehört)	*Ein Teil der Einkäufe muß auswärts getätigt werden, für die übrigen Einkäufe besteht Wahlmöglichkeit zwischen Wohnplatz und einem auswärtigen Angebotsstandort*
4	AGBA ist weder am Wohnplatz noch am nächstgelegenen Angebotsstandort zur Gänze gegeben, wird aber bei Addition der Geschäfteausstattung beider Standorte erreicht	*Es ist ebenfalls ein auswärtiger Standort erforderlich, dieser hat aber geringere Qualität, keine Wahlmöglichkeit wie in Stufe 5*
3	Wohnplatz hat zwar ein kleines GB-Geschäft, jedoch wird AGBA auch zusammen mit dem nächstgelegenen Angebotsstandort nicht erreicht	*Teil der Einkäufe im Wohnplatz möglich, doch volle GB-Deckung nur entweder an zwei verschiedenen auswärtigen Standorten zusammen oder an einem weiter entfernten "Groß-Standort"*
2	Am Wohnplatz kein Grundbedarfsgeschäft, doch ist am nächstgelegenen Standort ein AGBA zur Gänze gegeben	*Der gesamte Bedarf muß auswärts gedeckt werden, jedoch ist am nächsten auswärtigen Standort "alles" vorhanden*
1	Kein GB-Geschäft am Wohnplatz, und nächstgelegener Angebotsstandort bietet kein AGBA	*Der gesamte Bedarf muß auswärts gedeckt werden, entweder an zwei verschiedenen auswärtigen Standorten oder an einem weiter entfernten "Groß-Standort"*

eigener Entwurf.

3.4.4. Operationalisierung der übrigen Raumstrukturmerkmale

Anbindung an potentielle Einkaufsorte im öffentlichen Verkehr: Als verhaltensrelevant für die Grundbedarfsdeckung werden nur jene Verbindungen im Buslinien- und Eisenbahnnetz angesehen, die an Werktagen ohne Umsteigen in einen Ort mit ausreichendem Grundbedarfsangebot (AGBA, s. oben) und innerhalb eines Halbtags auch wieder zurückführen (alle drei Kriterium mußten erfüllt sein) und deren Haltestelle innerhalb des Wohnplatzes liegt. Ähnliche, allerdings etwas laxere Anforderungen werden von seiten der Raumordnung an die Bedienungsqualität im „zentralörtlichen Versorgungsverkehr" gestellt (vgl. ÖSTERR. INST. F. RAUMPLANUNG, Erreichbarkeitsverhältnisse in Österreich, 1989). Das entsprechende Wohnplatzmerkmal wird als *Bestehen einer ÖV-Verbindung* (Binärvariable *BusB*) bezeichnet.

Die in den empirischen Modellen genannten **_summarischen Wohnortsmerkmale_** –
Bevölkerungszahl (Variable *OBWbev*), Zahl nichtlandwirtschaftlicher Arbeitsstätten
(*Ast*) – werden den Großzählungsergebnissen des Statistischen Zentralamts entnommen;
zu den Definitionen vgl. ÖSTAT, Ergebnisse der Volkszählung bzw. der Arbeitsstättenzählung 1991.

Hiemit sind sämtliche Raumstrukturmerkmale, die zur Erklärung des Versorgungsverhaltens in Betracht gezogen werden, operational definiert. Darstellungen der im Untersuchungsgebiet ermittelten Variablen für die einzelnen Wohnplätze werden in Kapitel
5, z. T. in kartographischer Form, geboten.

4. DESIGN DER EMPIRISCHEN ERHEBUNGEN

Ziel der empirischen Erhebungen ist die Gewinnung möglichst realitätskonformer Daten über das Versorgungsverhalten von Privathaushalten im ländlichen Raum. Es ist ein Erhebungsinstrumentarium zu entwickeln, das die zu untersuchenden Verhaltensaspekte in der operationalisierten Form möglichst getreu mißt und gleichzeitig die spezifizierten Einflußmerkmale der Personen und des Haushalts erhebt. Ebenso sind die Merkmale des Wohnplatzes, welche als Erklärungsvariablen von seiten der Raumstruktur dienen, zu erfassen.

Die Grundgesamtheit der Untersuchung bildet die Bevölkerung der Privathaushalte im ländlichen Niederösterreich. Durch eine entsprechende Auswahl sowohl der Haushalte als auch der Gebiete soll erreicht werden, daß die Erkenntnisse auf Gebiete ähnlicher Versorgungsbedingungen verallgemeinerbar sind. Daher sollen die erfaßten Privathaushalte (a) alle wesentlichen demographischen und sozioökonomischen Haushaltstypen repräsentieren und (b) möglichst das gesamte im ländlichen Raum existierende Spektrum von Wohnstandorts– und Lageverhältnissen abdecken.

Fragen der Meßqualität und der Gestaltung der haushaltsbezogenen Erhebungsinstrumente werden im Abschnitt „Gewinnung der Verhaltensdaten und der Personen- und Haushaltsmerkmale" (4.1.) behandelt, Fragen der Stichprobenauswahl und der Wahl der Untersuchungsgebiete in 4.2. Anschließend wird auf die Gewinnung der wohnplatzspezifischen Daten und ihre sekundärstatistischen Quellen eingegangen (4.3.). Fragen der Datenorganisation im Hinblick auf die weitere Auswertung, die Schritte der Datengewinnung und –aufarbeitung werden in 4.4. behandelt.

4.1. Gewinnung der Verhaltensdaten und der Personen– und Haushaltsmerkmale

Die *Verhaltensdaten der Haushalte* und die Erklärungsmerkmale der *Personen- und Haushaltsstruktur* können nur durch Befragung der Haushalte selbst gewonnen werden. Die überindividuellen Wohnplatzdaten und Distanzstrukturen können zwar zu einem wesentlichen Teil kleinräumigen Sekundärstatistiken bzw. kartographischen Quellen entnommen werden (vgl. unten, 4.3.); über das wohnplatzspezifische ambulante Angebot liegen jedoch keine publizierten Daten vor. Um diese Daten zu gewinnen, wird ebenfalls die Haushaltsbefragung eingesetzt.

Im vorliegenden Abschnitt wird zunächst die Methodik der Haushaltsbefragung festgelegt (4.1.1). Danach wird die Gestaltung der Fragebogen und der übrigen Erhebungsinstrumente erörtert (4.1.2).

4.1.1. Festlegung der Methodik der Haushaltsbefragung

Als Qualitätskriterien empirischer Daten werden in der sozialwissenschaftlichen Literatur übereinstimmend Validität („Gültigkeit"), Reliabilität („Verläßlichkeit") und Repräsentativität genannt [1]. Die beiden erstgenannten Qualitätskriterien wurden primär für Daten, die theoretische Konstrukte und anderer nicht direkt beobachtbare Sachverhalte messen, entwickelt. Die Forderung nach möglichst realitätsnahen, reproduzierbaren und repräsentativen Daten behält aber auch im vorliegenden Ansatz, der weitgehend manifestes Verhalten untersucht, ihre Geltung. Daher werden konkrete Maßnahmen zur Erhöhung und Sicherung der Datenqualität bei der Festlegung der Erhebungsmethodik berücksichtigt.

Für die Erhebung des Versorgungsverhaltens wurde bereits in 2.8. die Entscheidung getroffen, *zwei Erhebungsmethoden parallel* anzuwenden: *einmalige Haushaltsbefragung* (Methode 1) und *tagebuchähnliches Aktivitätenprotokoll* (Methode 2). Damit wurden zwei Ziele verfolgt.

(1) Höhere Reliabilität der Daten: Methode 2 stellt ein Parallelinstrumentarium bereit, das eine Überprüfung der mit Methode 1 erzielten Verhaltensangaben erlaubt. Die Anwendung zweier verschiedener Instrumente zur Erhebung desselben Gegenstands wird in der empirischen Sozialwissenschaft als Mittel zur Prüfung der Reliabilität bzw. zur Verbesserung der Datenqualität empfohlen.

Die meisten Autoren verstehen unter Reliabilität die Test–Retest–Reliabilität, die dann vorliegt, wenn das Ergebnis der Messung unter sonst gleichen Versuchsbedingungen reproduzierbar ist. Darüber hinaus werden in der methodischen Literatur folgende Arten von Reliabilität bzw. Verfahren zu ihrer Erhöhung unterschieden (vgl. KÖLTRINGER, 1993):
– *Split–Ballot–Verfahren:* Es wird zwei oder mehr repräsentativen Teilstichproben zur gleichen Zeit das Erhebungsinstrument vorgelegt; hiedurch wird der Test–Retest–Fehler vermieden;
– *Split–Half–* oder *Paralleltest–Reliabilität:* Derselben Stichprobe werden zum gleichen Zeitpunkt zwei streng vergleichbare Parallel–Erhebungsinstrumente vorgelegt, und die Meßergebnisse werden miteinander korreliert. Abgesehen vom Problem, zwei Meßinstrumente zur Erfassung desselben Untersuchungsobjekts zu operationalisieren, treten durch die Doppelbelastung der Befragten unerwünschte Effekte auf.

Das gewählte empirische Forschungsdesign beinhaltet die Anwendung zweier paralleler Erhebungsmethoden in verschiedenen Teilgebieten zur gleichen Zeit. Leider gelang es aus organisatorischen Gründen nicht, beide Methoden innerhalb ein und desselben Gebietes einzusetzen. Trotzdem sind damit sowohl Elemente des Split–Ballot–Verfahrens als auch des Split–Half–Designs verwirklicht, letzteres ohne den Nachteil einer zweimaligen Befragung derselben Respondenten.

(2) Bessere Absicherung der hypothesenbezogenen empirischen Aussagen: Ein Einsatz von zwei Erhebungsmethoden ermöglicht eine bessere statistische Absicherung der Aussagen des Untersuchungsansatzes, indem es die Überprüfung der Hauptfragestellung und der Einflußhypothesen für zwei getrennte Teilmassen ermöglicht. Sofern in beiden Teilmassen dieselben Ergebnisse signifikant nachgewiesen werden, sind diese als methodenunabhängig sozusagen doppelt abgesichert. Sollten Ergebnisse erzielt werden, die

---

[1]) vgl. hiezu etwa J. FRIEDRICHS (1982), H. KROMREY (1991) sowie R. KÖLTRINGER (1993), der in seiner Monographie die Literatur zur Umfragemethodik kritisch aufarbeitet.

nur in einer der zwei Teilmassen signifikant, jedoch in beiden gleichgerichtet sind, können die betreffenden Hypothesen als relativ (methodenabhängig) gültig eingestuft werden. Ein Nachweis der Nichtsignifikanz in beiden Teilmassen schließlich erlaubt eine generelle Ablehnung der betreffenden Hypothese(n).

Weiters waren vor Durchführung der Erhebungen folgende methodische Fragen zu entscheiden: *Wo (Befragungsort) / Wen (Zielpersonen) / Wann (Erhebungszeitpunkt) / Wer (Interviewerpersonal) / Befragung welcher Art (mündlich / schriftlich) / Über welchen Zeitraum (eine Woche / länger) / Wie oft ?* Einige dieser Parameter können eindeutig und rasch festgelegt werden; bei anderen sind inhaltliche Gesichtspunkte des Forschungsansatzes und die Interdependenz mit anderen Parametern zu berücksichtigen.

Wo: Angesichts des Umfangs der zu erhebenden Daten jedes Haushalts wurde von vornherein nur eine Befragung am Wohnsitz in Betracht gezogen, nicht eine Kundenbefragung an oder neben der Einkaufsstätte.

Wen: Um eine richtige Auskunfterteilung über das Einkaufsverhalten sicherzustellen, ist die haushaltführende Person bzw. jene Person(en), die die Einkäufe für den Haushalt durchführt (durchführen), zu befragen. Falls sie nicht angetroffen wird (werden), sind spezielle Verhaltensanweisungen an die Interviewer vorzusehen (s. unten, Fragebogengestaltung).

Wann: Der Erhebungszeitpunkt ist so zu wählen, daß keine jahreszeitlich bedingten Anomalien im Einkaufsverhalten (z. B. Weihnachtseinkäufe) auftreten und auch die vollen Ladenöffnungszeiten einer normalen Woche ohne Feiertag gegeben sind. Da letzteres aus terminlichen Gründen der beteiligten Personen nicht in allen Fällen gelang, ist im Rahmen der Datenprüfung der Einfluß solcher „Kurzwochen" auf die Einkaufshäufigkeit zu untersuchen (siehe 6.2).

Interviewerpersonal:

Zur Durchführung der Interviews bzw. zur Mitarbeit an den Erhebungen kam neben professionellen Interviewern und Studierenden der Wirtschaftsuniversität ein weiterer, besonders zahlreicher Personenkreis in Frage. Mehrere befreundete Lehrpersonen in Niederösterreich boten dem Verfasser die Möglichkeit an, daß Schüler|innen der obersten Klassen von Höheren Schulen (z. T. Handelsakademien, z. T. Gymnasien) im Rahmen von Unterrichtsprojekten die Erhebungen durchführen. Für einen Einsatz der Schüler sprachen, abgesehen von finanziellen Erwägungen, folgende Gründe:

– Eine große Zahl von Mitarbeitern, welche jeweils nur wenige (etwa fünf) Haushalte zu erheben haben, reduziert die Probleme des Nichtantreffens und der Antwortverweigerung.

– Die Ortsansässigkeit der Interviewer trägt – zusammen mit ihrem jugendlichen Alter – dazu bei, eventuelle Antworthemmungen bei den Befragten abzubauen bzw. gar nicht erst aufkommen zu lassen.

– Die Vertrautheit der Interviewer mit den lokalen Versorgungsgegebenheiten fördert die Validität der Antworten.

– Die Einbeziehung von Lehrpersonen als Verantwortliche der Unterrichtsprojekte schafft eine zusätzliche Kontrollinstanz für sachgemäßes Interviewverhalten.

Mündliche / schriftliche Befragung:

Diese Entscheidung war hauptsächlich für die Erhebungsmethode 1 (Einmal–Befragung) zu treffen. Beim Aktivitätenprotokoll (Methode 2) stand die schriftliche Form der Erhebung der meisten Verhaltensvariablen von vornherein fest, doch für die erklärenden Variablen des Haushalts war die Erhebungsform auch festzulegen.

In der einschlägigen methodischen Literatur werden verschiedene Kriterien angegeben, nach denen entschieden werden kann, ob eine schriftliche oder eine mündliche Befragung für das jeweilige Forschungsvorhaben adäquater ist (vgl. u. a. HOLM 1975 ff., BORTZ 1984, KROMREY 1991). Die Autoren haben dabei aber durchwegs Befragungen vor Augen, die Einstellungen, Wertungen und ähnliche subjektive Tatbestände zu messen beabsichtigen. Die von ihnen angeführten Kriterien (z. B. Dominanz der Erhebungssituation in mündlichen Befragungen vs. Dominanz des Erhebungsinstruments in schriftlichen Befragungen; geringere Repräsentativität der Ergebnisse schriftlicher Befragungen für die unteren sozialen Schichten) bieten für den vorliegenden Fall, bei dem es fast ausschließlich um Faktfragen geht, wenig Entscheidungshilfe. Diese Daten könnten ihrem Charakter nach sowohl durch mündliche als auch durch schriftliche Erhebung gewonnen werden. Berücksichtigt man die Tatsache, daß die Respondenten auch motiviert werden müssen, so spricht manches für eine mündliche Befragung.

Aus diesen Gründen wurde die *Einmal–Befragung in Form eines mündlichen Interviews* konzipiert, wobei der Fragebogen sowohl das Versorgungsverhalten als auch die Haushaltsstruktur zu messen hat. Für Methode 2 wurde nach längerer Überlegung ebenfalls ein mündlicher Fragebogen zur Erhebung der Haushaltsstruktur und einiger Verhaltensvariablen gewählt, der allerdings wesentlich kürzer sein konnte. Denn diese Fragen hätten das Aktivitätenprotokoll über Gebühr belastet und wahrscheinlich die Bereitschaft zur Eintragung des Einkaufsverhaltens beeinträchtigt.

Erhebungs– bzw. Berichtszeitraum:

Für das Einkaufsverhalten wurde von der Ansicht ausgegangen, daß sich eine Person an die Geschäftsbesuche an den vergangenen Tagen auch bei einer einmaligen mündlichen Befragung erinnern kann, wenn folgende Voraussetzungen vorliegen:
– Befragen in der Wohnung, in einer relativ entspannten Situation, nach vorher – persönlich oder am Telefon – erhaltener Zustimmung zum Interview;
– Erfragen anhand einer Liste der einzelnen Geschäftstypen und Tage;
– Auskunfterteilung durch die haushaltführende Person und gegebenenfalls weitere, die Haushaltseinkäufe tätigende Personen.

Auch bei Vorliegen dieser Bedingungen kann allerdings nicht damit gerechnet werden, daß sich eine Person an Einkaufstätigkeiten, die mehr als eine Woche zurückliegen, erinnern kann. Daher wird als Berichtszeitraum sieben Tage, und zwar für beide Methoden einheitlich, festgelegt.

Es ergibt sich, daß Methode 2 einen größeren Erhebungsaufwand als die Einmalbefragung mit sich bringt, da die Interviewer die Haushalte mindestens zwei Mal antreffen, i. d. R. mehrere Personen zur Mitarbeit motivieren und zusätzlich zum Interview auch die Aktivitätenprotokolle kontrollieren müssen. Diese Methode wurde daher nur in jenen Gebieten angewandt, wo einheimische Mitarbeiter zur Verfügung standen. Zusammenfassend stellt sich die *methodische Parallel–Strategie zur Erfassung des Ver-*

sorgungsverhaltens wie folgt dar (Tabelle 4–1).

Tabelle 4–1: Gegenüberstellung der zwei Erhebungsmethoden

	Methode 1	Methode 2
Erhebungsart	einmaliges Interview	„Tagebuch" + Interview
Erhebungseinheit	Haushalt	Person u n d Haushalt
Auskunftspersonen im Haushalt	nur haushaltführende bzw. einkaufende Person(en)	alle Haushaltsmitglieder über 15 Jahre
Zahl der Erhebungsinstrumente	1	2
Art der Erhebungs–instrumente	umfangreicher Haushaltsfragebogen	Protokoll der Einkaufsaktivi–täten jeder Person, kürzerer Haushaltsfragebogen
Zahl der Hausbesuche	1	mindestens 2
In Frage kommende Mitarbeiter (regionale Herkunft)	auch ortsfremde Interviewer	Einheimische (Schüler|innen)
möglicher Berichts–zeitraum	maximal eine Woche vor dem Befragungszeitpunkt	auch länger als eine Woche möglich

eigener Entwurf.

Die Verteilung der Erhebungen auf Methode 1 und Methode 2 erfolgte nach praktischen Gesichtspunkten: In jenen Teilgebieten, wo eine größere Zahl mitarbeitender Schüler in Relation zur Sollgröße der jeweiligen regionalen Stichprobe zur Verfügung stand, wurde nach Methode 2 erhoben, in jenen mit relativ wenigen Schülern nach Methode 1. In siedlungsstrukturellen Zonen, wo keine Schüler verfügbar waren, wurden die Erhebungen von Studierenden der Wirtschaftsuniversität Wien, die z. T. ebenfalls aus den Untersuchungsgebieten stammten, durchgeführt, wobei durchwegs Methode 1 zum Einsatz kam; zur Auswahl und Lage der Untersuchungsgebiete vgl. anschließend, 4.2. Im Rahmen der Datenplausibilitätsprüfungen wurde auch ein eventueller Einfluß der Interviewerkategorie – Schüler vs. Studierende – auf die Datenqualität überprüft (vgl. unten, 6.2.2).

Abschließend noch einige *Bemerkungen zum Einsatz von Schülern*, ergänzend zu obigen Ausführungen über Interviewerpersonal:

Die Mitwirkung von Schülern bei Befragungsaktionen ist in der empirischen geographischen Forschung zwar nicht unbekannt, jedoch wurden bisher meist jüngere Schüler nur zur Verteilung von Fragebogen an ihre Eltern eingesetzt (vgl. u. a. PRASCHINGER 1977, ARNOLD & STAUDACHER 1978). Eine aktive Mitarbeit älterer Schüler als Interviewer erfordert eine spezifische Motivierung, Erläuterung und intensive Einschulung – mit Probebefragungen –, die dank dem Entgegenkommen der Schulleitungen im Klassenverband durchgeführt werden konnten. Unmittelbar nach der Erhebung wurden die Bögen von jeder Schülerin / jedem Schüler individuell entgegengenommen und in deren Beisein überprüft. Die dabei gestellten Rückfragen führten in zahlreichen Fällen zur Klärung zweifelhafter Angaben.

Damit diese Erhebungsmethode erfolgreich angewandt werden kann, ist also ein großer Zeitaufwand und eine enge Zusammenarbeit mit den Lehrpersonen, die sich mit dem Untersuchungsprojekt möglichst identifizieren sollen, unerläßlich. Eine weitere Voraussetzung ist m. E., daß nur einfache und nicht vertrauliche Sachverhalte erhoben werden, was im vorliegenden Fall – fast durchwegs Faktfragen, keine Fragen nach monetären Sachverhalten – zutrifft.

4.1.2. Gestaltung der Erhebungsinstrumente

Die Erhebungsinstrumente sind auf die Erfassung nicht nur der unmittelbaren Grundbedarfsdeckung, sondern sämtlicher Einkaufsaktivitäten im Laufe einer Woche abgestellt. Dies war zur Erfassung des Kopplungsverhaltens erforderlich, es ermöglicht aber auch eventuelle Untersuchungen eines breiteren Verhaltensbereiches zu einem späteren Zeitpunkt. Die zur Erhebung des Versorgungsverhaltens der Haushalte verwendeten Instrumente – zwei Varianten des Haushaltsfragebogens, Einkaufsaktivitätenprotokoll, Protokollblatt über die durchgeführten Interviews – sind im Anhang beigefügt (Beilagen 1 bis 3 b). Sie sind das Ergebnis langfristiger Erprobungen und mehrerer Pretests, die seit 1988 mit Hilfe von Studierenden im ländlichen Raum durchgeführt wurden (vgl. hiezu auch HOFMAYER, 1990). Weiters flossen Erfahrungen ein, die der Verfasser durch die Mitwirkung bei zwei Befragungsgroßprojekten – Gastarbeiterenquete Wien 1981, Kaufkraftstromanalyse Niederösterreich – gewonnen hat.

Auf Grund inhaltlicher und methodischer Überlegungen sowie der Erfahrungen bei den Pretests wurde für das Haushaltsinterview nach Methode 1 die nachfolgend erläuterte Anordnung der Fragen gewählt (vgl. Beilage 1).

(a) Die kontaktherstellenden Einleitungsfragen werden zur Erhebung der Wohndauer und Ortsverbundenheit genutzt.

(b) Danach werden etwaige Pflegeverpflichtungen – ein eventuell dabei aufgekommenes emotionales Engagement wird durch die Pufferfrage nach einem Haustier neutralisiert –, die Bedarfsmenge und in Anspruch genommene Haushilfen durch Fragen, die aus der Perspektive der haushaltführenden Person formuliert sind, erhoben. Die Frage nach der Zahl der Haushaltsmitglieder, die zum Mittagessen und/oder Abendessen nicht hier sind, dient der Ermittlung der Bedarfsmenge.

(c) Nach dieser Aufwärmphase wird durch die Frage nach dem üblicherweise einkaufenden Haushaltsmitglied die Anwesenheit der angestrebten Auskunftsperson(en) überprüft und erforderlichenfalls um deren Beiziehung gebeten; wenn dies nicht möglich war, hatte der Interviewer die Anweisung, für diese Person(en) ein Beiblatt zu hinterlassen (Beilage 1a), aber das Interview fortzusetzen.

(d) Der Kern der gesuchten Verhaltensdaten, die Einkaufsaktivitäten einer Woche, wird in Methode 1 mittels verbaler Vorgabe der Geschäftsarten und der Tage bzw. Halbtage in tabellarischer Matrixform erfaßt.

(e) Die Einkaufsorte und die Verkehrsmittelnutzung zum Einkaufen werden, um das Gesprächsklima nicht allzu stark zu belasten, getrennt davon in Frage 13 und 14 erfragt; sie sind aber vom Interviewer in dieselbe Matrix einzutragen, um diese Daten für jeden einzelnen Geschäftsbesuch festzuhalten.

(f) Mit einem nochmaligen Appell an das Erinnerungsvermögen wird die Frage nach den weiteren Erledigungen auf den Einkaufswegen eingeleitet, die sicher die größten Anforderungen an das Gedächtnis der Respondenten stellt. Daneben bietet Frage 15 auch Gelegenheit, Einkäufe nachzunennen, die vorher übersehen worden waren.

(g) Die Frage nach Standort und Entfernung des nächsten Lebensmittelgeschäfts dient einerseits der Absicherung der auf dem Protokollblatt anzuführenden genauen Wohnsitzangabe, andererseits der Gewinnung eines subjektiven Distanzwertes zur Kontrolle der errechneten wohnplatzspezifischen Geschäftsentfernung. Die Frage nach der Häufigkeit bzw. dem Anteil der Einkäufe im nächstgelegenen Lebensmittelgeschäft dient im Rahmen der Hauptfragestellung primär der genaueren Lokalisierung der in

Frage 11 genannten Geschäftsbesuche.

(h) In bezug auf die angestrebte Wegstreckenerfassung für jeden Einkauf hatte sich bei den Pretests gezeigt, daß ein direktes Fragen danach nicht zielführend ist. Besonders im Fall mehrerer Einkäufe im Zuge eines Ausgangs ist es in der Befragungssituation oft nicht klar – und ohne umständliche und zeitraubende Erklärungen auch nicht klarzumachen –, auf welchen Ausgangsort die Wegstreckenangabe zu beziehen ist. Im Sinne der Untersuchung wäre dies die jeweils vorangegangene Einkaufs– oder sonstige Erledigungsstätte, die befragten Personen bezogen ihre Antworten jedoch auch in diesen Fällen häufig auf ihren Wohnsitz. Daher wurde auf eine entsprechende Frage bei der Erhebung völlig verzichtet und die Berechnung von Wegstrecken und Wegezeiten aus den Angaben über Einkaufsstandorte, weitere Erledigungen und Verkehrsmittelnutzung versucht.

(i) Bei den zwei Bezugsquellen nächstgelegenes Lebensmittelgeschäft und landwirtschaftlicher Produzent (Frage 16, Frage 20) wird auch nach dem Grund der (Nicht–) Inanspruchnahme gefragt. Im Zusammenhang der Hauptfragestellung dienen diese Antworten vor allem der Bewertung der Angebotsqualität im Nahdistanzbereich. Sie könnten natürlich auch im Hinblick auf die Einstellung der Respondenten ausgewertet werden; dies bleibt aber künftigen Analysen vorbehalten.

(j) Die verwendeten Kategorien der alternativen Bezugsquellen (Hauszustellung / Direktkäufe bei Produzenten / fahrende Händler) sind nicht ganz trennscharf, sondern können sich – zumindest aus der Sicht der Befragten – teilweise überschneiden. Die umgangssprachlichen Begriffe wurden aber belassen, um keine dieser Bezugsquellen aufgrund unterschiedlicher subjektiver Einordnung durch einen zu grobmaschigen Erhebungsraster fallen zu lassen. Tatsächlich kam es bei der Befragung relativ häufig zu Doppelnennungen – vor allem von Lebensmittelzustellungen (Frage 18) und Käufen bei fahrenden Händlern (Frage 21) – , was aber nicht als Fehler, sondern als wechselweise Bestätigung der Angaben zu werten ist.

(k) Frage 21 dient neben der Erhebung des Haushaltsverhaltens auch der Erfassung der Angebotsbreite und –frequenz von fahrenden Händlern, also eines Wohnplatzmerkmals.

Bei Methode 2 wurde für das mündliche Interview ein verkürzter Fragebogen eingesetzt, der nur die Fragen zu den obengenannten Punkten (a), (b) und (g) bis (k) enthält (Beilage 2 b). Die eigentlichen Einkaufsaktivitäten waren von den Respondenten selbst in das tagebuchartige *Wochenprotokoll („Einkaufsbogen")* einzutragen (Beilage 2 a). In die Gestaltung dieses an die Haushaltsmitglieder verteilten Erhebungsformulars flossen Erkenntnisse der handlungstheoretisch fundierten „Total Design Method" von D. DILLMAN (1978) ein.

Entsprechend dem TDM–Ansatz werden auf der ersten Seite des Bogens keine Fragen gestellt, sondern nur eine Vorstellung des Projekts und seines Trägers geboten; außerdem wird um die Mitarbeit gebeten, im voraus dafür gedankt und eine Telefonnummer für Rückfragen bekanntgegeben. Das Format des Erhebungsbogens und die Schriftgrößen sind so gewählt, daß auch ältere Personen den Text ohne größere Mühe lesen können.

Die Bögen wurden in einem nicht zugeklebten Fensterkuvert (Format DIN A–5) den Haushaltsmitgliedern übergeben, die es öffneten und die Bögen gemeinsam mit dem Überbringer (Schüler/Schülerin), welcher den Ausfüllmodus erklärte, durchsahen. Dabei war u. a. der Hinweis zu geben, daß auch Haushaltsmitglieder, die (in der Berichtswoche) nie einkaufen, einen Bogen entgegennehmen und zumindest die letzte Seite mit den Angaben zur Person ausfüllen sollten. Bei der Abholung hatte der Schüler/die Schülerin jeden Einkaufsbogen zu kontrollieren, danach konnten Respondenten, die dies (aus Datenschutzgründen) wünschten, das Kuvert auch zukleben. Daran schloß sich bei Methode 2 das kürzere Interview mit der haushaltführenden Person an.

Bei beiden Methoden war nach jedem Besuch, aber nicht im Beisein der Befragten, ein *Protokollblatt* auszufüllen (Beilagen 3 a, 3 b). Es enthält wichtige Angaben zur räumlichen, zeitlichen und personellen Einordnung der Befragung: genaue Wohnadresse, Befragungszeitpunkt bzw. Erhebungszeitraum und Zahl und Rolle der Auskunftspersonen; bei Methode 2 war auch die Zahl der erhaltenen Einkaufsbögen sowie deren Kennzeichnung ausdrücklich zu vermerken. Außerdem dient es der Selbstkontrolle der Interviewer (Spalte „Bogen kontrolliert?").

Im gesamten Wortlaut der Erhebungsinstrumente wird das Prinzip beachtet, nur beobachtungssprachliches Vokabular zu verwenden und keine Begriffe, die der Interpretationsebene bzw. der Theoriesprache im Sinne von CARNAP angehören (vgl. STEGMÜLLER 1965). Daher werden auch Ausdrücke wie „Grundbedarf", „täglicher Einkauf" oder „Vorratseinkauf" ganz bewußt vermieden.

4.2. Anlage der Stichprobe und Auswahl der Untersuchungsgebiete

Grundgesamtheit der Untersuchung bilden die Privathaushalte im ländlichen Raum Niederösterreichs. Der „ländliche Raum" wird, ohne auf die spezielle Abgrenzungsproblematik hier einzugehen, in diesem Zusammenhang verstanden als das gesamte Bundesland mit Ausnahme der Städte über 20.000 Einwohner (Gemeinden St. Pölten, Wiener Neustadt, Krems, Baden) und der Siedlungsagglomerationen am Stadtrand von Wien (im Süden sechs Gemeinden bis inkl. Mödling, im Norden Gemeinde Klosterneuburg); die 20.000–Einwohner–Schwelle verwendet auch STIGLBAUER (1975, S. 21–25).

Zunächst wird auf die Auswahlverfahren der Erhebungshaushalte (4.2.1.), dann auf die Auswahl der Untersuchungsgebiete (4.2.2.) eingegangen.

4.2.1. Auswahlverfahren für die Erhebungshaushalte

Das angewandte Auswahlverfahren berücksichtigt zwei Gesichtspunkte, die sich aus der Hauptfragestellung der Arbeit ergeben:
– Es müssen genügend Haushalte an den einzelnen Standort(kategorien) erfaßt werden, um den Einfluß einer Variation der Personen– und Haushaltsmerkmale bei gleichbleibendem Wohnstandort auf das Verhalten untersuchen zu können.
– Es muß eine möglichst große Vielfalt von Angebots– und Lagesituationen in der Stichprobe vertreten sein, um den Einfluß variierender Raummerkmale feststellen zu können.

Dies legt eine *mehrteilige 'sampling strategy'* nahe:
(a) Ein wesentlicher Teil – etwa ein Drittel – der Befragungen soll an wenigen Standorten konzentriert erfolgen, an denen jeweils eine größere Zahl von Haushalten auszuwählen ist.

(b) Die übrigen Befragungen sind auf die verschiedenen Angebots– und Distanzklassen von Wohnplätzen zu verteilen, und zwar proportional zu deren Anteil an den Haushalten im jeweiligen Untersuchungsraum.

Für die erstgenannte Teilstichprobe (Z) wurden die Adressen innerhalb der Untersuchungsgemeinden nach einer *systematischen Zufallsauswahl* bestimmt. Auswahlgrundlage waren aktuelle Adressenlisten der Privathaushalte, die vom Datenverbund Land – Gemeinden, der bei der Niederösterreichischen Landesregierung eingerichtet ist, nach Zustimmung der jeweiligen Bürgermeister zur Verfügung gestellt wurden.

Als Sollzahl von Interviews pro Gemeinde wurde mindestens 40, pro Wohnplatz mindestens 25 festgelegt; letzteres ist lt. BÖLTKEN (1976, S. 112) die Mindestgröße einer Zufallsstichprobe, wenn aus ihren Prozentanteilen ein Repräsentationsschluß auf die

Prozentanteile der Grundgesamtheit gezogen werden soll. Das Verhältnis dieser Zahl zur Gesamtzahl der Haushaltsadressen für den jeweiligen Wohnplatz ergab den Auswahlsatz n; jeder n–te Haushalt wurde – nach zufälliger Bestimmung der ersten Adresse durch Würfeln – als Zieladresse ausgewählt. Da die Adressen für jede Gemeinde nach Straßen und/oder anderen topographischen Einheiten (Ortschaftsbestandteilen) geordnet vorlagen, ergibt sich daraus auch eine flächig–gleichmäßige Streuung der Stichprobe im jeweiligen Siedlungsraum.

Für die zweitgenannte Teilstichprobe (Q) wurde eine *Quotenauswahl* vorgenommen, wobei wie erwähnt als Quotierungsmerkmale je ein Merkmal der standörtlichen Angebotsbreite und der Distanz zum Geschäftsangebot heranzuziehen waren. Da die konkreten Maßzahlen der Angebotsbreite und Angebotsdistanz zum Zeitpunkt der Erhebungsplanung noch nicht für alle Teilgebiete vorlagen, wurden zwei leichter verfügbare Merkmale herangezogen, die mit den genannten Merkmalen ausreichend hoch korrelieren (vgl. KROMREY 1991, S. 205 f.): Einwohnerzahl des Wohnortes (Ortschaftsbestandteil) und Distanz zum Bezirkshauptort (in km Luftlinie).

Die Privathaushalte im jeweiligen Teilgebiet wurden auf die Klassen dieser beiden Merkmale aufgeteilt und der jeweilige Anteil in die Zellen einer zweidimensionalen Tabelle eingetragen. Die Zahl der Soll–Interviews in jeder Zelle dieser Matrix ergab sich aus der Multiplikation des Haushalte–Anteils mit der Gesamtzahl möglicher Interviews (Zahl der mitarbeitenden Schüler x 5). Dieser „Soll–Tabelle" (Tabelle A) wurde eine zweite, nach denselben zwei Merkmalen gegliederte Tabelle gegenübergestellt, in die die Wohnorte der Schüler eingetragen waren (Tabelle B). Tabelle 4–2 zeigt diese Arbeitstabellen für den Bereich Waidhofen a. d. Thaya.

Um die räumliche Soll–Verteilung zu erreichen, mußte eine Umverteilung zwischen überbesetzten und unterbesetzten Zellen vorgenommen werden, d.h. die Schüler konnten zwar einen Teil der Befragungen in ihrem Wohnort, mußten aber einige Interviews außerhalb davon durchführen. Dabei wurde in individueller Absprache jeweils jener Ort aus der erforderlichen Größen- und Distanzklasse zugewiesen, der am nächsten lag bzw. am besten erreichbar war. Auf diese Weise wurde eine räumlich–proportionale Verteilung der Stichprobe auf Siedlungsgrößen und Distanzzonen in den Teilgebieten im wesentlichen erreicht (vgl. unten, 6.1).

Um Aussagen über das Verhalten aller operationalisierten Haushaltstypen treffen zu können, war in Teilstichprobe Q für eine ausreichende Besetzung der selteneren Haushaltstypen zu sorgen. Da über diese Haushaltstypen keine Individualdaten verfügbar sind, sodaß eine Zufallsauswahl nicht in Frage kommt, wurde den Interviewern auch diesbezüglich eine „Quote" vorgegeben: Von fünf zu befragenden Haushalten sollte jeweils einer vom Typ Einpersonenhaushalt, Rentnerhaushalt (definiert als Senioren–Paar–Haushalt), Berufstätige ohne Kind, Familienhaushalt mit 1 Kind, Familienhaushalt mit mehreren Kindern und Alleinerzieher mit Kind gewählt werden. Diese Anweisung erfolgte mit der Einschränkung „nach Möglichkeit", da ja in kleineren Siedlungen häufig gar nicht alle dieser Haushaltstypen vorkommen. Die Interviewer waren aber dadurch angehalten, die größtmögliche Vielfalt an Haushaltstypen anzustreben, um in der Stichprobe diesbezüglich Repräsentativität zu erreichen [2].

---

[2]) Die Haushaltstypen waren auf dem Protokollblatt aufgedruckt, in das auch die jedem Interviewer zugeteilten Orte vor Befragungsbeginn eingetragen wurden (vgl. Beilage 3b).

Tabelle 4–2: Verteilung der Interviews auf Siedlungsgrößen und Distanzzonen, Untersuchungsgebiet Waidhofen an der Thaya

TABELLE A: SOLL-VERTEILUNG gemäß Siedlungsstruktur des Bereichs

Siedlungsgröße	Distanz–Zonen (gemessen in km Luftlinie ab Waidhofen/Thaya, Hauptplatz)								
	0 bis 1 km	1 – <5 km	5 – <9 km	9 – <13 km	13 – <17 km	17 – <21 km	21 – <25 km	25 – <29 km	29 – ... km
Streusiedlung		1	2	3	3	2	1	1	0
1 – 50 Ew.		0	2	1	1	0	0	0	
51 – 100 Ew.		2	4	5	6	3	3		
101 – 200 Ew.		5	7	17	11	5	3		
201 – 400 Ew.		2	7	8	6	1	1	2	
401 – 800 Ew.		2	6	6	9	2			
801 – 1600 Ew.			5	4	4				
1601 – 3200 Ew.				12	9	0	8		
3201 – 6400 Ew.	19			16					

TABELLE B: VERTEILUNG DER INTERVIEWS, WENN JEDER INTERVIEWER 5 HAUSHALTE NUR AM EIGENEN WOHNORT BEFRAGEN WÜRDE (in Normalschrift) UND NOTWENDIGE RÄUMLICHE UMSCHICHTUNGEN DER INTERVIEWS (in *dieser Schrift*, „Zupendler": +..., „Auspendler": −...)

Siedlungsgröße	0 bis 1 km	1 – <5 km	5 – <9 km	9 – <13 km	13 – <17 km	17 – <21 km	21 – <25 km	25 – <29 km	29 – ... km
Streusiedlung		*+1*	*+2*	*+3*	*+3*	*+2*	*+1*	*+1*	
1 – 50 Ew.			*+2*	*+1*	*+1*				
51 – 100 Ew.		*+2*	*+4*	*+5*	*+6*	*+3*	*+3*		
101 – 200 Ew.		*+5*	5 *+2*	30 *−13*	*+11*		5	10 *−7*	
201 – 400 Ew.		5 *−3*	*+7*	*+8*	*+6*	*+1*	*+1*	*+2*	
401 – 800 Ew.		*+2*	*+6*	10 *−4*	5 *+4*	*+2*			
801 – 1600 Ew.			*+5*	10 *−6*	5 *−1*				
1601 – 3200 Ew.				20 *−8*	25 *−16*		10 *−2*		
3201 – 6400 Ew.	55 *−36*			20 *−4*					

4.2.2. Auswahl der Untersuchungsgebiete

Die Auswahl der Untersuchungsgebiete erfolgt unter dem Gesichtspunkt, daß die wesentlichen Siedlungsstrukturtypen des ländlichen Niederösterreich jeweils mit einer repräsentativen Zahl von Haushalten im Sample vertreten sein sollen.

Eine siedlungsstrukturelle Gliederung Niederösterreichs im Hinblick auf das Versorgungsverhalten der Bevölkerung hat STIGLBAUER (1975, S. 21 – 25) vorgelegt. Räumliche Bezugsbasis seiner Gliederung sind die früher bestehenden Gerichtsbezirke, der Datenstand die Volkszählung 1961. Obwohl sich die Bevölkerungsanteile seither verschoben haben, ist das zugrundeliegende großräumige Verbreitungsmuster sicher noch gültig. Nach STIGLBAUER finden sich in Niederösterreich, abgesehen von den Städten über 20.000 Einwohnern, fünf bzw. sechs *„Zonen vorherrschender Siedlungsart"*.

STIGLBAUER differenziert die Siedlungsstruktur primär nach dem *Anteil* der Bevölkerung in den zwei Hauptsiedlungsarten *Streu– und Sammelsiedlung* (siehe Typen Nr. 1 bis 4 in Tabelle 4–3). Als weitere Zone unterscheidet er *„Verstädterte Bezirke"*, in welchen die Bevölkerung überwiegend in Siedlungen mit mehr als 2000 Einwohnern wohnt; solche waren zum Datenstand seiner Gliederung nur die direkt an Wien angrenzendem Bezirke Mödling, Baden (jeweils polit. Bezirk) sowie Schwechat, Korneuburg und Klosterneuburg (jeweils Gerichtsbezirk). Schließlich gliedert er als einen zonenüberschreitenden Typ auch das Gebiet vorherrschender *Kleindörfer* aus, das vor allem die Sammelsiedlungsgebiete des Waldviertels umfaßt.

In Anlehnung an diese Gliederung und unter Benutzung weiterer siedlungsgeographischer Arbeiten (ATLAS DER REPUBLIK ÖSTERREICH, Karte VI/1: „Siedlungsraum und Siedlungsweise"; ATLAS VON NIEDERÖSTERREICH; PLESSL 1987) werden folgende Siedlungsstrukturtypen als wesentlich für die Auswahl erachtet:
– die vier Zonen unterschiedlichen Streu– und Sammelsiedlungsanteils;
– die Gebiete vorherrschender Kleindörfer;
– ein eigener Siedlungsstrukturtyp *„Suburbane Zuwanderungsgebiete"* (anstelle der „Verstädterten Bezirke") in der Außenzone der Stadtregion Wien: Damit werden jene Gebiete gekennzeichnet, deren Bevölkerung durch intensive Pendelwanderung mit der Metropole Wien verflochten ist. Es ist zu vermuten, daß dieser Umstand auch das Versorgungsverhalten beeinflußt.

In jenen Siedlungsstrukturzonen, wo Schüler als Mitarbeiter verfügbar waren, wurden die Erhebungsgebiete rund um den Schulstandort abgegrenzt. Das jeweilige Erhebungsgebiet umfaßt den Einzugsbereich der betreffenden Höheren Schule (vgl. ÖROK-ATLAS 1990a, 1990b im Verzeichnis kartographischer Quellen), welcher seinerseits, mit Ausnahme des Einzugsbereichs von Amstetten, ziemlich genau dem zentralörtlichen Bereich mittlerer Stufe nach BOBEK & FESL (1978, Karte „Zentrale Orte und ihre Bereiche") entspricht. – Innerhalb dieser Schuleinzugsbereiche wurden die Haushalte nach der oben beschriebenen Quotenmethode (Teilstichprobe Q) zugeteilt bzw. ausgewählt.

Die Erhebungen in den übrigen Siedlungsstrukturzonen, welche nicht durch Schüler abgedeckt werden konnten, wurden in nur wenigen Gemeinden durchgeführt; in diesen sollte aber jeweils ein relativ großes Sample erhoben werden und die zu befragenden

Haushalte durch systematische Zufallsauswahl bestimmt werden (vgl. oben, Teilstichprobe Z). – Die Auswahl der Gemeinden erfolgte nach dem praktischen Gesichtspunkt, daß ansässige oder ortsverbundene studentische Interviewer eingesetzt werden konnten. Dies betrifft die inneralpinen Streusiedlungsgebiete, das Sammelsiedlungsgebiet des Weinviertels und die suburbanen Zuwanderungsgebiete. Bei den letzteren wurden zwei Umlandgemeinden gewählt, die in ähnlicher Entfernung, aber mit unterschiedlicher Verkehrsanbindung an Wien liegen.

Aus dem beschriebenen Auswahlvorgang ergibt sich die in Tabelle 4–3 dargestellte Verteilung der Untersuchungsgebiete im ländlichen Niederösterreich.

Tabelle 4–3: Zuordnung der Untersuchungsgebiete zu den Siedlungsstrukturzonen Niederösterreichs

Typ Nr.	Siedlungsstrukturzonen Hauptverbreitungsgebiete	ausgewählte Untersuchungsgebiete SEB = Schuleinzugsbereich, Gem = Gemeinde
1	*Überwiegende Streusiedlungsgebiete:* a) westl. Voralpen b) westl. Alpenvorland c) südöstliches NÖ (Bucklige Welt)	Gem. Ramsau bei Hainfeld SEB Amstetten (Großteil) SEB Neunkirchen, Süd–Teil
2	*Sammelsiedlungsgebiete mit starkem Streusiedlungsanteil:* wie Typ 1, dazu Hochlagen des Waldviertels	Teile des SEB Amstetten SEB Zwettl, Süd– und Westteil
3	*Sammelsiedlungsgebiete mit geringem Streusiedlungsanteil:* südliches und westl. Waldviertel	SEB Zwettl, übrige Teile
4	*Reine Sammelsiedlungsgebiete:* ganzes Weinviertel, Land rund um Wien, nordöstl. Waldviertel	Gem. Großkrut, Gem. Hauskirchen (SEB Waidhofen an der Thaya z. T.)
4a	*Kleindörfergebiete:* vor allem Waldviertel	*SEB Waidhofen an der Thaya SEB Zwettl*
5	*Suburbane Zuwanderungsgebiete* in der Außenzone der Stadtregion Wien	Gem. Strasshof an der Nordbahn, Gem. Tulbing

Quellen: STIGLBAUER (1975); ATLAS DER REPUBLIK ÖSTERREICH (loc. cit).

Die Lage und Ausdehnung der gewählten Untersuchungsgebiete sowie die jeweils angewandte Erhebungsmethode zeigt Karte 4-1 [3].

Einen Überblick über die durchgeführten Befragungen nach Gemeinden und Wohnorten gibt Anhang 1; zum Zeitraum der Erhebung vgl. 6.1.

---

[3]) Karte 4-1 (zweiseitig, gefaltet) befindet sich aus technischen Gründen im Anhang.

4.3. Gewinnung der wohnplatzbezogenen Daten

Dieser Abschnitt behandelt die Erstellung der Angebotsdatenbank (4.3.1.) und die Gewinnung weiterer Merkmale der Wohnplätze einschließlich der Distanzmerkmale (4.3.2).

4.3.1. Datenbank des Grundbedarfsangebots

Das Kernstück dieser Datenbank bildet eine wohnplatzspezifische Datei der Grundbedarfsgeschäfte. Sie wurde aus verschiedenen Quellen zusammengesetzt:

(a) Einzelhandels–Arbeitsstätten laut amtlicher Arbeitsstättenzählung vom 15. Mai 1991: Anzahl und Beschäftigte der Arbeitsstätten des Einzelhandels sowie der Erzeugung von Backwaren und Fleischwaren (Dreisteller der österreichischen Betriebssystematik), nach Zählsprengeln; diese Daten wurden durch gezielte Online–Abfragen und anschließenden Datentransfer aus der ISIS–Datenbank des Österr. Statist. Zentralamts selbst extrahiert;

(b) Adressen und Betriebsformen ('Shoptype') der Lebensmitteleinzelhandelsgeschäfte ab einer Verkaufsfläche von 150 m², Stand Jahresende 1991 und 1992: unveröffentlichtes Datenmaterial der Firma NIELSEN Marketing Research;

(c) Standorte und Adressen sämtlicher HG–Märkte (Haus–Hof–Garten–Märkte im Verbund mit Raiffeisenlagerhäusern): unveröffentlichte Listen, zur Verfügung gestellt vom VLG Verband ländlicher Genossenschaften in Niederösterreich;

(d) Auskünfte der Gemeindeämter im Untersuchungsgebiet zum Zeitpunkt der jeweiligen Befragung.

(e) Eigene Begehungen mit Geschäftsbesuchen, zur Erkundung der genauen Lage und des Sortiments, in allen Fällen, wo die genannten Quellen widersprüchlich waren.

Im Verlauf der Erstellung der Datei der Grundbedarfsgeschäfte stellte der Verfasser u. a. fest, daß die Arbeitsstättendaten der Großzählung 1991 im untersuchten ländlichen Raum lückenhaft sind. Relativ häufig fehlen darin kleinere Geschäfte, welche entweder keine unselbständig Beschäftigten haben und/oder im Wohnhaus des Inhabers liegen und/oder zusammen mit einem anderen Betrieb, zumeist einem Gasthaus, geführt werden [4]. Dies gilt auch für jene Bereiche, wo die eigene Erhebung im Juni 1991, also nur wenige Wochen nach der Großzählung, stattfand.

Die Grundbedarfs–Angebotsdatenbank enthält für jeden Wohnplatz in den Untersuchungsgebieten einschließlich angrenzender Gemeinden die Anzahl folgender *Geschäfte* zum Befragungszeitpunkt:

1. Bäcker (inkl. Verkaufsstellen)
2. Fleischer (inkl. Verkaufsstellen)

---

[4]) Daher dürfte auch die kartographische Darstellung „Arbeitsstätten im Einzelhandel mit Nahrungs- und Genußmitteln 1991 nach Gemeinden" im Statistischen Jahrbuch für die Republik Österreich 1993 (S. 271) die realen Verhältnisse nicht getreu wiedergeben.

3. Lebensmittel–Kleinläden (kein Vollsortiment, meist Nebenbetriebe)
4. spezialisierte Lebensmittelgeschäfte (Obst- und Gemüse-, Milchgeschäfte, u. ä.)
5. Lebensmittelvollsortimenter unter 150 m² Verkaufsfläche
6. HG–Märkte im Verbund mit einem Raiffeisenlagerhaus
7. größere Lebensmittelgeschäfte, 150 bis max. 400 m² Verkaufsfläche
8. große Supermärkte mit 400 bis 1000 m² Verkaufsfläche
9. Verbrauchermärkte mit über 1000 m² Verkaufsfläche.

Weiters enthält die Angebotsdatenbank folgende Angaben über *außergeschäftliche Bezugsquellen*:

Ambulantes Lebensmittelangebot im Ort, differenziert nach Anbietern (Bäcker, Fleischer, Obst– und Gemüsehändler, sonst. Lebensmittelhändler), angebotenen Nahrungsmittelarten und Häufigkeit des Kommens pro Woche: diese Daten wurden aus der Haushaltsbefragung gewonnen.

Wochenmärkte und deren Warenangebot: Als relevant für die Grundbedarfsdeckung wurden nur mindestens ein Mal pro Woche stattfindende Märkte erachtet. Eine Durchsicht des vom Landesgremium des Markt- und Wanderhandels jährlich herausgegebenen „Märkteverzeichnisses" ergab, daß darin nur Jahrmärkte und ähnliche seltene Marktveranstaltungen enthalten sind. Die erforderlichen Angaben mußten daher ebenfalls im Untersuchungsgebiet durch Befragung der Gemeindeämter erhoben werden: Häufigkeit und Standort von regelmäßig stattfindenden Märkten, Art und Breite des Warenangebots (Gemüsemarkt, Bauernmarkt, etc.).

Anzahl landwirtschaftlicher Betriebe am Wohnplatz, ergänzt durch die Angabe des Agrarcharakters des Ortschaftsbestandteils laut Ortsverzeichnis (vgl. Karte 3–1, Legende): Diese Daten wurden im Zuge einer Sonderauswertung vom Statistischen Zentralamt beschafft (s. folg. Punkt).

4.3.2. Sonstige wohnplatzspezifische Daten

Anbindung ans öffentliche Verkehrsnetz: Die Daten über die versorgungsrelevante Anbindung an das Buslinien- und Eisenbahnnetz (vgl. oben, 3.4.4.) wurden den amtlichen Kursbüchern der betreffenden Zeiträume (Sommerfahrplan 1991 bis Winterfahrplan 1992/93) entnommen.

Summarische Siedlungs– und Bevölkerungsmerkmale: Die Gebäude-, Wohnungs-, Haushalts- und Bevölkerungszahlen jedes Wohnplatzes wurden als Sonderauswertungen beim Statistischen Zentralamt bestellt und als Magnetbanddateien geliefert. Diese Daten der Ortschaftsbestandteile und Zählsprengel-Anteile von Ortschaftsbestandteilen enthalten zum Unterschied von der publizierten Ausgabe des neuesten Ortsverzeichnisses (ÖSTAT 1993) auch die Zahl nichtlandwirtschaftlicher Arbeitsstätten.

Die erforderlichen *grundbedarfsrelevanten Distanzmaße* wurden EDV-gestützt mit Hilfe von GIS-Funktionen ermittelt. Hiefür wurde das Straßennetz der Untersuchungsgebiete aus der vergrößerten topographischen Grundkarte (ÖK 25 V, 1 : 25.000) digitalisiert. Dieser Straßengraph enthält für alle Befragungsorte die Verbindungen zu Geschäfte-Standorten und bildet das Grundgerüst einer projektspezifischen räumlichen

Datenbasis, die vom Verfasser eingerichtet wurde. Die Wohnplätze mit den oben genannten vielfältigen Attributdaten liegen jeweils an Knoten des Straßennetzes.

Mithilfe von GIS–Standardfunktionen wurden die operationalisierten wohnplatzspezifischen Lage- und Distanzmaßzahlen *Distanz zum nächstgelegenen großen Supermarkts / Verbrauchermarkt* und *Mindestdistanz zur Grundbedarfsdeckung* berechnet. Die Kategorien der *grundbedarfsbezogenen Lagequalität* wurden aus der im GIS am Bildschirm visualisierten räumlichen Angebotsstruktur direkt abgeleitet.

4.4. Datenintegration und Datenaufarbeitung

Die projektspezifische räumliche Datenbasis wurde im Geographischen Informations– und Analysesystem SPANS (Version 4.3, unter OS/2) der Firma TYDAC eingerichtet. Die Digitalisierung erfolgte mit dem Programm TYDIG, die Distanzberechnungen mit den GIS–Standardfunktionen von SPANS. Zur kartographischen Darstellung der Ergebnisse der GIS–Analysen wurde das Programm SPANS–MAP verwendet, das mehr Gestaltungsmöglichkeiten als SPANS–GIS bietet.

In Kapitel 5 werden einige Auswertungen aus der GIS–Datenbank vorgestellt, die die Verknüpfung der topographisch–topologischen Daten mit summarischen Wohnplatzmerkmalen (Siedlungsstrukturkarten) sowie mit den Grundbedarfsangebotsdaten in Form von Erreichbarkeitskarten zeigen.

Die Befragungsdaten der Haushalte wurden mit dem Programmmodul DATA ENTRY (Bestandteil von SPSS–PC) eingegeben. Dieses Programm ermöglicht nicht nur das Erstellen individueller Bildschirm–Eingabemasken, sondern auch eine Vorab–Definition der möglichen Ausprägungen in jedem Antwortfeld, was als Mittel der vorbeugenden Plausibilitätskontrolle eingesetzt wurde (vgl. unten, 6.1).

Danach wurden die Befragungsdaten in das Programmsystem SPSS für Windows (zunächst Version 5.0, dann Version 6.0) übernommen und dort verschiedenen Kontroll–, Bereinigungs– und Homogenisierungsschritten unterzogen (vgl. Abb. 4–1 und Abschnitt 6.1). Danach wurden sie mit den genannten wohnplatzspezifischen Angebots– und Distanzdateien zu einer Gesamtdatei in SPSS für Windows zusammengeführt. Mit diesem Programmsystem erfolgten auch die multivariaten statistischen Auswertungen. Für die graphischen Darstellungen wurde z. T. das Graphikmodul von SPSS, z. T. das Programm EXCEL (Version 4.0) herangezogen.

Die EDV–Arbeiten wurden zum größten Teil an den Arbeitsplatzrechnern und Peripheriegeräten der Abteilung Praxisorientierte Wirtschaftsgeographie und räumliche Integrationsforschung der Wirtschaftsuniversität Wien vom Verfasser selbst durchgeführt. Lediglich zur Dateneingabe sowie zum Datentransfer aus dem Statistischen Zentralamt wurde auch Ressourcen des EDV–Zentrums (jetzt: Zentrum für Informatikdienste) der Wirtschaftsuniversität eingesetzt, was dankbar vermerkt sei.

Zusammenfassend ergeben sich von der Datengewinnung bis zur Verfügbarkeit auswertbarer Daten, einschließlich Datenkontrolle, –eingabe und –integration, folgende Arbeitsschritte (Abbildung 4–1).

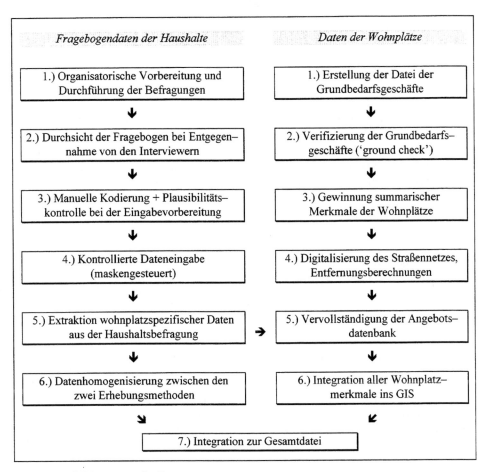

Fragebogendaten der Haushalte | *Daten der Wohnplätze*

1.) Organisatorische Vorbereitung und Durchführung der Befragungen

1.) Erstellung der Datei der Grundbedarfsgeschäfte

2.) Durchsicht der Fragebogen bei Entgegennahme von den Interviewern

2.) Verifizierung der Grundbedarfsgeschäfte ('ground check')

3.) Manuelle Kodierung + Plausibilitätskontrolle bei der Eingabevorbereitung

3.) Gewinnung summarischer Merkmale der Wohnplätze

4.) Kontrollierte Dateneingabe (maskengesteuert)

4.) Digitalisierung des Straßennetzes, Entfernungsberechnungen

5.) Extraktion wohnplatzspezifischer Daten aus der Haushaltsbefragung

5.) Vervollständigung der Angebotsdatenbank

6.) Datenhomogenisierung zwischen den zwei Erhebungsmethoden

6.) Integration aller Wohnplatzmerkmale ins GIS

7.) Integration zur Gesamtdatei

eig. Entwurf; Erläuterungen im Text.

Abbildung 4–1: Ablaufschema der Datengewinnung und Datenintegration

5. CHARAKTERISIERUNG DER UNTERSUCHUNGSGEBIETE

In diesem Kapitel werden die ausgewählten Untersuchungsgebiete zunächst hinsichtlich ihrer Siedlungs-, Bevölkerungs- und Wirtschaftsstruktur sowie ihrer großräumigen Lagebedingungen vergleichend vorgestellt (5.1). Danach werden sie einzeln in bezug auf diese Faktoren sowie das Grundbedarfsangebot näher charakterisiert (5.2). Abschließend wird das Grundbedarfsangebot und die versorgungsrelevante Lage nach Wohnplätzen vergleichend dargestellt (5.3).

5.1. Überblick über die Siedlungs-, Bevölkerungs-, Wirtschafts- und Erreichbarkeitsstruktur der Untersuchungsgebiete

Die nachstehende Tabelle 5-1 bietet einen Überblick über die Siedlungs-, Bevölkerungs- und Wirtschaftsstruktur der einzelnen Untersuchungsgebiete im Vergleich mit dem Bundesland Niederösterreich – insgesamt und „ländlicher" Anteil – sowie mit ganz Österreich ohne Wien. Daraus lassen sich unter anderem folgende Aussagen ableiten.

Siedlungsstruktur: Die *Besiedlungsdichten* der ausgewählten Teilgebiete weisen eine sehr große Spannweite auf. Die zwei Waldviertler Bereiche Zwettl und Waidhofen an der Thaya und die Voralpengemeinde Ramsau zählen zu den dünnst besiedelten Gebieten von ganz Österreich; bezogen auf den Dauersiedlungsraum gilt dies auch für die zwei Untersuchungsgemeinden im Weinviertel (Großkrut, Hauskirchen). Die Untersuchungsgebiete im Alpenvorland (Amstetten, Tulbing) liegen etwa im österreichischen Durchschnitt. Wesentlich dichter ist der randalpine Bereich Neunkirchen besiedelt, und fast städtische Dichtewerte erreicht die suburbane Gemeinde Strasshof. – Auch hinsichtlich *Verstädterungsgrad* wird ein breites Wertespektrum abgedeckt. Im Durchschnitt der Untersuchungsgebiete leben etwa 25 % der Bevölkerung in Siedlungen über 2000 Einwohnern [1]. Im Bereich Neunkirchen beträgt dieser Anteil jedoch 42 %, was über dem Mittelwert von ganz Niederösterreich (38 %) liegt. Die Einwohnerzahl der größten Siedlung erreicht im Bereich Amstetten eine Größenordnung, die nur knapp unterhalb der von österreichischen Mittelstädten liegt (die Stadt Amstetten hat ca. 14.000 Einw. als Siedlung, als Gemeinde über 20.000 Einw.), während etwa in den Bereichen Waidhofen/Thaya und Zwettl die größte Siedlung nur 4000 Einwohner zählt. – Auch die *Bebauungsstruktur* spiegelt diese Verhältnisse wider: Der Anteil der Ein- und Zweifamilienhäuser an allen Gebäuden liegt in den zwei Bereichen Neunkirchen und Amstetten unter dem NÖ-Durchschnitt; aber in allen Gebieten über 75 % – in den suburbanen Gemeinden sogar über 90 % –, was deren ländlichen Charakter bestätigt.

---

[1] Die Größenschwelle von 2000 Einwohnern pro Siedlung entspricht der vom Österr. Statistischen Zentralamt verwendeten Abgrenzung von „städtischen" Gemeinden: vgl. Statist. Jahrbuch für die Republik Österreich 1993, S. 14.

Tabelle 5-1:
Siedlungs-, Bevölkerungs- und Wirtschaftsstruktur der Untersuchungsgebiete

Untersuchungsgebiete	Gesamt-fläche km²	Wohnbe-völkerung 1991	Einwohner je km² Gesamt-fläche	Dauersied-lungsraum	% Bevölkerg in Siedlungen >=2000 Einw.	% Gebäude m. 1-2 Wohnung. od. lw.Betrieb	Zweitwohn-sitze in % d. Wohnungen
Bereiche							
Ber. Neunkirchen	678,76	69038	102	274	42	78,4	15,04
Ber. Zwettl	1091,50	37842	35	65	11	80,6	15,87
Ber. Waidhofen/Th.	1017,80	44139	43	67	22	82,5	18,35
Ber. Amstetten	442,46	54132	122	159	25	76,0	5,06
Einzelgemeinden							
Gem. Strasshof	11,63	5673	488	623	100	91,0	15,87
Gem. Tulbing	18,36	2250	123	200	0	94,8	29,50
Gem. Ramsau	54,69	954	17	86	0	79,9	25,33
Gem. Großkrut	38,45	1697	44	45	0	92,4	18,31
Gem. Hauskirchen	22,09	1273	58	61	0	86,3	16,69
NÖ gesamt	*19173,7*	*1473813*	*77*	*129*	*38*	*80,7*	*15,37*
*ländliches NÖ ***	*18797,9*	*1254320*	*68*	*112*	*29*	*82,1*	*16,06*
Österr. ohne Wien	*83443,2*	*6255938*	*75*	*195*	*...*	*...*	*12,26*

	Altersstruktur 1991, %			Bev.-Entw.	wirtsch. Zugehörigkeit d. Bevölk. 1991, %		
	0 bis unt. 15 Jahre	15 –< 60 Jahre	60 u. mehr Jahre	1981–1991 (1981=100)	Land- und Forstw.	nichtlandw. beschäftigt	Pensionisten u. Rentner
Bereiche							
Ber. Neunkirchen	16,58	60,37	23,05	100	3,64	69,75	26,61
Ber. Zwettl	20,93	58,47	20,60	97	18,09	57,90	24,02
Ber. Waidhofen/Th.	17,11	58,85	24,04	93	11,89	59,34	28,77
Ber. Amstetten	20,62	61,09	18,29	103	7,88	69,73	22,39
Einzelgemeinden							
Gem. Strasshof	14,42	64,73	20,85	114	0,55	73,19	26,26
Gem. Tulbing	16,98	64,53	18,49	128	1,69	75,78	22,53
Gem. Ramsau	16,98	64,57	18,45	113	12,79	65,09	22,12
Gem. Großkrut	18,15	57,22	24,63	95	10,72	58,99	30,29
Gem. Hauskirchen	17,28	57,27	25,45	93	7,23	62,77	30,01
NÖ gesamt	*17,30*	*61,50*	*21,20*	*103*	*6,81*	*68,16*	*25,03*
ländliches NÖ	*17,80*	*61,37*	*20,83*	*103*	*7,80*	*67,38*	*24,81*
Österr. ohne Wien	*18,27*	*62,35*	*19,39*	*104*	*5,47*	*70,90*	*23,63*

Bezirkswerte	Geburten-bilanz '81 - 91 abs.	Geburten-bilanz '81 - 91, in %	Migrations-saldo '81 - 91 absolut	Migrations-saldo '81 - 91 in %	Industrie-beschäftigte je 1000 Ew. *** 1990 | 1991	% Arbeitslose an nichtlandw. Berufstät. '91 (Jahresmittel)	Nettoinlands-produkt '86 je Beschäft., (Ö-Ø=100)
Neunkirchen	−2214	−2,58	+1803	2,10	82 | 89	8,2	88,0
Zwettl	+ 897	1,86	−2988	−6,18	23 | 19	4,2	58,3
Waidhofen/Thaya	−1512	−4,98	−272	−0,90	66 | 63	5,8	74,9
Amstetten **	+4632	4,11	−800	−0,71	92 | 99	3,3	78,8
NÖ gesamt	*−19117*	*−1,34*	*65081*	*4,56*	*68 | 63*	*4,8*	*91,4*

Quellen: ÖSTAT (Hg.): Statist. Jahrbuch der Republik Österreich 1993; Ergebnisse der Großzählung 1991; Industriestatistik 1990; z. T. mit eigenen Berechnungen;
JEGLITSCH, H. (1989): Volkswirtschaftliche Gesamtrechnung nach Bezirken (ÖROK-Schriftenreihe Nr. 72).

Anmerkungen zu Tabelle 5-1:
  * Niederösterreich ohne Mittelstädte (St. Pölten, Wiener Neustadt, Baden, Krems) und ohne sieben weitere, zur Siedlungsagglomeration Wien gehörende Gemeinden (Klosterneuburg, Mödling, Perchtoldsdorf, Brunn, Maria Enzersdorf, Wiener Neudorf, Vösendorf).
  ** Polit. Bezirk Amstetten inkl. Statutarstadt Waidhofen/Ybbs; % Arbeitslose: Arbeitsamtsbezirk Amstetten.
  *** 1. Zahl: Bezirk, lt. Industriestatistik 1990; 2. Zahl: Bereich, lt. Volks- u. Arbeitsstättenzählung 1991, eigene Abgrenzung, siehe Fußnote 3 dieses Kapitels, unten.

Hinsichtlich der **demographischen Struktur** decken die Untersuchungsgebiete ebenfalls ein breites Spektrum von Ausprägungen ab. Überdurchschnittlich *jungen Bevölkerungen* in den Bereichen Zwettl und Amstetten stehen *stark überalterte* im Bereich Waidhofen a. d. Thaya und in den Weinviertler Gemeinden gegenüber. Noch stärker sind die Unterschiede zwischen den Einzelgemeinden, welche z. T. starke Bevölkerungszunahme durch *Zuwanderung* erfahren haben; dies schlägt sich zumeist auch in einem erhöhten Anteil von *Zweitwohnsitzen* nieder.

Wirtschaftsstruktur: Auch die *wirtschaftliche Zugehörigkeit* der Bevölkerung, der *Industriebesatz* und das regionale *Wertschöpfungsniveau* sind so differenziert, daß das gesamte Spektrum der Verhältnisse im ländlichen Raum Ostösterreichs abgedeckt wird. Der Anteil agrarischer Bevölkerung reicht von unter 1 % bis 18 %; der letztgenannte Wert wird im Bereich Zwettl erreicht, der auch die niedrigste Wertschöpfung je Einwohner aufweist. – Der regionale Industriebesatz variiert zwischen knapp 20 Industriearbeitsplätzen auf 1000 Einw. im Bereich Zwettl und fast 100 im Bereich Amstetten. – Nicht vertreten sind lediglich Gebiete intensiven Fremdenverkehrs, welche in Niederösterreich nur durch ganz wenige Einzelgemeinden repräsentiert werden.

Tabelle 5-2: Erreichbarkeitsverhältnisse der Untersuchungsbereiche

	Erreichbarkeit von zentralen Orten [ZO]: ... % der Bevölkerung können den nächstgelegenen ZO der angegeb. Stufe innerhalb d. genannten Zeit erreichen				Zugänglichkeit der nächsten Haltestelle des öffentlichen Verkehrs:	
	im Individualverkehr mit Pkw, 1985 **(1)**		im öffentlichen Verkehr 1981 **(2)**		... % der Bevölkerung mit Bus oder Bahnhaltestelle	
Untersuchungs-Bereiche (Bezirkswerte)	ZO d. Stufe III oder höher **(3)** innerh. 30 min Fahrzeit	ZO d. Stufe V oder höher **(4)** innerh. 40 min Fahrzeit	ZO d. Stufe III oder höher innerh. 30 min Reisezeit	ZO d. Stufe V oder höher innerh. 40 min Reisezeit	in 0 – 500 m Entfernung vom Wohnsitz	in 0 –1500 m Entfernung vom Wohnsitz
Neunkirchen	89,9	89,0	64,4	68,5	65,1	90,3
Zwettl	81,6	0,3	38,0	0,0	59,8	80,6
Waidhofen/Thaya	93,5	0,0	48,6	0,0	60,4	79,8
Amstetten	97,8	67,4	66,2	27,3	48,8	76,8
NÖ–Durchschnitt	*93,4*	*71,1*	*69,6*	*53,2*	*70,4*	*91,4*
Österr. ohne Wien	*93,3*	*63,1*	*71,2*	*50,2*	*67,2*	*89,4*

Quelle: Erreichbarkeitsverhältnisse in Österreich, ÖROK-Schriftenreihe Nr. 75, Wien 1989.

Erläuterungen und Anmerkungen zu Tabelle 5-2:
Die angegebenen Fahr- bzw. Reisezeiten sind die im Österr. Raumordnungskonzept [ÖRK] als maximal „zumutbar" definierten Wegezeitaufwände.
(1) Gesamtbevölkerung, berechnet für den jeweiligen Zählsprengel-Mittelpunkt; „Fahrzeit" ohne Parkplatzsuchzeit und Abgangszeit vom Parkplatz zum Ziel.
(2) Einbezogen wurde die Bevölkerung bis 1500 m Entfernung von einer Bus- oder Bahnhaltestelle; die „Reisezeit" beinhaltet Fahrzeit und Warte- und Umsteigezeiten sowie Gehzeit von der Ankunftshaltestelle zum Ziel, jedoch nicht die Zugangszeit von der Wohnung zur Einstiegshaltestelle.
(3) Zentraler Ort der Stufe III (oder höher) laut Österr. Raumordnungskonzept („regionale Zentren"): In den untersuchten Gebieten sind dies jeweils die genannten Bereichshauptorte, zuzüglich Ternitz im Bereich Neunkirchen und Ybbs im Bereich Amstetten.
(4) Zentraler Ort der Stufe V (oder höher) lt. ÖRK („überregionale Zentren"): In den untersuchten Gebieten sind dies die Viertelshauptstädte Wr. Neustadt, Krems, St.Pölten und Steyr bzw. Wien oder Linz.

Erreichbarkeitsstruktur: Tabelle 5-2 zeigt einige Daten zur allgemeinen Verkehrserschließung bzw. Erreichbarkeit / Zugänglichkeit [2] der größeren Untersuchungsgebiete. Die unterschiedlichen Werte sind weitgehend aus der großräumigen Lage und der Siedlungsstruktur erklärbar; auf regionale und lokale Besonderheiten wird im folgenden Abschnitt eingegangen. Ebendort werden auch die grundbedarfsspezifischen Erreichbarkeiten, zusammen mit den Angebotsverhältnissen, dargestellt.

5.2. Die Untersuchungsgebiete im einzelnen

Die einzelnen Teilgebiete der Untersuchung – Bereiche und Gemeinden – wurden hinsichtlich ihrer Siedlungsstruktur bereits im Abschnitt 4.2. kurz charakterisiert. Ihre Ausdehnung und Lage in Niederösterreich ist aus Karte 4-1 ersichtlich.

Im vorliegenden Abschnitt werden daher nur einige Ergänzungen zum vorangehenden tabellarischen Überblick, vor allem zur Verkehrslage und Entwicklungsdynamik, sowie eine Charakterisierung der Grundbedarfsangebotsverhältnisse geboten.

5.2.1. Untersuchungsbereich Neunkirchen

Das Gebiet liegt am Südrand des Wiener Beckens und am Ostrand der Alpen, etwa 65 – 90 km südlich von Wien, und umfaßt den größten Teil des Verwaltungsbezirks Neunkirchen. Nicht eingeschlossen sind die Randgebiete im Norden entlang der Linie Wiener Neustadt – Puchberg am Schneeberg, das engere Semmeringgebiet im Südwesten und einzelne Gemeinden an der Nordwest-, Südost- und Ostgrenze des Bezirks.

Die *Verkehrslage an* der von Wien *nach Süden führenden Hauptverbindung*, die sich hier in zwei Achsen gabelt, ist nicht ungünstig. Die traditionell wichtigere Achse führt durch das Schwarzatal zum Semmering-Paß (Eisenbahn-Hauptstrecke und Schnellstraße S 36), die zweite durch das Pittental zum Wechsel-Paß (Autobahn A 2, Nebenbahn). Die in Tabelle 5-2 angegebenen, auf dem Datenstand von 1985 beruhenden Erreichbarkeitswerte im Individualverkehr haben sich für den Bezirkshauptort Neunkirchen durch die inzwischen eröffnete Semmering-Schnellstraße (samt neuem Zubringer zur Stadt) wesentlich verbessert. Die im Schwarzatal und Pittental wohnende Bevölkerung kann nicht nur die Viertelshauptstadt Wiener Neustadt, sondern auch die Agglomeration Wien inkl. Shopping City Süd im Tagespendelverkehr sogar mit öffentlichen Verkehrsmitteln erreichen. Aus den übrigen Gebietsteilen sind die genannten großen Arbeits- und Versorgungszentren jedoch nur im Individualverkehr erreichbar.

Der Hauptsiedlungsraum des Bereichs, das verstädterte Schwarzatal (s. Abb. 3-1), war ursprünglich durch Eisen- und Metallwarenerzeugung geprägt und zeigt heute die Symptome eines *alten Industriegebiets.* In den Schwarzatalgemeinden von Payerbach bis zur Bezirksgrenze ging die Zahl der Industriearbeitsplätze von rund 10.600 im Jahr 1973 auf knapp 5000 im Jahr 1991 zurück [3]. Nach der Schließung des Stahlwerks in

---

[2]) Die Begriffe „Erreichbarkeit" und „Zugänglichkeit" werden in diesem Kapitel im Sinne der zitierten ÖROK-Untersuchungen verwendet, nicht im Sinne der Terminologie von L. BACH (vgl. oben 3.4.3).
[3]) Bezüglich weiterer wirtschaftsstruktureller Vergleichsdaten zum Stand von 1971/73 sei verwiesen auf

Ternitz ist nun die Gummiwarenfabrik Semperit in Wimpassing (ca. 1900 Beschäftigte i. J. 1991) größter Arbeitgeber im Untersuchungsgebiet. Einige weitere Industriebetriebe verschiedener Branchen bestehen im Pittental [4]. – Bereits 1991 waren im Bezirk 8,2 % der Berufstätigen *arbeitslos* (höchster Anteil der Untersuchungsbereiche), mit weiterem Anstieg seither. Im Jahrzehnt 1981–91 war der Wanderungssaldo des Bezirks, dank der Zuwanderung älterer Jahrgänge in die schöne Landschaft am Fuß von Schneeberg, Rax, Semmering und Wechsel, noch positiv gewesen (vgl. Tab. 5-1); in der Gegenwart überwiegt aber die Abwanderung berufstätiger Bevölkerung.

Grundbedarfsangebot in Geschäften: Die überwiegende Mehrheit der Bevölkerung, nämlich 72,5 %, findet am Wohnort ein Lebensmittelgeschäft vor; damit besitzt das Gebiet Neunkirchen die günstigste Geschäfteausstattung unter den vier Untersuchungsbereichen. Gleichzeitig war aber die Abnahme der Lebensmittelgeschäfte besonders groß: betrachtet man nur die Geschäfte mit Vollsortiment, so hat sich deren Zahl im Zeitraum 1980 bis 1994 genau halbiert (von 160 auf 80) [5]. – Große Grundbedarfsgeschäfte, die ein ausreichendes Angebot unter einem Dach bieten, bestanden zum Erhebungszeitpunkt in allen Orten städtischer Größenordnung (Neunkirchen, Ternitz, Pottschach, Gloggnitz, Wimpassing, Aspang Markt; in drei davon auch je ein Verbrauchermarkt mit mehr als 2500 m² Verkaufsfläche) sowie in den Gemeindehauptorten Reichenau, Kirchberg am Wechsel und Grimmenstein.

Die nachfolgende Karte 5-1 zeigt exemplarisch für eine Geschäftsart (Bäcker) die *Erreichbarkeit von Grundbedarfsgeschäften* für die einzelnen Wohnplätze. Als Distanzmaß wurde hier der erforderliche Zeitaufwand bis zum nächstgelegenen Geschäft im Pkw-Verkehr gewählt, eine Erreichbarkeit innerhalb des Wohnplatzes ist als eigene Kategorie dargestellt (rote Kreissignaturen, diese stellen somit die Standorte der Bäkkergeschäfte dar). Analoge Darstellungen wurden für alle Arten von Grundbedarfsgeschäften und für alle Untersuchungsbereiche angefertigt.

Sonstiges Grundbedarfsangebot: Der Agraranteil der Bevölkerung ist in den verstädterten Siedlungen im Schwarzatal verschwindend gering; im übrigen Gebiet ermöglichen die noch in jedem Ort ansässigen Bauern der Bevölkerung Ab-Hof-Käufe von Grundnahrungsmitteln im Nahbereich. Auf einem Platz in der Innenstadt von Neunkirchen wurde früher täglich Markt gehalten; zum Erhebungszeitpunkt (1991) gab es dort nur noch an Samstagen einige wenige „Standln". Hingegen findet seit 1991 in Neunkirchen ein Mal im Monat ein Bauernmarkt statt, ähnlich auch in Gloggnitz. – Ein *ambulantes Angebot* im engeren Sinn hat in diesem Untersuchungsgebiet nur geringe Bedeutung. Einige wenige Bäcker sind mit Verkaufswagen unterwegs, stellen aber zumeist nur bestellte Waren zu. Etwas stärker verbreitet sind Hauslieferungen von Bauern und Weinhändlern.

BOBEK & HOFMAYER (1981). Die dort begründete Abgrenzung von Industrie wird auch in diesem Kapitel für die Zahlen der Industriebeschäftigten 1991 verwendet: Arbeitsstätten der Betriebssystematik-Sektoren 1 bis 5 (Sachgüterproduktion, Energie- und Wasserwirtschaft, Bergbau) mit mind. 50 Beschäftigten.
[4]) Zur regionalen Größen- und Branchenstruktur der Industrie Niederösterreichs um 1990 vgl. W. SCHWARZ (1992), mit Karte.
[5]) Für Mitarbeit bei der Laufendhaltung der Grundbedarfsangebotsdatenbank danke ich den Studierenden Claus G. Arlt, Sonja Fuchs, Magdalena Führer, Rosa Lang, Susanne Sailer, Günter Schnaitt, Birgit Streicher und Thomas Wiedner.

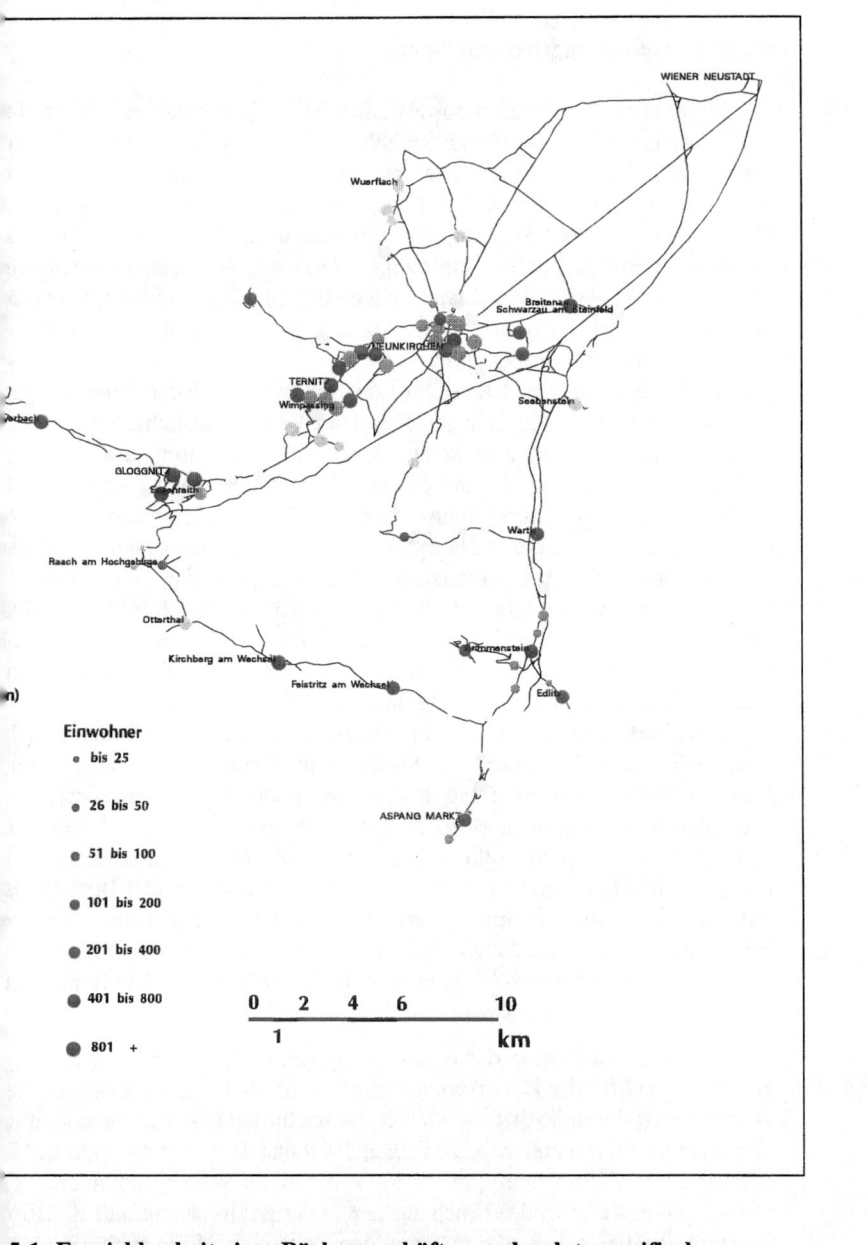

Einwohner

- bis 25
- 26 bis 50
- 51 bis 100
- 101 bis 200
- 201 bis 400
- 401 bis 800
- 801 +

0   2   4   6   10
1   km

5-1: Erreichbarkeit eines Bäckergeschäfts – wohnplatzspezifische
Wegezeiten, Untersuchungsbereich Neunkirchen

5.2.2. Untersuchungsbereich Zwettl

Dieser Bereich liegt im nordwestlichen NÖ auf der dünn besiedelten Ho Waldviertels (in 500 bis 1040 m Seehöhe) und umfaßt den größten Teil des gen Bezirks. Nicht enthalten sind drei Gemeinden im äußersten Süden ur den Truppenübungsplatz und die Kamptalstauseen abgetrennte Gemeinde I ßersten Osten des Bezirks; hingegen wird eine näher bei Zwettl liegende G Bezirkes Krems (Rastenfeld) einbezogen. Die drei nördlichsten Gemeinden zählen aufgrund der funktionalen Verflechtung zum angrenzenden Untersuc Waidhofen an der Thaya (s. dort). Außer der Bezirkshauptstadt Zwettl g Siedlung städtischer Größenordnung.

Die *Verkehrslage* und Erreichbarkeit von überregionalen Zentren ist ir zum vorgenannten Gebiet sehr schlecht. Durch den Untersuchungsbereich v Hochleistungsstraße und auch keine leistungsfähige Bahnlinie, das Bahnnet sich auf eine Stichbahn, die in Schwarzenau von der Franz-Josefs-Bahn a nur bis Zwettl Personenzüge führt [6]. Das öffentliche Verkehrsnetz besteht se Gänze aus Buslinien, deren Haltestellen je nach zugrundegelegter Maxim; 60 % bis 80 % der Bevölkerung erreichbar sind (vgl. Tab. 5-2). Obwohl Buslinien zum Bezirkshauptort führen, ist dieser nur für 38 % der Bevölk halb der „zumutbaren" Reisezeit von 30 Minuten erreichbar. Dies ist durcl Entfernungen sowie die schlecht ausgebauten Straßen, z. T. auch durch di Streckenführung in diesem dünn besiedelten Raum verursacht.

Wirtschaftsstruktur: Weder im Untersuchungsgebiet noch in der näh bung befinden sich größere Arbeitsstandorte. Dementsprechend hat der *höchsten Fernpendleranteil* und das *geringste* monetäre *Inlandsprodukt pro* den niederösterreichischen Bezirken (vgl. Tab. 5-1). Damit im Zusammen Agrarquote der Wohnbevölkerung zu sehen, die trotz pflanzenbaufeindli und Bodenbedingungen mit 18 % mit Abstand die höchste aller Bezirke Ös Ebenso österreichischer Spitzenwert ist der Anteil der Privathaushalte, die land- und forstwirtschaftlichen Betrieb – im Haupt-, Zu- oder Nebenerwe nämlich 38,7 %. In den höhergelegenen Teilen des Gebiets hat die Forstwi ßeres Gewicht als die Landwirtschaft [7].

Angebotsverhältnisse der *Grundbedarfsgeschäfte*: Im Bereich Zwettl ger als die Hälfte der Bevölkerung, nämlich nur 48,6 %, ein Lebensmitte Wohnort vor; damit besitzt das Gebiet die ungünstigste Geschäfteausstattu vier Untersuchungsbereichen. Zwischen 1980 und 1994 hat die Zahl der L geschäfte mit Vollsortiment um 25 % (von 126 auf 94) abgenommen. – G märkte gab es zur Zeit der Erhebung nur in der Bezirkshauptstadt Zwettl u Gerungs. Weiters besaßen zum damaligen Zeitpunkt (1991) auch die meis dehauptorte noch ein ausreichendes Grundbedarfsangebot, und zwar in For bination SB-Lebensmittelgeschäft + Fleischer (+ Bäcker).

Sonstiges Grundbedarfsangebot: Ambulantes Angebot hat vor allem in den Kleindörfer- und Streusiedlungszonen des Gebietes Bedeutung. Praktisch alle im Gebiet ansässigen Bäcker und Fleischer und weitere aus angrenzenden Gemeinden (Gföhl, Liebenau in Oberösterreich) sind jeweils an verschiedenen Tagen mit Verkaufswagen unterwegs, sodaß an den meisten Wohnplätzen wenigstens einmal pro Woche ein Grundbedarfsangebot besteht. Auch Wein-, Obst- und Gemüse- sowie Eierhändler besuchen die meisten Untersuchungsorte, jedoch in größeren Zeitabständen als eine Woche. – In bezug auf *Märkte* markierte das Erhebungsjahr 1991 auch in diesem Gebiet einen Wendepunkt der Entwicklung: Der traditionelle Samstagmarkt in Groß-Gerungs (früher vor allem als Viehmarkt wichtig) war im Auslaufen, während in der Stadt Zwettl der Bauernmarkt gerade erst im Entstehen war. Für die Grundbedarfsdeckung spielen diese Märkte, ebenso wie die Jahrmärkte oder Kirtage, die in vielen Orten stattfinden, kaum eine Rolle.

5.2.3. Untersuchungsbereich Waidhofen an der Thaya

Dieser Bereich grenzt nördlich an den Bereich Zwettl an und umfaßt außer dem ganzen politischen Bezirk Waidhofen auch den nördlichsten Teil des Bezirks Gmünd (sechs Gemeinden) sowie drei Gemeinden des Bezirks Zwettl (Allentsteig, Göpfritz an der Wild, Schwarzenau). Im Norden reicht das Untersuchungsgebiet, das in ca. 400 bis 700 m Höhe liegt, bis zur tschechischen Grenze, die bis 1990/91 eine fast undurchlässige „tote Grenze" am Eisernen Vorhang war.

Die Bevölkerungsdichte ist bezogen auf die Gesamtfläche etwas höher als im Bereich Zwettl, bezogen auf den Dauersiedlungsraum jedoch ebenso niedrig. In der Flächennutzung tritt der Wald etwas zurück, hingegen sind vielerorts Teiche angelegt. Die größten Siedlungen sind die Bezirkshauptstadt Waidhofen an der Thaya (rund 4200 Einw.) und die industrialisierten Städte Heidenreichstein (ca. 3000 Einw.) und Groß-Siegharts (ca. 2300 Einw.). Alle übrigen Orte, darunter die drei Städte Litschau, Allentsteig und Raabs, deren Bezirksgerichte Ende 1991 aufgelöst wurden, bleiben unter der 2000-Einwohner-Schwelle.

Verkehrslage: Durch den südlichen Teil des Untersuchungsgebiets verlaufen die zweispurige Fernstraße Wien – Horn – Schrems – Neu-Nagelberg (– Tschechien), mit einer bis Waidhofen a. d. Thaya ausgebauten Anschlußstraße, und die umwegig trassierte, eingleisige Franz-Josefs-Bahn, die zum Erhebungszeitpunkt noch nicht elektrifiziert war. Von den drei Nebenbahnen, die von der Franz-Josefs-Bahn abzweigend ins Untersuchungsgebiet gebaut wurden, ist nur die 10 km lange Strecke von Schwarzenau bis Waidhofen noch in Betrieb. – Da dieses Gebiet zwar etwas besser verkehrsangebunden, aber noch weiter im Norden als der Bereich Zwettl liegt, ist die *Erreichbarkeit* überregionaler Zentren im Individualverkehr und öffentlichen Verkehr etwa ebenso ungünstig wie dort (vgl. Tabelle 5-2). Hingegen ist eine „zumutbare" Erreichbarkeit regionaler Arbeits- und Versorgungszentren – bei fast identischer Zugänglichkeit von ÖV-Haltestellen wie im Bereich Zwettl – im ÖV für fast 50 % der Bevölkerung gegeben, im IV sogar für 93,5 % (Bereich Zwettl: 81,6 %). Ursache hiefür sind geringere Zeitdistanzen sowohl zum Bezirkshauptort Waidhofen als auch zu anderen zentralen Orten, die relativ nahe liegen (im Westen Gmünd, im Osten Horn).

Kennzeichen der *Bevölkerungsstruktur* in diesem Gebiet ist – zum Unterschied vom Bereich Zwettl – eine hohe Überalterung und komplementär dazu eine geringe Vertretung junger Altersgruppen (vgl. Tab. 5-1). Dies wird durch ein Geburtendefizit erklärt, das im Jahrzehnt 1981–91 im Bezirk Waidhofen mit 5 % das größte aller Landbezirke Österreichs war (auf demselben Niveau wie jenes von Wien). Der Wanderungssaldo war zwar nur geringfügig negativ, jedoch bestehen auch hier gegenläufige Wanderungsströme von Erwerbsfähigen und Senioren (vgl. oben, Bereich Neunkirchen). Dies wird durch den überdurchschnittlich hohen Anteil von Zweitwohnsitzen in diesem landschaftlich nicht besonders reizvollen Gebiet erhärtet (vgl. Tab. 5-1). Mit einem Minus von 7 % im letzten Jahrzehnt verzeichnete die Bevölkerung den stärksten Rückgang aller Landgebiete Niederösterreichs; bundesweit wurde der Wert nur vom obersteirischen Bezirk Leoben (minus 8,9 %) unterboten.

Die *Wirtschaftsstruktur* ist anders als im Bereich Zwettl durch einen Industriebesatz etwa in Höhe des Landesdurchschnitts von Niederösterreich gekennzeichnet (Tab. 5-1). Die ursprünglich vorherrschende Textilindustrie hat an den Standorten im „Bandlkramerlandl" (Groß-Siegharts) und in Heidenreichstein schwere Einbußen erlitten; industrielle Neugründungen erfolgten vor allem im Elektroniksektor (Dimling bei Waidhofen) und Feinmechanik-Apparatebau (Karlstein). Mehrere größere Industriebetriebe liegen in Tagespendelentfernung in Schrems bzw. Gmünd. – Die Landwirtschaft findet im zentralen und östlichen Teil des Bereichs etwas bessere Naturbedingungen als im Zwettler Bereich vor, ihr Anteil an der Wohnbevölkerung ist jedoch mit knapp 12 % deutlich geringer; mit einem landwirtschaftlichen Betrieb verbunden sind noch 22,5 % der Privathaushalte. Der Anteil landwirtschaftlicher Vollerwerbsbetriebe ist mit 43 % der höchste unter den vier Untersuchungsbereichen.

Grundbedarfsangebot in Geschäften: Der anhaltende Bevölkerungsrückgang war von einer starken Ausdünnung des Einzelhandelsangebots begleitet: zwischen 1980 und 1994 hat die Zahl der Lebensmittelgeschäfte mit Vollsortiment im Bezirk um 35 % abgenommen (von 71 auf 46). Zum Erhebungszeitpunkt wohnten noch 61,7 % der Bevölkerung des Untersuchungsgebiets in Wohnorten mit mindestens einem Lebensmittelgeschäft. Große Supermärkte bestanden zum Befragungszeitpunkt nur in Waidhofen und Heidenreichstein, als externe Einkaufsorte haben Schrems, Gmünd und Horn Bedeutung. Ähnlich wie im Bereich Zwettl konzentrieren sich die übrigen Grundbedarfsgeschäfte auf die Gemeindehauptorte. Nur noch in wenigen Einzelfällen sind hier und im Bereich Zwettl die ehemals für Waldviertler Kleindörfer typischen Kleinläden in Personalunion mit einem Gasthaus anzutreffen (z. B. in Puch). Wochenmärkte gibt es in diesem Gebiet nicht.

Ambulantes Angebot: Angesichts der Ausdünnung des Geschäfteangebots verwundert es nicht, daß sich das traditionelle „Gäufahren" des Nahrungsmittelgewerbes bis in die Gegenwart erhalten hat; dies gilt besonders für die Bäcker. Im Bezirk Waidhofen sind alle 17 ansässigen Bäcker auch ambulant tätig, wobei sie nicht nur Brot und Backwaren, sondern auch Milchprodukte, z. T. weitere Lebensmittel in ihren Verkaufswagen anbieten. Ein Bäcker aus der Stadt Waidhofen gab an, daß er täglich 3 bis 4 Stunden im umliegenden Kleindörfergebiet unterwegs ist, wobei er insgesamt 22 Orte ein- oder zweimal pro Woche aufsucht und durchschnittlich 50 Kunden pro Tag bedient (VCÖ 1996, S. 26).

5.2.4. Untersuchungsbereich Amstetten

Dieses Bereich liegt im Westen Niederösterreichs in etwa 110 bis 150 km Entfernung von Wien und etwa 50 bis 90 km von Linz in der Durchgangslandschaft des Alpenvorlands, das hier zwischen Flyschalpen im Süden und dem Granithochland der Neustadtler Platte im Norden auf etwa 10 km eingeengt wird. Der Bereich erstreckt sich rund um die Bezirkshauptstadt Amstetten (275 m Seehöhe) im Osten bis Blindenmarkt und Neumarkt a.d.Ybbs (bereits zum Bezirk Melk gehörend), im Westen bis zur Linie Wallsee – Kematen a.d.Ybbs, im Norden bis zur Donau, die hier die Grenze zu Oberösterreich bildet, und im Süden bis zum ersten Kamm der Flyschalpen (Gipfelhöhe ca. 700 m ü.M.) bzw. bis zur Wasserscheide zwischen Ybbs und Kleiner Erlauf (Anteil an drei Gemeinden des Bezirks Scheibbs). Nach der Gesamtfläche ist Amstetten der kleinste der vier Bereiche, nach dem Dauersiedlungsraum jedoch etwas größer als der randalpine Neunkirchner Bereich.

Die überdurchschnittliche Bevölkerungsdichte ist auf die Größe der Bezirkshauptstadt Amstetten (rund 14.000 Einw.) zurückzuführen. Die nächstgrößere Siedlung Hausmening (ca. 1800 Einw.) bildet mit den benachbarten Ortschaften Ulmerfeld und Neufurth ein zusammenhängendes Siedlungsgebiet von rund 4000 Einwohnern (zur Gemeinde Amstetten gehörend, aber rund 10 km vom Stadtzentrum entfernt). Abgesehen von den Gemeindehauptorten, die Bevölkerungszahlen zwischen 400 und 1600 aufweisen, herrscht im übrigen Bereich Streusiedlung – Weiler und Einzelhöfe – vor.

Die großräumige *Verkehrslage* der Bezirkshauptstadt Amstetten ist durch den Anschluß an Westautobahn und Westbahn (Knotenbahnhof im Taktverkehr) ausgezeichnet. Im übrigen Untersuchungsgebiet sind vor allem die Standorte an den genannten West–Ost verlaufenden Hochleistungslinien begünstigt, aber auch die Siedlungen im mittleren Ybbstal durch eine gutausgebaute Bundesstraße und Bahnlinie. Die in Tabelle 5-2 angegebenen Erreichbarkeitswerte beziehen sich auf den ganzen Bezirk Amstetten und sind für den wesentlich enger abgegrenzten Untersuchungsbereich nicht repräsentativ. Die dort ausgewiesene ungünstige Erreichbarkeit überrregionaler Zentren (Steyr, Linz und St. Pölten) erscheint angesichts der guten Geschäfte- und Arbeitsplatzausstattung von Amstetten für die Bevölkerung wenig relevant.

Bevölkerungstruktur und -entwicklung: Zum Unterschied von den bisher betrachteten Bereichen liegt der Anteil der erwerbsfähigen Jahrgänge etwa im Niederösterreichmittel, während der Kinderanteil höher, der Seniorenanteil niedriger liegt. Hauptursache der günstigen Altersstruktur ist eine deutlich positive Geburtenbilanz, dazu kommt eine fast ausgeglichene Wanderungsbilanz (vgl. Tab. 5-1). Es gibt nur wenige Zweitwohnsitze, was auch ein geringes Angebot leerstehender Häuser – zum Unterschied vom Waldviertel – anzeigt.

Die *Wirtschaftsstruktur* ist ziemlich ausgewogen und räumlich differenziert, wobei die Industrie in Amstetten selbst (ca. 3800 Industriearbeitsplätze, davon die Firma Umdasch – Holzindustrie und Einrichtungsbau – allein fast 2000) und in den Siedlungen an der mittleren Ybbs (Hausmening, Kematen: überwiegend Papierindustrie) konzentriert ist und die übrigen Gemeindehauptorte eher gewerblich betont sind. Die positive Pendlerbilanz des Bereichs zeigt an, daß der Bevölkerung ausreichend Arbeitsplätze in Nahdistanz geboten werden. Der Industriebesatz liegt nicht nur wesentlich über dem NÖ-

Durchschnitt, sondern auch höher als im altindustrialisierten Neunkirchner Bereich, die Arbeitslosenrate 1991 lag mit 3,3 % deutlich darunter (niedrigster Wert der vier Bereiche). – Insgesamt sind noch 7,9 % der Bevölkerung der Landwirtschaft zuzuzählen, und etwa 14 % der Privathaushalte noch mit einem landwirtschaftlichen Betrieb verbunden, was dem Durchschnitt im ländlichen Niederösterreich entspricht. Auch in diesem ehemals vollbäuerlichen Anerbengebiet des Mostviertels werden nur noch 38,4 % der Höfe im Vollerwerb geführt.

Grundbedarfs-Angebotsverhältnisse: Entsprechend der relativ dispersen Siedlungsstruktur finden nur 57,3 % der Bevölkerung ein Lebensmittelgeschäft im Wohnort vor. Der überragende Einkaufsort ist Amstetten, wo auch mehrere Verbrauchermärkte bestehen. Große Supermärkte gibt es darüber hinaus in Hausmening, Neufurth, Mauer und in den Gemeindehauptorten Kematen, Aschbach und Viehdorf. Für Randgebiete des Bereichs haben auch große Supermärkte in den regionalen Zentren Ybbs und Waidhofen a. d. Ybbs sowie in angrenzenden Gemeindehauptorten eine gewisse Einkaufsbedeutung. Die Ausdünnung des Geschäftenetzes ist (noch) nicht so weit fortgeschritten wie in den übrigen Gebieten, die Zahl der Nahrungsgewerbebetriebe hat sich seit 1980 kaum geändert.

Das traditionelle *ambulante Angebot* beschränkt sich im wesentlichen auf das „Gäufahren" der Bäcker im Streusiedlungsgebiet. In der Bezirkshauptstadt Amstetten wurde bereits zum Erhebungszeitpunkt jede Woche ein gut frequentierter Bauernmarkt abgehalten. Die Haushaltsbefragung ergab in diesem Gebiet, daß „Bio"-Bauern ihre Produkte z.T. auch ins Haus liefern, was vor allem bei der städtischen Bevölkerung beliebt ist.

5.2.5. Die Untersuchungsgemeinden im Umland von Wien

Die beiden ausgewählten Gemeinden – Strasshof an der Nordbahn, Tulbing – liegen je ca. 25 km Straßenkilometer vom Wiener Stadtzentrum entfernt. Strasshof liegt nordöstlich von Wien auf der landwirtschaftlich wenig ertragreichen und ursprünglich unbesiedelten Hochterrasse des Marchfelds (wie Wien in 170 m Seehöhe). Tulbing liegt nordwestlich von Wien am Fuß des Wienerwaldes und am Südrand der Ebene des Tullner Feldes in 200 m Seehöhe und ist ein ursprünglich agrarisch bestimmter Ort. Während in Strasshof (rd. 5700 Einw.) fast das ganze 6 km lange Gemeindegebiet von Einfamilienhäusern mit Gärten bedeckt ist, wird die Gemeindefläche von Tulbing (2250 Einw.) überwiegend agrarisch bzw. im Wienerwaldanteil forstlich genutzt. Die Standortgliederung ergibt für Strasshof 5 Wohnplätze (Zählsprengel), für Tulbing 6 Wohnplätze (Dörfer, die z.T. zusammengewachsen sind).

Die *Erreichbarkeit Wiens* ist in Strasshof durch eine im 30-Minuten-Takt verkehrende Schnellbahn und eine geradlinig nach Wien führende gut ausgebaute Bundesstraße günstig. In Tulbing besteht kein Bahnanschluß, und der Verkehr nach Wien muß den Wienerwaldkamm überqueren, was entweder über die Riederberg-Bundesstraße (B 1) und das Wiental oder auf kürzerer, aber schlechterer Straße über den Sattel beim Tulbinger Kogel – Scheitelhöhe in beiden Fällen fast 400 m – möglich ist.

Die *Bevölkerung* beider Gemeinden wird fortdauernd verstärkt durch suburbane Zuwanderung von Wienern. Dabei setzte die Zuwanderung nach Tulbing, wie Tabelle 5-

1 zeigt, erst im letzten Jahrzehnt voll ein, so daß die Bevölkerung 1981–91 um 28 % zunahm; in Strasshof nur um 14 %. Die Geburtenbilanz war in beiden Gemeinden negativ. In beiden Gemeinden leben besonders viele Personen im erwerbsfähigen Alter (fast 65 %), während der Anteil jüngerer Jahrgänge unter dem Landesdurchschnitt, in Strasshof sogar unter 15 % liegt. In Tulbing entfallen fast 30 % der Wohnungen auf Zweitwohnsitze, in Strasshof hingegen nur knapp 16 % [8].

Die *Wirtschaftsstruktur* beider Gemeinden ist durch ein Fehlen von Industrie oder anderen größeren Arbeitgebern und ein Vorherrschen von Auspendlern nach Wien gekennzeichnet. Weitere Arbeitsstandorte in der Nähe sind die Bezirkshauptorte Gänserndorf ca. 6 km von Strasshof bzw. Tulln ca. 8 km von Tulbing. – In Strasshof gibt es keine Bauern, in Tulbing bestehen noch einige landwirtschaftliche Betriebe, vereinzelt auch mit Viehhaltung.

Grundbedarfsangebot: Im Siedlungsgebiet von Strasshof bestehen mehrere Lebensmittelgeschäfte, die sich jedoch entlang der Hauptstraße konzentrieren; daher finden nur 57 % der Bevölkerung ein solches Geschäft am Wohnplatz vor. In der Gemeinde Tulbing gibt es nur in zwei der sechs Ortschaften ein Lebensmittelgeschäft, sodaß ebenfalls nur knapp 60 % über eine Nahversorgung im definierten Sinne verfügen. Die Angebotsqualität ist in Strasshof mit mehreren großen Supermärkten deutlich besser als in Tulbing, wo solche fehlen; die nächstgelegenen großen Supermärkte findet die Bevölkerung erst in der Bezirkshauptstadt Tulln. – Einen Wochenmarkt gibt es weder in den beiden Gemeinden noch in Nachbarorten oder im jeweiligen Bezirkshauptort. In der weiteren Umgebung bietet natürlich die Metropole Wien vor allem der dort arbeitenden Bevölkerung vielfältige Einkaufsmöglichkeiten: außer großen Super- und Verbrauchermärkten auch Einkaufszentren, sowie an vielen Standorten Märkte mit täglichem Frischwarenangebot.

Ein nennenswertes *ambulantes Angebot* von Grundnahrungsmitteln wurde nur in Strasshof festgestellt. Anstelle der in den sonstigen Untersuchungsgebieten vorherrschenden Bäcker treten hier überwiegend Bauern aus der Umgebung und einzelne Lebensmittelhändler aus Wien, vor allem mit Tiefkühlwaren, als Anbieter auf. Ein Ab-Hof-Angebot von Bauern am Ort existiert nur in der Gemeinde Tulbing.

5.2.6. Die Untersuchungsgemeinde im Voralpengebiet

Die Gemeinde Ramsau liegt in einem südlichen Seitental des Gölsentals bei Hainfeld im politischen Bezirk Lilienfeld. Das Gemeindegebiet ist im Südteil fast geschlossen bewaldet und liegt in einer Höhenlage zwischen 450 m und 1342 m. Die *Siedlungsstruktur* ist typisch für die niederösterreichischen Voralpen: Die Bevölkerung (954 im Jahr 1991) verteilt sich zu knapp 38 % auf den Gemeindehauptort (Ramsau - Dorf), zu 23 % auf neue Einfamilienhaussiedlungen (Siedlung Unterried, ca. 1 km vom Dorfkern entfernt in Südhanglage), und zu 39 % auf überwiegend bergbäuerliche Streusiedlungen, die bis zu 8 km vom Gemeindehauptort entfernt sind und in dieser Untersuchung sieben verschiedene Wohnplätze bilden.

---

[8]) Auf die Problematik der räumlichen Zuordnung der Bevölkerung bzw. Wohnsitze besonders in den Stadtumlandgemeinden sei kurz hingewiesen (Rechtsstreit und Revision der Volkszählungsergebnisse).

Verkehrslage: Die Erreichbarkeit von Arbeitszentren ist laut ÖROK-Lagetypisierung im Individualverkehr noch günstig ("zentral")[9], im öffentlichen Verkehr hingegen "extrem peripher". Eine wenig attraktive Buslinie verbindet das Dorf und einen Teil der Streusiedlungen (im Gaupmannsgraben) mit Hainfeld, wo Umsteigmöglichkeiten in andere Buslinien und eine wenig frequentierte Nebenbahn (St. Pölten – Traisen – Leobersdorf) bestehen. Die nächsten Autobahnanschlußstellen liegen 28 km (Westautobahn, Altlengbach) bzw. 33 km (Außenringautobahn, Alland) vom Gemeindehauptort entfernt.

Die Gemeinde erfuhr im Jahrzehnt 1981–91 eine starke *Zuwanderung*, vor allem in die neue Siedlung, und wies auch einen geringen Geburtenüberschuß auf. Die Altersstruktur ist praktisch ident mit jener der suburbanen Gemeinde Tulbing, der Zweitwohnungsanteil ist mit 25,3 % ebenfalls sehr hoch.

Wirtschaftsstruktur: Auch in dieser Gemeinde gibt es keine größeren Arbeitsstätten. Hauptarbeitsorte der Bevölkerung sind die Industrie- und Dienstleistungsorte im Gölsen- und Traisental, Triestingtal und Wiener Becken sowie die Zentren Wien und Sankt Pölten. Rund ein Achtel der Wohnbevölkerung ist dem Agrar- und Forstsektor zuzurechnen, etwa ein Fünftel der Privathaushalte ist noch mit einen land- und forstwirtschaftlichen Betrieb verbunden; die vorherrschende Betriebsform sind Forstbetriebe und "Kombinationsbetriebe", also Betriebe ohne eindeutigen Schwerpunkt (vgl. ÖROK-Atlas 1993 a, b).

Das stationäre *Grundbedarfsangebot* beschränkt sich auf ein einziges Selbstbedienungsgeschäft im Gemeindehauptort; eine ebendort bestehende Fleischhauerei hat wenige Monate vor der Erhebung (1992) zugesperrt. Es verfügen somit nur 38 % der Bevölkerung über ein Lebensmittelgeschäft am Wohnort, was der niedrigste Wert aller Untersuchungsgebiete ist. Das nächstgelegene ausreichende Grundbedarfsangebot besteht in der Kleinstadt Hainfeld, 5 km vom Dorfkern entfernt. Große Supermärkte findet die Bevölkerung aber erst in Traisen (18 km), Verbrauchermärkte erst in St. Pölten (ca. 35 km ab Dorfkern).

Bei diesen Versorgungsverhältnissen überrascht es nicht, daß in Ramsau das *ambulante Angebot* besonders große Bedeutung hat. Zwei Bäcker aus Hainfeld kommen alternierend jeden zweiten Werktag mit Kleinbussen und halten an mehreren Stellen im Gemeindegebiet, sodaß sogar täglich ein Grundbedarfsangebot an bestimmten Punkten besteht. Das Angebot des einen Bäckers umfaßt nur Backwaren und Milchprodukte, sein Konkurrent führt hingegen ein breites Lebensmittelsortiment – fast alles außer Fleisch, Wurst, Obst und Gemüse – mit sich und nimmt auch Bestellungen von anderen Waren entgegen.

5.2.7. Die Untersuchungsgemeinden im Weinviertel

Die beiden Gemeinden Großkrut und Hauskirchen liegen benachbart in der Nordostecke Niederösterreichs nahe der tschechischen Grenze, etwa 60 – 65 km von Wien entfernt, im flachen Hügelland des Weinviertels in ca. 220 m Seehöhe. Die Bevölkerung

---

[9]) Dies gilt für den Gemeindehauptort, dürfte jedoch nicht für alle Streusiedlungen im Gemeindegebiet zutreffen.

verteilt sich auf insgesamt sieben Wohnplätze, die Gemeindehauptorte zählen rund 1000 (Großkrut) bzw. 650 Einwohner (Hauskirchen), fünf kleinere Dörfer zusammen rund 1300 Einwohner.

Verkehrslage: Auf den durch die Gemeindegebiete führenden Nebenbahnlinien wurde der Personenverkehr bereits eingestellt, sodaß der öffentliche Verkehr zur Gänze mit Bussen erfolgt. Die Straßen Richtung Wien und zum regionalen Zentrum Mistelbach (15 bis 17 km entfernt) sind gut ausgebaut. Gemäß der ÖROK-Lagetypisierung liegen beide Gemeinden sowohl im Individual- als auch im öffentlichen Verkehr „peripher", da das nächstgelegene überregionale Zentrum, nämlich Wien, nicht innerhalb 40 Minuten erreicht werden kann; diese Fahrzeit wird allerdings ab der Nachbargemeinde Wilfersdorf bereits unterboten. Das nächstgelegene regionale Zentrum Mistelbach ist aus allen Wohnplätzen im IV und im ÖV innerhalb 30 Minuten erreichbar.

Die *Bevölkerung ist stark überaltert*, die erwerbsfähigen Jahrgänge sind noch schwächer als im Bereich Waidhofen/Thaya vertreten, Pensionisten und Rentner stellen über 30 % der Wohnbevölkerung. Während die Geburtenbilanz im letzten Jahrzehnt durchwegs stark negativ war, war die Wanderungsbilanz in Großkrut, verbunden mit starker Neubautätigkeit, sogar leicht positiv; trotzdem ging die Gesamtbevölkerung auch hier deutlich zurück (um 5 %, in Hauskirchen um 7 %).

Wirtschaftsstruktur: Die Bevölkerung findet weder im Gemeindegebiet noch in unmittelbarer Nähe ausreichend Arbeitsplätze vor. Die Erdölgewinnung im nordöstlichen Weinviertel wurde stark reduziert, die Beschäftigung auf den Raum Gänserndorf–Prottes konzentriert, wohin auch heute noch zahlreiche Bewohner der zwei Gemeinden pendeln. Überragende Bedeutung als Arbeitsort hat aber nunmehr Wien, gefolgt von den nördlichen Industrievororten Wiens an der Brünnerstraße (Wolkersdorf, Gerasdorf). – Von der Landwirtschaft leben nur noch 7 bzw. 11 Prozent der Wohnbevölkerung, wobei der höhere Wert auf die weinbautreibende Gemeinde Großkrut entfällt, wo noch 33 % der Haushalte einen Agrarbetrieb wenigstens im Nebenerwerb führen (in Hauskirchen nur 17 %). Die Vollerwerbsquote der noch bestehenden Betriebe ist mit 26 bzw. 31 % besonders gering, was aber für Realteilungsgebiete nicht ungewöhnlich ist.

Grundbedarfsangebot: Die stationären Einkaufsmöglichkeiten im Gebiet selbst beschränken sich auf kleinere Geschäfte in den zwei Gemeindehauptorten und in zwei kleineren Dörfern (Prinzendorf, Ginzersdorf), sodaß insgesamt 79 % der Bevölkerung noch ein Lebensmittelgeschäft am Wohnplatz vorfinden (Stand 1992). Bei den Nahrungsmittelgewerben besteht eine Art Funktionsteilung, da eine Bäckerei nur in der Gemeinde Großkrut, eine Fleischerei nur in Hauskirchen besteht. Der nächste große Supermarkt liegt für die Bevölkerung von Großkrut in Poysdorf (in 8 bis 10 km Entfernung, je nach Wohnplatz), für die Hauskirchner Bevölkerung in Zistersdorf (9 bis 13 km entfernt). Ein wesentlich breiteres Angebot mit zahlreichen Supermärkten und mehreren Verbrauchermärkten besteht im nur geringfügig weiter entfernten Bezirkszentrum Mistelbach. – In den genannten Kleinstädten werden nach wie vor die traditionellen *Wochenmärkte* abgehalten: montags in Mistelbach, mittwochs in Zistersdorf und freitags in Poysdorf; dabei wird überwiegend Obst und Gemüse angeboten. Zusätzlich existiert seit einigen Jahren ein Bauernmarkt in Mistelbach (zweimal im Monat, an Freitagen). – Das ambulante Angebot ist in beiden Gemeinden sehr gering. Ab-Hof-Käufe bei Bauern sind an allen Wohnplätzen möglich.

5.3. Zusammenfassung: Die Grundbedarfsangebotsverhältnisse im Vergleich

Abschließend soll die Struktur des Grundbedarfsangebots in den einzelnen Untersuchungsgebieten statistisch vergleichend dokumentiert werden. Dabei wird über die Angaben im vorigen Abschnitt hinaus nicht nur die Geschäfteausstattung von Orten, sondern das Gesamtangebot inkl. alternativer Bezugsquellen für alle Wohnplätze, an denen Befragungen stattfanden, dargestellt.

Tabelle 5-3: Grundbedarfsangebot in den Befragungsgebieten, nach Wohnplätzen

Untersuchungsbereiche (B), *Untersuchungsgemeinden*	B Neun-kirchen	B Zwettl	B Waid-hofen a.d. Th.	B Am-stetten	2 Gem. i. Umland v. Wien	Voralpen -gem.	2 Gem. i. Wein-viertel
Stufen der Angebotsqualität	jeweils: Zahl der Wohnplätze | Bevölkerungsanteil 1991 in %						
A) ohne Geschäfte:							
ohne jedes Angebot	4 | 8,0		1 | 0,3	2 | 0,1	2 | 30,0		
nur Landwirte, Fahrhdl. <1x/W.	7 | 5,0	16| 11,5	6 | 5,0	10| 5,2		2 | 10,3	
ambul. Angebot 1 Branche p.W.	1 | 2,2	11| 6,9	8 | 10,4	5 | 0,9	1 | 8,5	1 | 2,9	
ambul. Angebot >=2 Branchen		5 | 2,5	5 | 3,4	3 | 7,3		5 | 48,0	1 | 11,4
B) unzureichende Geschäfte:							
nur Lm-Teilsortiment	2 | 2,1	1 | 1,6	1 | 0,5	1 | 1,1			1 | 5,3
nur Gemischtw. (Vollsortim.)	4 | 7,8	4 | 6,8	4 | 4,1	1 | 3,1			
Gemischtwaren + Fleischer			2 | 3,1	1 | 3,9			
SB-LmGeschäft, kein Fleischer	8 | 18,5	4 | 18,5	1 | 0,8	4 | 8,0	1 | 10,3	1 | 38,9	2 | 59,0
C) ausreichendes Angebot:							
SB-LmGeschäft + Fleischer	5 | 13,9	6 | 14,5	4 | 14,6	8 | 24,5	1 | 22,5		1 | 24,3
gr.Supermarkt/VM, kein and.G.			1 | 4,1	2 | 5,7			
SB-LmG.+ Fleischer + and.G.	2 | 5,4	2 | 9,0	8 | 37,2	6 | 24,0			
gr.SM/VM + Fleisch.+and.G.	12 | 37,1	4 | 28,8	3 | 16,5	5 | 16,2	1 | 28,8		
Wohnplätze | Bevölkerung abs.	*45|33991*	*53|13884*	*44|20462*	*48|29109*	*6| 6321*	*9| 942*	*5| 2709*

Quelle: eigene Erhebungen (Angebotsdatenbank, Haushaltsbefragung).

Abkürzungen: GB Grundbedarf; p.W. pro Woche; Lm Lebensmittel; SB Selbstbedienung; VM Verbrauchermarkt.

Tabelle 5-3 zeigt zunächst, daß in den untersuchten Wohnplätzen im ländlichen Niederösterreich alle operationalisierten Stufen des Grundbedarfsangebots auch tatsächlich vorkommen. In den größeren Untersuchungsbereichen sind alle 12 Stufen der Grundbedarfsangebotsqualität (Variable R1-3) vertreten.

Im einzelnen erweist sich das Grundbedarfsangebot in den Untersuchungsgebieten sehr differenziert. Besonders hohe Bevölkerungsanteile in Wohnplätzen ohne Geschäft (schlechteste Ausstattungsstufe A) sind am ehesten in den enger abgegrenzten Einzelgebieten, die keine zentralen Orte enthalten, zu erwarten. Dies ist in auch der Voralpengemeinde Ramsau (61 %) und in den zwei suburbanen Gemeinden (38 %) der Fall. Danach folgen jedoch bereits die zwei großflächigen Waldviertler Bereiche Zwettl (21 %) und Waidhofen a. d. Thaya (19 %). In den Weinviertler Gemeinden mit relativ großen Sammelsiedlungen liegt der Anteil der Bevölkerung in „völlig unversorgten" Wohnplätzen mit 11 % niedriger als in den relativ verstädterten Bereichen Neunkirchen und Amstetten.

Das bloße Vorhandensein eines Grundbedarfsgeschäfts am Wohnplatz sagt jedoch, wie in Abschnitt 3.4. dargelegt, wenig über die tatsächliche „Versorgungsqualität" der Bevölkerung aus. Eher verhaltensrelevant ist vermutlich die Tatsache, ob ein ausreichendes Grundbedarfsangebot (AGBA) am Wohnplatz besteht (Ausstattungsstufe C). Diesbezüglich schneiden die Befragungsstandorte in den Bereichen Waidhofen an der Thaya und Amstetten mit 72 bzw. 70 % am besten ab. Erst mit deutlichem Abstand folgen die Bereiche Neunkirchen (56 %) und Zwettl (52 %), danach die Einzelgemeinden, unter denen diesbezüglich die Stadtumlandgemeinden am besten abschneiden (vgl. Tab. 5-3).

Diese Unterschiede in der Geschäfteausstattung der Wohnplätze dürfen aber nicht als „Versorgungslücken" interpretiert werden. Denn erstens ist, wie viele Untersuchungen zur Zielortewahl und auch die vorliegende Verhaltenserhebung ergaben (vgl. HOFMAYER 1995), aufgrund persönlicher Präferenzen sowie der Preisgestaltung und anderer Marketingmaßnahmen der Handelsbetriebe ein Einkauf im nächstgelegenen Lebensmittelgeschäft keineswegs die Regel. Zweitens sind die Wohnplätze so eng abgegrenzt, daß in praktisch allen größeren Orten ein ausreichendes Grundbedarfsangebot wenn nicht am selben Wohnplatz, so doch an einem anderen, unmittelbar benachbarten Wohnplatz desselben Ortes besteht. Der letztere Umstand wird durch die *grundbedarfsspezifische Lagequalität* (kategoriale Variablen Lage1 ...7) abgebildet, deren Verteilung auf die Untersuchungsgebiete aus der folgenden Tabelle 5-4 entnommen werden kann.

Tabelle 5-4: Grundbedarfsspezifische Lagequalität der befragten Wohnplätze

Untersuchungsbereiche (B), Untersuchungsgemeinden	B Neun-kirchen	B Zwettl	B Waid-hofen/Th.	B Am-stetten	2 suburb. Gem.	Voralpen-gem.	2 Wein-viertel-G
Stufen der Lagequalität *	*jeweils:* Zahl der Wohnplätze | Bevölkerungsanteil 1991 in %						
1 Kein GBG am WP, nAStO < AGBA	3 | 1,9	16| 11,2	6 | 4,3	1 | 1,2		8 | 61,1	1 | 11,4
2 Kein GBG am WP, doch nAStO hat AGBA	4 | 4,3	5 | 12,5	5 | 5,1	1| 1,0			3 | 64,3
3 kleines GBG am WP, auch zusammen mit nAStO < AGBA	5 | 3,2	16| 9,8	13 | 8,4	17| 6,2	1| 10,2		
4 Weder WP noch nAStO hat AGBA, nur beide zusammen		1 | 1,6					
5 WP < AGBA, nAStO hat AGBA	5 | 9,1	2 | 5,0	2 | 1,9	2 | 3,9		1 | 38,9	
6 AGBA im Ort, aber an ande-rem WP	12 | 25,0	1 | 7,6	2 | 7,8	6 | 17,4	3 | 38,5		
7 AGBA am Wohnplatz vorhan-den	16 | 56,4	12 | 52,3	16 | 72,4	21 | 70,3	2 | 51,3		1 | 24,3

Quelle: eigene Erhebungen (Angebotsdatenbank, Haushaltsbefragung).   *) Abkürzungen: WP Wohnplatz;

GBG Grundbedarfsgeschäfte; nAStO nächster Angebotsstandort; AGBA ausreichendes Grundbedarfsangebot.

Tabelle 5-4 zeigt unter anderem, daß in den drei Bereichen Amstetten, Neunkirchen und Waidhofen a. d. Thaya sowie in den suburbanen Gemeinden jeweils 80 bis 90 % der untersuchten Bevölkerung ein ausreichendes Grundbedarfsangebot im Ortsverband ihres Wohnortes vorfinden. Im Bereich Zwettl beträgt dieser Prozentsatz nur knapp 60 %, in den peripher gelegenen Einzelgemeinden 24 bzw. 0 Prozent [10].

Die Angebotsverhältnisse zum Zeitpunkt der Erhebungen waren in allen Untersuchungsgebieten nicht stabil, sondern nur Durchlaufstadien bzw. Momentaufnahmen im fortdauernden *räumlichen Konzentrationsprozeß des Geschäfteangebots*, der allerdings in den einzelnen Gebieten mit unterschiedlicher Geschwindigkeit abläuft (vgl. 5.2). Es bestand noch in den meisten Gemeindehauptorten ein ausreichendes Grundbedarfsangebot, aufgeteilt auf die bodenständigen Geschäftsarten SB-Kaufmann, Bäcker und Fleischer; gleichzeitig etablierten sich in den Bezirkshauptstädten und einigen weiteren Orten städtischer Größe die Filialbetriebe von landesweiten Handelsketten, häufig in Ortsrandlage. Der letztgenannte Trend hat sich seither verstärkt, komplementär dazu hat sich gerade in den Gemeindehauptorten die Ausdünnung der Lebensmittelgeschäfte und Nahrungsgewerbebetriebe fortgesetzt, wie laufende Untersuchungen im Rahmen des Lehrbetriebs ergeben haben.

Zum Zeitpunkt der Erhebungsplanung waren noch keine Aussagen darüber verfügbar, wie weit das Angebot in Tschechien bzw. direkt an der gerade erst geöffneten Grenze das Versorgungsverhalten im nördlichen Niederösterreich beeinflußt. Eine entsprechende Ausweitung der Angebotserhebung war bereits beabsichtigt. Die aus den grenznahen Untersuchungsräumen 1991 und 1992 einlangenden Erhebungsdaten zeigten aber, daß die Bevölkerung nur fallweise Erkundungsfahrten, keine Grundbedarfsdeckung – im Gegensatz zu heute – durchführte, was durch das geringe Angebot jenseits und das Fehlen von attraktiven 'duty free'-Märkten an der Grenze zum damaligen Zeitpunkt nicht unplausibel ist. Daher konnte auf eine Erfassung dieses Angebotssektors verzichtet werden.

Schließlich wurde eine gewisse Trendwende bei den Märkten zum Erhebungszeitpunkt festgestellt. Die traditionellen Wochenmärkte waren in den meisten Gebieten im Absterben begriffen, gleichzeitig waren in mehreren Bezirkshauptorten Bauernmärkte neuen Stils im Entstehen bzw. bereits etabliert (in Amstetten, der größten Stadt des Untersuchungsraums). Ein Fortdauern der traditionellen Wochenmärkte wurde nur im nordöstlichen Weinviertel festgestellt.

Vor dem Hintergrund der in diesem Kapitel kurz dargestellten Angebots- und Verkehrsverhältnisse ist das erhobene Versorgungsverhalten der Haushalte zu sehen, das in den folgenden Kapiteln dargelegt bzw. analysiert wird.

---

[10]) Tabelle 5-4 zeigt weiters, daß die Lagequalitätsstufe 4 nur an einem einzigen Wohnplatz realisiert ist. Diese Stufe wird daher mit Stufe 3 zusammengefaßt, so daß in den weiteren Auswertungen nur sechs Ausprägungen (bzw. in den Regressionsanalysen fünf Binärvariablen) der Lagequalität verwendet werden.

6. PRÜFUNG DER DATENQUALITÄT UND DESKRIPTIVE ERGEBNISSE

In diesem Kapitel wird zunächst überprüft, wie weit die durch das empirische Forschungsdesign angestrebte Datenqualität erreicht wurde. Nach Aufzeigen der einzelnen Datenkontrollschritte, die im Interesse einer hohen Validität und Reliabilität der Daten durchgeführt wurden, wird auf die Repräsentativität der Stichprobe und die Verteilung der Erklärungsvariablen eingegangen (6.1). Danach werden die Verteilungen der erfragten Verhaltensvariablen dargestellt, wobei auch eine Überprüfung eines Einflusses der Erhebungsmethode und weiterer Umstände der Datengewinnung erfolgt (6.2). Danach werden die bivariaten Zusammenhänge zwischen Verhaltensmerkmalen einerseits und Haushalts- und Raummerkmalen andererseits aufgezeigt (6.3.); am Ende dieses Abschnittes wird nach Art einer Zwischenbilanz versucht, eine im bivariaten Erklärungsrahmen mögliche vorläufige Antwort auf die Hauptfrage der Arbeit zu geben.

6.1. Datenaufarbeitung und -kontrolle, Repräsentativität der Stichprobe

Im vorliegenden Abschnitt wird zunächst die Datenaufarbeitung dargestellt (6.1.1). Danach wird das Qualitätskriterium Repräsentativität im Hinblick auf die angestrebten multivariaten Analysen überprüft (6.1.2). Danach werden die haushaltsstrukturellen Erklärungsvariablen und ihre Interkorrelationen dargestellt (6.1.3).

6.1.1. Datenaufarbeitung und Datenkontrolle

Die erhobenen Haushaltsdaten wurden den im empirischen Design festgelegten Kontroll- und Aufarbeitungsschritten (vgl. oben, Abb. 4-1) unterzogen. Hiezu werden in diesem Unterabschnitt einige Details und Erfahrungen berichtet.

1) *Kontrolle der Erhebungsinstrumente bei persönlicher Übergabe*

Alle eingesetzten Erhebungsinstrumente wurden bei ihrer Übernahme noch im Beisein der Interviewer durchgesehen und primär auf eindeutige Zuordnung von Fragebogen bzw. Einkaufsbogen und Protokollblatt (Übereinstimmung der Nummern), kursorisch auch auf sinngemäße und vollständige Ausfüllung kontrolliert. Bei zweifelhaften Kennzeichnungen oder eklatanten Fehlangaben oder Lücken wurden Rückfragen gestellt, die in zahlreichen Fällen zu einer Klärung führten.

2) Manuelle Kodierung und genaue Durchsicht aller Fragebogen

Einige offene Antworten mit besonders vielen Ausprägungen (z. B. der frühere Wohnort) mußten vor der Dateneingabe manuell kodiert werden. Gleichzeitig damit wurde jeder Fragebogen auf offensichtliche Implausibilitäten kontrolliert; wenn solche auftraten, wurden sie soweit möglich korrigiert, oder die betreffenden Items wurden als fehlende Werte kodiert.

Im Zuge dieser Kontrolle wurde in den Fragebogen der Erhebungsmethode 1 bei den Antworten zu Verkehrsmittelnutzung und weiteren Erledigungen eine generell schlechte Ausfüllungsqualität festgestellt. Die Gründe liegen entweder in einer – trotz Einschulung und speziellen Hinweisen – mangelnden Ausdauer der Interviewer bei den Zusatzeintragungen zur Einkaufsdatenmatrix, oder in einem mangelnden Erinnerungsvermögen der Befragten, oder auch in beidem. Nach einigen Versuchen zu einer Datenkorrektur, teilweise auch mit Rückfragen, wurden diese zwei Verhaltensbereiche in Teilmasse 1 wegen unzureichender Datenqualität von der weiteren Bearbeitung ausgeschlossen, sodaß Verkehrsmittelnutzung und Kopplungsverhalten nur für Teilmasse 2 auswertbar sind.

Im übrigen erwies sich die Datenqualität als durchaus zufriedenstellend. Nur drei Fragebogen mußten wegen Unbrauchbarkeit ausgeschieden werden; von weiteren sechs Haushalten der Teilmasse 2 konnten zwar die persönlichen Einkaufsverhaltensdaten, aber nur ein Teil der Haushaltsdaten ausgewertet werden. Die Größe der auswertbaren Stichprobe beträgt: 746 Haushalte mit insgesamt 2423 Personen, hievon 1739 im Alter von 18 und mehr Jahren. Die Verteilung auf Untersuchungsgebiete zeigt Tab. 6-1.

Tabelle 6-1: Größe der auswertbaren Stichprobe, nach Teilgebieten

Untersuchungsgebiete	Zahl der ausgewerteten Haushalte	Zahl der Personen in den Haushalten	hievon: über 18-jährige
Bereich Neunkirchen	90	267	205
Bereich Zwettl	139	564	402
Bereich Waidhofen an der Thaya	174	502	356
Bereich Amstetten	141	444	310
Gemeinde Strasshof	41	112	87
Gemeinde Tulbing	40	133	105
Gemeinde Ramsau	40	123	92
Gemeinde Großkrut	41	147	92
Gemeinde Hauskirchen	40	131	90
Summe	*746*	*2423*	*1739*
hievon Methode 1 (Haushaltsbefragung	*431*	*1477*	*1073*
Methode 2 (Tagebucherhebung)	*315*	*946*	*666*

3) Dateneingabe – Plausibilitätskontrollen – Bildung von abgeleiteten Variablen

Für die Dateneingabe wurden mit dem 'Data Entry'-Modul von SPSS mehrere Bildschirm-Eingabemasken kreiert, die möglichst ähnlich wie der schriftliche Fragebogen bzw. das Protokollblatt aussehen. Mithilfe dieses Programms wurde in den Masken für die meisten Antwortfelder der Bereich der jeweils erlaubten Ausprägungen im voraus definiert, um Fehleingaben zu verhindern. In die Masken wurden auch Arbeitsanweisungen für die eingebende Person sowie Kodierpläne für die Variablen eingebaut, um das zeitraubende und anstrengende Nachschauen in anderen Unterlagen zu vermeiden. Einige der erstellten Bildschirmmasken sind in Abb. 6-1 wiedergegeben. – Bei den anschließenden Plausibilitätskontrollen der Daten bestätigte sich die Nützlichkeit dieses softwareunterstützten Dateneingabeverfahrens.

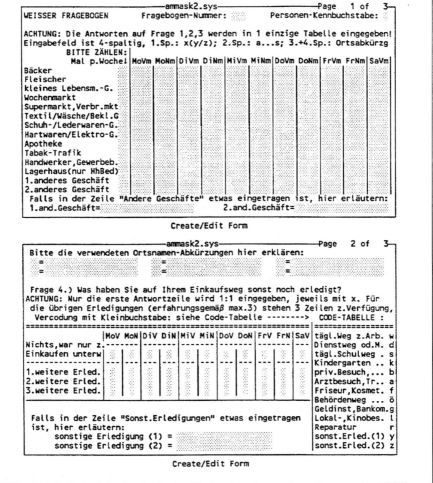

Abbildung 6-1: Beispiele der kreierten Dateneingabemasken (Programm SPSS-Data Entry)

Danach wurden die erforderlichen *abgeleiteten Variablen* durch einfache Auszählung oder aufwendigere Transformationen, z. T. unter Verwendung weiterer Sekundärstatistiken, gebildet. Abgeleitete Variablen sind auf Seite der Erklärungsmerkmale z. B. die „Zahl der Berufstätigen in Orten mit besserem Geschäfteangebot als Wohnort", die mit Daten der Geschäfteausstattung der Arbeitsorte gebildet wurde, auf Seite der Verhaltensvariablen etwa die verschiedenen Kopplungsmerkmale, die aus den Einkaufsakten in Zummenschau mit den weiteren Erledigungen pro Halbtag gebildet wurden.

Zu diesem Arbeitsschritt gehörte an sich auch die Berechnung der Einkaufsweglängen und -wegzeiten. Im Zuge der Berechnungen erwies es sich als nötig, weitere operationale Festlegungen vor allem bezüglich der Mehrzweckwege zu treffen, sodaß schließlich die Auswertung dieser zwei Variablen für einen späteren Zeitpunkt zurückgestellt wurde. Dies kann umso eher in Kauf genommen werden, als für diese Verhaltensdimension mangels theoretischer oder empirischer Aussagen kein empirisches Modell aufgestellt wurde (vgl. Kap. 3.2).

4) Extraktion wohnplatzspezifischer Daten aus der Haushaltsbefragung

In diesem Arbeitsschritt wurden die von den Haushalten erfragten Angaben zum ambulanten Angebot nach Wohnplätzen ausgesondert und miteinander verglichen. Es ergab sich eine weitgehende Übereinstimmung der Angaben der Haushalte desselben Wohnorts; Differenzen traten nur infolge Nichtnennung einzelner Angebote auf und waren zumeist aus Merkmalen der auskunftgebenden Personen (v.a. Berufstätigkeit) erklärbar. Nach entsprechender Datenbereinigung wurden diese Variablen nach Wohnplätzen aggregiert und in die Angebotsdatenbank transferiert.

Außerdem wurde bei diesem Arbeitsschritt eine Kontrolle der Durchschnittsdistanzen zum nächstgelegenen Lebensmittelgeschäft vorgenommen. Diese waren für die einzelnen Wohnplätze aus den Angaben der Geschäftedatei und der Wohnplatzgröße ermittelt worden und wurden nun mit dem Mittelwert der von den Haushalten des jeweiligen Wohnplatzes angegebenen Distanzen abgeglichen. In den wenigen Fällen, wo die Abweichungen mehr als 20 % betrugen, wurde der Mittelwert der von den Haushalten genannten Distanzen in die Wohnplatzdatei übernommen.

5) Datenhomogenisierung zwischen den zwei Erhebungsmethoden

In diesem Schritt war es vor allem erforderlich, die mit Methode 2 in den Personenbögen erhobenen Einkäufe der einzelnen Personen zu Haushaltseinkäufen zu aggregieren. Dies wurde mit Hilfe einer speziellen SPSS-Prozedur bewerkstelligt, die beim Einlesen der Daten deren Mehrebenenstruktur berücksichtigt (INPUT PROGRAM). Danach mußten die von mehreren Personen gemeinsam getätigten Einkäufe identifiziert und die Zahl der Einkäufe pro Haushalt entsprechend vermindert werden.

Hiefür wurde ebenfalls ein kleines Programm in SPSS-Syntax geschrieben, welches das Vorliegen eines Einkaufs im selben Geschäftstyp am selben Halbtag an demselben Ort mit demselben Verkehrsmittel bei mehreren Mitgliedern desselben Haushalts überprüft und einen solchen Einkauf und die an ihm beteiligten Personen eigens kennzeichnet. Bei der Kontrolle anhand der Originalerhebungsbögen stellte sich allerdings heraus, daß nicht alle Fälle automatisiert gelöst werden konnten. Ein solcher Fall lag z. B. vor, wenn am selben Halbtag von einem Haushaltsmitglied ein Supermarkteinkauf in Wien, von einem anderen Haushaltsmitglied ein solcher in Vösendorf (Vorort von Wien) angegeben war. Durch Vergleich mit dem sonstigen Einkaufsverhaltensmuster und Rückgriff auf die Personen- und Haushaltsangaben (Berufstätigkeit, Zahl und Benutzer der Autos, etc.) konnten die allermeisten dieser Fälle geklärt werden.

Es kam auch vor, daß für denselben Einkauf von den beteiligten Personen verschiedene Verkehrsmittel angegeben wurden (Pkw, zu Fuß); dies ist bei einer Anreise mit Pkw und Aufsuchen mehrerer Geschäfte vom Parkplatz aus durchaus erklärbar. In diesen Fällen wurde das jeweils leistungsfähigere Verkehrsmittel, also zumeist der Pkw, für alle in Frage stehenden Einkäufe angenommen. – Diese Fälle beweisen andererseits, daß die Einkaufstagebücher desselben Haushalts unabhängig voneinander ausgefüllt wurden, was für die Validität der Daten spricht.

Durch diesen Arbeitsschritt verringerte sich die Maximalzahl wöchentlicher Grundbedarfseinkäufe eines Haushalts von zunächst 33 auf 25. Aber auch nach dieser Bereinigung liegt die durchschnittliche Einkaufshäufigkeit in Teilmasse 2 wesentlich höher als in Teilmasse 1 (vgl. 6.2.1).

Weiters wurde auch die Verhaltensdimension „personelle Einkaufsbeteiligung" in Methode 1 und 2 mit abweichender Fragestellung erhoben. Auf die Zusammenführung der betreffenden Merkmale wird in 6.2.1. eingegangen.

6.1.2. Repräsentativität der Stichprobe

Die Repräsentativität der Haushaltsstichprobe im Vergleich zur Grundgesamtheit wird für die personell-haushaltsstrukturellen Merkmale gesondert nach Teilgebieten überprüft. Bei den Wohnort- und Distanzvariablen, welche als Quotierungsmerkmale im räumlichen Stichprobendesign dienten, wird nur ein Gesamtvergleich geboten.

Eine Forderung der sozialwissenschaftlichen Methodik lautet, daß zur Überprüfung der Repräsentativität jene Merkmale herangezogen werden sollen, welche auf die Untersuchungsmerkmale vermutlich den größten Einfluß ausüben. Somit wären aus dem Kreis der Haushaltsmerkmale am ehesten die nach Lebenszyklusphasen abgegrenzten Haushaltstypen heranzuziehen. Leider lag zum Bearbeitungszeitpunkt die Verteilung der Privathaushalte nach diesen Haushaltstypen für die Grundgesamtheit (Wohnbevölkerung 1991) noch nicht vor. Bekannt waren nur die Verteilung der Privathaushalte nach Personenzahl und jene der Personen nach Altersstufen. Für diese zwei Merkmale wird im folgenden die Repräsentativität dargestellt.

Repräsentativität der Stichprobe nach Haushaltsgröße

Die Größenverteilung der Stichprobenhaushalte im Vergleich zu jener der Wohnbevölkerung in Privathaushalten lt. Volkszählungsergebnissen 1991 ist in Abbildung 6-2 für alle Teilgebiete dargestellt. Die Diagramme zeigen, daß Einpersonenhaushalte in allen Teilgebieten etwas unterrepräsentiert, dagegen Vier-und-mehr-Personen-Haushalte in den meisten Gebieten überrepräsentiert sind. Der Anteil der Einpersonenhaushalte beträgt aber in allen Gebieten mehr als zehn Prozent, was auch für diese Gruppe gesicherte Aussagen erlaubt. Ebenso erreicht auch der Anteil von Fünf-und-mehr-Personen-Haushalten in der Stichprobe durchwegs noch mehr als 10 Prozent, sodaß differenzierte Aussagen über den Einfluß einer größeren Personenzahl im Haushalt auf das Einkaufsverhalten möglich sind. Die angestrebte spezifische Repräsentativität der Erhebung wurde also erreicht.

Zusätzlich wurde auch ein Chi²-Anpassungstest durchgeführt, der üblicherweise zur Prüfung der Hypothese eingesetzt wird, ob die Stichprobe ein verkleinertes („repräsentatives") Abbild der Grundgesamtheit darstellt. Die in Abb. 6-2 ausgewiesenen Werte des Chi²-Tests belegen, daß eine derartige Übereinstimmung nur in den zwei Teilgebieten Waidhofen/Thaya und Amstetten mit einer Irrtumswahrscheinlichkeit von weniger als 5 % besteht.

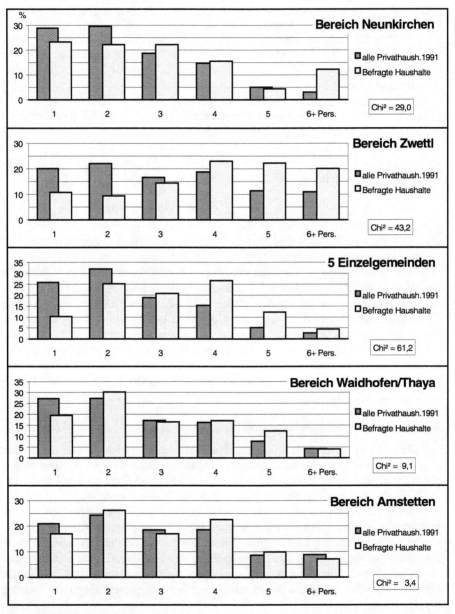

Quelle: Befragungsergebnisse

Abbildung 6-2: Haushaltsgrößen-Repräsentativität der befragten Haushalte

Repräsentativität der Stichprobe nach Altersgruppen

Die Altersstruktur der Stichprobe im Vergleich zur Grundgesamtheit wird in Abbildung 6-3, wiederum für die fünf Teilgebiete, dargestellt. Die Graphik beweist, daß keine systematische Über- oder Untererfassung vorliegt, da es keine Altersgruppe gibt, die in allen Teilgebieten in derselben Richtung von der Grundgesamtheit abweichen würde. Allerdings besteht in der Gesamtstichprobe doch eine merkliche Übererfassung der

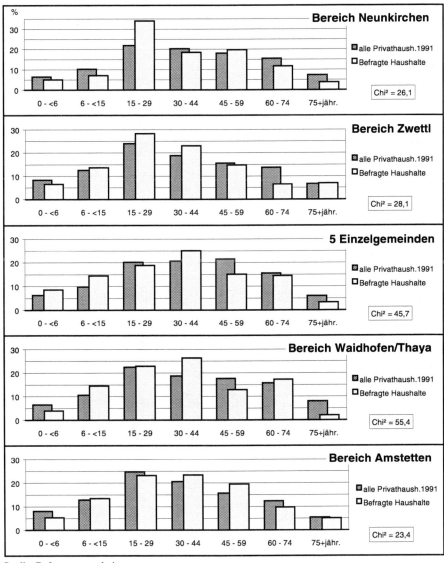

Quelle: Befragungsergebnisse

Abbildung 6-3: Altersstruktur-Repräsentativität der befragten Haushalte

Jahrgänge von 6 bis 44 Jahren, und komplementär dazu eine Untererfassung von älteren Personen, aber auch von Kindern im Vorschulalter. Da die prozentuellen Abweichungen geringer sind als bei der Haushaltsgröße (vgl. Abb. 6-2), ist auch in punkto Altersstruktur die Repräsentativität zufriedenstellend. – Daß der Chi²-Test trotzdem nur in mehreren Einzelgemeinden, nicht jedoch in den fünf Teilgebieten signifikante Übereinstimmung ergab, liegt vor allem in der größeren Fallzahl begründet (Altersstruktur: rund 2300 Personen, Haushaltsgröße: 740 Haushalte), welche das Ergebnis dieses Tests stark beeinflußt.

Repräsentativität der Stichprobe nach Raummerkmalen

Die zwei für die Grundbedarfsdeckung wesentlichen Raumdimensionen, Geschäfteausstattung und Distanzverhältnisse, wurden im räumlichen Stichprobendesign dadurch berücksichtigt, daß Siedlungsgröße und Distanz zum Bezirkshauptort als Quotierungsmerkmale dienten. Die Verteilung der Stichprobe entspricht daher bei beiden Merkmalen weitgehend jener der Grundgesamtheit. Die folgende Darstellung (Abb. 6-4) zeigt die Größenverteilung der Siedlungen (= Ortschaftsbestandteile) vergleichend für die befragten Haushalte, für die Gesamtheit der Untersuchungsgebiete und auch für das gesamte ländliche Niederösterreich. Die geringfügigen Abweichungen erklären sich hauptsächlich aus dem Nichtausschöpfen der Quoten durch die Interviewer.

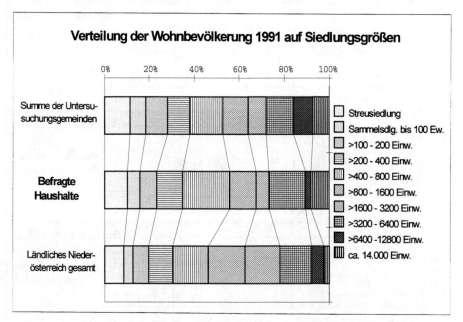

Quellen: Auswertung der eig. Befragungsdaten; Datei „Ortsverzeichnis Niederösterreich 1991", bezogen vom ÖSTAT.

Abbildung 6-4: Repräsentativität der Stichprobe nach Siedlungsgröße

6.1.3. Verteilung der weiteren Erklärungsvariablen in der Stichprobe

Univariate Darstellung der Erklärungsvariablen

Die erhobenen Haushaltsmerkmale wurden sowohl auf innere Plausibilität – u.a. durch Vergleich mehrerer sachlich verbundener Variablen – als auch auf Ähnlichkeit der Verteilung in beiden Teilmassen – u. a. graphisch anhand von Histogrammen – überprüft. Die folgende Tabelle zeigt für ausgewählte metrische Variablen der demographischen Haushaltsstruktur die wichtigsten statistischen Lageparameter (Tab. 6-2).

Tabelle 6-2: Daten zur Haushaltsstruktur der Stichprobe, nach Teilmassen

Variable	*Kurzbez.*	Teilmasse 1 (Einmal-Befragung)		Teilmasse 2 (Tagebuch-Erhebung)	
	(Definition vgl. 3.3.)	Mittelwert	Standard-abweichung	Mittelwert	Standard-abweichung
Haushaltsgröße	H1-1	3,42	1,6	3,01	1,6
Mahlzeitenportionen pro Woche	H1-4	68	32,8	59	33,3
Zahl der Berufstätigen ohne Lehrlinge	H3-3	1,39	1,1	1,15	0,9
Zahl nichtberufstätiger Erwachsener	H3-1	0,95	0,9	0,91	0,9
einkaufsfähige Personen	H3-2a	2,41	1,1	2,08	1,0
Zahl der Kinder unter 15 J.	H3-5, H3-6	0,62	0,9	0,56	0,9

Quelle: Befragungsergebnisse

Besonderes Interesse als Erklärungsvariablen verdienen weiters das Ausmaß der Berufstätigkeit der Hausfrau, die Merkmale der Berufstätigkeit in potentiellen Einkaufsorten und die Motorisierungsmerkmale der Haushalte.

Berufstätigkeit der haushaltführenden Person [1]: Diese Personen – zum allergrößten Teil Frauen – sind zu 52 bzw. 50 % nicht berufstätig, zu 11 bzw. 16 % teilzeitbeschäftigt; 19 bzw. 17 % haben Schichtarbeit oder Gleitzeit, und 17 bzw. 16 % sind vollbeschäftigt mit starrer Arbeitszeit.

Berufstätigkeit in potentiellen Einkaufsorten: Diese Variablen (H5BESS1/2) sind zwar als Haushaltsmerkmale definiert, sie sind aber nicht unabhängig vom Wohnstandort. Für Haushalte, die in einer Bezirkshauptstadt wohnen, ist es sehr unwahrscheinlich,

---

[1]) Da dieses Merkmal – Binärvariablen H3-4... – hier auf alle Haushalte, einschließlich der männlichen Einpersonenhaushalte, bezogen wird, kann die Personengruppe nicht einfach als „Hausfrauen" bezeichnet werden. – Hier und im folgenden bezieht sich jeweils die erste Prozentangabe auf Teilmasse 1, die zweite auf Teilmasse 2.

daß jemand in einem Ort mit besserem Geschäfteangebot als der Wohnort arbeitet, während aus den in Streusiedlungen und Kleindörfern wohnenden Haushalten praktisch jeder nichtlandwirtschaftlich Berufstätige in einen potentiellen Einkaufsort pendelt. In Teilmasse 1 entsenden 56,6 % der Haushalte mindestens eine berufstätige Person in einen potentiellen Einkaufsort, in Teilmasse 2, die zu einem größeren Teil im Bezirkshauptort wohnt, sind es nur 45,8 % der Haushalte. Für die Hausfrau selbst trifft dieser Umstand in 18,3 bzw. 15,2 % der Haushalte zu.

***Besitz und Verfügbarkeit von Privatautos** (Variablen H4...):* Der Anteil der *Haushalte ohne Pkw* in der Stichprobe beträgt 15,8 %. Nicht „auto-mobil" sind praktisch nur Einpersonenhaushalte im Pensionsalter, deren Anteil in der Gesamtstichprobe 14,2 % beträgt. 61 % der Haushalte besitzen genau 1 Pkw, 21 % zwei Pkws, 2 % drei oder mehr Pkws. Die Zahl der von der Hausfrau benutzten Autos beträgt in 35 % der Haushalte 0 – daraus ist abzuleiten, daß in 19 % der Pkw-besitzenden Haushalte die Hausfrau keinen Führerschein besitzt –, in 60 % 1, und in 5 % stehen der Hausfrau 2 oder mehr Autos zumindest zeitweise zur Verfügung.

Pendelverkehrsmittel (Variablen H5PEND1/2/3, nur in Teilmasse 2 ausgewertet): In genau 50 % aller Haushalte – inkl. Pensionistenhaushalte – gibt es mindestens 1 berufstätige Person, die täglich mit eigenem Pkw zur Arbeit fährt. Für die Hausfrau trifft dasselbe in 25,4 % der Haushalte zu, es fährt also von den berufstätigen Hausfrauen etwa jede zweite mit eigenem Pkw zur Arbeit (vgl. oben).

Hinsichtlich der Lebensmittellagerkapazität (Variable H2), die nur im Teilgebiet Amstetten (N = 141) erhoben wurde, ist die Ausstattungsqualität der Haushalte so einheitlich, daß davon kein Einfluß auf die Einkaufshäufigkeit und die sonstigen untersuchten Verhaltensaspekte ausgehen dürfte (Abb. 6-5).

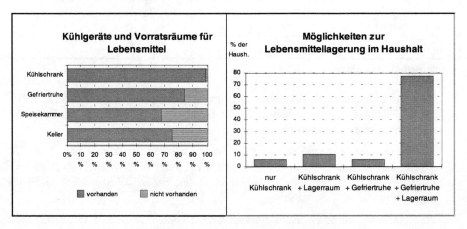

Abbildung 6-5: Lebensmittellagermöglichkeiten der Haushalte (Bereich Amstetten)

Diese Angaben mögen genügen, um zu belegen, daß die erhobenen Daten plausibel sind und daß die Haushaltsstruktur der Stichprobe in beiden Teilmassen durchaus ähnlich ist, sodaß von dieser Seite keine Verzerrungen zu befürchten sind.

Alle Haushalte (N=746)

	H1PERS1	H1PERS2	H1PERS3	H1MENG1	H3PERS1	H3PERS2	H3BER1	H3KIND5	H3KIND4	H3KIND2	H3KIND1	H3PFLEG1	H5BESS1
Haushaltsgröße	1,0000	,2825**	,2656**	,9705**	,7540**	,5960**	,1627**	,7538**	,6096**	,5348**	,3190**	,0571	,5344**
Tagespendler	,2825**	1,0000	-,0456	,1874**	,2831**	,1951**	-,0874*	,1456**	,1393**	,1354**	,0528	-,0134	,3701**
Fernpendler	,2656**	-,0456	1,0000	,0887	,2574**	,2474**	-,0048	,1316**	,0163	,0326	-,0194	,0057	,2498**
Mahlzeitenportionen pro Woche	,9705**	,1874**	,0887	1,0000	,7161**	,5654**	,1868**	,7503**	,6238**	,5400**	,3370**	,0642	,4661**
einkaufsfähige Personen insgesamt	,7540**	,2831**	,2574**	,7161**	1,0000	,7620**	,4224**	,1580**	,1154**	,0833*	,0899*	-,0193	,4871**
einkaufsfähige Personen weiblich	,5960**	,1951**	,2474**	,5654**	,7620**	1,0000	,3740**	,1523**	,1008**	,0685	,0857*	,0764*	,3657**
nichtberufstätige Erwachsene	,1627**	-,0874*	-,0048	,1868**	,4224**	,3740**	1,0000	-,1492**	-,0766*	-,1015**	,0132	-,0300	-,1163**
unter 18-jährige	,7538**	,1456**	,1316**	,7503**	,1580**	,1523**	-,1492**	1,0000	,8220**	,7369**	,4056**	,0132	,3261**
unter 15-jährige	,6096**	,1393**	,0163	,6238**	,1154**	,1008**	-,0766*	,8220**	1,0000	,8453**	,5719**	-,0259	,1152**
Kinder 6->15 J.	,5348**	,1354**	,0326	,5400**	,0833*	,0685	-,1015**	,7369**	,8453**	1,0000	,0451	,0016	,1287**
Kinder unter 6 J.	,3190**	,0528	-,0194	,3370**	,0899*	,0857*	,0132	,4056**	,5719**	,0451	1,0000	-,0508	,0218
Pflegestunden pro Woche	,0571	-,0134	,0057	,0642	-,0193	,0764*	-,0300	,0132	-,0259	,0016	-,0508	1,0000	,0332
Berufstätige in potent. Einkaufsort	,5344**	,3701**	,2498**	,4661**	,4871**	,3657**	-,1163**	,3261**	,1152**	,1287**	,0218	,0332	1,0000
Summe Absolutbeträge	6.8400	2.9377	2.3649	6.4963	5.1480	4.5893	2.7249	5.5508	5.0621	4.2537	3.0122	1.3970	4.2145

METHODE 1: nur Interview (N=431)

	H1PERS1	H1PERS2	H1PERS3	H1MENG1	H3PERS1	H3PERS2	H3BER1	H3KIND5	H3KIND4	H3KIND2	H3KIND1	H3PFLEG1	H5BESS1
Haushaltsgröße	1,0000	,2300**	,2669**	,9698**	,7579**	,6181**	,1100**	,7103**	,5640**	,4981**	,3011**	,0400	,5255**
Tagespendler	,2300**	1,0000	-,0323	,1346**	,2435**	,1961**	-,1304**	,0855	,1051*	,0855	,0656	,0116	,3690**
Fernpendler	,2669**	-,0323	1,0000	,0562	,2894**	,2864**	-,0008	,0794	-,0338	-,0157	-,0365	-,0092	,2577**
Mahlzeitenportionen pro Woche	,9698**	,1346**	,0562	1,0000	,7099**	,5739**	,1365**	,7218**	,5909**	,5191**	,3190**	,0477	,4546**
einkaufsfähige Personen insgesamt	,7579**	,2435**	,2894**	,7099**	1,0000	,7696**	,3681**	,1062**	,0669	,0613	,0327	-,0671	,4921**
einkaufsfähige Personen weiblich	,6181**	,1961**	,2864**	,5739**	,7696**	1,0000	,2983**	-,1193**	-,0679	,0633	,0314	,0599	,3859**
nichtberufstätige Erwachsene	,1100**	-,1304**	-,0008	,1365**	,3681**	,2983**	1,0000	-,1959**	-,1091**	-,1182**	-,0293	-,0427	-,1455**
unter 18-jährige	,7103**	,0855	,0794	,7218**	,1062**	-,1193**	-,1959**	1,0000	,8183**	,7103**	,4530**	-,0316	,2830**
unter 15-jährige	,5640**	,1051*	-,0338	,5909**	,0669	-,0679	-,1091**	,8183**	1,0000	,8062**	,6343**	-,0349	,1151**
Kinder 6->15 J.	,4981**	,0855	-,0157	,5191**	,0613	,0633	-,1182**	,7103**	,8062**	1,0000	,0540	,0130	,1465**
Kinder unter 6 J.	,3011**	,0656	-,0365	,3190**	,0327	,0314	-,0293	,4530**	,6343**	,0540	1,0000	-,0759	,0027
Pflegestunden pro Woche	,0400	,0116	-,0092	,0477	-,0671	,0599	-,0427	-,0316	-,0349	,0130	-,0759	1,0000	,0056
Berufstätige in potent. Einkaufsort	,5255**	,3690**	,2577**	,4546**	,4921**	,3859**	-,1455**	,2830**	,1151**	,1465**	,0027	,0056	1,0000
Summe Absolutbeträge	6.5917	2.6892	2.3643	6.2340	4.9647	4.4701	2.6848	5.3146	4.9465	4.0912	3.0355	1.4392	4.1832

METHODE 2: Tagebuch+Interv. (N=315)

	H1PERS1	H1PERS2	H1PERS3	H1MENG1	H3PERS1	H3PERS2	H3BER1	H3KIND5	H3KIND4	H3KIND2	H3KIND1	H3PFLEG1	H5BESS1
Haushaltsgröße	1,0000	,3772**	,2667**	,9708**	,7422**	,5492**	,2264**	,8184**	,6731**	,5942**	,3404**	,0612	,5337**
Tagespendler	,3772**	1,0000	-,0646	,2845**	,3825**	,2188**	-,0348	,2223**	,1927**	,1917**	,0535	,0190	,3970**
Fernpendler	,2667**	-,0646	1,0000	,1428**	,1762**	,1656**	-,0146	,2383**	,1153**	,1253**	,0106	,0397	,2318**
Mahlzeitenportionen pro Woche	,9708**	,2845**	,1428**	1,0000	,7162**	,5352**	,2492**	,8002**	,6727**	,5842**	,3582**	,0598	,4668**
einkaufsfähige Personen insgesamt	,7422**	,3825**	,1762**	,7162**	1,0000	,7380**	,5041**	,2349**	,1827**	,1243**	,1713**	,0527	,4599**
einkaufsfähige Personen weiblich	,5492**	,2188**	,1656**	,5352**	,7380**	1,0000	,4790**	,1569**	,1355**	,0793	,1569**	,0707	,3095**
nichtberufstätige Erwachsene	,2264**	-,0348	-,0146	,2492**	,5041**	,4790**	1,0000	-,0967	-,0383	-,0830	,0829	,0141	-,0864
unter 18-jährige	,8184**	,2223**	,2383**	,8002**	,2349**	,1569**	-,0967	1,0000	,8290**	,7685**	,3443**	,0047	,3868**
unter 15-jährige	,6731**	,1927**	,1153**	,6727**	,1827**	,1355**	-,0383	,8290**	1,0000	,9011**	,4678**	-,0259	,1083
Kinder 6->15 J.	,5942**	,1917**	,1253**	,5842**	,1243**	,0793	-,0830	,7685**	,9011**	1,0000	,0384	-,0177	,1126**
Kinder unter 6 J.	,3404**	,0535	,0106	,3582**	,1713**	,1569**	,0829	,3443**	,4678**	,0384	1,0000	-,0233	,0295
Pflegestunden pro Woche	,0612	,0190	,0397	,0598	,0527	,0707	,0141	,0047	-,0259	-,0177	-,0233	1,0000	,0738
Berufstätige in potent. Einkaufsort	,5337**	,3970**	,2318**	,4668**	,4599**	,3095**	-,0864	,3868**	,1083	,1126**	,0295	,0738	1,0000
Summe Absolutbeträge	7.1535	3.4386	2.5915	6.8406	5.4850	4.6298	2.9095	5.9362	5.3424	4.6203	3.0771	1.4626	4.1961

Quelle: eig. Haushaltsbefragung. Erläuterung: Produktmomentkorrelationskoeffizienten. * signifikant auf 0,05-Niveau, ** signifikant auf 0,01-Niveau (2-seitig).

Tabelle 6-3: Korrelationsmatrix der metrischen Haushaltsvariablen

(Seite 111)

Beziehungen zwischen den Erklärungsvariablen

Als eine weitere Dimension der Datenqualität ist im Hinblick auf die multivariate Auswertung der *statistische Zusammenhang der Erklärungsvariablen untereinander* zu untersuchen. Tabelle 6-3 zeigt die vollständige Korrelationsmatrix der in der gesamten Stichprobe erhobenen metrischen Haushaltsvariablen, welche als Erklärungsgrößen in den empirischen Einflußmodellen fungieren [2]. Die Inspektion dieser Interkorrelationen zeigt, daß zwischen zahlreichen Variablen eine hohe Produktmomentkorrelation mit Koeffizienten größer als 0,5 besteht.

Wenig überraschend ist das Auftreten hoher Korrelationen zwischen inhaltlich eng verwandten Variablen, welche von vornherein nur als (alternative) Operationalisierungen desselben Sachverhalts gedacht waren, wie etwa zwischen den zwei Variablen der Bedarfsmenge, Haushaltsgröße und Mahlzeitenzahl, oder zwischen den Kinderzahlen verschiedener Altersstufe (unter 18 J., unter 15 Jahren, Schulkinder, Kleinkinder). In diesen Fällen wird jene Variable für die Regressionsanalysen ausgewählt, welche in Summe am wenigsten mit den anderen Haushaltsvariablen korreliert (vgl. „Summe Absolutbeträge" in Tab. 6-3).

Problematischer ist das Vorkommen ähnlich hoher Interkorrelationen zwischen Variablen verschiedener Erklärungsdimensionen, wie Bedarfsmenge (H1PERS...), personellen Einkaufsressourcen (H3PERS...) und Kinderbetreuung (H3KIND...). Besonders hoch mit den übrigen Haushaltsmerkmalen korreliert sind die beiden Variablen der Bedarfsmenge, Haushaltsgröße und Mahlzeitenportionen. Daraus folgt, daß es nicht leicht sein dürfte, manche der formulierten Einflußhypothesen in der multiplen Regressionsanalyse statistisch stringent zu überprüfen. Denn dieses Verfahren setzt für Signifikanzaussagen voraus, daß die erklärenden Variablen voneinander weitgehend unabhängig sind (Problem der Multikollinearität). Im Interesse einer möglichst umfassenden Beantwortung der Hauptfrage wird jedoch eine andere Lösung in Form eines adaptierten Verfahrens der Regressionsanalyse angestrebt; vgl. 7.1. – Falls trotzdem aufgrund formaler Erfordernisse einzelne Erklärungsvariablen aus der Analyse ausgeschlossen werden müssen, soll die Entscheidung anhand der Interkorrelationsmatrix getroffen werden.

6.2. Deskriptive Ergebnisse I: Verteilungsmuster der Verhaltens variablen

Dieser Abschnitt analysiert die Verteilung der bei der Erhebung ermittelten Verhaltensmerkmale. Dabei stellt sich eine sehr starke Abhängigkeit der Einkaufshäufigkeit von der Erhebungsmethode heraus (6.2.1). Danach wird ein eventueller Einfluß weiterer Erhebungsumstände – außer der Methode – auf die Daten untersucht (6.2.2). Am Ende werden die Konsequenzen für den weiteren Untersuchungsgang zusammengefaßt.

---

[2]) In den Spalten der Tabelle 6-3 werden die Variablen abweichend von Abschnitt 3.3. mit Namen, die auch ihren Inhalt erkennen lassen, bezeichnet. Diese „sprechenden" Variablennamen werden auch in der Datei für die Regressionsanalysen verwendet, vgl. unten.

6.2.1. Ergebnisse für die einzelnen Verhaltensdimensionen

Dieser Unterabschnitt zeigt – überwiegend in graphischer Form – die Verteilung der zu den Aspekten Einkaufshäufigkeit, personelle Einkaufsbeteiligung, Verkehrsmittelnutzung, Kopplungsaspekte und Inanspruchnahme alternativer Bezugsquellen ermittelten Verhaltensvariablen. Die Verteilungen werden nach Erhebungsmethode, z. T. auch nach Teilgebieten differenziert dargestellt.

(I) Einkaufshäufigkeit

Die Gesamtzahl der bei der Erhebung ermittelten Einkäufe in Grundbedarfsgeschäften beträgt 4982; daraus ergäbe sich ein Durchschnittswert von 6,68 Einkäufen pro Haushalt und Woche. Das Niveau der Einkaufshäufigkeit ist jedoch in den beiden Methoden-Teilmassen wesentlich verschieden. Während in Teilmasse 1 die Durchschnittszahl pro Haushalt 5,5 beträgt, mit einer Standardabweichung von 2,79, liegt in Teilmasse 2 die mittlere Einkäufezahl bei 8,3 pro Woche, mit einer Standardabweichung von 4,58.

Die folgende Abbildung (Abb. 6-6) zeigt die Verteilung der Einkaufshäufigkeit in Histogrammform für die einzelnen Teilgebiete der Untersuchung. Die Gebiete der zwei Erhebungsmethoden sind durch verschiedene Schattierung kenntlich gemacht (Methode 1: Teilgebiete 1 bis 5, Methode 2: Teilgebiete 6 und 7). Angesichts der großen Unterschiede zwischen den zwei Teilmassen kommt der Verteilung in der Gesamtstichprobe wenig Bedeutung zu; sie wurde nur zu Vergleichszwecken dargestellt (rechts unten).

Das arithmetische Mittel der Einkäufe pro Woche liegt in allen Teilgebieten der Methode 1 unter 6, in den Teilgebieten von Methode 2 zwischen 8 und 9. Die Standardabweichungen betragen in den Bereichen der Teilmasse 1 3,1 bzw. 3,35, in den Einzelgemeinden je 2,2 bis 2,3, in den Bereichen der Teilmasse 2 hingegen zwischen 4 und 5. Daß der Variationskoeffizient in den flächengrößeren Untersuchungsbereichen mit 0,51 bis 0,57 durchwegs größer ist als in den Einzelgemeinden (0,40 bis 0,49), erscheint angesichts der geringeren Vielfalt der Angebots- und Distanzverhältnisse in den letzteren plausibel.

Die Unterschiede in der Einkaufshäufigkeit sind so groß, daß es äußerst unwahrscheinlich ist, daß es sich um regionale Besonderheiten handelt. Eine durchgeführte einfaktorielle Varianzanalyse (SPSS-Prozedur ONEWAY) ergab einen signifikanten Mittelwertunterschied nicht nur zwischen Teilmasse 1 und Teilmasse 2, sondern auch im paarweisen Vergleich zwischen jedem Teilgebiet von Methode 1 und jedem Teilgebiet von Methode 2. Die Unterschiede zwischen den Teilgebieten derselben Methode sind hingegen durchwegs nicht signifikant.

Um den Einfluß der Erhebungsmethode noch genauer zu bestimmen, wurde ein Vergleich für jene Gruppe von Haushalten, bei denen der Kreis erfaßbarer Personen von der Methode unabhängig war, durchgeführt, d. h. für die Einpersonenhaushalte. Der Mittelwert berichteter Grundbedarfseinkäufe alleinlebender Personen beträgt 4,14 in Teilmasse 1 und 5,47 in Teilmasse 2. Auch dieser Unterschied ist auf dem 5 %-Niveau statistisch signifikant (t-Test, zweiseitige Irrtumswahrscheinlichkeit, $N_1 = 57$, $N_2 = 57$).

Hierdurch ist statistisch nachgewiesen, daß mit den beiden Erhebungsmethoden auch verschiedene bzw. verschieden große Ausschnitte des Versorgungsverhaltens der

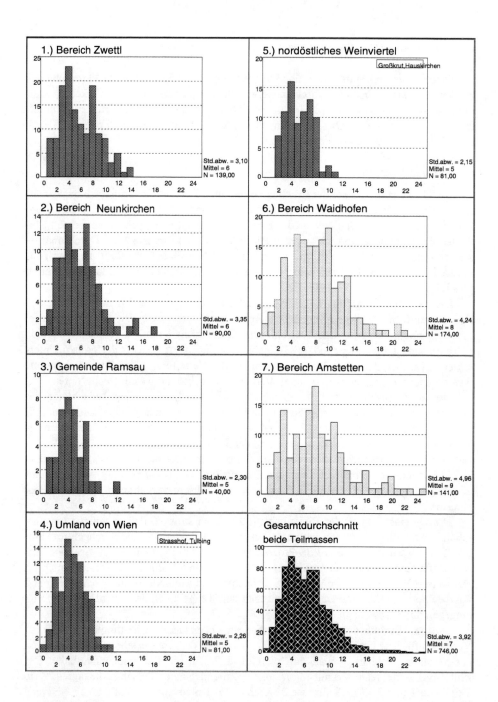

Abbildung 6-6:

Einkäufe in Grundbedarfsgeschäften pro Haushalt und Woche, nach Teilgebieten

Haushalte gemessen wurden. Durch das retrospektive Interview werden signifikant weniger Einkäufe erfaßt als durch die täglichen Aufzeichnungen in einem Einkaufsprotokoll.

Die Abweichungen erscheinen somit einerseits durch das Erhebungsinstrument erklärbar, in Mehrpersonenhaushalten aber auch durch folgenden Umstand: Da bei Methode 1 zumeist nur die haushaltführende Person Auskunft gab, dürften damit eher die eigentlichen *Haushaltseinkäufe*, die für die zu Hause konsumierte Verpflegung und die Haushaltsführung getätigt werden, erfaßt worden sein. Bei Methode 2 waren die Respondenten alle erwachsenen Haushaltsmitglieder, die täglich ihre Besuche von Grundbedarfsgeschäften aufzeichnen sollten; dabei wurden auch kleinere Einkäufe zwischendurch festgehalten, die man üblicherweise nicht zu den Haushaltseinkäufen, sondern eher zum persönlichen Bedarf rechnet. Die Grundbedarfseinkäufe in der Teilmasse 2 werden daher im folgenden als *Einkäufe der Haushaltsmitglieder* bezeichnet.

Unabhängig von diesem Niveauunterschied in den Daten zeigt die Einkaufshäufigkeit in allen Teilgebieten eine mehrgipfelige – zumeist bimodale – Verteilung. Dies legt die Vermutung nahe, daß es sich um zusammengesetzte Verteilungen handelt, wobei als Teilpopulationen in erster Linie Haushalte gleicher Größe bzw. desselben Typs anzunehmen sind. Aber auch Raummerkmale wie Ortsgröße oder die Ausstattungs- und Lagekategorie der Wohnplätze kommen als Teilpopulationen in Frage.

Die Frage nach der Häufigkeitsverteilung in Teilpopulationen wurde durch „Splitting" der Daten nach Haushaltsgröße, Haushaltstyp und räumlicher Lagequalität zu beantworten versucht. Dabei ergaben sich nur bei wenigen Ausprägungen und jeweils nur in einer Teilmasse eingipfelige Verteilungen (so etwa in den Haushalten mit 1, 2 und 3 Personen in Teilmasse 1, oder in den Familienhaushalten mit ein oder zwei Kindern in Teilmasse 2), die Verteilungsformen sind ebenso weit von einer Normalverteilung entfernt und die Standardabweichungen sind eher noch größer als bei der Gliederung nach Teilgebieten. Daher wurde keine ex-ante-Aufgliederung in Teilpopulationen vorgenommen.

(II) Personelle Einkaufsbeteiligung in Mehrpersonenhaushalten

Zur Messung dieser Verhaltensdimension wurden zwei verschiedenartige Variablen operationalisiert: eine nominale Variable „Haupteinkäufer des Haushalts" (HKOMB), welche bei der haushaltsbezogenen Erhebungsmethode 1 direkt erfragt wurde, und eine metrische Variable „Anteil der Grundbedarfseinkäufe der haushaltführenden Person allein" (an den Einkäufen des ganzen Haushalts, EANTHF), die bei Methode 2 aus den Einkaufsakten der einzelnen Personen abgeleitet wurde. In Abbildung 6-7 sind die Verteilungen dieser zwei Variablen einander gegenübergestellt, jeweils für dieselbe Gruppe der Mehrpersonenhaushalte mit mind. zwei Erwachsenen ($N_1 = 371$, $N_2 = 248$).

Die linke Graphik in Abb. 6-7 zeigt, daß in 66,6 % der betrachteten Haushalte von Teilmasse 1 die Hausfrau „immer oder zumeist allein" einkauft, und daß darüber hinaus in 20,8 % die Hausfrau „oft oder fallweise" mit dem Mann sowie in 4,3 % gemeinsam mit einem anderen Haushaltsmitglied einkauft. Nur in 8,4 % der Haushalte wurde die Hausfrau [3] gar nicht als Haushaltseinkäufer genannt.

---

[3] In der hier betrachteten Teilstichprobe von Mehrpersonenhaushalten sind die haushaltführenden Personen ausschließlich Frauen, sodaß HF mit Hausfrau gleichgesetzt werden kann.

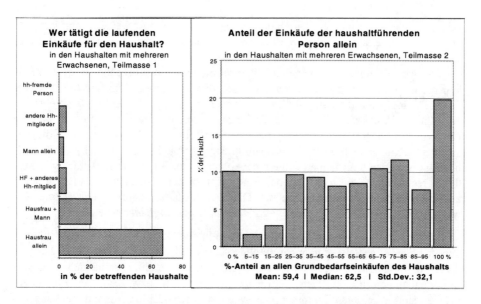

Abbildung 6-7: Haupteinkäufer des Haushalts / Einkäufe-Anteil der Hausfrau

Die metrische Variable „Anteil der GB-Einkäufe der HF allein" in Teilmasse 2 ist hingegen wie folgt verteilt (vgl. Abb. 6-7, rechte Graphik): In 20,2 % der Haushalte wurden sämtliche Grundbedarfseinkäufe von der Hausfrau allein getätigt, in weiteren 45 % der Haushalte 50 bis 95 %, in knapp 25 % der Haushalte weniger als die Hälfte der Einkäufe, und in 10,1 % der Haushalte überhaupt kein Einkauf von der Hausfrau allein. Berücksichtigt man das unterschiedliche Skalenniveau der Variablen, so können die zwei Verteilungen durchaus als ähnlich gelten.

(III)   Verkehrsmittelnutzung zum Grundbedarfseinkauf

In der Stichprobe verteilen sich die auswertbaren Verkehrsmittelangaben insgesamt wie folgt: 47,3 % aller Grundbedarfseinkäufe wurden zu Fuß oder mit dem Fahrrad getätigt, 48,5 % mit dem Pkw, 2,4 % mit einem öffentlichen Verkehrsmittel und 1,8 % mit sonstigen Verkehrsmitteln (z. B. Moped, Traktor). Differenziert nach dem Pkw-Besitz des Haushalts, ergibt sich folgende Verteilung (Abb. 6-8).

Von den Mitgliedern der – zahlenmäßig weit überwiegenden – Haushalte mit mind. 1 Pkw wurden knapp 53 % der Grundbedarfseinkäufe mit Pkw getätigt, 44 % zu Fuß oder per Rad, und nur 3,2 % mit öffentlichen oder sonstigen Verkehrsmitteln.

Überraschender ist das in Abbildung 6-8 ablesbare Ergebnis, daß auch von nicht-Pkw-besitzenden Haushalten **knapp 16 % der Grundbedarfseinkäufe mit Pkw** – also durch Mitfahren – getätigt werden. Dies bedeutet, daß die **nicht autobesitzenden Haushalte** mehr als **doppelt so oft mit Pkw einkaufen als mit öffentlichen Verkehrsmitteln** (7,6 %)! Für die empirische Auswertung wird daraus die Konsequenz gezogen, das Verhaltensmerkmal „Anteil der Pkw-Einkäufe" für sämtliche Haushalte, nicht nur für autobesitzende, zu untersuchen, während anderseits auf eine Analyse des ÖV-Anteils der

Einkäufe angesichts der Datenlage verzichtet wird [4].

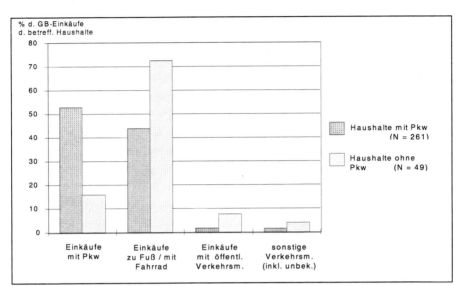

Abbildung 6-8: Verkehrsmittelnutzung zum Grundbedarfseinkauf, nach Pkw-Besitz

(IV)   Kopplungsaspekte beim Grundbedarfseinkauf

Die Verteilungen der operationalisierten Kopplungsmerkmale in der hiefür auswertbaren Stichprobe (Teilmasse 2) sind in Abbildung 6-9 dargestellt.

Das allgemeine Kopplungsmaß *Anteil der Grundbedarfseinkäufe im Rahmen von Mehrstationenausgängen* (Variable MSA) ist wie folgt verteilt: In den meisten Haushalten liegt dieser Kopplungsanteil zwischen etwa 40 und 80 %. Überhaupt keine Kopplung von Grundbedarfseinkäufen kommt nur in etwa 5 % der Haushalte vor. Auf der anderen Seite stehen jene Haushalte, in denen jeder Grundbedarfseinkauf mit mindestens einer weiteren Erledigung verbunden wird; dies ist in etwa 23 % der Haushalte der Fall.

Der *'multi-shopping'*-Anteil (Variable MGA), also das Ausmaß der Kopplung der GB-Einkäufe mit anderen Einkäufen (in Grundbedarfs- oder auch anderen Geschäften), beträgt im Mittel etwa 50 %, wobei die Werte stärker streuen als beim vorgenannten Merkmal. In etwa 10 % der Haushalte beträgt der Wert 0, d. h. es wurde bei jedem Grundbedarfseinkauf immer nur ein Geschäft, kein weiteres, aufgesucht. Nur wenig geringer (ca. 8 %) ist der Anteil der Haushalte, die jeden Grundbedarfseinkauf mit mindestens einem weiteren Geschäftsbesuch koppeln.

---

[4]) Die in Abb. 6-8 dargestellten Verkehrsmittelanteile beziehen sich auf die Gesamtheit der Einkäufe der jeweiligen Teilgruppe, nicht auf die Anteile in den einzelnen Haushalten, welche nur in etwas komplizierterer Weise (durch Bildung verschiedener Anteilsklassen) darstellbar wären; die Richtung der Aussage wird davon aber nicht betroffen.

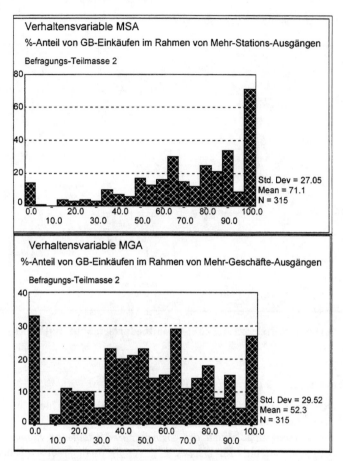
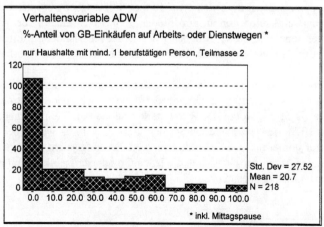

Abbildung 6-9: Anteil gekoppelter Grundbedarfseinkäufe, drei verschiedene Aspekte

Zur Charakterisierung der Arbeitsweg-Kopplung der Grundbedarfseinkäufe dient die Variable ADW. Sie ist deutlich rechtsschief verteilt, in etwa der Hälfte der betreffenden Haushalte kommt eine Arbeitsweg-Kopplung überhaupt nicht vor; der Mittelwert liegt bei rund 21 % aller Grundbedarfseinkäufe. Es gibt aber auch einige wenige Haushalte (2,3 %), in denen 100 % der Grundbedarfseinkäufe auf Arbeits- oder Dienstwegen getätigt werden.

(V) Inanspruchnahme alternativer Bezugsquellen

Die Verteilung der erhobenen Bezugsakte aus den drei alternativen Nahrungsmittelquellen ist in Abbildung 6-10 dargestellt. Da diese Verhaltensmerkmale in der gesamten Stichprobe mit derselben Fragestellung haushaltsweise erhoben wurden, wird hier nicht nach Teilmassen differenziert. Da die Frageformulierung Antworten über einen längeren Zeitraum als eine Woche ermöglichte, kommen bei diesen Variablen auch nichtganzzahlige Werte vor, da manche Lieferungen bzw. Bezugsakte im vierzehntäglichen Abstand erfolgen.

Hauszustellungen und *Käufe bei fahrenden Händlern* zeigen die typische, nach rechts auslaufende Verteilung seltener Ereignisse; diese Bezugsquellen werden von der überwiegenden Mehrzahl der Haushalte überhaupt nicht in Anspruch genommen (keine Hauszustellung: 66 %, keine ambulanten Käufe: 75 % der Haushalte). Andererseits gibt es einige wenige Haushalte, die bis zu 8 bzw. 7 Mal pro Woche aus diesen Quellen beziehen.

Wesentlich häufiger finden *Direktbezüge von landwirtschaftlichen Produzenten* statt. In der ausgewiesenen Zahl sind Ab-Hof-Käufe beim Bauern und Lieferungen durch diese Produzenten ins Haus zusammengefaßt, nicht enthalten sind Entnahmen selbsterzeugter Produkte. Abb. 6-10 zeigt, daß mehr als die Hälfte der Haushalte (57,5 %) wenigstens in zweiwöchentlichem Abstand Nahrungsmittel aus dieser Quelle beziehen, 37 % mindestens einmal pro Woche, etwa 13 % der Haushalte sogar zweimal oder häufiger. Ein Nahrungsmittel, das üblicherweise in zweiwöchentlichen Intervallen vom Bauern bezogen bzw. geliefert wird, sind Hühnereier, während Milch häufiger, meist mehrmals pro Woche, abgeholt wird.

In den Tabellen neben Abbildung 6-10 sind die Mittelwerte und Streuungsmaße der einzelnen Teilgebiete dargestellt. Dabei zeigen sich regionale und lokale Schwerpunkte bei einzelnen Bezugsquellen. Hauszustellungen sind in den Bereichen Neunkirchen und Zwettl am verbreitetsten, hingegen in der Voralpengemeinde Ramsau, in der es nur ein einziges Lebensmittelgeschäft gibt, bedeutungslos. In Ramsau wird jedoch weitaus am häufigsten bei ambulanten Händlern gekauft – etwa 3 mal pro Woche im Schnitt der befragten Haushalte. – Auch wenn man anstelle der in Abb. 6-10 dargestellten Mittelwerte der ganzen Teilgebiete nur jene der Standorte mit ambulantem Angebot heranzieht, bleibt die Durchschnittshäufigkeit ambulanter Käufe in allen Gebieten außer Ramsau unter 1.

Geringer sind die regionalen Unterschiede bei den Direktbezügen vom Bauern. Mit Ausnahme von Ramsau, das hier überraschenderweise die geringste Häufigkeit aufweist, liegen die Mittelwerte zwischen 0,56 und 0,87. Eine einfache bivariate Überprüfung (Kreuztabellierung) ergab, daß der Agrarcharakter des Wohnstandorts keinen großen Einfluß auf die Frequenz dieser Direktbezüge hat. Dies deckt sich mit den in Kap. 2

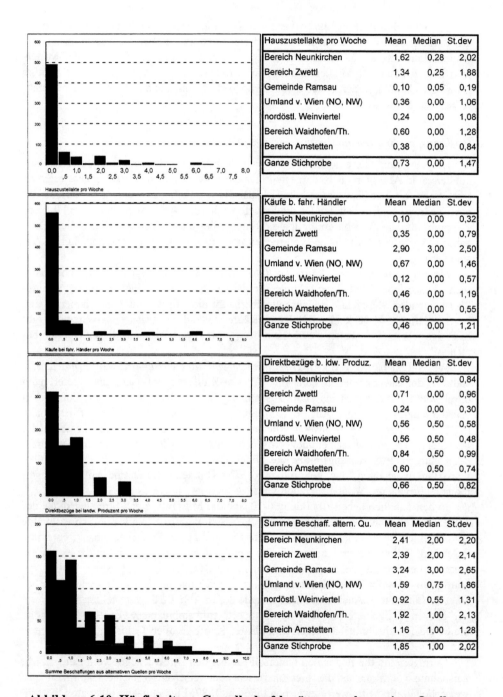

Hauszustellakte pro Woche	Mean	Median	St.dev
Bereich Neunkirchen	1,62	0,28	2,02
Bereich Zwettl	1,34	0,25	1,88
Gemeinde Ramsau	0,10	0,05	0,19
Umland v. Wien (NO, NW)	0,36	0,00	1,06
nordöstl. Weinviertel	0,24	0,00	1,08
Bereich Waidhofen/Th.	0,60	0,00	1,28
Bereich Amstetten	0,38	0,00	0,84
Ganze Stichprobe	0,73	0,00	1,47

Käufe b. fahr. Händler	Mean	Median	St.dev
Bereich Neunkirchen	0,10	0,00	0,32
Bereich Zwettl	0,35	0,00	0,79
Gemeinde Ramsau	2,90	3,00	2,50
Umland v. Wien (NO, NW)	0,67	0,00	1,46
nordöstl. Weinviertel	0,12	0,00	0,57
Bereich Waidhofen/Th.	0,46	0,00	1,19
Bereich Amstetten	0,19	0,00	0,55
Ganze Stichprobe	0,46	0,00	1,21

Direktbezüge b. ldw. Produz.	Mean	Median	St.dev
Bereich Neunkirchen	0,69	0,50	0,84
Bereich Zwettl	0,71	0,00	0,96
Gemeinde Ramsau	0,24	0,00	0,30
Umland v. Wien (NO, NW)	0,56	0,50	0,58
nordöstl. Weinviertel	0,56	0,50	0,48
Bereich Waidhofen/Th.	0,84	0,50	0,99
Bereich Amstetten	0,60	0,50	0,74
Ganze Stichprobe	0,66	0,50	0,82

Summe Beschaff. altern. Qu.	Mean	Median	St.dev
Bereich Neunkirchen	2,41	2,00	2,20
Bereich Zwettl	2,39	2,00	2,14
Gemeinde Ramsau	3,24	3,00	2,65
Umland v. Wien (NO, NW)	1,59	0,75	1,86
nordöstl. Weinviertel	0,92	0,55	1,31
Bereich Waidhofen/Th.	1,92	1,00	2,13
Bereich Amstetten	1,16	1,00	1,28
Ganze Stichprobe	1,85	1,00	2,02

Abbildung 6-10: Häufigkeit von Grundbedarfsbezügen aus alternativen Quellen

referierten Ergebnissen der Kaufkraftstromanalyse Niederösterreich, bei der für Statutar-
städte eine etwa ebenso hohe Präferenz für diese Bezugsform nachgewiesen wurde wie
für Landbezirke.

Die aus den drei Quellen resultierende Gesamtzahl „alternativer Bezugsakte" pro
Woche ist in den Teilgebieten der Stichprobe durchaus unterschiedlich. Sie ist am geringsten in den zwei Gemeinden im nordöstlichen Weinviertel (0,9) und im Befra-
gungsbereich Amstetten (1,16), liegt in den Gemeinden des Wiener Umlands und im
Bereich Waidhofen /Thaya im Mittelfeld und ist in den Bereichen Zwettl und Neunkirchen überdurchschnittlich. Berücksichtigt man nur Wohnstandorte mit ambulantem Angebot, bleibt dieselbe Reihung bestehen; allerdings erreicht dann der Mittelwert von
Neunkirchen fast jenen von Ramsau (3,4 bzw. 3,5 Beschaffungsakte pro Woche).

Es liegt also ein recht differenziertes Muster „alternativer" Grundbedarfsdeckung
vor, das keineswegs einem einfachen Land-Stadt-Gefälle entspricht, sondern nur – wenn
überhaupt – durch gleichzeitige Berücksichtigung haushaltsspezifischer und standörtli-
cher (Angebots-) Merkmale erklärt werden kann.

Das Haupt-Erklärungsinteresse bei dieser Verhaltensdimension richtet sich allerdings, wie in Kapitel 3 dargelegt, nicht auf die Absolutzahl der Beschaffungen aus alternativen Quellen, sondern auf deren Versorgungsbedeutung; hiezu wurde die Maßzahl
Alternativanteil der Grundbedarfsdeckung eingeführt, die deren Prozentanteil an der
Gesamtzahl aller Beschaffungsakte (Geschäftseinkäufe + Alternativbezüge) angibt. Bei
dieser Verhaltensvariablen ist allerdings zum Unterschied von den bisher betrachteten
Absolutzahlen alternativer Beschaffungen wieder die Methodenbedingtheit zu berücksichtigen.

In Teilmasse 1 liegt der durchschnittliche Alternativanteil der Grundbedarfsdeckung
bei etwa 26 % (Median: 20 %), in Teilmasse 2 bei 17 % (Median: 10 %). Die genaue
Verteilung auf Anteilsklassen zeigt Abbildung 6-11.

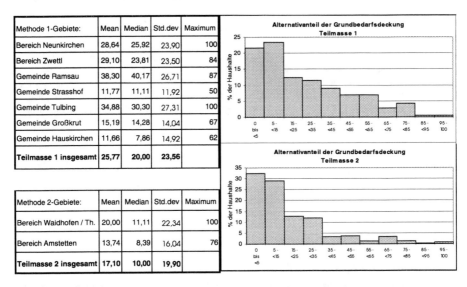

Methode 1-Gebiete:	Mean	Median	Std.dev	Maximum
Bereich Neunkirchen	28,64	25,92	23,90	100
Bereich Zwettl	29,10	23,81	23,50	84
Gemeinde Ramsau	38,30	40,17	26,71	87
Gemeinde Strasshof	11,77	11,11	11,92	50
Gemeinde Tulbing	34,88	30,30	27,31	100
Gemeinde Großkrut	15,19	14,28	14,04	67
Gemeinde Hauskirchen	11,66	7,86	14,92	62
Teilmasse 1 insgesamt	**25,77**	**20,00**	**23,56**	

Methode 2-Gebiete:	Mean	Median	Std.dev	Maximum
Bereich Waidhofen / Th.	20,00	11,11	22,34	100
Bereich Amstetten	13,74	8,39	16,04	76
Teilmasse 2 insgesamt	**17,10**	**10,00**	**19,90**	

Abbildung 6-11: Alternative Bezugsakte in % aller Grundbedarfsbeschaffungen

Die Aufgliederung der Mittelwerte und Streuungsmaße nach Untersuchungsgebieten belegt unter anderem, daß die Bedeutung alternativer Nahrungsquellen in der Voralpengemeinde Ramsau (wie nach den Absolutzahlen zu erwarten) am höchsten ist; relativ knapp danach folgt die Stadtumlandgemeinde Tulbing, während in Strasshof dieser Anteil am geringsten ist. Aus den regionalen Maxima (s. Tabellenteil von Abb. 6-11) ergibt sich, daß es in allen neun Teilgebieten Haushalte gibt, die 50 oder mehr Prozent ihrer Grundbedarfsbezüge aus alternativen Quellen tätigen.

6.2.2. Überprüfung des Einflusses variierender Erhebungsumstände

Nicht nur die Erhebungsmethode, sondern auch andere nachvollziehbare Umstände waren bei der Datengewinnung nicht einheitlich. In diesem Unterabschnitt soll überprüft werden, ob hievon ein Einfluß auf die Daten anzunehmen ist.

Im einzelnen handelt es sich um folgende Umstände:
(1) Variierende Umstände bei den auskunftgebenden Personen bzw. der Erhebungssituation:
(a) Zahl der Auskunftspersonen;
(b) Anteil der tatsächlichen an den möglichen Auskunftspersonen;
(c) Wurde die haushaltführende und/oder hauptsächlich einkaufende Person interviewt?
(2) Interviewer-Merkmale:
(a) Geschlecht;
(b) Qualifikation: Studierende / Schüler;
(c) Ortsverbundenheit: heimische / ortsfremde Interviewer.
(3) Zeitpunkt der Erhebung:
(a) eventuell Saisoneinfluß;
(b) Dauer der Einkaufswoche: 6 mögliche / 5 mögliche Einkaufstage;
(c) Tag des Interviews: Abstand der Berichtstage, Position im Wochenablauf.

1) Einflüsse von seiten der auskunftgebenden Personen und der Erhebungssituation

Da bei Einpersonenhaushalten keine Variationsmöglichkeit hinsichtlich Auskunftspersonen besteht, betreffen diese Überlegungen nur Mehrpersonenhaushalte. Bei Methode 1 stammen die Angaben über die Einkäufe der Haushaltsmitglieder von Personen, deren Anzahl und „Rolle" (Stellung im Haushalt) im Protokollblatt festgehalten wurde (zu fast 90 % nur 1 Auskunftsperson, überwiegend die Hausfrau). Bei dieser Methode hatte der Interviewer noch vor Beginn der zentralen Fragen über das Einkaufen zu fragen, wer die laufenden Einkäufe für den Haushalt tätige; wenn diese Person(en) nicht anwesend war(en), war um deren Beiziehung ausdrücklich zu bitten. Trotzdem war es in einigen Fällen nicht möglich, den bzw. die Haupteinkäufer des Haushalts zu interviewen. In Teilmasse 2 konnte dieses Problem nicht auftreten.

Folgende Einflußhypothesen lassen sich formulieren:
(1a) *Je mehr Personen Auskunft geben*, desto höher ist die Zahl berichteter Einkäufe. – Diese Vermutung gilt für beide Methoden und sämtliche Mehrpersonenhaushalte, ist aber in einen Zusammenhang mit der Haushaltsgröße zu stellen; daher ist auch die folgende Beziehung zu überprüfen:
(1b) *Je höher der Anteil auskunftgebender Personen* im Mehrpersonenhaushalt, desto höher ist – bei gleicher Haushaltsgröße – die Anzahl berichteter Einkäufe.
(1c) Schließlich ist auch zu erwarten, daß in jenen Fällen, wo *die haushaltführende und/oder hauptsächlich einkaufende Person nicht befragt* wurde – was nur in Teilmasse 1 vorkommen konnte – , weniger Einkäufe genannt wurden als in den übrigen Haushalten.

1a) Zahl der Auskunftspersonen:

In den nach Methode 1 befragten Mehrpersonenhaushalten gab es ganz überwiegend (zu 88 %) nur eine Auskunftsperson und lediglich zu 1 % mehr als zwei Auskunftspersonen. Bei Methode 2 hingegen stammen die Einkaufsangaben der Mehrpersonenhaushalte nur zu knapp 7 % von 1 Person, zu 54 % von 2 Personen und zu 39 % von 3 oder mehr Personen. Daher werden die zwei Klassen „1 Auskunftsperson" und „2 und mehr Auskunftspersonen" gebildet.

Die Ergebnisse des Mittelwertsvergleichs sind in Tabelle 6-4, Teil (A) dargestellt. Sie zeigen, daß nur in Methode 2 eine Differenz in der erwarteten Richtung besteht: Von den wenigen Mehrpersonenhaushalten dieser Teilmasse, in denen nur eine einzige Person Auskunft gab, wurden weniger Geschäftsbesuche berichtet. Aus dem relativ geringen, nicht signifikanten Unterschied kann man mit einiger Vorsicht die Aussage ableiten, daß die gegenüber Methode 1 höhere Einkaufshäufigkeit primär durch das Erhebungsinstrument zustandekommt und nur sekundär durch die mit Methode 2 gegebene größere Zahl auskunfterteilender Personen.

In Methode 1 tritt hingegen in Summe eine Differenz in der umgekehrten Richtung auf, zwar nicht im Teilbereich Zwettl, jedoch in den Bereichen Neunkirchen und in den Einzelgemeinden; in letzteren ist der Mittelwertsunterschied sogar statistisch signifikant (!). Hier führte die Anwesenheit von mehr als einer Auskunftsperson also nicht zu einer Erhöhung, sondern zu einer Verminderung der angegebenen Grundbedarfseinkäufe.

Eine Erklärung dieses sachlich überraschenden und räumlich differenzierten Befragungsphänomens kann hier nur andeutungsweise versucht werden; sie würde eine spezielle Untersuchung erfordern. Aus Gesprächen mit den eingesetzten Interviewern konnten keine Anhaltspunkte gewonnen werden. Das Phänomen ist auch nicht an eine Interviewerkategorie gebunden, sondern tritt sowohl bei ortsansässigen Schülern als auch bei ortsverbundenen und nicht ortsverbundenen Studierenden auf.

Folgende Erklärungsversuche seien zur Diskussion gestellt:

(a) Eine Hypothese wäre, daß in Interviews mit zwei Auskunftspersonen ein stärkerer Druck entsteht, das Interview möglichst rasch zu beenden; denn durch die Befragung wird ja in diesem Fall nicht nur einer, sondern zwei Personen Zeit weggenommen.

(b) Möglicherweise entsteht durch die Anwesenheit einer dritten Person – meist des Ehegatten der Hausfrau – eine Kontrolle gegen Übertreibung bei Angaben, die – wie das Einkaufen – ein sozial erwünschtes Verhalten betreffen. Außerdem wäre eine derartige Übertreibungshaltung gegenüber gebildeteren, aus der Großstadt stammenden Interviewern verständlicher als gegenüber einheimischen, was das besonders starke Auftreten dieses Phänomens in den Gemeinden, wo Studierende interviewten, erklären würde (was zusätzlich einen Interviewereinfluß implizierte). – Gegen die Übertreibungshypothese spricht aber, daß in den Einzelgemeinden auch in Haushalten mit nur 1 Auskunftsperson weniger Einkäufe genannt wurden als in den übrigen Gebieten von Methode 1.

Diese Erklärungsversuche, die sich nicht gegenseitig ausschließen, sondern auch ergänzen können, vermögen allerdings den regionalen Unterschied nicht zu begründen. Hiezu kann nur die Vermutung (c) geäußert werden, daß regional unterschiedliche Vertrauensverhältnisse bzw. Budgethoheitsverteilungen innerhalb der Haushalte bestehen. Denn dieses „Minderauskunfts-Paradoxon" tritt nur in der östlichen Hälfte Niederösterreichs auf. Die offensichtliche Tatsache, daß – zumindest bei der Thematik Haushaltseinkäufe – die Hinzuziehung einer weiteren Auskunftsperson (d. h. außer der Hausfrau zumeist des Mannes) die Auskunftsbereitschaft bei einer mündlichen Befragung nicht generell erhöht, sondern in gewissen Gebieten erniedrigt, erscheint auf jeden Fall, auch wenn sie an dieser Stelle nicht geklärt werden kann, umfragemethodisch von einigem Interesse.

1b) Anteil der tatsächlichen an den möglichen Auskunftspersonen:

Ergänzend zur absoluten Zahl soll nun der Anteil der tatsächlich auskunfterteilenden Personen an den hiefür in Frage kommenden Haushaltsmitgliedern, also der „Erfassungsgrad der einkaufsfähigen Personen", als möglicher Einflußfaktor auf die Datenqualität untersucht werden. Wegen des methodenbedingten großen Unterschieds im Erfassungsgrad liegt folgende Zusammenfassung zu zwei Klassen nahe: Mehrpersonenhaushalte mit 100 % Erfassungsgrad (Anteil bei Methode 1 nur 7,4 %, bei Methode 2 jedoch 82,1 %), und solche mit Erfassungsgrad unter 100 % (jeweils die übrigen Haushalte).

Die Ergebnisse der Mittelwertvergleiche zeigt Teil (B) der Tabelle 6-4. Bei den mit Methode 1 erhobenen Einkaufshäufigkeiten der Mehrpersonenhaushalte treten ebenso wie im Teil (A) der Tabelle Unterschiede entgegen der zunächst erwarteten Richtung auf; und diese sind sogar signifikant (4,56 gegenüber 5,70 Einkäufe). Dies ist jedoch kein Paradoxon, sondern wird plausibel, wenn man folgendes bedenkt: Die Wahrscheinlichkeit, daß sämtliche Haushaltsmitglieder bei der Befragung anwesend sind (was den Erfassungsgrad bei Methode 1 determiniert), sinkt natürlich mit steigender Haushaltsgröße. Dies führt dazu, daß im Sample von Methode 1 Haushalte mit 100 % Erfassungsgrad praktisch nur unter den 2-Personen-Haushalten vorkommen; und bei diesen ist durchaus eine geringere Einkaufshäufigkeit zu erwarten als bei größeren Haushalten(, die einen niedrigeren Erfassungsgrad aufweisen).

Bei den Methode-2-Haushalten treten keine signifikanten Unterschiede auf; tendenziell erhöht sich aber die Einkaufshäufigkeit mit steigendem Erfassungsgrad, was den Erwartungen entspricht. Eine Aufgliederung nach den zwei Teilgebieten erbringt dieselbe Tendenz.

Da die oben formulierte Hypothese (1b) die Bedingung „bei gleicher Haushaltsgröße" enthält, ist sie durch den aufgezeigten, auf bivariater Analyse beruhenden Sachverhalt nicht widerlegt. Zu ihrer Überprüfung wäre ein multivariates Verfahren erforderlich.

Tabelle 6-4: Einfluß situativer Erhebungsmerkmale auf die Verhaltensdaten

(A) Mehrpersonen-haushalte nach Zahl d. Auskunftspersonen	Einkäufe in Grund-bedarfs-geschäften	(B) Mehrpers.-haush. nach Erfassungsgrad (tatsächl. in % d. mögl. Auskunftspersonen)	Einkäufe in Grund-bedarfs-geschäften	(C) Wurde die haushalt-führende und haupt-sächlich einkaufende Person interviewt?	Einkäufe in Grund-bedarfs-geschäften
Methode 1 insgesamt		**Methode 1 insgesamt**		**Methode 1 insgesamt**	
1 Auskunftsperson (N=328)	5,73	alle einkaufsfähigen Personen (N= 25)	4,56	ja, sicher (N=386)	5,59
2 u.mehr Auskunftspers. (N= 46)	5,33	nicht alle einkaufsfäh. Personen (N=312)	5,70	nein bzw. unsicher (N= 45)	4,46
Mittelwert-Differenz	–0,40	Mittelwert-Differenz	**–1,14**	Mittelwert-Differenz	**1,13**
t-Test, Signif.	nicht sign.	t-Wert, Signif.	–1.98 .049	t-Test, Signif.	2.55 .011
Bereich Neunkirchen				**Bereich Neunkirchen**	
1 Auskunftsperson (N= 56)	6,39			ja, sicher (N= 83)	5,98
2 u.mehr Auskunftspers. (N= 13)	6,15			nein bzw. unsicher (N= 7)	5,43
Mittelwert-Differenz	–0,24			Mittelwert-Differenz	0,55
t-Test, Signif.	nicht sign.			t-Test, Signif.	0.42 .678
Bereich Zwettl				**Bereich Zwettl**	
1 Auskunftsperson (N=110)	5,94			ja, sicher (N=125)	6,06
2 u.mehr Auskunftspers. (N= 14)	6,71			nein bzw. unsicher (N= 14)	4,29
Mittelwert-Differenz	0,77			Mittelwert-Differenz	**1,77**
t-Test, Signif.	nicht sign.			t-Test, Signif.	2.03 .044
5 Einzelgemeinden				**5 Einzelgemeinden**	
1 Auskunftsperson (N=162)	5,35			ja, sicher (N=178)	5,09
2 u.mehr Auskunftspers. (N= 19)	3,73			nein bzw. unsicher (N= 24)	4,29
Mittelwert-Differenz	**–1,62**			Mittelwert-Differenz	0,80
t-Test, Signif.	2.63 .009			t-Test, Signif.	1.66 .099
Methode 2 insgesamt		**Methode 2 insgesamt**			
1 Auskunftsperson (N= 17)	7,30	alle einkaufsfähigen Personen (N=207)	9,18		
2 u.mehr Auskunftspers. (N=242)	9,22	nicht alle einkaufsfäh. Personen (N= 45)	8,89		
Mittelwert-Differenz	1,92	Mittelwert-Differenz	0,29		
t-Test, Signif.	nicht sign.	t-Test, Signif.	0.38 .701		

Erläuterung: *signifikante Mittelwert-Differenzen sind hervorgehoben:* | z.B. **1,77** | *(t-Test, 2-seitig, %-Niveau)*

1c) *Wurde die haushaltführende und/oder hauptsächlich einkaufende Person interviewt?*

Eine Nicht-Auskunfterteilung von seiten der haushaltführenden und/oder der hauptsächlich einkaufenden Person (welche in den meisten Haushalten identisch ist) konnte nur bei Methode 1 auftreten; Methode 2 war so konzipiert, daß diese erhebungstechnische Konstellation ausgeschlossen war. Dieser Umstand hat sich in den interviewten Mehrpersonenhaushalten manchmal ergeben, vereinzelt auch in Einpersonenhaushalten, nämlich dann, wenn die alleinstehende Person ihren Haushalt nicht selbst führt, was vor allem bei älteren, behinderten Personen, die nicht mehr selbst einkaufen, der Fall ist. Daher bezieht sich die folgende Tabelle auf sämtliche Methode-1-Haushalte.

Tabelle 6-4, Teil (C) zeigt, daß in jenen Haushalten, in denen das Interview nicht mit der haushaltführenden oder der hauptsächlich einkaufenden Person geführt wurde, wie erwartet weniger Einkäufe genannt wurden. Der Mittelwertunterschied ist statistisch signifikant (4,46 gegenüber 5,59 Nennungen pro Woche). Die räumliche Aufgliederung zeigt, daß der Unterschied in allen Teilgebieten in derselben Richtung besteht, jedoch nur im Bereich Zwettl signifikant ist (P = 0,044).

2) *Einflüsse von Interviewermerkmalen*

Aussagen über die Richtung des Einflusses von Interviewermerkmalen sind in der Literatur zwar zu finden, sie lassen jedoch keine klare Tendenz erkennen. BORTZ (1984, S. 175) meint sogar, es sei auch „äußerst unwahrscheinlich, daß zukünftige Forschungen verbindliche und generalisierbare Aussagen erarbeiten, die sich zur Vermeidung von Interviewereffekten in einer konkreten Befragungssituation praktisch nutzen lassen". Trotzdem sollen einige Hypothesen über den Einfluß der genannten Interviewermerkmale formuliert werden:

2a) *Geschlecht*: Aus zwei Gründen – größere Nähe weiblicher Interviewer zum Befragungsthema (Haushaltseinkäufe); sehr hoher Frauenanteil unter den Auskunftspersonen (ca. 90 %) und möglicherweise stärkere Reserviertheit gegenüber männlichen Interviewern – ist in Summe eher mit besserer Antwortqualität bei weiblichen Interviewern zu rechnen.

2b) *Alter und Qualifikation*: Generell darf angenommen werden, daß Studierende als die reifere und gebildetere Personengruppe belastbarer und anpassungsfähiger sind als Schüler. Bei Studierenden ist zwar eine tendenziell höhere Qualität der Daten zu erwarten, aber nach der Erfahrung professioneller Umfrageinstitute auch eine geringere Streuung, was auf eine – meist unbewußte – „Glättung" der Antworten infolge des besseren Einblicks in die Ziele der Befragung zurückzuführen ist (mündliche Auskunft R. KÖLTRINGER, 1994).

2c) *Ortsverbundenheit*: Bessere Ortskenntnis und Vertrautheit mit den örtlichen und kleinregionalen Eigenheiten, auch in Sprache und Dialekt, erlauben ein schnelleres „Warmwerden" in der Interviewsituation und führen c.p. zu besseren Datenergebnissen. Auch die Wahrscheinlichkeit, daß aus irgendwelchen Gründen unwahre Angaben gemacht bzw. solche akzeptiert und aufgezeichnet werden, ist bei ortsverbundenen Interviewern geringer [5].

2a) *Geschlecht der Interviewer:*

Die Ergebnisse der diesbezüglichen Mittelwert-Vergleichsrechnungen zeigt Tabelle 6-5. Insgesamt erzielten weibliche Interviewer zwar bei sämtlichen sechs Verhaltensvariablen etwas mehr Nennungen, was den Erwartungen entspricht. Das Plus beträgt im Mittel aller betrachteten Haushalte (Teilmasse 1) aber nur 0,24 Einkäufe in den spezifizierten Geschäften, in Mehrpersonenhaushalten 0,36, und bleibt damit deutlich unter der Signifikanzgrenze. Dies gilt auch für die drei Teilgebiete.

Um der Frage eines eventuellen geschlechtsspezifischen Interviewereinflusses noch genauer nachzugehen, wurde jene Teilmasse der Befragungen näher untersucht, die aus Gemeinden stammt, in denen sowohl weibliche als auch männliche Interviewer unterwegs waren. Damit wird der Einfluß eventueller

---

[5] Dies gilt zumindest solange keine „unheilige Allianz" zwischen Interviewern und Interviewten geschlossen wird, was bei Ortsverbundenheit wahrscheinlich leichter möglich wäre als bei einander ganz fremden Personen. Diese Gefahr wurde aber im vorliegenden Projekt minimiert, weil gerade die ortsansässigen Interviewer einer gewissen „institutionellen" Kontrolle von seiten ihrer Lehrer, z. T. auch ihrer Eltern unterstanden.

lokaltypischer Einkaufsverhaltensmuster ausgeschaltet. Auf solche Gemeinden entfielen etwas mehr als die Hälfte der Befragungen. Die Ergebnisse sind im Teil (B) der Tabelle 6-5 dargestellt.

Tabelle 6-5: Einfluß des Interviewergeschlechts auf die Verhaltensdaten

(A) Gesamte Teilstichprobe (Methode 1)	Einkäufe in Grundbedarfsgeschäften	*(B) Gemeinden, wo z.T. weibliche, z.T. männl. Interviewer befragten*	Einkäufe in Grundbedarfsgeschäften	*(C) nur Einpersonenhaushalte*	Einkäufe in Grundbedarfsgeschäften
Alle Haushalte		*Alle Haush. in diesen Gemeinden*		*Alle Einpersonenhaushalte*	
Interviewer weiblich (N=303)	5,55	Interviewer weiblich (N=113)	5,87	Interviewer weiblich (N= 39)	3,95
Interviewer männlich (N=128)	5,31	Interviewer männlich (N=106)	5,54	Interviewer männlich (N= 18)	4,56
Mittelwert-Differenz	0,24	Mittelwert-Differenz	0,33	Mittelwert-Differenz	-0,61
Alle Mehrpersonenhaushalte		*Mehrpersonenhaushalte in diesen Gemeinden*		*Einpersonenhaushalte in diesen Gemeinden*	
Interviewer weiblich (N=264)	5,78	Interviewer weiblich (N=103)	6,03	Interviewer weiblich (N= 10)	4,20
Interviewer männlich (N=110)	5,42	Interviewer männlich (N= 94)	5,56	Interviewer männlich (N= 12)	5,33
Mittelwert-Differenz	0,36	Mittelwert-Differenz	0,47	Mittelwert-Differenz	-1,13
Bereich Neunkirchen, alle Haushalte		*Bereich Zwettl, alle Haushalte*		*Fünf Einzelgemeinden, alle Haushalte*	
Interviewer weiblich (N=72)	6,00	Interviewer weiblich (N=69)	6,30	Interviewer weiblich (N=162)	5,02
Interviewer männlich (N=18)	5,67	Interviewer männlich (N=70)	5,45	Interviewer männlich (N= 40)	4,87
Mittelwert-Differenz	0,33	Mittelwert-Differenz	0,85	Mittelwert-Differenz	0,15

Auch vor diesem Vergleichshorizont erreichen die Unterschiede im erhobenen Einkaufsverhalten kein statistisch signifikantes Ausmaß, die Mehrerfassung durch weibliche Interviewer steigt geringfügig auf 0,33 bzw. in Mehrpersonenhaushalten auf 0,47 Einkäufe pro Woche.

In Hypothese (2a) wurden zwei Begründungen für eine vermutlich höhere Einkaufsfrequenz bei weiblichen Interviewern genannt. Ob die erste (bessere Vertrautheit mit der Befragungsmaterie) für die aufgezeigte Tendenz verantwortlich ist, läßt sich aus dem vorliegenden Datenmaterial nicht schlüssig nachweisen. Es ist noch zu prüfen, ob die zweite oben gegebene Begründung (größere Reserviertheit alleinstehender Frauen gegenüber einem männlichen Interviewer) zutrifft. Hiezu wurde eine separate Berechnung für die Einpersonenhaushalte, die ja ganz überwiegend von Frauen geführt werden, durchgeführt: s. Tab. 6-5, Teil (C).

Die Ergebnisse zeigen, daß diese Begründung nicht zutrifft, es gibt sogar eine gegenteilige Tendenz in den Antworten: Die von männlichen Interviewern befragten alleinstehenden Personen nannten im Durchschnitt höhere Einkaufsfrequenzen als die von weiblichen befragten; eine getrennte Berechnung für die weiblichen Einpersonenhaushalte allein bestätigte dies. Die Mittelwertsunterschiede sind als Absolutbeträge gemessen sogar größer als die „Vorsprünge" der weiblichen Interviewer bei den Mehrpersonenhaushalten, aber wegen der geringen Besetzungszahl durchwegs nicht signifikant.

2 b,c) Qualifikation und Ortsverbundenheit:

Zum Einfluß von Alter und Qualifikation lassen sich aus dem vorliegenden Datenmaterial keine schlüssigen Aussagen gewinnen, weil in jedem Teilgebiet nur entweder Schüler oder nur Studierende als Interviewer eingesetzt waren; dasselbe gilt für die Ortsansässigkeit.

(3) Einflüsse des Erhebungszeitpunkts

Ein ausgeprägter *saisonaler Einfluß* auf die Menge des Grundbedarfs ist per definitionem nicht zu erwarten, was auch für die Einkaufshäufigkeit gilt. Allerdings bestätigt die allgemeine Erfahrung eine erhöhte Einkaufstätigkeit für Nahrungsmittel vor Festtagen. Es wurde daher darauf geachtet, die Erhebungen nicht in den Wochen vor Weihnachten – die vor allem hinsichtlich der übrigen Einkaufstätigkeit atypisch sind – und auch nicht unmittelbar vor Ostern durchzuführen.

Ein kleiner Teil der Befragungen fand allerdings in den Wochen vor dem Muttertag (zweiter Sonntag im Mai) statt, in denen häufiger Geschenke verschiedener Art eingekauft werden. Ein entsprechender Einfluß ist zwar unwahrscheinlich, soll aber anhand folgender Hypothese überprüft werden: *(3a)* In den Wochen kurz vor dem Muttertag werden häufiger Grundbedarfsgeschäfte aufgesucht als in „Normalwochen" des Jahres.

Ein Einfluß des Erhebungszeitpunkts ist hingegen eher anzunehmen, wenn ein *Feiertag in die Berichtswoche* fällt. Laut Erhebungsdesign sollte dies möglichst vermieden werden, was aber vor allem bei Methode 2 nicht immer gelang, weil die Haushalte ihre Berichtswoche innerhalb eines zwei- bis dreiwöchigen Zeitraums wählen konnten. Die Einflußhypothese lautet: *(3b)* In Wochen, in denen wegen eines Feiertags nicht an jedem Tag die Möglichkeit eines Einkaufs besteht, wird seltener eingekauft.

In bezug auf den *Erhebungstag* soll zunächst überprüft werden, ob der *Abstand der einzelnen Berichtstage vom Befragungstag* einen Einfluß auf die Nennungen von Einkäufen an diesem Tag hat; ein Einfluß kann nur bei Methode 1 auftreten, da nur hier ein Befragungstag angebbar ist. Folgende zwei Hypothesen lassen sich wegen der Beschränktheit des menschlichen Erinnerungsvermögens formulieren (vgl. Kap. 2, Zeitbudgetstudien):

(3c) Für die einzelnen Tage des Berichtszeitraums werden umso weniger Einkäufe genannt, je länger sie zurückliegen.

(3d) Bei Befragungen am Wochenende werden mehr Einkäufe genannt als bei Befragungen während der Woche.

3a) Saisoneinfluß des Muttertages?

Ein Vergleich wird nur für jene Teilgebiete durchgeführt, in denen sowohl kurz vor als auch kurz nach dem Muttertag befragt wurde (Strasshof, Tulbing). Die Ergebnisse zeigt die Tabelle 6-6, Teil (A). Der Unterschied in der Einkaufshäufigkeit ist minimal, ein Saisoneinfluß ist also nicht anzunehmen.

3b) Dauer der Einkaufswoche:

Ein potentieller Einfluß dieses Umstands kann für Teilmassen aus beiden Methoden-Subgruppen untersucht werden, wobei durchwegs nur ein einziger Feiertag in die Woche fiel. Solche „Kurzwochen" treten bei Methode 1 in zwei Einzelgemeinden auf, und zwar in Strasshof bei ca. einem Viertel Befragungen, jeweils mit Feiertag an einem Freitag (1. Mai), und in Großkrut in ca. einem Drittel der Haushalte, wo der Feiertag durchwegs ein Montag war (20. April, Ostermontag). Im Bereich Waidhofen a.d.Thaya, wo nach Methode 2 erhoben wurde, beziehen sich ca. 42 % der Haushalte in ihren Antworten auf eine „Kurzwoche", hier fiel der Feiertag durchwegs auf Donnerstag, den 18. Juni (Fronleichnam). Die Ergebnisse der Berechnungen zeigt Tabelle 6-6, Teil (B).

Wie erwartet, werden in „Kurzwochen" etwas weniger Einkäufe getätigt als in Normalwochen; beide Meßinstrumente sind diesbezüglich sensitiv. Im Ausmaß besteht aber ein wesentlicher Unterschied zwischen den beiden Subgruppen: Wenn der Feiertag auf einen Montag oder einen Freitag fällt, reduzieren sich die Grundbedarfseinkäufe etwa proportional zur Dauer der Einkaufswoche von 5,3 auf 4,5, die Einkäufe in übrigen Geschäften sogar signifikant von 2,7 auf 1,0. Dies ist der Fall in Teilmasse 1.

Demgegenüber wirkt sich ein Donnerstag als Feiertag nur wenig auf die Einkaufsfrequenzen aus, die Grundbedarfseinkäufe werden nur von 8,2 auf 7,8 pro Woche reduziert, in ähnlich geringem Ausmaß auch Einkäufe in übrigen Geschäften. Gleichzeitig verbreitet sich aber das Spektrum aufgesuchter Geschäftsarten gegenüber einer Normalwoche, wie die vermehrte Nennung von Geschäften, die nicht im Erhebungsbogen vorgegeben waren, zeigt (0,51 statt 0,38), und die Anzahl weiterer Erledigungen auf dem Einkaufsweg steigt von 3,65 auf 4,66, was nur ganz knapp unter der Signifikanzgrenze bleibt. Eine Erklärung hiefür läßt sich aus der allgemeinen Erfahrung gewinnen: In Wochen mit Feiertag am Donnerstag wird häufig der Freitag arbeitsfrei genommen, und dieser „Fenstertag" sowie der folgende Samstag werden vermehrt für seltenere Einkäufe und für weitere Erledigungen in Verbindung mit dem Einkaufen genutzt.

Tabelle 6-6: Einflüsse des Erhebungszeitpunkts auf die Verhaltensdaten

	Anzahl genannter Geschäftsbesuche in den spezifiz. Grundbedarfsgesch.	Anzahl genannter Geschäftsbesuche in allen übrigen Geschäften	Nennungen weiterer, nicht spezifizierter Geschäftsarten	Nennungen weiterer Erledigungen auf dem Einkaufsweg
(A) Saisonaler Einfluß ?	*sämtliche Haushalte in den betreffenden Untersuchungsgemeinden*			
Wochen vor dem Muttertag (N=46)	4,89	2,78	0,37	1,83
Wochen nach d. Muttertag (N=35)	4,77	2,74	0,34	1,46
Mittelwert-Differenz	0,12	0,04	0,03	0,37
B) Dauer der Einkaufswoche: 1.) Methode 1	*sämtliche Haushalte in den betreffenden Untersuchungsgemeinden*			
Vollwoche m. 6 Einkaufstagen (N=58)	5,31	2,74	0,59	1,91
Kurzwoche, Feiertag Mo od. Fr (N=24)	4,54	1,04	0,17	1,83
Mittelwert-Differenz	0,77	**1,70**	**0,42**	0,08
B) Dauer der Einkaufswoche: 2.) Methode 2	*sämtliche Haushalte im betreffenden Untersuchungsgebiet*			
Vollwoche m. 6 Einkaufstagen (N=98)	8,23	4,23	0,38	3,65
Kurzwoche, Feiertag Donn. (N=72)	7,81	4,08	0,51	4,66
Mittelwert-Differenz	0,42	0,15	-0,13	-1,01
(C) Wochentag der Erhebung (nur Methode 1)	*Methode 1: alle Haushalte*			
Freitag bis Montag (N=187)	5,54	2,49	0,24	2,27
Dienstag bis Donnerstag (N=231)	5,23	2,10	0,26	1,96
Mittelwert-Differenz	0,31	0,39	-0,02	0,31

Signifikante Mittelwert-Differenzen sind so hervorgehoben: **1,70**   *(t-Test, 2-seitig, %-Niveau)*

Aus diesen Ergebnissen läßt sich folgende Aussage ableiten: Es ist weniger das bloße Vorhandensein eines Feiertags in einer Woche, was die Einkaufshäufigkeit beeinflußt, eher dessen Position im Wochenablauf. Feiertage nach einem Sonntag oder am Wochenende – auch schon am Freitag – vermindern die Einkaufshäufigkeit in etwa proportional zur Dauer der Einkaufswoche, wobei Nicht-Grundbedarfseinkäufe noch stärker als Grundbedarfseinkäufe reduziert werden. Ein Feiertag an einem Donnerstag hingegen, der noch dazu alljährlich wiederkehrt und mit dem man daher im voraus rechnen kann, vermindert die allgemeine Einkaufshäufigkeit jedoch kaum und wirkt eher stimulierend auf seltenere Einkäufe in dieser „Kurzwoche" [6].

---

[6]) Über die Auswirkung von Feiertagen, die auf einen Dienstag oder Mittwoch fallen, erlauben die Daten keine Aussage.

3c) Abstand der Einkaufstage vom Befragungstag:

Tabelle 6-7 stellt die Verteilung der Befragungen sowie die Zahl der angegebenen Geschäftsbesuche auf Wochentage dar; zum Unterschied von den bisherigen Tabellen ist hier die Anzahl sämtlicher Geschäftsbesuche, nicht nur der Grundbedarfsgeschäfte, wiedergegeben.

Aus Tab. 6-7, oberer Teil („Einkaufstage, relativ") geht hervor, daß sich für den hier betrachteten Zeitraum von einer Woche keine „Vergessenskurve" nachweisen läßt: Für jenen Tag, der jeweils um fünf Tage zurücklag, wurden in Summe praktisch genau so viele Einkäufe pro Haushalt genannt wie für den Tag der Befragung selbst bzw. den Tag zuvor (1,12 bzw. 1,13).

3d) Wochentag der Befragung:

Interviews fanden an allen Tagen der Woche statt, an Samstagen und Sonntagen allerdings seltener (Tabelle 6-7, unterer Teil). Die Summenauswertung der empirischen Daten zeigt, daß tatsächlich bei Befragungen am Samstag und Sonntag eine etwas höhere Zahl von Einkäufen genannt wurde als an Tagen während der Woche, wobei auch Montag und Freitag noch überdurchschnittliche Werte zeigen. Diese vier Wochentage werden daher als „Wochenendtage" zusammengefaßt.

Die Mittelwertsunterschiede für die Grundbedarfseinkäufe und weitere Verhaltensmerkmale bei Befragungen an „Wochenendtagen" und an übrigen Tagen sind in Tabelle 6-6, Teil (C) dargestellt. Es ergeben sich nur geringfügige Unterschiede, die außerdem nicht in allen Teilgebieten gleichgerichtet sind.

Tabelle 6-7:
Verteilung der Befragungen und der genannten Einkäufe auf Wochentage

Einkaufstage, relativ *)			Verteilung der Einkäufe auf Tage relativ zum Befragungstag, abs.						
Wochentag, an dem die Befragung stattfand	N Haus halte	Summe genannte Einkäufe	am selb. Tag oder 1 Woche davor	am Tag davor	2 Tage davor	3 Tage davor	4 Tage davor	5 Tage davor	6 Tage davor
Montag (1)	63	504	66	0	106	115	72	87	58
Dienstag (2)	90	682	106	115	0	120	133	90	118
Mittwoch (3)	76	561	84	91	90	0	80	140	76
Donnerstag (4)	54	379	66	73	55	54	0	54	77
Freitag (5)	55	474	96	69	98	75	79	0	57
Samstag (6)	25	201	24	61	22	32	34	28	0
Sonntag (7)	29	247	0	35	55	38	41	41	37
Summe der Befragungen *	*392*	*3048*	*442*	*444*	*426*	*434*	*439*	*440*	*423*

*) ohne Befragungen mit Feiertag in der Berichtswoche

Einkaufstage, absolut			Verteilung der genannten Einkäufe auf Wochentage, in %						
Wochentag, an dem die Befragung stattfand	N Haus halte	Genannte Einkäufe pro Hh.	Montag	Dienstag	Mittw.	Donn.	Freitag	Samstag	Prozent-summe
unbekannt (.)	13	10,15	15,15	15,15	16,67	18,94	14,39	19,70	100
Montag (1)	63	8,00	13,10	11,51	17,26	14,29	22,82	21,03	100
Dienstag (2)	91	7,55	16,89	15,43	17,61	13,10	19,51	17,47	100
Mittwoch (3)	80	7,30	16,44	16,10	14,73	14,21	23,97	14,55	100
Donnerstag (4)	60	7,02	14,73	14,73	19,24	18,76	18,29	14,25	100
Freitag (5)	69	7,87	14,73	18,05	20,44	15,84	19,89	11,05	100
Samstag (6)	26	8,00	13,94	17,31	15,87	11,06	29,81	12,02	100
Sonntag (7)	29	8,52	14,98	16,60	16,60	15,38	22,27	14,17	100
Mittel aller Befragungen		*7,72*	*15,21*	*15,48*	*17,50*	*14,91*	*21,35*	*15,54*	*100*

Zusammenfassung von 6.2. im Hinblick auf die Datenauswertung:

Aus dem festgestellten Niveauunterschied der Einkaufshäufigkeiten in den beiden erhebungsmethodischen Teilmassen (vgl. 6.2.1) muß die Konsequenz gezogen werden, *die zwei Teilmassen getrennt auszuwerten.*

In 6.2.2. wurde der Einfluß variierender Erhebungsumstände auf die Verhaltensdaten untersucht, beschränkt auf den bivariaten („monokausalen") Erklärungsrahmen. Dabei wurde zumindest in Teilen der Stichprobe ein signifikanter Einfluß auf die Grundbedarfseinkaufshäufigkeit von seiten zweier Merkmale festgestellt:

(1) *Zahl der Auskunftspersonen* (Einflüsse z.T. entgegen der vermuteten Richtung);

(2) *Kurzwoche mit verlängertem Wochenende* (Feiertag am Montag oder Freitag).

Nur unbedeutende Einflüsse auf die Daten üben hingegen das Geschlecht der Interviewer, der Befragungs-Wochentag und der zeitliche Abstand der Einkaufstage vom Befragungstag aus; es wurde nachgewiesen, daß eine „Vergessenskurve" für Einkäufe innerhalb einer Woche nicht existiert.

Die unter (1) und (2) genannten Einflußmerkmale werden als *situative (oder erhebungskontextuelle) Erklärungsvariablen in die multivariaten Analysen einbezogen.*

6.3. Vorläufige Beantwortung der Hauptfrage im bivariaten Erklärungsrahmen

Dieser Abschnitt hat das Ziel, einen ersten Einblick in die statistischen Beziehungen zwischen Verhaltens- und Erklärungsvariablen zu geben. Hiezu werden zunächst die Einfachkorrelationen zwischen der jeweils abhängigen Variable und „ihren" in den empirischen Modellen spezifizierten Erklärungsvariablen kurz vorgestellt (6.3.1). Den Abschluß der deskriptiven Datenanalysen bildet ein induktiv-statistischer Vergleich zwischen dem Beitrag der Haushaltsvariablen und dem der Raumvariablen zur Erklärung einiger Verhaltensvariablen (6.3.2). Damit wird nach Art einer Zwischenbilanz aufgezeigt, inwieweit eine Antwort auf die Hauptfrage der Untersuchung im bivariaten Erklärungsrahmen möglich ist.

6.3.1. Inspektion der Korrelationsmatrizen der einzelnen Verhaltensdimensionen

Vor der eigentlichen Berechnung der Korrelationen wurden die nominalen und ordinalen Variablen (Haushaltstypen, Beschäftigungsausmaß usw.) auf metrisch-binäres Skalenniveau übergeführt [7]. Als Maß des bivariaten Zusammenhangs wird durchgehend der Pearson'sche Produktmomentkorrelationskoeffizient verwendet. Die vollständige Korrelationsmatrix findet sich im Anhang 2 (insgesamt 4 Seiten).

---

[7]) Dabei wird für jede Ausprägung einer polytomen Variablen – z.B. Lebenszyklustyp – eine eigene Variable gebildet – in diesem Fall die sieben Variablen LZ1, LZ2, ... LZ7 –, jeweils mit dem Wert 0 oder 1. Solche Variablen werden im Rahmen einer Regression meist als Dummyvariablen bezeichnet.

Bei der Interpretation dieses Korrelationskoeffizienten sind folgende Eigenschaften zu berücksichtigen (vgl. HUMMELL 1986, S. 13):

– Das Vorzeichen gibt an, ob die beiden Variablen gleichsinnig oder entgegengesetzt variieren.

– Falls die beiden Variablen statistisch unabhängig sind, geht die Korrelation gegen Null.

– Die Korrelation kann zwischen –1 und +1 liegen; diese Grenzen werden erreicht, wenn zwischen beiden Variablen ein perfekter negativer bzw. perfekter positiver *linearer Zusammenhang* besteht.

– Das Quadrat des Korrelationskoeffizienten gibt den Anteil der Varianz der einen Variablen an, der auf einen linearen Zusammenhang mit der anderen Variablen zurückzuführen ist.

Zum besseren Erkennen sind in Anhang 2 signifikante Korrelationen durch ein Sternchen, hochsignifikante durch zwei Sternchen und Fettdruck hervorgehoben [8].

Auf die bivariaten Korrelationskoeffizienten der einzelnen Erklärungsvariablen wird nicht eingegangen, weil ein Vergleich mit den Einflußhypothesen in diesem Analysestadium verfrüht wäre. Es kann sich nämlich dabei auch um Scheinkorrelationen handeln, die in der multivariaten Analyse verschwinden bzw. sogar ihr Vorzeichen wechseln.

Eine weitere nötige Vorbereitung für die multivariaten Datenanalysen neben der Inspektion der Korrelationsmatrix ist die Prüfung der Linearitätsvoraussetzung der Regression. Hierauf wird im Abschnitt 7.1.3. eingegangen.

6.3.2. Bivariate Ermittlung des Erklärungsbeitrags der Haushalts- und Raumvariablen zum Versorgungsverhalten

Der angekündigte Versuch, auf Basis bivariater Zusammenhänge eine vorläufige Antwort auf die Hauptfrage der Arbeit mit relativ einfachen Verfahren der induktiven Statistik zu geben, get von folgender Überlegung aus: Wenn die Unterschiede in der Einkaufshäufigkeit, die zwischen den Ausprägungen der einflußstärksten haushaltsstrukturellen Variablen bestehen, größer sind als jene zwischen den Ausprägungen der einflußstärksten Raumvariablen, so üben die ersteren einen stärkeren Einfluß aus; und umgekehrt. Da es sich nur um eine vorläufige Antwort auf die Hauptfrage handelt, werden die Berechnungen nur für zwei Verhaltensaspekte, Einkaufshäufigkeit und Verkehrsmittelwahl, durchgeführt.

Diese Überlegung wird wie folgt operationalisiert: Aus dem Kreis der potentiellen Erklärungsvariablen wird jene Haushalts- und jene Raumvariable ausgewählt, welche jeweils am stärksten mit der Verhaltensvariable korreliert. Für jede Ausprägungsklasse dieser zwei Variablen werden Mittelwert und Streuungsparameter der Verhaltensvariable bestimmt. Für die Extremgruppen beider Merkmale wird ein Test auf die Differenz

---

[8]) Wie die Erläuterung zu Anhang 2 besagt, beziehen sich die Signifikanzangaben auf den zweiseitigen t-Test. Da die meisten Einflußhypothesen gerichtet formuliert wurden, ist für diese ein einseitiger t-Test indiziert, sodaß die mit Sternchen bezeichneten Korrelationskoeffizienten jeweils auf „verdoppeltem" Niveau signifikant sind: * = 97,5 % (statt 95 %), ** = 99,5 % (statt 99 %).

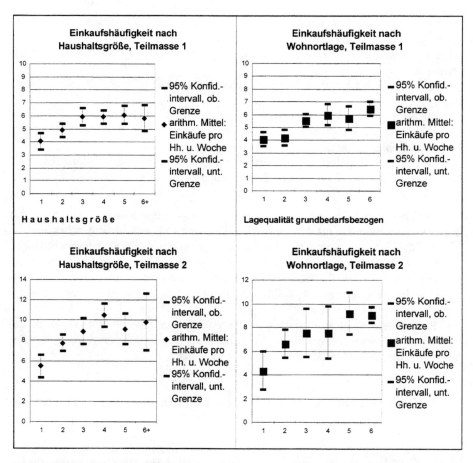

Abbildung 6-12: Bivariate Zusammenhänge der Einkaufshäufigkeit mit Haushaltsgröße und mit Wohnstandort

Tabelle 6-8: Test auf Mittelwertdifferenz der Einkaufshäufigkeit, Variablen Haushaltsgröße und Lagequalität

Variable und Subgruppen (TM = Teilmasse)	arithmet. Mittelwert	Mittelwert-Differenz	Standard-abweichg.	errechnete Prüfgröße z	Signifikanz
Haushaltsgröße					
TM 1, 1 Person	4,05	1,91	2,35	4,52	< 0,001
5 u. mehr Personen	5,96		2,95		
TM 2, 1 Person	5,48	3,86	4,04	4,56	< 0,001
5 u. mehr Personen	9,34		4,69		
Lagequalität					
TM 1, kein GBgeschäft am Wohnplatz	4,09	2,16	2,25	6,14	< 0,001
ausreich. GBgeschäfte (AGBA) i.Ort	6,26		3,05		
TM 2, kein GBgeschäft am Wohnplatz	4,35	4,74	2,73	5,96	< 0,001
ausreich. GBgeschäfte (AGBA) i.Ort	9,09		4,60		

Quelle: eigene Berechnungen mit Daten der Erhebung; Formel: BLEYMÜLLER ET AL. (1994), S. 110.

der Mittelwerte durchgeführt. Jenem Merkmal, bei dem die Differenz statistisch signifikant(er) ist, wird ein stärkerer Einfluß zuerkannt.

Das skizzierte Verfahren beinhaltet einen Vergleich der Mittelwerte von Subgruppen. Hiefür wird in der methodischen Literatur häufig die Prozedur der einfaktoriellen Varianzanalyse vorgeschlagen. Diese ist aber – zumindest in der Standardversion – an die Voraussetzungen gleicher Varianzen und gleicher Fallzahlen in den Subgruppen gebunden, was hier nicht zutrifft. Daher wird ein einfacher Zweistichprobentest auf Mittelwertsdifferenzen bei ungleichen Varianzen eingesetzt (vgl. BLEYMÜLLER ET AL. 1994, S. 109 f.). Die Berechnungen sind für die zwei Teilmassen der Erhebung, welche sich methodenbedingt im Niveau der Einkaufshäufigkeit wesentlich unterscheiden, getrennt durchzuführen.

Trotz gewisser Unterschiede in der Korrelationsstruktur (vgl. Anhang-Tabelle 2) sollen für den Vergleich dieselben Variablen in beiden Teilmassen gewählt werden. Aus dem Kreis der metrisch skalierten Haushaltvariablen korreliert in beiden Teilmassen die Haushaltsgröße (H1-1) zusammen mit den im Haushalt konsumierten Mahlzeiten (H1-4) am höchsten mit der Einkaufshäufigkeit. Da die Haushaltsgröße in anschaulichen natürlichen Ausprägungsklassen vorliegt, wird sie für den Mittelwertsvergleich gewählt. Um die für den Test erforderlichen Fallzahlen zu erreichen (n > 30 in beiden Stichproben, s. BLEYMÜLLER ET AL. 1994, S. 135), werden die Haushaltsgrößen ab 5 Personen zu einer Klasse zusammengefaßt.

Von den Raum- und Distanzvariablen korreliert am ehesten in beiden Teilmassen gleich hoch die ordinale Maßzahl der grundbedarfsbezogenen Lagequalität, die in der Stichprobe in sechs verschiedenen Ausprägungen vorkommt (vgl. 5.3). Um den direkten Vergleich mit der Haushaltsgröße zu erleichtern, werden hier die Lagekategorien 5 und 6 zusammengefaßt. Als weitere hoch korrelierende Variablen kämen die Distanz des nächsten Lebensmittelgeschäfts (R21) und die Mindestdistanz zur vollen Grundbedarfsdeckung (R23) in Frage; bei diesen Variablen wäre es aber schwierig, Klassengrenzen, die von den lokalen Gegebenheiten unabhängig sind, festzulegen.

Einer Empfehlung von L. SACHS (1988, S. 84) folgend, werden vor der rechnerischen Durchführung des Tests die Mittelwerte und ihre Vertrauensbereiche graphisch dargestellt; siehe Abbildung 6-12.

Es zeigt sich, daß im großen und ganzen die Haushalts- und die Raumvariable in ähnlicher Richtung und auch in ähnlichem Ausmaß auf die Einkaufshäufigkeit einwirken. Bei der Haushaltsgröße tritt allerdings eine deutliche Abflachung der Kurve ein – was als Skalenertrag in der Einkaufstätigkeit gedeutet werden könnte – , und zwar in Teilmasse 1 bereits in den Haushalten ab 3 Personen, in Teilmasse 2 ab 4 Personen, wobei aber die Einkaufshäufigkeit in 5-Personen-Haushalten wieder geringer wird. Bei der Variable Lagequalität besteht eher ein kontinuierlicher Anstieg. Allein aufgrund der veranschaulichten Mittelwerte und Vertrauensbereiche ist aber keine eindeutige Antwort auf die Frage möglich.

Die Ergebnisse des durchgeführten Zweistichprobentests zeigt Tabelle 6-8. Die darin ausgewiesenen Mittelwertdifferenzen sind sowohl beim Haushaltsmerkmal Haushaltsgröße als auch beim Raummerkmal Lagequalität hochsignifikant. Aufgrund des höheren Absolutwerts der Prüfgröße kann der Raumvariable ein etwas größerer Einfluß auf die Einkaufshäufigkeit zugebilligt werden.

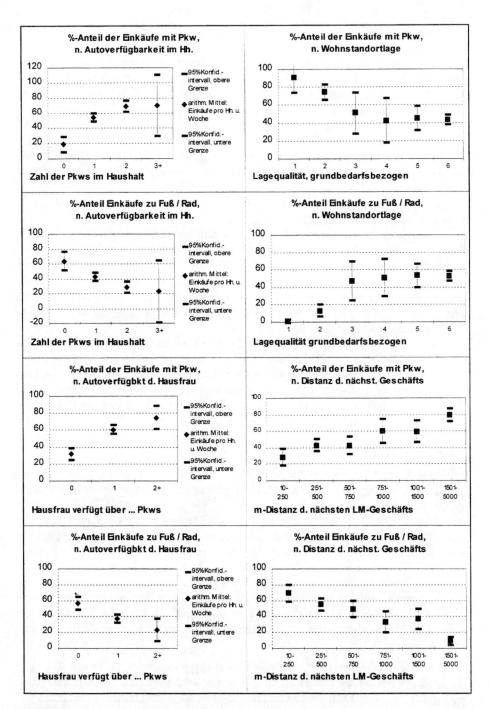

Abbildung 6-13: Bivariate Zusammenhänge der Verkehrsmittelnutzung mit Haushaltsmotorisierung und mit Wohnstandort

Eine ähnliche Aussage ergibt sich für die *Verkehrsmittelnutzung*, ausgedrückt durch die beiden Verhaltensvariablen „Anteil der Pkw-Einkäufe" (PKWP) und Anteil der Einkäufe zu Fuß / mit Rad (FuRaP). In der Einfach-Korrelation erwiesen sich als stärkste Einflußgrößen der Verkehrsmittelwahl unter den Haushaltsvariablen die Autoverfügbarkeit des Haushalts (H4PKW2) bzw. der Hausfrau (H4hf2); auf Seite der Raumvariablen des Wohnstandorts korrelierten am höchsten wiederum die Lagequalität und die Distanz des nächstgelegenen Lebensmittelgeschäfts (R21). Die genannten bivariaten Beziehungen werden in Abbildung 6-13 nach derselben Methode wie in Abb. 6-12 graphisch veranschaulicht (in der linken Hälfte die Haushaltsvariablen, rechts die Raumvariablen, jeweils Mittelwert und Konfidenzintervall). Von beiden Arten von Variablen gehen offensichtlich deutliche Einflüsse auf die Verkehrsmittelwahl aus, die Berechnung des Zweistichprobentests ergibt wiederum leichte Vorteile für die Raumvariablen.

Diese aus nur zwei Variablen mit einfachen Mitteln der induktiven Statistik abgeleitete Aussagen besitzen natürlich nur einen vorläufig-propädeutischen Charakter. Sie machen vor allem deutlich, daß eine befriedigende Antwort auf die Hauptfrage der Untersuchung im bivariaten Erklärungsrahmen nicht möglich ist. Die Antwort wird im folgenden Kapitel mithilfe multivariater Verfahren gegeben.

7. MULTIVARIATE ANALYSEN DER GRUNDBEDARFS-DECKUNG

Kapitel 7 bringt die empirischen Hauptergebnisse der Arbeit. Es besteht aus drei Abschnitten: (7.1.) Spezifizierung der regressionsanalytischen Verfahren für die vorliegende Fragestellung; (7.2.) Ergebnisse der Analysen für die einzelnen Verhaltensdimensionen; (7.3.) Ausgewählte Ergebnisse für einzelne Teilgebiete der Untersuchung.

7.1. Spezifizierung der regressionsanalytischen Verfahren für die vorliegende Fragestellung

Bei der Festlegung des empirischen Forschungsdesigns wurde als Analyseverfahren die multiple Regressionsanalyse ausgewählt. Im vorliegenden Abschnitt werden zunächst die Voraussetzungen für die Anwendung dieses Verfahrens geklärt, indem die Anwendungskontexte der multiplen Regressionsanalyse im allgemeinen dargelegt werden und die angestrebten Analysen methodisch eingeordnet werden (7.1.1.); anschließend werden die regressionsanalytischen Verfahren zur Beantwortung der Hauptfrage der Untersuchung spezifiziert (7.1.2.); abschließend wird die Linearitätsvoraussetzung der Regressionsanalyse überprüft (7.1.3). – Das Grundprinzip und die wesentlichen Schritte einer multiplen Regressionsanalyse werden als bekannt vorausgesetzt; sie können auch den in diesem Abschnitt zitierten Handbüchern entnommen werden.

Die Regressionsanalyse stellt insgesamt gesehen wahrscheinlich das meistverwendete multivariate Verfahren der empirischen Wirtschafts- und Sozialwissenschaften dar. Sie wird laut BACKHAUS ET AL. (1994, S. 5) vor allem in drei Anwendungsbereichen eingesetzt: Ursachenanalysen, Wirkungsprognosen und Zeitreihenanalysen. Die vorliegende Fragestellung ist unter den Ursachenanalysen einzuordnen, bei denen es generell darum geht, den Einfluß mehrerer Regressoren (unabhängiger Variablen) auf einen Regressanden (abhängige Variable) zu bestimmen. Eine spezifische Aufgabe besteht allerdings darin, den Gesamteinfluß einer Gruppe von Variablen – strukturellen Haushaltsmerkmalen – mit dem Gesamteinfluß einer anderen Variablengruppe – den Raummerkmalen – zu vergleichen; diese Aufgabe wird im folgenden als *vergleichende Einflußanalyse* bezeichnet; sie verlangt eine Modifikation des Standardverfahrens der Regressionsanalyse.

7.1.1. Anwendungskontexte und Voraussetzungen der multiplen Regressionsanalyse

In der methodisch orientierten wirtschafts- und sozialwissenschaftlichen Literatur werden beim Einsatz der multiplen Regressionsanalyse zwei Anwendungskontexte auseinandergehalten, die sich in ihren formalen Voraussetzungen unterscheiden. Sie werden meistens als *deskriptiv-nichtstatistisch* einerseits und *strukturell-statistisch* andererseits bezeichnet (vgl. etwa HUMMELL 1986).

Im erstgenannten Kontext ist man nur an einer möglichst guten Beschreibung einer Menge gegebener Daten interessiert. Man sucht Koeffizienten, mit deren Hilfe aus den Werten mehrerer Variablen X unter Verwendung einer linearen Funktion geschätzte Y-Werte berechnet werden können, die die tatsächlichen Y-Werte möglichst gut approximieren. Dabei ist es irrelevant, ob die Daten eine (Zufalls-) Stichprobe aus einer bestimmten Population sind oder nicht, und auch ihre Verteilungsform spielt keine Rolle (HUMMELL 1986, S. 20). Laut BAHRENBERG / GIESE / NIPPER können im rein deskriptiven Anwendungskontext auch hohe Korrelationen zwischen den Erklärungsvariablen toleriert werden (BAHRENBERG ET AL. 1992, S. 41). – Für diesen Anwendungskontext genügt die Erfüllung folgender *Grundvoraussetzungen der multiplen linearen Regressionsanalyse*: (1) Identifikation einer abhängigen, d. h. zu erklärenden Variablen Y (Regressand) und mehrerer unabhängiger oder Erklärungsvariablen $X_{i...n}$ (Regressoren); (2) Vorliegen von Werten der Y- und X-Variablen derselben Beobachtungseinheiten; (3) Annahme eines Einflusses jeder X-Variable auf Y in linearer Form (vgl. BACKHAUS ET AL., 1994, S. 12 ff).

Im strukturell-statistischen Anwendungskontext hingegen werden Hypothesen, die lineare Beziehungen zwischen den betrachteten Variablen postulieren, aufgestellt. Man zielt auf die Schätzung von Parametern der Grundgesamtheit ab und auf Aussagen über die Güte der Schätzung (durch Test der Regressionskoeffizienten auf Signifikanz, etc.). In den statistischen Regressionsmodellen spielt die Qualität der Stichprobe eine Rolle, und es sind auch gewisse Annahmen über die Verteilungsform der Variablen erforderlich. Vor allem aber muß die errechnete Regressionsgleichung einschließlich der Residuen den folgenden formalstatistischen Kriterien genügen: die Regressionsfunktion als ganze muß gültig sein (Bestimmtheitsmaß r^2 signifikant von Null verschieden), die einzelnen Regressionskoeffizienten müssen signifikant von Null verschieden sein, und die Prämissen des linearen Regressionsmodells müssen erfüllt sein: Normalverteilung der Residuen, Linearität zwischen Y und allen X-Variablen, Unabhängigkeit der X-Variablen voneinander, und die 'i.i.d. property' der Residuen (Nicht-Autokorrelation, keine Heteroskedastizität); vgl. hiezu HUMMELL 1986, BACKHAUS ET AL. 1994 [1].

Die Frage nach der Größe des Einflusses einzelner Variablen läßt sich lt. BAHRENBERG / GIESE / NIPPER (1992, S. 33) dadurch beantworten, daß man die standardisierten Regressionskoeffizienten der Erklärungsvariablen – die in der Literatur häufig als „Beta-Gewichte" bezeichnet werden – miteinander vergleicht; dieses Verfahren ließe sich prinzipiell auch auf Variablengruppen anwenden (Summierung der Absolutbeträge der Beta-Gewichte). Diese Vorgangsweise setzt jedoch das Vorliegen orthogonaler Variablen, also das Fehlen von Multikollinearität zwischen den Erklärungsvariablen, voraus. Diese Voraussetzung besteht aufgrund der hohen Interkorrelationen (vgl. oben

---

[1]) Zu den zwei genannten Anwendungskontexten sei angemerkt, daß dieses bipolare Schema meines Erachtens zu wenig die Fragestellung einer vergleichenden Ursachen- oder Einflußanalyse berücksichtigt, die primär eine statistisch gesicherte Aussage über den Gesamteinfluß mehrerer Variablengruppen anstrebt. Auch hiefür ist ein hypothesengeleitetes Vorgehen essentiell; es erscheint aus forschungslogischer Sicht unbegründet, Hypothesen nur bei Anwendungen aufzustellen, bei denen die Schätzqualität im Vordergrund steht.

Tabelle 6-3) in den vorliegenden Daten nicht; sie könnte allerdings hergestellt werden.

An *Möglichkeiten zur Beseitigung der Multikollinearität* werden in Handbüchern der Regressionsanalyse vor allem zwei genannt (vgl. CHATTERJEE & PRICE 1995, S. 184 – 220 und 258 – 267): (1) die Umformung der Variablen in Hauptkomponenten (manchmal fälschlich als Faktoren bezeichnet), welche als Linearkombinationen der ursprünglichen Variablen definiert sind, und (2) die Elimination von Variablen, wozu auch Verfahren der automatisierten Variablenselektion eingesetzt werden können. Beide Lösungen haben den gravierenden Nachteil, daß die ursprünglich identifizierten Erklärungsvariablen entweder gar nicht oder nur noch zum Teil zur Verfügung stehen. Damit wäre eine fundierte Beantwortung der Hauptfrage m. E. nicht mehr möglich. Es stellt sich also die Aufgabe, ein Regressionsverfahren einzusetzen, das s ä m t l i c h e in den empirischen Modellen spezifizierten Haushalts- und Raumvariablen beibehält und eine Aussage über das aggregierte „Erklärungsgewicht" dieser beiden Variablengruppen ermöglicht. Ein solches Verfahren, das hier als *vergleichende Einflußanalyse* bezeichnet werden soll, wird in 7.1.2 entwickelt. – Erst in einer zweiten Analysephase wird eine strukturell-statistische Regressionsanalyse eingesetzt, welche aus der Gesamtheit der Variablen die signifikanten Einflußgrößen aussondert und, bei Erfüllung der allgemeinen formalen Prämissen, auch Schätzaussagen ermöglicht; damit wird der Einfluß e i n z e l n e r Haushalts- und Raumvariablen bestimmt.

Vor Durchführung jeglicher Berechnungen ist zu prüfen, ob und wie weit die drei genannten Grundvoraussetzungen der multiplen linearen Regressionsanalyse in den vorliegenden Daten erfüllt sind. Die Voraussetzungen 1 und 2 sind klarerweise erfüllt, die in Voraussetzung 3 geforderten inhaltlichen Annahmen sind als gerichtete Einflußhypothesen linearer Art („je – desto"-Aussagen) in den empirischen Modellen enthalten; das Vorliegen dieser Linearität wird anschließend (Abschnitt 7.1.3.) überprüft [2]. Die empirischen Modelle des Versorgungsverhalten lassen sich wie folgt in Form einer Regressionsgleichung anschreiben, wobei als Beispiel das Modell der Einkaufshäufigkeit herangezogen wird (vgl. Kap. 3.2.):

$$\text{GBE} = b_0 + b_1{\cdot}\text{H1-1} - b_2{\cdot}\text{H1-2} [\dots] + b_{13}{\cdot}\text{H5-1} + b_{14}{\cdot}\text{H5-2}$$
$$+ b_{15}{\cdot}\text{R1-2} - b_{16}{\cdot}\text{R2-1} [\dots] - b_{24}{\cdot}\text{STREU} + b_{25}{\cdot}\text{AST}$$
$$+ b_{26}{\cdot}\text{KLANT} - b_{27}{\cdot}\text{PKWP} - b_{28}{\cdot}\text{ALTERB} \quad [\pm \textit{Residuum}]$$

Diese Regressionsgleichung umfaßt 28 Erklärungsvariablen, und zwar 14 Haushaltsvariablen (in der ersten Zeile notiert), 11 Raumvariablen (zweite Zeile), und drei sonstige Variablen, nämlich andere Verhaltensvariablen („Interdependenzen"). – Die Variablenauswahl ist an dieser Stelle nur beispielhaft und vorläufig, zur endgültigen Regressionsgleichung der Einkaufshäufigkeit vgl. unten, 7.2.1.

7.1.2. Verfahren der durchgeführten Regressionsrechnungen

Die folgenden Ausführungen dienen vor allem der Festlegung eines *Verfahrens der vergleichenden Einflußanalyse,* welches über eine rein deskriptiv-statistische Anwendung hinaus auch formalen Gültigkeitskriterien für Regressionsgleichungen genügt.

---

[2]) Die hier geforderte Linearität der Beziehungen zwischen abhängiger Variable und Erklärungsvariablen darf nicht verwechselt werden mit der vorhin beim Problem der Multikollinearität erörterten Linearität der Beziehungen zwischen den Erklärungsvariablen.

Die erklärenden Variablen sind folgenden drei Gruppen eindeutig zugeordnet:
- *H-[Haushalt]-Variablen:* sozioökodemographische Strukturmerkmale der Person und des Haushalts,
- *R-[Raum]-Variablen:* Angebotsstruktur- und Distanzmerkmale des Wohnplatzes,
- *S-Variablen:* alle sonstigen spezifizierten Einflußgrößen, sowohl andere Verhaltensmerkmale („Interdependenzen"; vgl. empirische Modelle, Kap. 3.2.) als auch situative Merkmale der Erhebung (vgl. 6.2.2).

In Gesprächen mit Fachstatistikern wurde folgendes *Verfahren für die vergleichende Einflußanalyse* entwickelt: Alle Erklärungsvariablen jeder Gruppe werden jeweils en bloc in die Regression einbezogen, wobei aber die Reihenfolge der Einbeziehung der Gruppen variiert wird. Nach der Permutationsregel der Kombinatorik gibt es bei drei Gruppen sechs verschiedene Abfolgen:

$$H-R-S, \quad R-H-S, \quad S-H-R, \quad S-R-H, \quad H-S-R, \quad R-S-H.$$

In allen sechs Fällen kommt zwar am Ende, nach dem dritten Einschlußschritt, dieselbe Regressionsgleichung heraus, nach dem ersten bzw. zweiten Schritt ergeben sich aber unterschiedliche Gleichungen. Der Grund liegt in der Wechselwirkung zwischen den Erklärungsvariablen, die in empirischen Daten nie vollständig unabhängig voneinander sind (Multikollinearität) und deren Einfluß auf die abhängige Variable immer simultan berücksichtigt wird. Wenn eine Variablengruppe als erste in die Gleichung „eingespeist" wird, entfällt auf sie in der Regel ein wesentlich größerer Erklärungsbeitrag als wenn sie erst an zweiter Stelle eingeschlossen wird. Rein numerisch hat dies zur Folge, daß sich die Erklärungsbeiträge der Variablengruppen nicht einfach addieren lassen.

Dies bedeutet aber auch, daß die Größe des Einflusses von H-Variablen und R-Variablen nicht aus einer einzigen Maßzahl abgeleitet werden kann, sondern mehrere Zwischenergebnisse – sie werden im folgenden als „Teilmodelle" bezeichnet, es handelt sich jedoch immer nur um Komponenten desselben „vollständigen Modells" – zu berücksichtigen und vergleichend zu bewerten sind. Dies wird durch folgendes Schema verdeutlicht (Abb. 7-1).

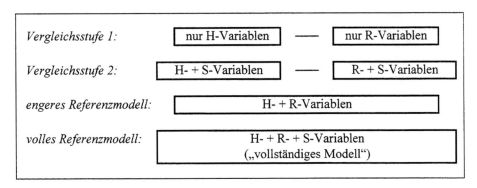

Abbildung 7-1: Regressions-"Teilmodelle" für den Vergleich des Einflusses von Haushalts- und Raummerkmalen (Schema)

Zunächst ist das vollständige Modell auf Gültigkeit der Regressionsfunktion insgesamt zu überprüfen (Überprüfung des Bestimmtheitsmaßes r² auf signifikante Verschiedenheit von Null, Normalverteilung der Residuen; vgl. BACKHAUS ET AL. 1994, S. 30 ff). Wenn diese gegeben ist, ist der Erklärungsanteil (r²) der einzelnen Teilmodelle zu bestimmen; zur vergleichenden Einschätzung soll aber noch mindestens ein weiteres Gütekriterium herangezogen werden.

Ein zweites Gütekriterium der Regressionsfunktion erscheint vor allem deswegen erforderlich, weil das Bestimmtheitsmaß nicht unabhängig von der Zahl der Erklärungsvariablen ist; nimmt deren Zahl zu, wird r² im allgemeinen höher. Ein höherer Betrag von r² wird im vorliegenden Fall aber tendenziell stärker durch Haushalts- als durch Raumvariablen bestimmt, da die Regressionsgleichungen, wie noch zu zeigen ist, mehr Haushalts- als Raumvariablen enthalten. Als Gütekriterium, das unabhängig von der Zahl der Regressoren ist, bietet sich die *geschätzte Residuenvarianz* (vgl. CHATTERJEE & PRICE 1995, S. 246 ff.) an, welche wie folgt berechnet wird: Residuenquadratsumme (SSE) dividiert durch Anzahl der Freiheitsgrade (d.f.; letztere errechnet sich aus Zahl der Beobachtungen minus Zahl der Erklärungsvariablen minus 2). Sie gibt Auskunft über die vermutliche Größe der Residuen in der Grundgesamtheit; beim Vergleich zweier Gleichungen ist jene mit dem geringeren Wert von SSE/df zu bevorzugen. Im Kontext der vergleichenden Einflußanalyse dient diese Maßzahl allerdings nicht zu Schätzungen über die Grundgesamtheit, sondern wie erwähnt als zweites allgemeines Gütekriterium neben dem Bestimmtheitsmaß [3].

Für das gesuchte *Verfahren der vergleichenden Einflußanalyse* werden somit folgende Schritte festgelegt, die für jede Verhaltensdimension durchzuführen sind:
(1) Berechnung des „vollständigen Modells" und aller Teilmodelle laut Abb. 7-1;
(2) Beurteilung des errechneten „vollständigen Modells" auf formale Gültigkeit (Signifikanz des F-Werts, Normalverteilung der Residuen);
(3) Vergleich des Teilmodells „nur H" mit dem Teilmodell „nur R" hinsichtlich Bestimmtheitsmaß und geschätzter Residuenvarianz („Vergleichsstufe 1");
(4) Vergleich des Teilmodells „H + S" mit dem Teilmodell „R + S" hinsichtlich derselben zwei Gütekriterien („Vergleichsstufe 2");
(5) Vergleich der genannten Teilmodelle mit den beiden Referenzmodellen;
(6) Überprüfung des „vollständigen Modells" auf Multikollinearität: Im günstigsten Fall – kein Varianzinflationsfaktor [4] größer als 10 – kann bereits anhand dieses Modells die Einflußstärke einzelner Erklärungsvariablen abgeleitet, also die zweite Analysephase durchgeführt werden (s. anschließend).

Die angestrebte Aussage über die relative Einflußgröße der H- und R-Variablen wird primär aus den Schritten 3 und 4 abgeleitet. Wenn hier sämtliche vier Gütekriterien zugunsten derselben Variablengruppe sprechen, besitzt diese – also entweder der Haushalt oder der „Raum" – eindeutig den stärkeren Einfluß auf das Versorgungsverhalten; bei einem Verhältnis von 3 : 1 liegt ein geringeres, aber immer noch deutliches Übergewicht einer Gruppe vor. Nur wenn beide Variablengruppen bei je zwei der vier Vergleichsgrößen voranliegen sollten, könnte die Frage nicht eindeutig entschieden werden.

---

[3] Im Programm SPSS wird die geschätzte Residuenvarianz im Ergebnisbereich „Analysis of Variance" ausgegeben und als „Mean Square" bezeichnet.
[4] Der Varianzinflationsfaktor wird in SPSS-Regressionsergebnissen in der Spalte „VIF" ausgegeben.

In diesen Fällen kann die Einflußstruktur durch Vergleich mit den beiden Referenzmodellen ergänzend charakterisiert werden (Schritt 5).

Allerdings ist auch mit der Möglichkeit zu rechnen, daß sich für einzelne Teilmodelle auf Basis der spezifizierten Variablen gar keine gültige Regressionsfunktion errechnen läßt. Wenn dieser Umstand nur eine Variablengruppe betrifft, könnte man der anderen den stärkeren Einfluß zusprechen, was allerdings nicht voll befriedigt. Eine bessere Lösung besteht darin, den Kreis der Erklärungsvariablen zu erweitern. Diese Lösung kommt vor allem dann in Betracht, wenn sich bereits bei Schritt 2 ergeben sollte, daß das „vollständige Modell" keine gültige Regressionsgleichung ergibt. Sollte trotzdem das Modell formal unzureichend bleiben, könnte für die betreffende Verhaltensdimension die dichotome Hauptfrage nicht entschieden werden.

Im Anschluß an die hiemit methodisch festgelegte vergleichende Einflußanalyse wird die *zweite Analysephase* durchgeführt. In ihr wird mithilfe eines *statistisch-strukturellen Regressionsmodells* die Frage zu klären versucht, welche der Haushalts- und Raumvariablen das jeweilige Verhaltensmerkmal signifikant beeinflussen, und in welcher relativen Stärke. Als Verfahren hiefür ist lt. CHATTERJEE & PRICE (1995, S. 180 ff.) ein rückschreitendes Eliminieren von Variablen aus einem „vollständigen" Modell besser geeignet als eine schrittweise Vorwärts-Variablenselektion; dies bedeutet, daß im SPSS-Regressionsmodul die Methode BACKWARD, nicht STEP oder FORWARD, angewendet wird. Aus einer solcherart errechneten, formal gültigen und nicht mit Multikollinearität belasteten Regressionsgleichung lassen sich folgende Aussagen ableiten:

(a) welche Variablen einen signifikanten Einfluß ausüben, anhand der signifikanten Verschiedenheit ihres Regressionskoeffizienten von Null;

(b) in welcher relativen Stärke die genannten Variablen die abhängige Variable beeinflussen, anhand der Absolutbeträge ihrer „Beta-Gewichte";

(c) in welchen Größenbereichen die abhängige Variable in der Grundgesamtheit der Stichprobe liegt, also Schätzungen anhand des Betrages von SSE/df.

Wie bereits angedeutet, könnte auch der Fall eintreten, daß zwar die vergleichende Einflußanalyse keine gültige Gleichung erbrachte, daß sich aber in der zweiten Analysephase infolge der Variablenselektion ein formal gültiges Regressionsmodell ergibt, das die genannten Aussagen ermöglicht.

Die dargelegte methodische Vorgangsweise wird auch im Abschnitt „Ergebnisse für einzelne Teilgebiete der Untersuchung" (7.3.) angewandt. Dort sollen in der zweiten Analysephase auch Schätzaussagen getroffen werden.

7.1.3. Prüfung der Daten auf Linearität der Zusammenhänge

Da die Linearität der Zusammenhänge zwischen der abhängigen und jeder unabhängigen Variable eine wesentliche Voraussetzung der anzuwendenden multiplen Regressionsanalyse ist, wird diese im voraus überprüft. Eindeutige Nichtlinearitäten in den bivariaten Beziehungen machen eine linearisierende Transformation der betreffenden Variablen erforderlich (vgl. z. B. CHATTERJEE & PRICE 1995).

Es wird daher folgende Vorgangsweise festgelegt: Zunächst soll die Linearitätsprüfung nur für den Verhaltensaspekt Einkaufshäufigkeit durchgeführt werden. Wenn sich dabei herausstellt, daß die Linearität nicht in ausreichendem Maß besteht, aber durch linearisierende Transformation der Ursprungsvariablen die Modellgüte eindeutig verbessert wird, soll auch für die übrigen Verhaltensaspekte die Linearität näher untersucht und eine eventuelle Nichtlinearität durch Variablentransformationen berücksichtigt werden.

Bezogen auf die *Einkaufshäufigkeit* können aufgrund theoretischer und empirischer Aussagen (vgl. Kap. 2) *nichtlineare Beziehungen* vor allem in drei Einflußbereichen vermutet werden:
– bei den Merkmalen der *Bedarfsmenge*: wegen 'economies of scale' beim Einkauf ist damit zu rechnen, daß für größere Bedarfsmengen nicht proportional, sondern nur degressiv häufiger eingekauft wird;
– von seiten des *Alters* der haushaltführenden Person bzw. der Position des Haushalts im *Lebenszyklus*: es ist ein Anstieg von jungen zu mittleren Haushalten, danach wieder ein selteneres Einkaufen in älteren Haushalten zu vermuten;
– auf seiten der Raumvariablen bei den *Distanzmerkmalen*: Infolge nichtlinear wachsender Distanzüberwindungskosten, vor allem was den Zeitaufwand betrifft, oder auch durch subjektive Distanzverkürzung (in den 'mental maps') gegenüber präferierten entfernt liegenden Einkaufsstandorten wäre ein nichtlinearer Einfluß auf die Einkaufshäufigkeit u. U. erklärbar.

Die Linearitätsprüfung wurde anhand der SPSS-Prozedur CURVEFIT durchgeführt, welche mehrere unterschiedliche Regressionsfunktionen berechnet und in einer einzigen Graphik übereinandergelagert darstellt. Eine Auswahl aus der mit dieser Prozedur erzeugten Diagrammserie zeigt Abbildung 7-2. Es sind sowohl die lineare Regressionsfunktion als auch jene anderen Funktionen höherer Ordnung, die eine bessere Anpassung als die lineare ergeben, dargestellt. Die in der Legende angeführten Werte von „Rsq." bezeichnen das bei Einfachregression ermittelte Bestimmtheitsmaß [5].

Wie die vier obersten Diagramme von Abbildung 7-2 zeigen, ergibt sich bei den Variablen der Bedarfsmenge (F4 = H1-1, MzPW = H1-4) in beiden Teilmassen gegenüber der linearen Funktion eine etwas bessere Anpassung sowohl durch eine logarithmische als auch durch quadratische und kubische Funktionen; die Bestimmtheitsmaße sind allerdings auch dann noch relativ niedrig.

Eine deutlich „umgekehrt U-förmige" Beziehung, welche eine quadratische Beziehung ausdrückt, findet sich bei den Phasenvariablen des Lebenszyklus (LEBZYK7 = Lz1 bis Lz7), vor allem in Teilmasse 2; in abgeschwächter Form besteht diese Funktionsform auch beim Alter der haushaltführenden Person (AGHF); die erstgenannte Variable ist allerdings nicht metrisch.

Bei den Raummerkmalen ergibt sich generell nur ein geringer Zusammenhang mit der Einkaufshäufigkeit; am höchsten ist das Bestimmtheitsmaß noch bei der Distanz zum nächsten Lebensmittelgeschäft (LMGDIST = R2-1), doch ist hier der Zusammenhang eher linear bzw. bestehen unterschiedliche Funktionsformen in den zwei Teilmassen.

---

[5]) Unter den demographischen Einflußvariablen der Einkaufshäufigkeit wurden auch einige nichtmetrische Variablen untersucht. Für diese Variablen hat die Angabe eines Bestimmtheitsmaßes natürlich keinen Sinn, sie wurde aber, weil vom Programm automatisch erzeugt, in den Diagrammen belassen.

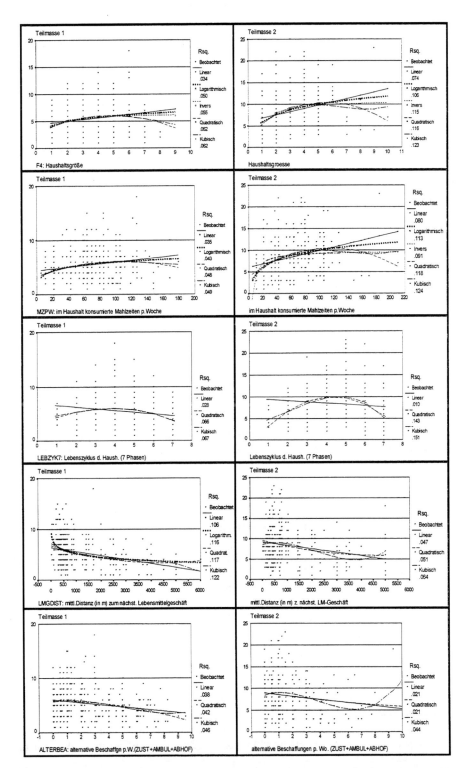

Abb. 7-2: Linearitätsprüfung Einkaufshäufigkeit × ausgewählte Erklärungsvariablen

In der Zusammenschau über alle Erklärungsvariablen ergibt sich, daß bei den meisten Variablen Funktionen höherer Ordnung keine wesentlich bessere Anpassung als die lineare Funktion bringen. Dies gilt auch für die sonstigen Variablen, von denen als Beispiel die Anzahl der alternativen Beschaffungsakte (ALTERBEA = ALTERB) in Abbildung 7-2 dargestellt ist. Die deutlichsten nichtlinearen Beziehungen mit der Einkaufshäufigkeit treten bei den demographischen Variablen der Lebenszyklusphase und des Haushaltstyps auf, welche nicht metrisch sind und daher in der Regressionsanalyse nicht mit ihren ursprünglichen Werten, sondern in Form von Dummyvariablen berücksichtigt werden. Bei den metrischen Einflußvariablen ergeben sich eher undeutliche Hinweise auf Nichtlinearität, am ehesten noch für die zwei Variablen Haushaltsgröße (F4 = H1-1) und Mahlzeitenzahl pro Woche (MzPW = H1-4).

Diese beiden Variablen wurden, wie oben, durch Logarithmierung transformiert, und danach das „vollständige Modell" der Einkaufshäufigkeit (s. unten 7.2.1.) parallel mit logarithmierten und mit ursprünglichen Variablenwerten gerechnet.

Das Ergebnis war, daß die Gleichung mit den transformierten Erklärungsvariablen in beiden Teilmassen weder hinsichtlich Bestimmtheitsmaß noch hinsichtlich geschätzter Restvarianz besser war als die ursprüngliche, sogar geringfügig schlechter. Aufgrund dessen wurden, wie oben festgelegt, auch bei den übrigen Verhaltensdimensionen keine Transformationen von Erklärungsvariablen durchgeführt.

7.2. Ergebnisse der Analysen für die einzelnen Verhaltensdimensionen

Dieser Abschnitt referiert die Ergebnisse der multiplen Regressionsrechnungen, die nach dem in 7.1. entwickelten Verfahren durchgeführt wurden. Bezugsgrundlage der Berechnungen sind die in Abschnitt 3.2. aufgestellten empirischen Modelle jeder Verhaltensdimension. Zunächst wird jeweils die vergleichende Einflußanalyse, dann das strukturell-statistische Regressionsmodell präsentiert.

7.2.1. Einflußgrößen der Einkaufshäufigkeit

Das aufgestellte empirische Modell der Einkaufshäufigkeit enthält insgesamt 28 Einflußmerkmale, und zwar 14 Haushaltsmerkmale (3 Merkmale der Bedarfsmenge, 7 Merkmale der personellen und zeitlichen Ressourcen, und die Merkmale der Haushaltsmotorisierung, des Arbeitspendelns, der Sozialschicht und der Lebenszyklusphase), 11 Raummerkmale (2 Merkmale des Geschäfteangebots am Wohnplatz, 2 Distanzmerkmale sowie die Lagequalität, 3 Merkmale sonstiger Bezugsquellen am Wohnplatz, 3 summarische Ortsmerkmale) und die 3 anderen Verhaltensmerkmale Geschäftsartenwahl, Verkehrsmittelwahl und Alternativ-Beschaffungen. Als weitere Einflußgrößen kommen aufgrund der Datenqualitätsprüfung die zwei situativen Merkmale Zahl der Auskunftspersonen und Dauer der Berichtswoche hinzu. Das entsprechende Regressionsmodell enthält noch um einige Variablen mehr, weil die nichtmetrischen Erklärungsmerkmale in jeweils mehrere Binärvariablen übergeführt wurden; dies betrifft überwiegend H-Merkmale (Lebenszyklus, Altersgruppe sowie Berufstätigkeitsausmaß der haushaltführenden Person), aber auch das Raummerkmal „Lagequalität" (Binärvariablen LAGE1 bis LAGE6). Hiedurch erhöht sich die Zahl der Erklärungsvariablen auf insgesamt 51 in Teilmasse 1 und 55 in Teilmasse 2 (30 bzw. 34 H-Variablen, je 16 R-Variablen, 5 S-Variablen). Wegen des festgestellten inhaltlichen Unterschieds der berichteten Einkaufsakte werden die Berechnungen für die beiden Teilmassen (1: Haushaltsinterviews; 2: Einkaufstagebücher) getrennt durchgeführt.

Die nachfolgend dargestellten Ergebnisse der *vergleichenden Einflußanalyse* sind aus SPSS-Druckausgaben abgeleitet, welche für die Dimension Einkaufshäufigkeit in Anhang 3 wiedergegeben sind. Die Ausdrucke beinhalten nur das vollständige Modell für beide Teilmassen, auf eine Wiedergabe der für die einzelnen Vergleichsschritte erzeugten „Teilmodell"-Ausdrucke wird aus Platzgründen verzichtet. Die Hauptergebnisse sind in Tabelle 7-1 zusammengestellt.

Zunächst wird die Häufigkeit von *Haushaltseinkäufen* im eigentlichen Sinne (Teilmasse 1) entsprechend dem in 7.1.2. festgelegten Ablaufschema kommentiert. Das vollständige Modell („H + R + S") der Haushaltseinkäufe ist formal gültig: der F-Wert der Regressionsgleichung ist signifikant, die Residuen sind annähernd normalverteilt, und auch die Graphik der Residuen vs. geschätzte Y-Werte weist keine auffälligen Muster auf (vgl. Anhang 3, zweites Blatt: graphische Ausgaben zur Residuen-Überprüfung). Der durch das Modell erklärte Varianzanteil beträgt 42 %.

Tabelle 7-1: Ergebnisse der vergleichenden Einflußanalyse, Dimension Einkaufshäufigkeit

Verhaltensmerkmal, einbezogene Erklärungsvariablen (H Haushalts-, R Raum-, S sonst. Variablen)	Erklärungsvariablen i.Gleichung	F-Wert der Gleichung	Signifikanz von F	Bestimmtheitsmaß r^2	Geschätzte Resid.varianz (SSE / df)
Haushaltseinkäufe für Grundbedarf (Teilmasse 1, N = 397)					
nur H	30	2,21	,000	,153	6,86
nur R	16	6,32	,000	,210	6,16
H + S	35	4,13	,000	,285	5,86
R + S	21	7,15	,000	,286	5,64
H + R	46	3,73	,000	,328	5,68
H + R + S	51	4,90	,000	,420	4,98
GB-Einkäufe der Haushaltsmitglieder (Teilmasse 2, N = 287)					
nur H	34	3,66	,000	,330	16,14
nur R	16	1,94	,017	,103	20,19
H + S	39	5,20	,000	,451	13,50
R + S	21	4,53	,000	,264	16,87
H + R	50	3,25	,000	,408	15,24
H + R + S	55	4,09	,000	,493	13,32

Quelle: eigene Berechnungen (vgl. Anhang 3).

Der Vergleich der zwei Teilmodelle „nur H" und „nur R" (Schritt 3 des Ablauf-schemas) fällt eindeutig zugunsten der Raumvariablen aus, da mit ihnen nach beiden Gütekriterien bessere Werte erreicht werden: das Bestimmtheitsmaß ist höher (21 % vs. 15 %), die geschätzte Störtermvarianz geringer (6,16 vs. 6,86).

Beim Vergleich der zwei Teilmodelle inkl. S-Variablen (Schritt 4) fällt auf, daß durch die Hinzunahme der sonstigen Variablen der Erklärungsbeitrag der H-Variablen deutlich stärker erhöht wird als der Erklärungsbeitrag der R-Variablen; offensichtlich weisen die sonstigen Variablen eine größere Affinität zu den Haushalts- als zu den Raumvariablen auf. Trotzdem erreicht auch auf dieser Vergleichsstufe das Teilmodell mit Raumvariablen nach beiden Kriterien bessere Werte als das Teilmodell mit Haus-haltsvariablen, in bezug auf r^2 allerdings nur ganz knapp (0,286 vs. 0,285). – Im ge-meinsamen Modell der H- + R-Variablen ("engeres Referenzmodell") erhöht sich ge-genüber den Teilmodellen das Bestimmtheitsmaß auf 0,328, durch Hinzunahme der S-Variablen noch wesentlich auf 0,420.

Die Antwort auf die Hauptfrage aus der vergleichenden Einflußanalyse für die Häufigkeit von Haushaltseinkäufen (Teilmasse 1) lautet somit: Die *räumlichen Merk-male* des Wohnplatzes beeinflussen die Häufigkeit von Haushaltseinkäufen *eindeutig stärker* als die Haushaltsmerkmale (Ergebnis der beiden Vergleichsstufen: 4 : 0 zugun-sten der Raumvariablen).

Die Ergebnisse für die *Grundbedarfseinkäufe der Haushaltsmitglieder* (Teilmasse 2) zeichnen ein völlig anderes Bild der Einflußstruktur der Einkaufshäufigkeit (vgl. Tab. 7-1, untere Hälfte). Die Regressionsgleichung als ganze ist ebenfalls signifikant, auch die Residuen sind annähernd normalverteilt bzw. unauffällig (vgl. Anhang 3, dritte u. vierte Seite); das Bestimmtheitsmaß ist mit 0,493 etwas höher als für die Haushaltsein-käufe. Bereits auf der ersten Vergleichsstufe ergibt sich nach beiden Gütekriterien ein deutlich stärkerer Einfluß der H-Variablen, dasselbe gilt für Vergleichsstufe 2. Aus dem Vergleich von H + S mit H + R ergibt sich außerdem, daß der Einfluß der Raumvaria-blen auf dieses Verhaltensmerkmal sogar geringer ist als jener der sonstigen Variablen. Die Häufigkeit von Einkäufen der Haushaltsmitglieder wird also von *Haushaltsmerk-malen eindeutig stärker* beeinflußt als von Raummerkmalen.

Dieses genau entgegengesetzte Ergebnis liefert den Beweis, daß die beiden erhobe-nen Arten von Einkaufsakten nicht nur unterschiedlich häufig durchgeführt werden, sondern auch durch unterschiedliche Einflüsse zu erklären sind. Welche Haushalts- und Raummerkmale dies im einzelnen sind, wird durch die nunmehr vorzunehmende Über-prüfung anhand des statistisch-strukturellen Regressionsmodells beantwortet.

Ausgangspunkt dieser *zweiten Analysephase* ist die Überprüfung des vollständigen Modells auf Multikollinearität (Schritt 6 der vergleichenden Einflußanalyse). Wie aus Anhang 3, Seite 1 und 3, hervorgeht, weisen in beiden Teilmassen mehrere Variablen VIF-Werte größer als 10 auf, so daß weder ein Urteil über die Signifikanz der Regressi-onskoeffizienten noch über ihr relatives Einflußgewicht zulässig ist. Es ist daher ein strukturell-statistisches Modell nach der festgelegten Methode zu berechnen. Die dabei erhaltenen SPSS-Druckausgaben sind in Anhang 4 wiedergegeben; die Modelle beider Teilmassen sind formal gültig und erfüllen die Voraussetzungen für eine strukturell-statistische Interpretation; auch die Regressionskonstante ist signifikant von Null ver-schieden. Das Modell der Haushaltseinkäufe i. e. S. (Grundbedarfseinkäufe in Teilmasse

1) erreicht ein Bestimmtheitsmaß von 0,378. Eine graphische Zusammenschau dieses Modells einschließlich der Regressionsgleichung bietet die Abbildung 7-3.

Wie Abb. 7-3 zeigt, ergibt sich für die Häufigkeit von *Haushaltseinkäufen* folgende Einflußstruktur. Insgesamt sind 19 Erklärungsvariablen im Modell enthalten, von denen 15 einen signifikanten Einfluß ausüben. Darunter sind 8 Raumvariablen, 4 Haushaltsvariablen und 3 sonstige Variablen. Im einzelnen sind dies, geordnet nach der Einflußrichtung und innerhalb derselben nach dem relativen Einflußgewicht (Spalte „Beta" in Anhang 4), die folgenden Variablen.

Signifikant *erhöhend* auf die Zahl getätigter Haushaltseinkäufe wirken:

1.+) eine größere Artenvielfalt der Grundbedarfsgeschäfte am Wohnplatz (R1-2): jede zusätzliche Art von Grundbedarfsgeschäften erhöht die Einkäufezahl pro Woche um 0,53;

2.+) ein höherer Anteil von Einkäufen in kleinen Grundbedarfsgeschäften (KlAnt): eine Erhöhung dieses Anteils um 10 % bedeutet 0,2 Einkäufe pro Woche mehr;

3a/b.+) ein Wohnsitz in Orten ohne Grundbedarfsgeschäft (Lage2, Lage1): dieser Umstand bewirkt um 2,2 bzw. 1,52 Einkäufe p.W. mehr *[sic !]*;

4.+) Pkw-Besitz des Haushalts (H4-1): gegenüber nicht-Pkw-besitzenden Haushalten erhöht sich die wöchentliche Einkaufshäufigkeit um 1,44;

5a/b.+) ein Wohnsitz in Orten zwar mit Geschäft, aber ohne ausreichendes Grundbedarfsangebot am Wohnplatz (Lage4, Lage5): dies erhöht die Einkäufezahl um 1,5 bzw. 1,27;

6.+) zahlreichere Tätigkeitsgelegenheiten allgemeiner Art im Wohnumfeld (Ast): je 10 nichtlandwirtschaftliche Arbeitsstätten mehr am Wohnplatz erhöht sich die Einkäufezahl um 0,14 – geringfügig, aber signifikant;

7.+) eine größere Zahl nichtberufstätiger Erwachsener (H3-1): durch jedes Haushaltsmitglied in dieser Situation erhöht sich die Einkäufezahl um 0,38.

Signifikant *erniedrigend* auf die Zahl der Haushaltseinkäufe wirken hingegen:

1.–) mehr Landwirtschaftsbetriebe am Wohnplatz (R3-3): es gibt also einen gegenläufigen Einfluß agrarischer und nichtagrarischer Betriebe, vgl. oben 6.+);

2.–) eine größere Distanz zum nächstgelegenen Lebensmittelgeschäft (R2-1): ist diese um 1 km größer, sinkt die Einkaufshäufigkeit um 0,58;

3.–) die Lebenszyklusphase „älterer Einpersonenhaushalt" (Lz7): im Vergleich zur Referenzgruppe „junger Einpersonenhaushalt" (Lz1) werden um 2,15 Einkäufe weniger getätigt;

4.–) ein höherer Anteil von Einkäufen mit Pkw (PkwP): erhöht sich dieser Anteil um 10 %, sinkt die Einkaufshäufigkeit p.W. um 0,13;

5.–) ein Pensionisten-Paar-Haushalt (Pens): von diesem Haushaltstyp werden c.p. um 1,66 Einkäufe weniger getätigt – hier ist aber zu berücksichtigen, daß die Variable Pens auf das Referenzniveau aller übrigen Haushalte bezogen ist und daß eine größere Pensionistenzahl (s. oben, H3-1) an sich einkäufeerhöhend wirkt;

6.–) eine höhere Zahl „alternativer" Grundbedarfsbeschaffungen (AlterB): jede solche Beschaffung „erspart" 0,18 Haushaltseinkäufe in einem Geschäft;

Diese Ergebnisse verdienen einige Aufmerksamkeit: Zunächst ist festzuhalten, daß einige der in Kapitel 2 und Abschnitt 3.2. identifizierten präsumptiven Haupteinflußfaktoren nicht empirisch verifiziert werden konnten. Dies gilt vor allem für die Bedarfs-

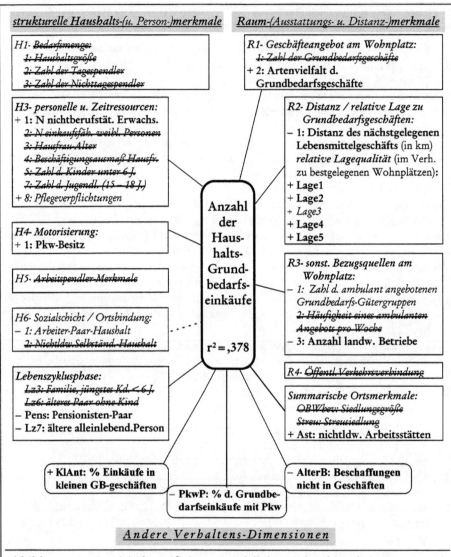

Abbildung 7-3: Empirisch verifiziertes Modell der Einkaufshäufigkeit I, Grundbedarfseinkäufe des Haushalts

GBE[1] = 5,10 +0,53 R1-2 −0,023 R3-3 +0,021 KlAnt −0,58 R2-1 −2,15 Lz7
+2,20 Lage2 +1,44 H4-1 −0,013 PkwP +1,52 Lage1 −1,66 Pens
+1,52 Lage4 +1,27 Lage5 −0,18 AlterB +0,014 Ast +0,38 H3-1
+0,88 Lage3 −0,24 R3-1 −0,57 H6-1 +0,02 H3-8

Erläuterung:
Die Erklärungsvariablen sind in der Regressionsgleichung nach ihrem Beta-Gewicht gereiht; angegeben sind die nicht standardisierten Regressionskoeffizienten. Bei den *kursiv* gedruckten Variablen ist der Regressionskoeffizient nicht signifikant. – Weitere Erläuterungen im Text.

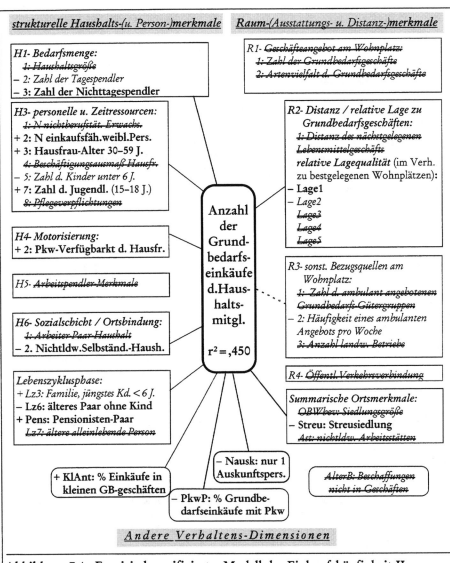

Abbildung 7-4: Empirisch verifiziertes Modell der Einkaufshäufigkeit II, Grundbedarfseinkäufe der Haushaltsmitglieder

GBE[2] = 3,79 +2,92 H3-2 +0,042 KlAnt −2,57 Lz6 +2,66 Pens −2,38 H1-3
−0,018 PkwP −1,72 Nausk +0,99 H3-7 +1,08 H4-2 +1,27 H3-3
−2,23 Streu −2,34 Lage1 −2,10 H6-2
+2,83 Lz3 −2,17 H3-5 −1,49 Lage2 −0,49 H1-2 −0,23 R3-2

Erläuterungen:
Angabe von Signifikanz, Einflußrichtung (+ oder −) und Hypothesenbezug der Erklärungsvariablen:
± **Fett**: signifikant, Richtung wie Hypothese   ± ~~**fett durchgestrichen**~~: signif., entgegenes. Richtung
± *kursiv*: nicht signifik., Richtung wie Hyp.   ~~*kursiv durchgestrichen*~~: nicht signifikant

menge (Hauptfaktor H1), welche offensichtlich keinen Einfluß auf die Einkaufshäufigkeit ausübt. Weiters für die Arbeitspendlermerkmale (H5): weder von den Tagespendelbeziehungen zu „Angebotsorten" (d. s. Arbeitsorte mit besserem Grundbedarfsangebot als der Wohnort) noch vom Pendelverkehrsmittel geht ein merklicher Einfluß aus. Für die Sozialschicht (H6) läßt sich nur ein nicht signifikanter, tendenziell frequenzerniedrigender Einfluß des Merkmals „Arbeiter-Paar-Haushalt" verifizieren. Hingegen wirken alle drei sonstigen Verhaltensvariablen in der erwarteten Richtung auf die Einkaufshäufigkeit (vgl. Abb. 7-3, unterer Teil).

Insgesamt werden auf Seite der Haushaltsfaktoren nur die Einflüsse der personellen und Zeitressourcen (H3) und der Lebenszyklusphase in der angenommenen Richtung bestätigt; der Einfluß des Pkw-Besitzes (H4), für den in der Literatur widersprechende Richtungen festgestellt wurden, erweist sich in der multivariaten Analyse als eindeutig einkaufsfrequenzerhöhend. Auf seiten der Raumfaktoren werden die angenommenen Einflüsse der Breite des lokalen Geschäfteangebots (R1), der Distanz zu Grundbedarfsgeschäften (R2), der sonstigen Bezugsquellen (R3) und auch der funktionalen Vielfalt des Wohnorts (summarisches Merkmal) in der angenommenen Richtung als signifikante Einflußgrößen bestätigt. Die Qualität der öffentlichen Verkehrsverbindung (R4) übt hingegen wie erwartet keinen Einfluß aus. Überraschend ist allerdings die Einflußrichtung einer im Vergleich zu den vollausgestatteten Wohnplätzen (Lage6) ungünstigen Lage des Wohnstandorts (Lage1 bis Lage5): ein Wohnplatz völlig ohne oder mit nicht ausreichendem Geschäfteangebot wirkt offenbar fördernd auf die Zahl der Haushaltseinkäufe. Dies läßt sich aber daraus erklären, daß im Modell gleichzeitig die Distanz zu Geschäften (R2-1) enthalten ist, welche in der erwarteten Einflußrichtung und mit größerem Beta-Gewicht als die am stärksten beeinflussende Lagequalitätsvariable (Lage2) einwirkt; vgl. hiezu Anhang 4, erste Seite.

Nun zu den strukturell-statistischen Regressionsrechnungen der *Grundbedarfseinkäufe der Haushaltsmitglieder*, deren Ergebnisse graphisch in Abbildung 7-4 dargestellt sind. Das Bestimmtheitsmaß des vollständigen Modells ist – ebenso wie bei der vergleichenden Einflußanalyse – etwas höher als das der Haushaltseinkäufe und beläuft sich auf 0,450 (vgl. die SPSS-Berechnungsausdrucke im Anhang 4). Es enthält insgesamt 18 Erklärungsvariablen, von denen 13 signifikant sind, nämlich 8 Haushaltsvariablen, 3 sonstige Variablen und nur 2 Raumvariablen. Die Einflußstruktur dieses Verhaltensmerkmals weicht in mehreren Punkten von jener der Haushaltseinkäufe ab.

Signifikant *erhöhend* auf die Grundbedarfseinkaufshäufigkeit der Haushaltsmitglieder wirken (zur Reihenfolge der Variablen s. oben):

1.+) eine größere Zahl einkaufsfähiger weiblicher Personen im Haushalt (H3-2): pro Frau mehr werden um fast 3 Einkäufe pro Woche mehr getätigt;

2.+) ein höherer Anteil von Einkäufen in kleinen Grundbedarfsgeschäften (KlAnt): ein um 10 % höherer Anteil führt zu 0,42 Einkäufen pro Woche mehr – was eine genau doppelt so große Erhöhung wie bei den Haushaltseinkäufen bedeutet;

3.+) ein Pensionisten-Paar-Haushalt (Pens): durch diesen Umstand erhöht sich die Einkäufezahl um 2,66 pro Woche (gegenüber allen übrigen Haushalten, c.p.);

4.+) eine größere Zahl von Jugendlichen im Haushalt (H3-7): pro Jugendlichen mehr wird um fast 1 mal pro Woche häufiger eingekauft;

5.+) eine höhere Pkw-Verfügbarkeit der Hausfrau (H4-2): durch jeden Pkw mehr, der ihr zur Verfügung steht, erhöht sich die Einkäufezahl um etwa 1,1 pro Woche;

6.+) eine haushaltführende Person im Alter zwischen 30 und 60 Jahren (H3-3): Erhöhung um rund 1,3 Einkäufe (gegenüber einer Person über 60 J.).

Signifikant *einkäufevermindernd* wirken hingegen folgende Variablen:

1.–) ein älterer Paar-Haushalt ohne Kind (Lz6): gegenüber der Referenzphase Lz1 wird um 2,57 Einkäufe seltener eingekauft; – Dieser Einfluß besteht aber nur in Haushalten von Berufstätigen; wenn beide Partner in dieser Lebensphase bereits Pensionisten sind, vermehren sich die Einkäufe der Haushaltsmitglieder etwa im selben Ausmaß (vgl. oben, Variable Pens), sodaß dann kein Einfluß dieser Lebenszyklusphase besteht;

2.–) Zahl der Nichttagespendler (H1-3): durch jedes fernpendelnde Haushaltsmitglied sinkt die Einkäufezahl um 2,4;

3.–) ein höherer Pkw-Anteil der Einkäufe (PkwP): dieser Umstand vermindert die hier betrachteten Einkäufe in ähnlichem Ausmaß wie die Haushaltseinkäufe;

4.–) eine unvollständige Erfassung der Zielgruppe (Nausk): wenn nicht von allen altersmäßig zu erfassenden Haushaltsmitgliedern ein Einkaufstagebuch vorlag, vermindert sich die Einkäufezahl des Haushalts c.p. um 1,72;

5.–) ein Wohnsitz in Streusiedlungslage (Streu) vermindert die Einkäufezahl um etwa 2,2 pro Woche;

6.–) weiters wirkt die ungünstigste geschäftebezogene Lagequalität (Lage1) zusätzlich nochmals etwa ebenso stark einkäufemindernd wie eine Streusiedlungslage;

7.–) schließlich kaufen auch die Mitglieder von Haushalten nichtlandwirtschaftlicher Selbständiger (H6-2) signifikant seltener ein, um etwa 2,1 mal pro Woche.

Somit sind in diesem Modell alle spezifizierten Hauptfaktoren des Haushalts mit Ausnahme der Arbeitspendlermerkmale (H5) mit wenigstens einer signifikanten Einflußvariable vertreten; nicht bestätigt wird das angenommene seltenere Einkaufen von Landwirten. Auf Seite der Raumfaktoren sind hingegen nur die Distanz (R2) und ein Siedlungsstrukturmerkmal, in nichtsignifikantem Ausmaß auch ein Merkmal des ambulanten Angebots (R3-2), vertreten. Die Einflußrichtungen der Variablen entsprechen durchwegs den Erwartungen, was folgende Interpretation erlaubt: Das durch die Variable „Grundbedarfseinkäufe der Haushaltsmitglieder" gemessene Verhalten kann besser als die „Haushaltseinkäufe" im Sinne eines kostenminimierenden Handlungsmodells aus Haushaltsstrukturmerkmalen und aus Raumstrukturmerkmalen – letztere mit wesentlich geringerem Einfluß – erklärt werden. In bezug auf Einflüsse des Wohnstandorts *bestätigen* die Ergebnisse die von der soziologischen Aktionsraumforschung aufgestellte *Restriktionshypothese*, welche besagt, daß es bei hoher Distanzbelastung zu einer Reduzierung der Dauer und/oder der Reichweite von Tätigkeiten oder sogar zu einem völligen Verzicht auf sie kommen kann; vgl. J. FRIEDRICHS (1977, 1990) und die in 1.2. referierten Ergebnisse von L. LÖTSCHER (1980).

Der Vergleich der Einflußstruktur der Verhaltensgrößen *Haushaltseinkäufe* und *Einkäufe der Haushaltsmitglieder* ergibt folgendes. Die zwei gemessenen Einkaufshäufigkeiten sind nur *zum Teil von denselben Einflüssen abhängig* – vor allem von sonstigen Verhaltensvariablen, aber auch von Merkmalen der Distanz und relativen Lage zu Geschäften –, es bestehen große Unterschiede bei den Einflüssen der Haushaltsstruktur. Dies ist so zu interpretieren, daß ein Teil der Einkäufe in allen Haushalten denselben Einflüssen unterliegt: dies sind vermutlich jene Einkäufe, die für die Haushaltsführung im engeren Sinn entweder von der haushaltführenden Person selbst oder in ihrem Auftrag getätigt werden. Es sind im wesentlichen nur diese Einkäufe, die von der haushaltführenden Person bei einer Einmal-Befragung rememoriert und genannt werden. Darüber hinaus werden von allen Haushaltsmitgliedern, auch von der Hausfrau selbst, *weitere Einkäufe* durchgeführt. Diese werden bei einer einfachen ex-post-Befragung nicht erfaßt, aber sehr wohl durch eine Tagebucherhebung. Die Häufigkeit dieser zusätzlichen Einkäufe unterliegt anderen Einflüssen, wobei offensichtlich Raummerkmale des Wohnstandorts kaum eine Rolle spielen, sondern überwiegend *Personen- und Haushaltsmerkmale*.

7.2.2. Einflußgrößen der personellen Einkaufsbeteiligung

Diese Verhaltensdimension wird, wie in Kapitel 6 begründet, nur für Teilmasse 2 und nur für Haushalte mit mehreren einkaufsfähigen Personen ausgewertet. Die beiden operationalisierten Verhaltensvariablen „Einkäufeanteil der Hausfrau allein" (EANTHF) und „Anteil der Mehrpersoneneinkäufe" (EANTMP) sind zwar nicht völlig komplementär, jedoch so weit voneinander abhängig, daß im empirischen Modell dasselbe Set von Erklärungsvariablen, mit jeweils entgegengesetzter Einflußrichtung, angenommen wurde (vgl. oben 3.2).

Tabelle 7-2: Ergebnisse der vergleichenden Einflußanalyse, Dimension personelle Beteiligung am Einkaufen *

Verhaltensmerkmal, einbezogene Erklärungsvariablen (H Haushalts-, R Raum-, S sonst. Variablen)	Erklärungs-variablen in Gleichung	F-Wert der Gleichung	Signi-fikanz von F	Bestimmt-heitsmaß r^2	Geschätzte Resid.varianz (SSE / df)
% Grundbedarfseinkäufe der Hausfrau allein					
nur H	33	2,61	,000	,306	795,5
nur R	16	0,39	,983	,028	1025,2
H + S	36	2,70	,000	,336	772,8
R + S	19	0,60	,901	,052	1014,9
H + R	49	1,97	,000	,351	810,7
H + R + S	52	2,11	,000	,384	782,9
% Grundbedarfseinkäufe mehrerer Haushaltsmitglieder gemeinsam					
nur H	33	1,71	,013	,224	335,9
nur R	16	0,62	,857	,045	380,5
H + S	36	2,05	,001	,277	317,4
R + S	19	0,98	,484	,081	371,2
H + R	49	1,26	,135	,257	350,5
H + R + S	52	1,51	,025	,308	332,0

* Nur Haushalte mit mehr als 1 einkaufsfähigen Person.

Die empirische Berechnung des „vollständigen" Modells beider Verhaltensvariablen ergibt folgende Eckwerte der Gleichung (vgl. Tabelle 7-2):

für EANTHF: ein Bestimmtheitsmaß von 0,384, eine geschätzte Restvarianz von 783 – also einen mittleren Schätzfehler des Einkäufeanteils der Hausfrau in der Grundgesamtheit von rund 28 % – sowie annähernd normalverteilte Residuen ohne Ausreißer;

für EANTMP: eine aufgrund des niedrigen F-Werts nur knapp signifikante Regressionsfunktion, ein geringeres Bestimmtheitsmaß von 0,308, eine etwas bessere Restvarianzschätzung von „nur" 332, und eine leicht asymmetrische Verteilung der Residuen mit mehreren Ausreißern; für die vergleichende Einflußanalyse kann das Modell gemäß den aufgestellten Regeln noch akzeptiert werden.

An diesen Ergebnissen fällt sofort auf, daß die ausschließlich Raumvariablen, keine Haushaltsvariablen enthaltenden Teilmodelle „nur R" und „R + S" bei beiden Verhaltensvariablen gar keine gültige Regressionsgleichung ergeben. Auch eine Erweiterung des Variablensets über die angegebene Anzahl hinaus erbrachte keine Verbesserung. Somit ist die vergleichende Einflußanalyse der *personellen Beteiligung* an der Grundbedarfsdeckung *eindeutig zugunsten der Haushaltsvariablen* zu entscheiden. Auch das folgende Ergebnis illustriert die offensichtlich geringe Bedeutung von Raummerkmalen: Für beide Verhaltensvariablen gilt, daß durch die Hinzunahme der Raumvariablen im vollständigen Modell gegenüber dem Teilmodell „H + S" nur eine geringfügige Verbesserung im Bestimmtheitsmaß, jedoch eine verschlechterte Schätzqualität bewirkt wird.

Angesichts dieser eindeutigen Antwort auf die dichotome Hauptfrage läßt die strukturell-statistische Regressionsanalyse kaum einen signifikanten Einfluß einzelner Raumvariablen erwarten. Die Ergebnisse für den *Anteil der von der Hausfrau allein getätigten Grundbedarfseinkäufe* zeigt Abbildung 7-5.

Das Modell erreicht nur ein Bestimmtheitsmaß von 0,277, es erfüllt aber die Voraussetzungen für eine strukturell-statistische Interpretation: die Multikollinearität ist unbedeutend (kein VIF-Wert größer als 3), die Residuen sind nur leicht linksschief verteilt, es gibt keine Ausreißer. Das Modell besitzt mit SSE/df = 741,9 auch eine bessere Schätzqualität als das „vollständige" Modell; die Regressionskonstante ist signifikant, sie liegt mit 36,11 deutlich unter dem Mittelwert der Stichprobe (arithm. Mittel 59,6 %, Median 63,7 %; vgl. oben 6.2). Von den 10 Erklärungsvariablen sind 9 signifikant, darunter 8 Haushalts- und 1 sonstige Variable; Raumvariablen fehlen völlig.

Gemessen am Beta-Gewicht wirken am stärksten *erhöhend* auf den Anteil der von der Hausfrau allein getätigten Einkäufe (im folgenden kurz „HF-Anteil" genannt):

1a/b.+) ein mittleres oder junges Alter der Hausfrau (H3-3, H3-3a): dies erhöht den HF-Anteil um rund 40 % gegenüber Haushalten mit über 60-jähriger Hausfrau;

2.+) eine größere Zahl von Kindern im Schulalter (H3-6): pro Kind in diesem Alter erhöht sich der HF-Anteil um 14 %.

Von den übrigen Einflußgrößen erscheint vor allem der erhöhte HF-Anteil in bäuerlichen Haushalten (H6-3) bemerkenswert; dies widerlegt die publizierten Ergebnisse der österreichischen Mikrozensuserhebung.

Umgekehrt wirken nur zwei Variablen signifikant *vermindernd* auf den HF-Anteil:

1.–) eine größere Personenzahl im Haushalt (H1-1), was aber in Zusammenhang mit der ebenfalls signifikanten, anteilserhöhenden Wirkung einer größeren Zahl nicht

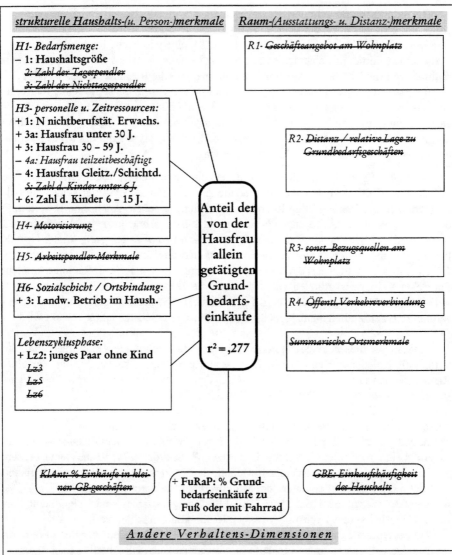

Abbildung 7-5: Empirisch verifiziertes Modell der personellen Beteiligung I, Anteil der Grundbedarfseinkäufe der Hausfrau allein

$$\text{EantHF} = 36{,}11 \ +40{,}88 \ \text{H3-3} \ -8{,}71 \ \text{H1-1} \ +14{,}17 \ \text{H3-6} \ +40{,}12 \ \text{H3-3a} \ +7{,}96 \ \text{H3-1}$$
$$+0{,}17 \ \text{FuRaP} \ -14{,}27 \ \text{H3-4} \ +17{,}87 \ \text{H6-3} \ +16{,}27 \ \text{Lz2} \ -9{,}54 \ \text{H3-4a}$$

Erläuterung:
Die Erklärungsvariablen sind in der Regressionsgleichung nach ihrem Beta-Gewicht gereiht; angegeben sind die nicht standardisierten Regressionskoeffizienten. Bei den *kursiv* gedruckten Variablen ist der Regressionskoeffizient nicht signifikant. – Weitere Erläuterungen siehe Abb. 7-4.

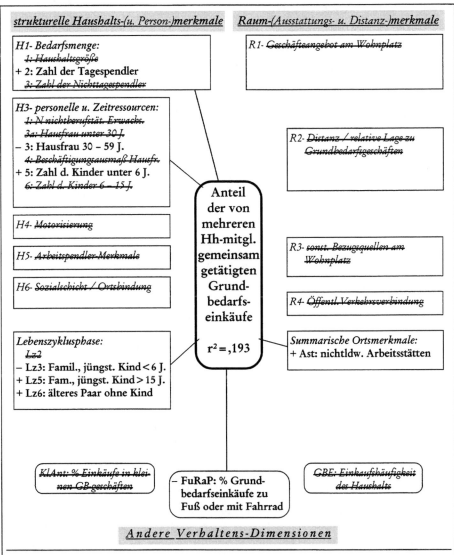

Abbildung 7-6: Empirisch verifiziertes Modell der personellen Beteiligung II, Anteil der Grundbedarfseinkäufe mehrerer Haushaltsmitglieder gemeinsam

$$\text{EantMP} = 7,87 \;+18,61\;\text{H3-5} \;-21,75\;\text{Lz3} \;+13,63\;\text{Lz6} \;+9,67\;\text{Lz5} \;-0,09\;\text{FuRaP}$$
$$+3,41\;\text{H1-2} \;-6,30\;\text{H3-3} \;+0,07\;\text{Ast}$$

Erläuterung:
Die Erklärungsvariablen sind in der Regressionsgleichung nach ihrem Beta-Gewicht gereiht; angegeben sind die nicht standardisierten Regressionskoeffizienten. – Weitere Erläuterungen siehe Abb. 7-4.

berufstätiger Erwachsener (H3-1), die vor allem in Dreigenerationenhaushalten auftritt, gesehen werden muß;

2.-) ein Arbeitszeitregime der Hausfrau mit Gleitzeit oder Schicht-/Turnusdienst (H3-4): im Vergleich zu einer nichtberufstätigen Hausfrau sinkt der HF-Anteil um 14 %.

Vor der strukturell-statistischen Analyse der zweite Verhaltensvariable sei daran erinnert, daß für die Variable *Anteil der von mehreren Haushaltsmitgliedern gemeinsam getätigten Grundbedarfseinkäufe* (im folgenden kurz „MP-Anteil") nur jene Einkäufe als Mehrpersoneneinkäufe gewertet werden, an denen mehrere Haushaltsmitglieder über 15 Jahren beteiligt waren; die Mitnahme von Kindern unter 15 Jahren bei Einkäufen wurde in den Erhebungsinstrumenten nicht erfaßt. – Das errechnete Regressionsmodell ist ebenso wie jenes des HF-Anteils formal gültig, erreicht aber nur 19 % Erklärungsanteil und enthält nur 8 Variablen, die zur Gänze signifikante Regressionskoeffizienten besitzen. Es sind 6 Haushaltsvariablen, 1 sonstige und 1 Raumvariable, die Einflußstruktur ist aus Abbildung 7-6 ersichtlich.

Unter den Erklärungsvariablen finden sich nur zwei, die auch im empirischen Modell enthalten waren, nämlich eine Hausfrau mittleren Alters (H3-3) und die Verkehrsmittelnutzung (FuRaP); beide wirken erwartungsgemäß mit umgekehrtem Vorzeichen wie auf den HF-Anteil, also vermindernd auf den MP-Anteil ein. Der überwiegende Teil des Einflußgewichts entfällt nicht auf die erwarteten Merkmale der zeitlichen Ressourcen (H3), Motorisierung (H4) oder Sozialschicht (H6), sondern auf die Lebenszyklusphasen und damit zusammenhängende Haushaltsmerkmale. Zwischen den zwei ersten Regressoren der Gleichung scheint auf den ersten Blick ein Widerspruch zu bestehen, da Kinder unter 6 J. (H3-5) per definitionem nur in Haushalten der Phase 3 (Lz3) anzutreffen sind; bei genauer Interpretation wird jedoch der folgende differenzierte Sachverhalt enthüllt: durch ein Kind im Vorschulalter wird der Mehrpersonenanteil vermindert, durch mehrere Kinder im Vorschulalter erhöht. Einfach und direkt abzuleiten ist der erhöhte Mehrpersonenanteil in Haushalten der Phasen 5 und 6. Durch das empirische Modell überhaupt nicht abgedeckt und schwierig zu interpretieren ist der festgestellte erhöhende Einfluß einer größeren Tagespendlerzahl. – Ein quantitativ geringer, aber signifikant erhöhender Einfluß auf den MP-Anteil wird schließlich auch für die Raumvariable Ast, ein Maß der funktionalen Vielfalt des Wohnorts, nachgewiesen.

Zusammenfassend: Beim *Hausfrauenanteil der Grundbedarfsdeckung* können einige interessante Einflüsse von seiten des Alters der Hausfrau und ihrer Berufstätigkeit festgestellt werden: (1) In Haushalten mit Hausfrau über 60 J. geht deren Anteil, der vorher konstant hoch liegt, signifikant zurück; dies deckt sich mit zahlreichen Literaturaussagen. – (2) Das *Beschäftigungsausmaß der Hausfrau* wirkt hingegen *nicht linear* vermindernd, sondern der Hausfrauenanteil ist am niedrigsten bei Gleitzeit- oder Schichtdienst der Hausfrau, gefolgt von Teilzeitbeschäftigung (inkl. Mithilfe in Selbständigenhaushalten), eine Vollbeschäftigung mit starrer Arbeitszeit der Hausfrau bewirkt hingegen keine signifikante Verminderung (auch keine Erhöhung) ihres Einkäufeanteils im Vergleich zu nichtberufstätigen Hausfrauen. – (3) Ein aufgrund der bisherigen, nur bivariat abgeleiteten Literatur angenommener geringerer Hausfrauenanteil in bäuerlichen Haushalten hat sich nicht bewahrheitet, es ergibt sich in der multivariaten Analyse ganz im Gegenteil eine signifikante Anteilserhöhung für Landwirtinnen. – Ein Einfluß der übrigen Verhaltensvariablen kann nur für die Verkehrsmittelnutzung verifiziert werden. Raumvariablen kommen nicht einmal in nichtsignifikantem Ausmaß in der Regressionsfunktion vor.

Die Einflußstruktur des *Anteils von Mehrpersoneneinkäufen* weicht stärker als im empirischen Modell angenommen von jener der vorgenannten Verhaltensvariable ab. Merkmale der Hausfrau sind geringer vertreten (nur Alter), überwiegend sind es Einflüsse der *Lebenszyklusphase*, an letzter Stelle der signifikanten Variablen tritt das Ortsmerkmal Arbeitsstättenzahl auf. Die angenommene „Schichtarbeiterhypothese" (vgl. LINDNER 1984), wonach sich männliche Haushaltsvorstände mit Schichtarbeit mehr an Haushaltseinkäufen beteiligen als solche mit Regelarbeitszeit, kann nicht direkt verifiziert werden; ihre Gültigkeit wird aber in etwa nahegelegt durch das Ergebnis, daß der Mehrpersonenanteil, im Gegensatz zum Hausfrauenanteil, nicht vom Arbeitszeitregime der Haufrau abhängt.

Wegen des generell geringen Erklärungsanteils beider Modelle muß aber festgehalten werden: Die *personelle Beteiligung an der Grundbedarfsdeckung* in Mehrpersonenhaushalten wird nur in geringem Ausmaß durch Strukturmerkmale determiniert, sie *hängt* offensichtlich *überwiegend von individuellen Gegebenheiten* – z. B. Gewohnheiten, Rollenverteilung im Haushalt – *ab*, welche im gegebenen Erklärungsansatz nicht thematisiert werden.

7.2.3. Einflußgrößen der Verkehrsmittelnutzung

Diese Verhaltensdimension wird durch die zwei Variablen „Anteil der mit Pkw getätigten Einkäufe" (PKWP) und „Anteil von Grundbedarfseinkäufen zu Fuß oder mit Fahrrad" (FURAP) beschrieben. Auch für diese zwei Variablen wurde in Abschnitt 3.2. dasselbe Set von Erklärungsvariablen, jeweils mit entgegengesetzten Vorzeichen, angenommen. Der Grund hiefür war, daß vermutet wurde, daß in den meisten Haushalten nur diese beiden Verkehrsmittel genutzt werden und sich somit die beiden Anteile auf 100 % ergänzen. Die durchgeführte Erhebung hat dies bestätigt, es werden tatsächlich nur von rund einem Zehntel der Haushalte Einkäufe mit anderen als diesen beiden Verkehrsmitteln – zumeist mit öffentlichen – getätigt; zur geringen Bedeutung dieser anderen Verkehrsmittel vgl. oben, 6.2.1.

Das „vollständige" Modell des Pkw-Anteils erreicht fast 50 % Erklärungsanteil, jenes des Fuß-Rad-Anteils rund 47 %; beide Modelle erfüllen die formalen Voraussetzungen für die Durchführung der vergleichenden Einflußanalyse; deren Ergebnisse zeigt Tabelle 7-3.

Die Vergleichsschritte ergeben für den *Pkw-Anteil* einen *eindeutig vorherrschenden Einfluß der Haushaltsvariablen*. Beim Fuß-Rad-Anteil ist das Ergebnis differenzierter. Der Vergleich der Teilmodelle „nur H" und „nur R" ergibt einen hauchdünnen Vorsprung der Haushaltsvariablen beim Bestimmtheitsmaß (0,266 vs. 0,265), jedoch eine deutlich bessere Schätzqualität des Teilmodells mit Raumvariablen. Ähnlich liegen die Verhältnisse auf der zweiten Vergleichsstufe, wo der Vorsprung von „H + S" vor „R + S" beim Bestimmtheitsmaß schon 0,04 beträgt, aber noch immer das Modell mit Raumvariablen eine geringere Residuenvarianz aufweist. Die Hauptfrage „Haushalt oder Raum?" kann also nach den festgelegten Entscheidungskriterien für den *Fuß-Rad-Anteil* nur mit *unentschieden* beantwortet werden.

Tabelle 7-3: Ergebnisse der vergleichenden Einflußanalyse, Dimension Verkehrsmittelnutzung

Verhaltensmerkmal, einbezogene Erklärungsvariablen (H Haushalts-, R Raum-, S sonst. Variablen)	Erklärungsvariablen in Gleichung	F-Wert der Gleichung	Signifikanz von F	Bestimmtheitsmaß r^2	Geschätzte Resid.varianz (SSE / df)
% Grundbedarfseinkäufe mit Pkw (einschließlich Motorrad)					
nur H	34	3,93	,000	,341	1129,0
nur R	16	3,99	,000	,188	1300,8
H + S	37	4,67	,000	,403	1033,6
R + S	19	4,13	,000	,223	1257,9
H + R	50	4,10	,000	,458	988,8
H + R + S	53	4,36	,000	,492	939,7
% Grundbedarfseinkäufe zu Fuß oder mit Fahrrad					
nur H	34	2,57	,000	,266	1226,6
nur R	16	6,24	,000	,265	1147,4
H + S	37	3,50	,000	,336	1121,6
R + S	19	6,05	,000	,296	1111,4
H + R	50	3,79	,000	,439	999,3
H + R + S	53	3,94	,000	,466	962,1

Die strukturell-statistische Analyse ergibt für beide Variablen formal gültige Regressionsgleichungen. Das Modell für den *Pkw-Anteil* enthält 16 Variablen, von denen 13 signifikant sind; vgl. Abbildung 7-7.

In Richtung einer vermehrten Pkw-Verwendung für Einkäufe wirken folgende Variablen:

1.+) die Lagequalität „kein Geschäft im Ort, und ausreichende Grundbedarfsgeschäfte am nächsten Angebotsstandort" (Lage2): im Vergleich mit den bestversorgten Wohnstandorten des Untersuchungsgebiets (Lage6) werden um fast 30 % mehr Pkw-Einkäufe getätigt;

2.+) das Motorisierungsmerkmal Pkw-Verfügbarkeit der Hausfrau (H4-2): Erhöhung des Pkw-Anteils um 17,66 %;

3.+) die Lagequalität Lage1, die noch ungünstiger als Lage2 ist: hiedurch steigt der Pkw-Anteil um fast 49 %;

4.+) die Lebenszyklusphase „Familie mit großen Kindern" (Lz5): gegenüber jungen Einpersonenhaushalten erhöht sich der Pkw-Anteil um fast 20 %;

5.+) der allgemeine Motorisierungsgrad des Haushalts (H4-3): verbessert sich die Relation Pkws zu Führerscheinbesitzer um 1, erhöht sich der Pkw-Anteil der Einkäufe um 18,5 %;

6a/b.+) eine größere Zahl an Kleinkindern (H3-5), aber auch an Schulkindern (H3-6): letztere erhöht den Pkw-Anteil nur um knapp 8 %, erstere um 17,7 %, also in ähnlich starkem Ausmaß wie den Mehrpersonen-Anteil (vgl. oben) [6];

6) Fußnote siehe nächste Seite.

7.+) die Lagequalität Lage3; sie wirkt um fast 35 % erhöhend;

8.+) eine größere Zahl von Geschäften am Wohnplatz (R1-1): der signifikante, aber geringe Einfluß weist in nicht erwarteter Richtung;

9.+) eine täglich mit Pkw pendelnde Hausfrau (H5-2);

10.+) ein höherer Anteil von Einkäufen im Zuge von Mehrgeschäfte-Ausgängen (MGA).

Nur zwei Variablen wirken in diesem Modell signifikant *vermindernd* auf den Pkw-Anteil, beide durchaus erwartungsgemäß:

1.–) ein häufigeres Einkaufen insgesamt (GBE); in dieselbe Richtung weist auch der nichtsignifikante Einfluß eines höheren Kleingeschäfte-Einkaufsanteils (KlAnt);

2.–) die Existenz einer ÖV-Verbindung zu potentiellen Einkaufsorten (R4-1).

Es entfallen von 13 signifikanten Einflußvariablen 6 auf Haushalts-, 5 auf Raum- und 2 auf sonstige Merkmale. Für den Anteil der Pkw-Einkäufe kann die Hauptfrage „Haushalt oder Raum?" wie folgt beantwortet werden: In Summe bleiben die summierten Beta-Gewichte der Raumvariablen (0,98) zwar knapp hinter denen der Haushaltsvariablen (1,11) zurück, aber die einzelnen Ausprägungen der Lagequalität besitzen einen größeren Einfluß als die einzelnen Motorisierungs- und Arbeitspendlermerkmale des Haushalts. Daneben erweist sich auch die ÖV-Anbindung des Wohnplatzes als signifikante Einflußgröße.

Das empirisch verifizierte Einflußmodell des *Anteils der zu Fuß oder mit Fahrrad getätigten Einkäufe* („Fuß-Rad-Anteil") weist eine ähnliche Güte der Anpassung ($r^2=0,423$), aber etwas mehr Variablen auf (19, davon 14 signifikant). Das Modell (s. Abb. 7-8) enthält wie erwartet überwiegend dieselben Einflußmerkmale wie das Modell des Pkw-Anteils – mit entgegengesetzten Vorzeichen –, nämlich:

(–) die Motorisierungsgrade der Hausfrau und des Haushalts (H4-2, H4-3);

(–) ein Pkw als Pendelverkehrsmittel der Hausfrau (H5-2);

(–) die Raumvariablen Lagequalität (Lage1 bis Lage3) und Geschäftezahl (R1-1);

(+) die sonstige Variable Einkaufshäufigkeit (GBE).

Bei den Lebenszyklus- und Kinderzahl-Variablen tritt eine gewisse Phasenverschiebung auf: die signifikant anteilserhöhenden Einflüsse verschieben sich von Lz5 zu Lz6 bzw. von H3-5 und H3-6 zu H3-7.

Neu hinzu kommen im Fuß-Rad-Modell folgende Erklärungsvariablen: die Raumvariable *Distanz zum nächsten Lebensmittelgeschäft* (R2-1), welche sich als stärkste Einflußvariable überhaupt herausstellt: mit jedem Kilometer Distanzzuwachs nimmt der Fuß-Rad-Anteil der Einkäufe um 8 % ab; dies entspricht der Erwartung. Der lt. Mikrozensus 1984 erwartete „Pkw-fördernde" Einfluß eines größeren (Dreigenerationen-) Haushalts wird hier in seiner Umkehrung als Verminderung des Fuß-Rad-Anteils doch bestätigt; vgl. Variable H1-1. Wenn man berücksichtigt, daß die Einflüsse der Variablen Pens und Lz6 z.T. dieselben Haushalte betreffen und sich daher wechselseitig abschwächen, steht die Haushaltsgröße an erster Stelle der beeinflussenden Haushaltsvariablen,

---

[6]) Der Mehrpersonenanteil, für den oben eine positive Wechselbeziehung mit dem Pkw-Anteil der Einkäufe nachgewiesen wurde, kann hier leider nicht berücksichtigt werden, weil die Variablen der personellen Beteiligung nicht für alle Haushalte einen sinnvollen Wert besitzen. Tatsächlich weist, wie Kontrollrechnungen ergaben, ein Verkehrsmittel-Modell unter Einschluß von EantMP für die betreffenden Mehrpersonenhaushalte ein höheres Bestimmtheitsmaß auf; der relative Erklärungsanteil von Haushalts- und Raumvariablen, der hier primär interessiert, ändert sich jedoch kaum gegenüber den obigen Werten.

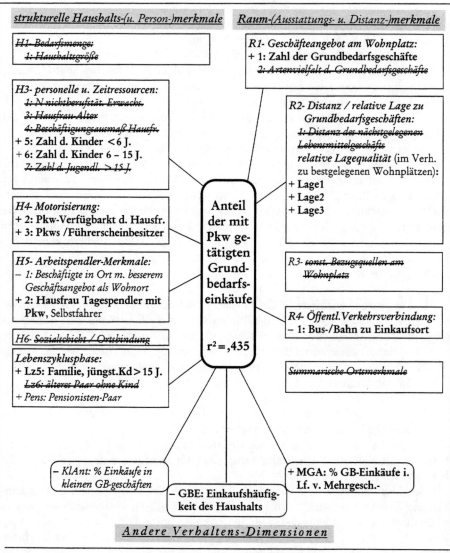

Abbildung 7-7: Empirisch verifiziertes Modell der Verkehrsmittelnutzung I, Anteil der mit Pkw getätigten Grundbedarfseinkäufe

PkwP = 34,47 +29,88 Lage2 +17,66 H4-2 +48,83 Lage1 +19,83 Lz5 −1,58 GBE
+18,48 H4-3 +17,72 H3-5 +34,57 Lage3 +7,78 H3-6 +1,38 R1-1
+12,89 H5-2 −20,17 R4-1 +0,14 MGA
−3,71 H5-1 +10,22 Pens −0,11 KlAnt

Erläuterung:
Die Erklärungsvariablen sind in der Regressionsgleichung nach ihrem Beta-Gewicht gereiht; angegeben sind die nicht standardisierten Regressionskoeffizienten. Bei den *kursiv* gedruckten Variablen ist der Regressionskoeffizient nicht signifikant. – Weitere Erläuterungen siehe Abb. 7-4.

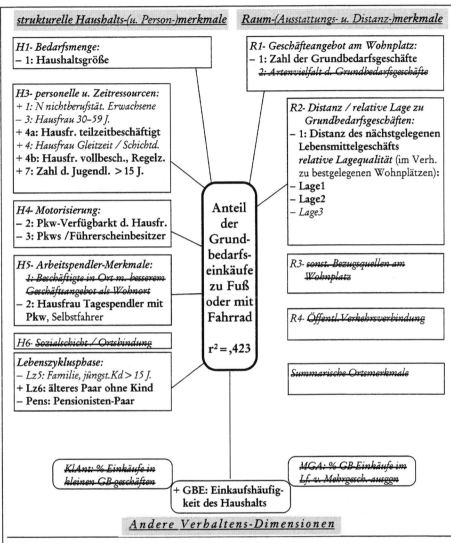

Abbildung 7-8: **Empirisch verifiziertes Modell der Verkehrsmittelnutzung II, Anteil der zu Fuß oder mit Fahrrad getätigten Grundbedarfseinkäufe**

FuRaP = 71,98 −8,09 R2-1 −25,18 Pens −23,09 Lage2 +1,80 GBE −4,83 H1-1
    +21,58 H3-4a +17,39 Lz6 −15,43 H5-2 −11,40 H4-2 −29,61 Lage1
    +16,56 H3-4b −1,33 R1-1 +8,03 H3-7 −10,71 H4-3
    +5,54 H3-1 +13,18 H3-4 −8,85 H3-3 −9,83 Lz5 −17,95 Lage3

Erläuterung:
Die Erklärungsvariablen sind in der Regressionsgleichung nach ihrem Beta-Gewicht gereiht; angegeben sind die nicht standardisierten Regressionskoeffizienten. Bei den *kursiv* gedruckten Variablen ist der Regressionskoeffizient nicht signifikant. – Weitere Erläuterungen im Text.

noch vor den Einflußvariablen der *Berufstätigkeit der Hausfrau* (H3-4a, H3-4b), welche durchwegs erhöhend auf den Fuß-Rad-Anteil wirken: nicht nur Teilzeit-, sondern auch Vollbeschäftigung mit Regelarbeitszeit fördert solche Einkäufe, die wohl überwiegend am Arbeitsort oder in dessen Nähe durchgeführt werden.

Zusammenfasung für den Fuß-Rad-Anteil: Zieht man zur Beantwortung der Hauptfrage „Haushalt oder Raum?" die Beta-Gewichte heran, so lautet die Antwort, daß auch bei diesem Verhaltensmerkmal die signifikanten Einflüsse in Summe mehr von Haushaltsvariablen stammen. Ein geringerer Motorisierungsgrad hat wie erwartet erhöhenden Einfluß, größer ist jedoch der erhöhende Einfluß einer Berufstätigkeit der Hausfrau, sowohl mit Teilzeit- als auch mit Vollbeschäftigung, und der vermindernde Einfluß eines größeren Haushalts. Den stärksten Einzeleinfluß überhaupt übt allerdings das Raummerkmal der Geschäftedistanz aus, gefolgt von Lagequalitätsmerkmalen – durchwegs in erwarteter Richtung –, während summarische Orts- oder Siedlungsmerkmale weder hier noch beim Pkw-Anteil zu Buche schlagen. Der aufgrund der Mikrozensusergebnisse vermutete höhere Pkw-Anteil der Einkäufe von Landwirtshaushalten konnte auch in seiner Umkehrung nicht verifiziert werden.

7.2.4. Einflußgrößen der Kopplung beim Grundbedarfseinkauf

Zur Erfassung der Kopplungsdimension wurden drei Verhaltensmerkmale des Haushalts, welche jeweils unterschiedliche Anteile der Grundbedarfseinkäufe beschreiben, gebildet: Mehrstationen-Anteil (MSA), Mehrgeschäfte-Anteil (MGA) und Arbeits-(+Dienst-)wege-Anteil (ADW); MGA und ADW sind jeweils Teilmengen des umfassenderen Kopplungsmaßes MSA. Die „vollständigen" Modelle aller drei Verhaltensvariablen sind, abgesehen von der Multikollinearität, formal gültig und weisen folgende Bestimmtheitsmaße auf: MSA: 0,361, MGA: 0,348, ADW: 0,458 (vgl. Tabelle 7-4).

Zunächst wird die vergleichende Einflußanalyse für die beiden Kopplungsmaße MSA und MGA durchgeführt, danach für das Kopplungsmaß ADW, welches nur für Berufstätigenhaushalte angebbar ist.

Auf der ersten Vergleichsstufe ergibt sich sowohl beim *Mehrstationen-* als auch beim *Mehrgeschäfteanteil*, daß mit den Haushaltsstrukturvariablen allein keine gültige Regressionsfunktion aufgestellt werden kann (vgl. Signifikanz von F in den Zeilen „nur H" in Tab. 7-4). Daher ist auf dieser Stufe den Raumvariablen ein größerer Einfluß einzuräumen, der aber gering ist (Erklärungsanteil jeweils um 10 %). Nach Hinzunahme der sonstigen Variablen erreichen aber die Haushaltsvariablen ein gültiges Modell mit besserer Qualität als das „R + S"-Teilmodell, sodaß Vergleichsstufe zwei zugunsten der H-Variablen ausgeht. Somit ist das Ergebnis der vergleichenden Einflußanalyse sowohl für MSA als auch MGA *unentschieden*.

Bei der dritten Kopplungsvariable ADW erfüllt hingegen auf der ersten Vergleichsstufe das Teilmodell nur mit Raumvariablen nicht die Mindestvoraussetzungen einer gültigen Regressionsfunktion. Da auch auf der zweiten Vergleichsstufe das Teilmodell „R + S" deutlich schlechter abschneidet als „H + S", ist für den *Anteil der Grundbedarfseinkäufe mit Arbeitswegkopplung* die Hauptfrage *eindeutig zugunsten der Haushaltsvariablen* zu beantworten.

Tabelle 7-4: Ergebnisse der vergleichenden Einflußanalyse, Dimension Kopplungsverhalten

Verhaltensmerkmal, einbezogene Erklärungsvariablen (H Haushalts-, R Raum-, S sonst. Variablen)	Erklärungs- variablen in Gleichung	F-Wert der Gleichung	Signi- fikanz von F	Bestimmt- heitsmaß r^2	Geschätzte Resid.varianz (SSE / df)
% Grundbedarfseinkäufe im Zuge von Mehrstationenausgängen					
nur H	34	1,05	,397	,121	687,4
nur R	16	2,09	,008	,108	652,4
H + S	37	2,55	,000	,270	577,5
R + S	19	3,80	,000	,209	584,9
H + R	50	1,51	,021	,238	635,3
H + R + S	53	2,55	,000	,361	539,1
% Grundbedarfseinkäufe im Zuge von Mehrgeschäfteausgängen					
nur H	34	0,78	,797	,093	880,6
nur R	16	1,85	,024	,097	820,3
H + S	37	2,55	,000	,270	717,4
R + S	19	3,58	,000	,199	735,1
H + R	50	1,21	,171	,200	828,5
H + R + S	53	2,41	,000	,348	683,7
% Grundbedarfseinkäufe m. Arbeitsweg-kopplung * (inkl. Dienstwege, Mittagspause)					
nur H	34	2,29	,000	,319	624,0
nur R	16	1,53	,091	,117	730,0
H + S	37	2,44	,000	,357	600,4
R + S	19	1,74	,033	,154	711,1
H + R	50	2,33	,000	,437	570,9
H + R + S	53	2,34	,000	,458	560,8

* Nur Haushalte mit mind. 1 berufstätigen Person.

Überblickt man die Ergebnisse der vergleichenden Einflußanalyse aller drei Verhaltensmerkmale (vgl. Tab. 7-4), so fällt weiters auf, daß die Haushalts- und Raumvariablen nur auf die Arbeitswegekopplung einen wirklich entscheidenden Einfluß ausüben, da sie dort zusammen ein Bestimmtheitsmaß von 0,437 erreichen. Bei den zwei allgemeineren Kopplungsmaßen MSA und MGA hingegen erreichen die Haushalts- und Raumvariablen zusammen (vgl. die Zeilen „H + R") nur einen Erklärungsanteil von 0,238 bzw. 0,2, der erst durch Hinzunahme der sonstigen Verhaltensvariablen auf das angegebene Niveau (0,361 bzw. 0,348) erhöht wird.

Das strukturell-statistische Modell der *Grundbedarfseinkäufe im Zuge von Mehrstationenausgängen* (MSA) ist in Abbildung 7-9 veranschaulicht. Es enthält bei einem Bestimmtheitsmaß von 0,311 nicht weniger als 20 Variablen, darunter 18 signifikante,

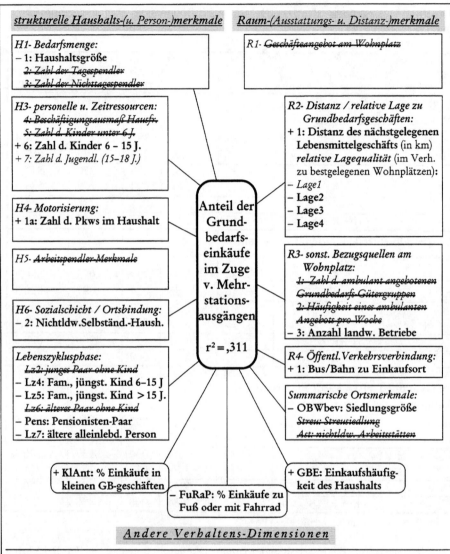

Abbildung 7-9: Empirisch verifiziertes Modell der Kopplungsaspekte I, Anteil der Grundbedarfseinkäufe im Zuge von Mehrstationsausgängen

$$MSA = 62,15 \; +12,35 \; H3\text{-}6 \; -25,69 \; Lage2 \; -5,29 \; H1\text{-}1 \; -20,49 \; Lz4 \; +6,53 \; R2\text{-}1$$
$$-0,001 \; OBWbev \; +0,22 \; KlAnt \; +1,36 \; GBE \; -15,60 \; Lz5 \; -14,16 \; Pens$$
$$+6,75 \; H4\text{-}1a \; -0,37 \; R3\text{-}3 \; -11,25 \; Lz7 \; -17,77 \; H6\text{-}2 \; +13,97 \; R4\text{-}1$$
$$-19,21 \; Lage3 \; -18,19 \; Lage4 \; -0,08 \; FuRaP \; -16,89 \; Lage1 \; +5,19 \; H3\text{-}7$$

Erläuterung:
Die Erklärungsvariablen sind in der Regressionsgleichung nach ihrem Beta-Gewicht gereiht; angegeben sind die nicht standardisierten Regressionskoeffizienten. Bei den *kursiv* gedruckten Variablen ist der Regressionskoeffizient nicht signifikant. – Weitere Erläuterungen siehe Abb. 7-4.

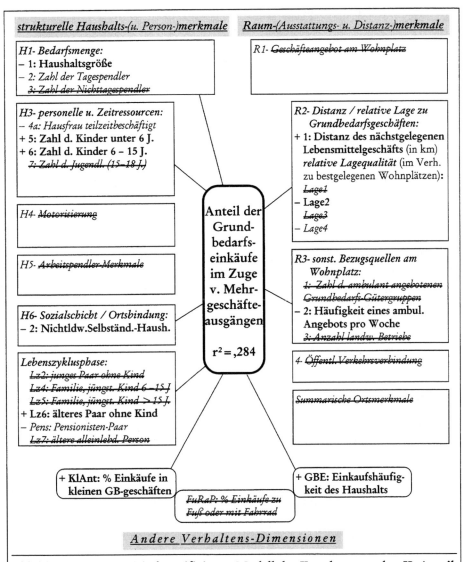

Abbildung 7-10: Empirisch verifiziertes Modell der Kopplungsaspekte II, Anteil der Grundbedarfseinkäufe im Zuge von Mehrgeschäfteausgängen

MGA = 38,27 +2,20 GBE +9,93 H3-6 −4,55 H1-1 −3,72 R3-2 +5,31 R2-1
+13,22 Lz6 −12,50 Lage2 +0,16 KlAnt +11,16 H3-5 −16,32 H6-2
−12,01 Pens −8,42 H3-4a −3,65 H1-2 −14,79 Lage4

Erläuterung:
Die Erklärungsvariablen sind in der Regressionsgleichung nach ihrem Beta-Gewicht gereiht; angegeben sind die nicht standardisierten Regressionskoeffizienten. Bei den *kursiv* gedruckten Variablen ist der Regressionskoeffizient nicht signifikant. – Weitere Erläuterungen siehe Abb. 7-4.

und zwar 8 Haushalts-, 7 Raum- und alle 3 spezifizierten sonstigen Variablen. Erhöhend auf den allgemeinen Kopplungsgrad der Grundbedarfsdeckung wirken:

1.+) mehr Schulkinder (H3-6): mit jedem Kind in diesem Alter steigt der Kopplungsgrad um 12,35 %;
2.+) größere Distanz zum nächsten Lebensmittelgeschäft (R2-1): je km Distanzzuwachs um 6,5 % gekoppelte Einkäufe mehr;
3a/b.+) mehr Kleineinkäufe (KlAnt) und mehr Einkäufe insgesamt (GBE);
4.+) mehr Pkws im Haushalt (H4-1a);
5.+) und eine bessere ÖV-Verbindung am Wohnplatz (R4-1).

Vermindernd auf den allgemeinen Kopplungsgrad, d. h. fördernd in Richtung einfache Einkaufsvorgänge des Typs „Wohnung – Geschäft – Wohnung", wirken:

1.–) die Lagequalität „kein Grundbedarfsgeschäft im Ort" (Lage2): im Vergleich mit der besten Lage (Lage6) liegt der Anteil gekoppelter Einkäufe um 25,7 % niedriger (in dieselbe Richtung weist auch der nichtsignifikante Einfluß der noch schlechteren Lagequalität Lage1);
2.–) ein größerer Haushalt (H1-1);
3.–) eine Familie in Lebenszyklusphase 4 oder 5 (Lz4, Lz5): dabei ist allerdings der kopplungsfördernde Einfluß einer größeren Zahl von Schulkindern in Rechnung zu stellen (vgl. oben);
4.–) ein größerer Wohnort (OBWbev): der Einfluß ist zwar signifikant, aber mit etwa 1 % je 1000 Einwohner quantitativ zu vernachlässigen;
5.–) ein Pensionisten-Paar-Haushalt (Pens);
6.–) eine höhere Agrarität des Wohnorts (R3-3);
7.–) ein älterer Einpersonenhaushalt (Lz7);
8.–) das Sozialschichtmerkmal „Nichtlandw. Selbständigen-Haushalt" (H6-2);
9.–) eine unvollständige Geschäftsausstattung des Wohnorts (Lage3, Lage4);
10.–)schließlich auch ein höherer Fuß-Rad-Anteil der Einkäufe (FuRaP, quantitativ zu vernachlässigen).

Kopplungsfördernd wirken also wie erwartet vor allem die Haushaltsfaktoren Motorisierung und Kinderzahl, und auch der erwartete Alterseinfluß wird verifiziert, da in den meisten Lebenszyklusphasen weniger gekoppelt wird als in der Referenzphase „junge Alleinstehende" (Lz1). Die im empirischen Modell unbestimmt gelassenen Einflüsse der Raumfaktoren Distanz und Lagequalität und der Ortsgröße wirken in Richtung einer Kopplungsminderung, die Existenz einer ÖV-Verbindung erweist sich hingegen als kopplungsfördernd.

Das strukturell-statistische Regressionsmodell für den *Anteil der Grundbedarfseinkäufe im Zuge von Mehrgeschäfteausgängen* (MGA) besitzt ein Bestimmtheitsmaß von 0,284 und enthält nur 14 Variablen, darunter 10 signifikante (vgl. Abbildung 7-10). Der Erwartung nach sollte die Einflußstruktur für diese Kopplungsmaßzahl ähnlich wie für den Mehrstationenanteil sein.

Die empirische Verifizierung zeigt, daß bei MGA mehrere der bei MSA signifikanten Erklärungsfaktoren ganz wegfallen, so die Haushaltsmotorisierung, auf Seite der Raumvariablen die ÖV-Verbindung und die Ortsgröße; bei den „sonstige Bezugsquellen" tritt an die Stelle der Zahl der Bauernhöfe die Häufigkeit eines ambulanten Angebots.

Die verbleibenden Einflußvariablen behalten dasselbe Vorzeichen, es ändert sich aber ihre Reihenfolge bzw. ihr relatives Einflußgewicht. Am stärksten erhöhend auf den Mehrgeschäfte-Anteil der Grundbedarfsdeckung wirkt eine Erhöhung der Einkaufshäufigkeit (GBE), gefolgt von größerer Schulkinderzahl (H3-6) und einer größeren Distanz zum nächsten Grundbedarfsgeschäft (R2-1). Am stärksten vermindernd auf den Mehrgeschäfte-Anteil, d. h. dahingehend, daß pro Einkaufsausgang nur ein Geschäft aufgesucht wird, wirken folgende Variablen: ein größerer Haushalt (H1-1), gefolgt von häufigerem ambulanten Angebot am Wohnplatz (R3-2, bereits erwähnt) und eine ungünstige Lagequalität (Lage2).

Zusammenfassung für die zwei Kopplungsvariablen *Mehrstationen- und Mehrgeschäfteanteil:* Die Einflußstruktur der beiden Variablen stimmt zum größeren Teil überein. Erhöht werden beide Kopplungsintensitäten durch höhere Kinderzahl im Haushalt und eine größere Distanz zu Geschäften bzw. ein unvollständiges Geschäfteangebot am Wohnplatz; kopplungsmindernd wirken bei beiden ein größerer Haushalt, das Sozialschichtmerkmal Selbständigenhaushalt und eine größere Verfügbarkeit alternativer Nahrungsmittelbezugsquellen am Wohnplatz. Ein Einfluß sonstiger Faktoren läßt sich interessanterweise nur beim Mehrstationenanteil feststellen, der die „allgemeine Kopplungsintensität" kennzeichnet. Sie wird zusätzlich durch mehr Pkws im Haushalt erhöht, erweist sich in wesentlich stärkerem Ausmaß als MGA durch die Lebenszyklusphase (ab Phase 5 durchgehend vermindernd) und durch die Raummerkmale ÖV-Verbindung und Siedlungsgröße sowie von der Verkehrsmittelnutzung beeinflußt. Schließlich ist festzuhalten, daß zwei *Aussagen der soziologischen Aktionsraumforschung bestätigt* werden: bei beiden Kopplungsvariablen die *Kompensationshypothese*, wonach eine höhere Distanzbelastung durch erhöhte Rationalität und durch Koppelung von Tätigkeiten kompensiert werde (vgl. FRIEDRICHS 1977), und die Aussage, daß junge Hausfrauen tendenziell mehr koppeln (FRIEDRICHS 1990); letzteres gilt allerdings nur für die allgemeine Kopplungsintensität (MSA), nicht für die Mehrfach-Einkäufe (MGA).

Das strukturell-statistische Modell des *Anteils der Grundbedarfseinkäufe mit Arbeitswegekopplung* (ADW) besitzt ein Bestimmtheitsmaß von 0,367 und enthält 16 Variablen, die durchwegs signifikant sind; hinsichtlich F-Wert und Residuen ist das Modell gültig, allerdings ist hier erstmals die Regressionskonstante (8,04) nicht signifikant von Null verschieden (zum Vergleich: der Mittelwert in den befragten Berufstätigenhaushalten beträgt 20,7). Die Ergebnisse sind in Abbildung 7-11 veranschaulicht. Im einzelnen wirken erhöhend auf diesen Kopplungsgrad:

1.+) mit großem Abstand an erster Stelle die Variablen der Berufstätigkeit der haushaltführenden Person (H3-4a bis H3-4b), wobei der Einfluß genau entsprechend der Arbeitszeitbelastung bei Vollbeschäftigung mit Regelarbeitszeit am stärksten ist (+28,3 %), gefolgt von Gleitzeit oder Schichtdienst (+15,3 %) und Teilzeitbeschäftigung (+12,8 %);

2./3.+) es folgen zwei Raumvariablen, die das Grundbedarfsangebot am Wohnplatz beschreiben: Breite des ambulanten Angebots (R3-1) und Geschäftsartenvielfalt (R1-2);

4./5./6.+) erst mit geringerem Einflußgewicht kommen danach: ein Einfluß des Arbeitsorts, nämlich bessere Qualität des Geschäftsangebots am Arbeitsort der Hausfrau (H5-3), höhere Haushaltsmotorisierung (H4-3) und mehr Tagespendler (H1-2).

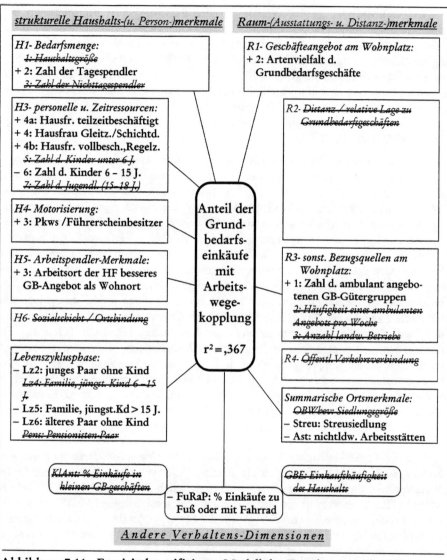

Abbildung 7-11: **Empirisch verifiziertes Modell der Kopplungsaspekte III, Anteil der Grundbedarfseinkäufe mit Arbeitswegekopplung**

$$ADW = 8{,}04 \; +28{,}30 \; H3\text{-}4b \; -8{,}82 \; H3\text{-}6 \; -0{,}22 \; Ast \; -16{,}35 \; Lz5 \; +15{,}34 \; H3\text{-}4$$
$$+4{,}46 \; R3\text{-}1 \; +2{,}94 \; R1\text{-}2 \; +12{,}87 \; H3\text{-}4a \; -17{,}90 \; Lz2 \; -32{,}63 \; Lz7$$
$$-17{,}55 \; Lz6 \; -0{,}14 \; FuRaP \; -18{,}74 \; Streu \; +10{,}71 \; H5\text{-}3 \; +13{,}71 \; H4\text{-}3$$
$$+4{,}00 \; H1\text{-}2$$

Erläuterung:
Die Erklärungsvariablen sind in der Regressionsgleichung nach ihrem Beta-Gewicht gereiht; angegeben sind die nicht standardisierten Regressionskoeffizienten. Im vorliegenden Fall sind alle Regressionskoeffizienten signifikant, aber die Konstante nicht (*kursiv* gedruckt). – Weitere Erläuterungen s. Abb.7-4.

Vermindernd auf die Arbeitswegekopplung der Grundbedarfsdeckung wirken:

1.–) praktisch alle Lebenszyklusphasen mit Ausnahme von Lz3 (Lz2, Lz5, Lz6 und Lz7, auch die Phase Lz4 ist in etwa durch die Kinderzahlvariable H3-6 vertreten): dabei ist zu berücksichtigen, daß das Arbeitswegekopplungsniveau der Referenzgruppe Lz1 (junge Alleinstehende) sehr hoch liegt;

2.–) eine größere Zahl nichtlandwirtschaftlicher Arbeitsstätten (Ast, quantitativ geringfügiger Einfluß, der durch die kopplungsfördernde Wirkung größerer Geschäftsartenvielfalt wettgemacht wird, s. oben);

3.–) ein höherer Anteil von Einkäufen zu Fuß oder mit Fahrrad (FuRaP): dieser Einfluß wurde nicht erwartet, ist aber erklärbar durch die geringere Transportkapazität, wenn man ohne Pkw unterwegs ist;

4.–) eine Streusiedlungsstruktur am Wohnsitz (Streu).

Die *Intensität der Arbeitswegekopplung* erweist sich somit vor allem vom Arbeitszeitregime der Hausfrau und von der Lebenszyklusphase abhängig, in viel geringerem Ausmaß von Arbeitspendlermerkmalen und Motorisierung des Haushalts. Nicht verifiziert wurde ein vermuteter Einfluß der Sozialschicht. Der kopplungsfördernde Einfluß von Angebotsvariablen des Wohnplatzes, der größer ist als der Arbeitsorteinfluß, deutet darauf hin, daß Berufstätige den Arbeitsweg, nach empirischen Untersuchungen ist dies vor allem der Nach-Hause-Weg, eher für Grundbedarfseinkäufe im engeren Wohnumfeld als am Arbeitsort nützen. Zum Unterschied von den beiden anderen Kopplungsvariablen haben grundbedarfsspezifische Distanz- und Lagequalitätsmerkmale auf die Arbeitswegekopplung keinen Einfluß, jedoch wird letztere durch eine Streusiedlungsstruktur vermindert.

7.2.5. Einflußgrößen der Inanspruchnahme alternativer Bezugsquellen

Diese Verhaltensdimension wird durch den Anteil von Bezugsakten außerhalb von Geschäften an allen Grundbedarfsbeschaffungen pro Woche (Variable AlterA) gemessen, der im folgenden kurz „Alternativanteil" genannt wird. Da der Großteil der Grundbedarfsbeschaffungen auf Einkäufe in Geschäften entfällt und diese nach zwei verschiedenen Methoden erfaßt wurden, ist auch der Alternativanteil getrennt für die zwei Teilmassen zu analysieren: AlterA[1] bezeichnet den Alternativanteil der Haushaltsbeschaffungen, AlterA[2] den Alternativanteil aller Grundbedarfsbeschaffungen der Haushaltsmitglieder. Die Ergebnisse der vergleichenden Einflußanalyse sind in Tabelle 7-5 zusammengestellt.

Beide vollständigen Modelle erfüllen die geforderten Voraussetzungen und besitzen mit 0,486 bzw. 0,565 ein relativ hohes Bestimmtheitsmaß. Bei beiden Verhaltensvariablen ergibt sich auf allen Vergleichsstufen ein stärkerer Einfluß der Raumvariablen. Die Dominanz der Raumvariablen ist so stark, daß das Teilmodell ohne Haushaltsvariablen („R + S") nach beiden Gütekriterien jeweils besser ist als das engere Referenzmodell der Haushalts- plus Raumvariablen ohne sonstige Variablen; darüber hinaus ist für die zweite Variable die Regressionsfunktion des Teilmodells „nur H" nicht gültig. Daher lautet die Antwort auf die Hauptfrage: *Der Alternativanteil der Grundbedarfsdeckung ist* – gleichgültig, ob man die Haushaltsbeschaffungen oder die Beschaffungen der Haushaltsmitglieder betrachtet – *eindeutig stärker von Raummerkmalen abhängig.*

Tabelle 7-5: Ergebnisse der vergleichenden Einflußanalyse, Anteil alternativer Bezugsakte

Verhaltensmerkmal, einbezogene Erklärungsvariablen (H Haushalts-, R Raum-, S sonst. Variablen)	Erklärungs-variablen in Gleichung	F-Wert der Gleichung	Signi-fikanz von F	Bestimmt-heitsmaß r^2	Geschätzte Resid.varianz (SSE / df)
Anteil alternativer Bezugsakte an den Haushaltsbeschaffungen für Grundbedarf (Teilmasse 1, N = 397)					
nur H	30	1,80	,007	,128	512,6
nur R	16	9,59	,000	,287	403,6
H + S	35	5,77	,000	,358	382,4
R + S	21	13,54	,000	,431	326,5
H + R	46	4,29	,000	,360	393,3
H + R + S	51	6,41	,000	,486	320,3
Anteil alternativer Bezugsakte an den Grundbedarfsbeschaffungen der Haushaltsmitglieder (Teilm. 2, N=287)					
nur H	34	1,07	,360	,126	337,5
nur R	16	10,65	,000	,386	221,4
H + S	39	3,48	,000	,354	254,5
R + S	21	11,79	,000	,483	190,0
H + R	50	4,39	,000	,482	213,8
H + R + S	55	5,45	,000	,565	183,4

Das strukturell-statistische Modell des Alternativanteils der Haushaltsbeschaffungen (Abbildung 7-12) besitzt einen relativ hohen Erklärungsanteil von rund 46 % und enthält insgesamt 14, davon 12 signifikante Erklärungsvariablen; auch die Regressionskonstante ist signifikant. Noch etwas höher (rund 52 %) ist der Erklärungsanteil des Modells für den Alternativanteil an den Beschaffungen der Haushaltsmitglieder (Abb. 7-13), welches 12 Variablen, darunter 11 signifikante enthält. In der Einflußstruktur bestehen allerdings zwischen den zwei Modellen einige Unterschiede. Im folgenden sollen die offensichtlich erhebungsmethodisch bedingten Besonderheiten eines einzelnen Modells beiseite gelassen und nur jene Einflußvariablen interpretiert werden, welche in beiden Modellen in gleicher Richtung wirken.

Durchgehend erhöhend wirken auf den Alternativanteil der Grundbedarfsdeckung folgende zwei Variablen:

1.+) an erster Stelle ein häufigeres ambulantes Angebot von Nahrungsmitteln am Wohnplatz (R3-2);

2.+) die ungünstige Lagequalität eines Wohnplatzes ohne Grundbedarfsgeschäfte (Lage1 bzw. Lage2).

In beiden Modellen übereinstimmend vermindernd wirken ebenfalls nur zwei Variablen, nämlich

1.–) ein häufigeres Einkaufen in Geschäften (GBE);

2.–) ein größerer Wohnort (OBWbev).

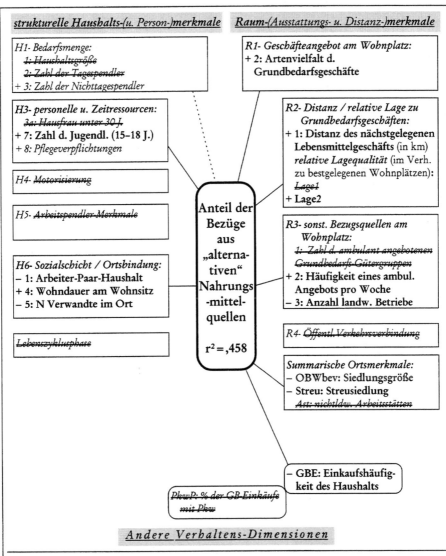

Abbildung 7-12: Empirisch verifiziertes Modell „alternativer" Grundbedarfsbezüge I, Anteil an den Haushaltsbeschaffungen

AlterA[1]= 33,77 −3,60 GBE −0,20 R3-3 +1,72 R3-2 +4,75 R2-1 +2,26 R1-2
                 −0,001 OBWbev +4,52 H3-7 +8,89 Lage2 −7,99 Streu −2,10 H6-5
                 −4,73 H6-1 +1,19 H6-4 +0,23 H3-8 +3,16 H1-3

Erläuterung:
Die Erklärungsvariablen sind in der Regressionsgleichung nach ihrem Beta-Gewicht gereiht; angegeben sind die nicht standardisierten Regressionskoeffizienten. Bei den *kursiv* gedruckten Variablen ist der Regressionskoeffizient nicht signifikant. – Weitere Erläuterungen siehe Abb. 7-4.

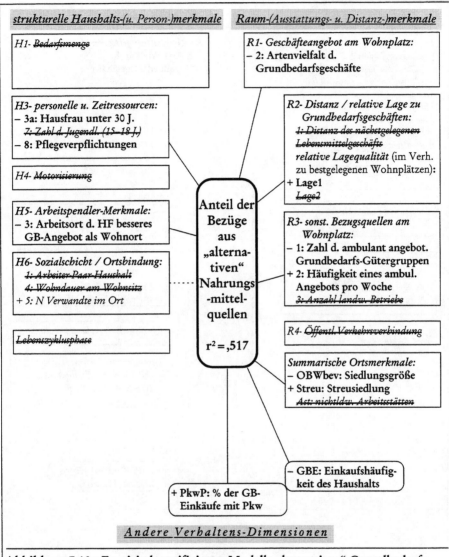

Abbildung 7-13: Empirisch verifiziertes Modell „alternativer" Grundbedarfsbezüge II, Anteil an den Beschaffungen der Haushaltsmitglieder

AlterA[2]= 29,00 +4,16 R3-2 –1,19 GBE –2,37 R1-2 –3,22 R3-1 –9,01 H5-3
          –0,001 OBWbev +0,06 PkwP +10,89 Lage1 –0,72 H3-8
          +7,81 Streu –6,62 H3-3a *+1,35 H6-5*

Erläuterung:
Die Erklärungsvariablen sind in der Regressionsgleichung nach ihrem Beta-Gewicht gereiht; angegeben
sind die nicht standardisierten Regressionskoeffizienten. Bei den *kursiv* gedruckten Variablen ist der
Regressionskoeffizient nicht signifikant. – Weitere Erläuterungen siehe Abb. 7-4.

Diese vier Einflußvariablen wurden auch im aufgestellten Modell spezifiziert (vgl. oben, 3.2). Es ist festzuhalten, daß keine einzige Haushaltsvariable verifiziert werden konnte, welche bei beiden gemessenen Verhaltensvariablen einen gleichgerichteten, signifikanten Einfluß ausüben würde. Ein *Einfluß auf das Ausmaß „alternativer"* *Grundbedarfsdeckung* wird auf Seite der Haushaltsmerkmale offensichtlich überhaupt nicht von strukturellen Faktoren – auch nicht der Sozialschicht oder der Ortsbindung – ausgeübt, sondern *nur von individuellen Präferenzen* wie Geschmack, Gewohnheit, Gesundheits- und/oder Umweltbewußtsein u. dgl. Da derartige Einflußvariablen im vorliegenden Erklärungsansatz nicht enthalten sind, kann dies allerdings nur als Vermutung geäußert werden.

Auf Seite der Raumstruktur wurden hingegen für alle Variablen gleichgerichtete Einflüsse ermittelt. Die Abhängigkeit von den drei *Raummerkmalen Häufigkeit eines* *ambulanten Nahrungsmittelangebots*, *grundbedarfsspezifische Lagequalität und Ortsgröße* und das Bestehen einer *Substitutionsbeziehung zwischen alternativen Nahrungsmittelbeschaffungen und Einkaufshäufigkeit* können, da sie unabhängig von der Erhebungsmethode als signifikant verifiziert wurden, als „doppelt abgesichert" gelten.

7.3. Ausgewählte Ergebnisse für Teilgebiete der Untersuchung

Zum Abschluß des empirischen Teils werden ausgewählte Ergebnisse für Teilgebiete der Untersuchung präsentiert. Im Sinne der Zielsetzung der Arbeit geht es dabei vor allem um die Beantwortung der Frage, ob die für die Gesamtstichprobe empirisch verifizierten Einflußgewichte von Haushalts- und Raumvariablen auch für alle Teilgebiete gelten. Die dargestellten Ergebnisse beschränken sich auf die beiden Merkmale *Häufigkeit von Haushaltseinkäufen* (GBE1) und *Häufigkeit von Grundbedarfseinkäufen der* *Haushaltsmitglieder* (GBE2) [7]. Für diese Verhaltensmerkmale sollen aber, über den bisherigen Interpretationskontext hinaus, in der zweiten Analysephase auch Schätzungen für die Grundgesamtheit der regionalen Bevölkerung vorgenommen werden.

Bei regionalen Teilanalysen stößt das angewandte Verfahren relativ bald an die Grenze der erforderlichen Stichprobengröße; denn eine Grundregel der Regressionsanalyse besagt, daß die Zahl der Fälle mindestens doppelt so groß sein sollte wie jene der Erklärungsvariablen (vgl. BACKHAUS ET AL. 1994, S. 49). Um Aussagen über möglichst viele Teilgebiete treffen zu können, werden daher in diesem Abschnitt leicht vereinfachte Modelle der Einkaufshäufigkeit verwendet, die anstelle von 51 (GBE1) bzw. 55 (GBE2) Erklärungsvariablen je etwa 45 Erklärungsvariablen enthalten. Diese Modelle besitzen zwar für die Gesamtmasse einen geringfügig niedrigeren Erklärungswert als die bisherigen Modelle – GBE1-Modell: $r^2 = 0,404$ statt 0,42; GBE2: $r^2 = 0,473$ statt 0,49 –, jedoch dieselben Relationen zwischen Haushalts- und Raumeinflüssen sowohl im „vollständigen" Modell wie auch auf allen Vergleichsstufen (vgl. hiezu oben 7.2.1). In der Anwendung auf die räumlich getrennten Teilgebiete der Untersuchung ergab sich, daß ein solches „abgespecktes" Modell für die flächengrößeren Bereiche jeweils eine formal gültige Regressionsgleichung liefert, welche auch Schätzaussagen gestattet; nur für die isoliert liegenden Einzelgemeinden war dies nicht der Fall.

Die folgenden Aussagen beschränken sich daher auf die vier großflächigen Untersuchungsbereiche, welche 73 % aller befragten Haushalte umfassen. Für diese Teilgebiete werden zunächst die Ergebnisse der vergleichenden Einflußanalyse präsentiert (7.3.1),

---

[7]) Weitere regionale Ergebnisse sind für spätere Publikationen vorgesehen.

dann die strukturell-statistischen Modelle im Hinblick auf Schätzungen (7.3.2). Abschließend werden die Erkenntnisse aus diesem Abschnitt zusammengefaßt (7.3.3).

7.3.1. Vergleichende Einflußanalyse der Einkaufshäufigkeit nach Teilgebieten

Die Regionalergebnisse der vergleichenden Einflußanalyse werden zunächst für jene Teilgebiete dargestellt, in denen die Grundbedarfseinkäufe des Haushalts – haushalts-, nicht personenbezogen – untersucht wurden; siehe Tabelle 7-6.

Tabelle 7-6: Vergleichende Einflußanalyse für die Bereiche Neunkirchen und Zwettl: Häufigkeit von Haushaltseinkäufen

Verhaltensmerkmal, BEREICHE einbezogene Erklärungsvariablen (H Haushalts-, R Raum-, S sonst. Variablen)	Erklärungs-variablen in Gleichung	F-Wert der Gleichung	Signi-fikanz von F	Bestimmt-heitsmaß r^2	Geschätzte Resid.varianz (SSE / df)
GBE1 Grundbedarfseinkäufe pro Haushalt und Woche					
BEREICH NEUNKIRCHEN (90 Haushalte)					
nur H	26	1,51	,100	,426	9,10
nur R	15	2,28	,011	,348	8,55
H + S	31	1,58	,075	,505	8,66
R + S	20	2,42	,004	,451	7,81
H + R	41	1,85	,028	,666	7,37
H + R + S	46	1,85	,033	,720	7,11
BEREICH ZWETTL (139 Haushalte)					
nur H	25	1,62	,050	,301	8,28
nur R	15	7,04	,000	,503	5,31
H + S	29	2,53	,000	,449	6,81
R + S	19	6,25	,000	,543	5,09
H + R	40	3,63	,000	,647	4,96
H + R + S	44	3,31	,000	,660	5,04
Gesamtdurchschnitt, H + R + S	*46*	*5,18*	*,000*	*,404*	*5,04*

Bereich Neunkirchen:

Das in Tabelle 7-6 ausgewiesene Bestimmtheitsmaß des „vollständigen Modells" der Einkaufshäufigkeit im Bereich Neunkirchen liegt mit 0,72 deutlich höher als jenes des Durchschnitts der gesamten vergleichbaren Stichprobe. Beim zweiten Gütekriterium „Geschätzte Residuenvarianz" ist das Ergebnis hingegen wesentlich schlechter (7,11) als im Gesamtdurchschnitt. Darin äußert sich, ebenso wie in der nur knappen Signifikanz des F-Werts, zum Teil auch die geringe Fallzahl im Vergleich zur hohen Variablenzahl, die wie erwähnt schon an der Grenze zulässiger Signifikanzaussagen liegt.

Die im „vollständigen Modell" der Einkaufshäufigkeit spezifizierten Haushaltsvariablen allein (Teilmodell „nur H") würden zwar einen relativ hohen Erklärungsbeitrag liefern, sie ergeben aber, wie die Nicht-Signifikanz des F-Werts zeigt, keine gültige Regressionsfunktion. Die Raum-Variablen allein (Teilmodell „nur R") erklären in formal zulässiger Weise knapp 35 % der Gesamtstreuung. Auch auf der zweiten Vergleichsstufe ergibt sich für das Teilmodell mit den Haushaltsvariablen (H + S) keine gültige Gleichung, die Raumvariablen erreichen zusammen mit den sonstigen Variablen einen Erklärungsanteil von 45 %. R- und H-Variablen zusammen erreichen ein Bestimmtheitsmaß von 0,66, das vollständige Modell ein solches von 0,72.

In bezug auf die Hauptfrage ist festzuhalten, daß sich gültige Regressionsfunktionen nur für die Teilmodelle mit Raumvariablen, nicht für jene mit Haushaltsvariablen ergeben, sodaß den erstgenannten ein größeres Erklärungsgewicht zuzubilligen ist. Andererseits verbessert sich das Bestimmtheitsmaß gegenüber den R-Variablen allein durch Hinzunahme der H-Variablen auf fast das Doppelte – dies deutet auf einen wesentlichen Erklärungsbeitrag der letzteren hin –, und auch zur Verbesserung der Schätzung der Restvarianz tragen H-Variablen etwas bei. Die Frage ist also nach den in 7.1. festgelegten Kriterien nicht ganz eindeutig, aber doch eher zugunsten der Raumvariablen zu beantworten.

Bereich Zwettl:

Das Bestimmtheitsmaß des „vollständigen" Modells für dieses Teilgebiet ist mit 0,66 ebenfalls wesentlich höher als für die vergleichbare Gesamtmasse. Besonders bemerkenswert ist das Ergebnis, daß das Gütekriterium „Geschätzte Residuenvarianz" für den Bereich Zwettl (nur 139 Haushalte) mit 5,04 einen ebenso günstigen Wert annimmt wie für die Gesamtmasse, die 431 Haushalte umfaßt.

Auch in inhaltlicher Hinsicht stechen die Ergebnisse für den Bereich Zwettl hervor: Die Raumvariablen übertreffen auf beiden Vergleichsstufen die H-Variablen deutlich an Erklärungsbeitrag, sodaß die Hauptfrage eindeutig zu Gunsten der ersteren zu beantworten ist. Auf Raumvariablen allein sind knapp über 50 % der Gesamtstreuung rückführbar, was der mit Abstand höchste Anteil der vier Teilgebiete ist. Demgegenüber ergibt sich mit den H-Variablen allein eine Regressionsgleichung, die nur ganz knapp dem Signifikanzkriterium von F genügt (genau 0,05). Der Erklärungsanteil sonstiger Variablen ist im Vergleich mit den übrigen Teilgebieten sehr gering, ohne ihre Berücksichtigung ergibt sich sogar ein günstigerer Schätzwert der Residuenvarianz.

In den zwei übrigen Teilgebieten wurde die Einkaufshäufigkeit bezogen auf die **Grundbedarfseinkäufe der Haushaltsmitglieder** untersucht. Die Ergebnisse der vergleichenden Einflußanalyse für dieses Verhaltensmerkmal zeigt Tabelle 7-7.

Bereich Waidhofen an der Thaya:

Das Bestimmtheitsmaß liegt mit 0,57 um zehn Prozentpunkte höher als jenes der vergleichbaren Gesamtmasse. Noch bemerkenswerter ist, daß im Bereich Waidhofen durch das Modell eine deutliche günstigere, d.h. geringere Residuenvarianz als für die fast doppelt so große Gesamtmasse geschätzt wird, nämlich 10,57 gegenüber 13,16.

Das relative Gewicht der Haushalts- und Raumvariablen entspricht ganz dem in der vergleichbaren Gesamtmasse: Auf beiden Vergleichsstufen erreichen die H-Variablen einen größeren Erklärungsanteil. Die eingeschränkte Bedeutung der R-Variablen wird dadurch gekennzeichnet, daß sich durch ihre Hinzunahme das Bestimmtheitsmaß des Teilmodells „H + S" von 0,48 auf 0,57 erhöht. Vergleicht man die Teilmodelle „H + S" und „H + R", so ergibt sich sogar ein knapp größeres Erklärungsgewicht der sonstigen Variablen als der Raumvariablen.

Tabelle 7-7: Vergleichende Einflußanalyse für die Bereiche Waidhofen/Thaya und Amstetten: Häufigkeit von Grundbedarfseinkäufen der Haushaltsmitglieder

Verhaltensmerkmal, BEREICHE einbezogene Erklärungsvariablen (H Haushalts-, R Raum-, S sonst. Variablen)	Erklärungs-variablen in Gleichung	F-Wert der Gleichung	Signi-fikanz von F	Bestimmt-heitsmaß r^2	Geschätzte Resid.varianz (SSE / df)
GBE2 Grundbedarfseinkäufe der Haushaltsmitglieder pro Woche BEREICH WAIDHOFEN / THAYA (174 Haushalte)					
nur H	25	2,50	,000	,325	14,13
nur R	15	2,03	,016	,178	15,97
H + S	30	3,93	,000	,485	11,20
R + S	20	3,22	,000	,323	13,65
H + R	40	2,68	,000	,483	12,24
H + R + S	45	3,28	,000	,573	10,57
BEREICH AMSTETTEN (141 Haushalte)					
nur H	25	2,62	,000	,379	19,38
nur R	15	1,67	,064	,176	23,53
H + S	29	3,70	,000	,510	15,89
R + S	19	2,74	,000	,315	20,25
H + R	40	2,20	,001	,489	18,58
H + R + S	44	2,76	,000	,579	15,94
Gesamtdurchschnitt, H + R + S	*45*	*4,86*	*,000*	*,473*	*13,16*

Bereich Amstetten:

Im Bereich Amstetten liegt zwar das Bestimmtheitsmaß ähnlich hoch wie im vorgenannten Bereich, jedoch ist die geschätzte Residuenvarianz deutlich schlechter (15,94) als im Gesamtdurchschnitt.

Die Erklärungsanteile sind jenen im Bereich Waidhofen / Thaya ähnlich, auch hier dominieren die H-Variablen eindeutig. Eine Besonderheit des Bereichs Amstetten ist jedoch, daß mit den Raumvariablen allein sich gar keine gültige Regressionsfunktion aufstellen läßt. Ebenso wie im vorgenannten Bereich erreicht das Teilmodell „H + S" einen größeren Erklärungsanteil als „H + R". Die geringe Bedeutung der Raumvariablen erhellt auch daraus, daß das zweite Gütekriterium (SSE/df) des Teilmodells „H + S" sogar besser ist als die des „vollständigen" Modells H + R + S.

Zusammenfassend ergibt die regional disaggregierte vergleichende Einflußanalyse der beiden Verhaltensmerkmale der Einkaufshäufigkeit:

(1) In den einzelnen Teilgebieten bestehen im wesentlichen *dieselben Einflußgewichte* von Haushalts- und Raumstruktur wie in der vergleichbaren Gesamtmasse: Die Haushaltseinkaufshäufigkeit wird stärker von Raummerkmalen beeinflußt, die Einkaufshäufigkeit aller Haushaltsmitglieder eindeutig stärker von Haushaltsmerkmalen. Damit werden die oben (in 7.2.) gefundenen Antworten auf die erste Hauptfrage der Untersuchung auch im kleineren regionalen Kontext bestätigt.

Die nähere Überprüfung der Modellgüteparameter führt jedoch zu teilweise überraschenden weiteren Ergebnissen:

(2) Entgegen der Erwartung aufgrund des statistischen „Grundgesetzes der großen Zahlen" erreicht das Bestimmtheitsmaß, also der Erklärungsanteil des Modells, für jedes analysierte Teilgebiet einen wesentlich höheren Wert als in der jeweiligen Gesamtmasse. Dies kann u.a. als Hinweis auf regionale Besonderheiten im Versorgungsverhalten aufgefaßt werden.

(3) Beim zweiten Gütekriterium, der geschätzten Residuenvarianz, sind aufgrund der wesentlich geringeren Fallzahl für die Teilgebiete ungünstigere Werte als für die Gesamtmasse zu erwarten. Diese Erwartung bestätigt sich aber nur für die zwei Teilgebiete Neunkirchen und Amstetten. Im Teilgebiet Zwettl hingegen ist der Wert (SSE / df) ebenso gering wie in der Gesamtmasse (die etwa dreimal so groß ist), und im Teilgebiet Waidhofen sogar besser als in der Gesamtmasse (die fast doppelt so groß ist). Dies weist auf unterschiedlich gute Modellanpassung in den Teilgebieten hin.

Schlußfolgerungen aus diesen empirischen Erkenntnissen werden am Ende dieses Abschnitts gezogen.

7.3.2. Regionale Modelle zur Schätzung der Einkaufshäufigkeit der Bevölkerung

Wie bereits erwähnt, liegt das Schwergewicht dieses Unterabschnitts auf Schätzungen der Verteilung der Einkaufshäufigkeit in den jeweiligen regionalen Grundgesamtheiten. Schätzaussagen dürfen nur aus Regressionsmodellen abgeleitet werden, welche die formalen Voraussetzungen für eine derartige „prognostische" Interpretation erfüllen (keine Multikollinearität,' i.i.d. property' der Residuen usw., vgl. 7.1.1). Für die strukturell-statistischen Modelle der vier Teilgebiete wurde das Bestehen dieser Voraussetzungen überprüft; einige wesentliche Ergebnisse zeigt Tabelle 7-8.

Der Erklärungsanteil der Teilgebietsmodelle ist durchwegs höher als jener der Modelle der jeweiligen Gesamtmasse. Dabei fällt auf, daß die regionalen Modelle der Haushaltseinkäufe (Bereiche Neunkirchen und Zwettl) einen viel höheren Erklärungsanteil als deren Gesamtmodell erreichen, während die regionalen Modelle der Einkäufe der Haushaltsmitglieder nur unwesentlich mehr erklären als das zugehörige Gesamtmodell. Dies ist darauf zurückzuführen, daß die Erhebungsmasse der Haushaltseinkäufe außer Neunkirchen und Zwettl noch weitere, kleinere Teilgebiete umfaßt, während Waidhofen/Thaya und Amstetten zusammen die gesamte Erhebungsmasse der Einkäufe der Haushaltsmitglieder bilden.

In bezug auf die einzelnen Einflußgrößen sei an dieser Stelle nur kurz festgehalten, daß die regionalen Modelle zwar durchwegs weniger Variablen enthalten – wobei das Modell für Zwettl durch seine „Schlankheit" hervorsticht (mit nur 7 Regressoren wird ein Erklärungsanteil von 55 % erreicht) –, aber hinsichtlich Anteil und relativer Einflußstärke der Haushalts- und der Raumfaktoren im wesentlichen mit den jeweiligen Gesamtmodellen übereinstimmen.

Tabelle 7-8: Empirische Mittelwerte und Schätzwerte der Einkaufshäufigkeit nach Teilbereichen

Verhaltensmerkmal Bereiche	Zahl der Erklärungsvariablen im Modell: H|R|S	Erklärungsanteil des Modells r²	Einkäufe in Grundbedarfsgeschäften p. Woche			
			Stichprobe		Grundgesamtheit	
			Mittelwert	Standardabweichg	geschätzter Mittelwert	„Standardfehler"
Haushaltseinkäufe						
Neunkirchen	8 | 5 | 1	,533	5,92	3,35	5,93	2,45
Zwettl	3 | 4 | 0	,553	5,85	3,03	5,88	2,10
Gesamtdurchschnitt	*6 | 10 | 3*	*,378*	*5,47*	*2,79*	*5,47*	*2,21*
Einkäufe der Haushaltsmitglieder						
Waidhofen/Thaya	8 | 3 | 2	,477	8,07	4,24	8,26	3,25
Amstetten	10 | 1 | 3	,498	8,63	4,96	8,71	3,99
Gesamtdurchschnitt	*11 | 4 | 3*	*,450*	*8,32*	*4,58*	*8,49*	*3,53*

Erläuterung: H Haushaltsvariablen, R Raumvariablen, S sonst. Variablen;
weitere Erläuterungen im Text.

Die *Schätzwerte für die regionalen Grundgesamtheiten* sind in Tabelle 7-8 in den Spalten „geschätzter Mittelwert" und „Standardfehler" (Wurzel aus SSE/df) enthalten. Es zeigt sich, daß die geschätzten Mittelwerte für die Haushaltseinkäufe denjenigen der Stichprobe sehr genau gleichen, bei den Einkäufen der Haushaltsmitglieder beträgt die Abweichung etwa 0,1 bis 0,2 Einkäufe pro Woche. Der „Standardfehler" als Maß für die Streuung der Grundgesamtheit ist durchwegs deutlich geringer als die Standardabweichung der Stichprobe, sodaß man die Schätzqualität als zufriedenstellend bezeichnen kann. Weiters zeigt sich, daß – unabhängig davon, ob Haushaltseinkäufe oder Einkäufe der Haushaltsmitglieder betrachtet werden – in den beiden Waldviertler Teilgebieten Zwettl und Waidhofen die Schätzung genauer ist als in den beiden südlich der Donau gelegenen Bereichen Neunkirchen und Amstetten.

Nach dem hier dargestellten Verfahren lassen sich auch für die übrigen untersuchten Verhaltensaspekte – personelle Einkaufsbeteiligung, Verkehrsmittelnutzung, Kopplungsverhalten, Alternativanteil der Grundbedarfsdeckung – regionale Modelle mit Schätzaussagen über die Grundgesamtheit aufstellen. Entsprechende Ergebnisse sollen in gesonderten Publikationen erscheinen.

7.3.3. Zusammenfassung: Einkaufshäufigkeit nach Teilgebieten

In methodischer Hinsicht ist vor allem interessant, daß bei regionaler Differenzierung kein genereller Rückstand im Erklärungsanteil für die Haushaltseinkäufe gegenüber den Einkäufen der Haushaltsmitglieder festzustellen ist, eher sogar das Gegenteil. Damit kann als erwiesen gelten, daß bei den in 7.2.1. dargestellten Durchschnittswerten der beiden Erhebungsmassen die Anpassungsgüte des Modells durch die unterschiedliche Zahl räumlich getrennter Teilgebiete (sechs bei den Haushaltseinkäufen, nur zwei bei den Einkäufen der Haushaltsmitglieder) beeinträchtigt wird. Dieser Umstand ist bei Regressionsanalysen mit räumlich verteilten Stichproben generell zu berücksichtigen. Im vorliegenden Fall wird nachgewiesen, daß dasselbe Modell in einzelnen, räumlich geschlossenen Teilen der Stichprobe höhere Erklärungsanteile erzielt als in der wesentlich größeren Gesamtstichprobe. Dieses nicht der statistischen Erwartung entsprechende Ergebnis weist auf die Bedeutung räumlicher, und zwar regionsspezifischer Erklärungsvariablen hin.

Aus inhaltlicher Sicht bedeutet dieses Ergebnis, daß es so etwas wie *regionale Versorgungsstile* gibt: die Haushalte reagieren auf die jeweiligen Konstellationen individuell-sozioökonomischer Verhältnisse und wohnstandortabhängiger Angebots- und Distanzstruktur in verschiedenen Regionen auf je verschiedene Weise. Dies wurde hiemit für die Einkaufshäufigkeit nachgewiesen, es ist jedoch äußerst wahrscheinlich – und könnte mit denselben Verfahren nachgewiesen werden – , daß sich regionale Versorgungsstile auch bei den übrigen Verhaltensaspekten auswirken (vgl. z. B. für die Alternativ-Beschaffungen Abb. 6-14).

Damit in Zusammenhang ist *in regionalgeographischer Hinsicht* bemerkenswert, daß das aufgestellte Modell der Einkaufshäufigkeit in den zwei Waldviertler Gebieten eine insgesamt deutlich bessere Anpassung aufweist als in den zwei Gebieten südlich der Donau. In den Waldviertler Gebieten liefern die Modelle – trotz unterschiedlichen Erklärungsgewichts der Raum- und Haushaltsvariablen, welches auf die Erhebungsmethode zurückzuführen ist – nicht nur einen hohen Erklärungsanteil, sondern auch eine relativ genaue Schätzung der Einkaufshäufigkeit für die regionale Gesamtbevölkerung.

Eine Erklärung dieses Unterschieds kann im gegebenen Rahmen nicht über Vermutungen hinausgehen. Eine solche Vermutung wäre, daß die aus dem zweckrationalen Handlungsmodell bzw. aus Knappheitsrelationen abgeleiteten Hypothesen (Zeitbudget-, Mobilitätsrestriktionen, u.ä.) in diesen weniger wohlhabenden und verkehrsabgelegenen Gebieten eine größere Bedeutung für das praktische Versorgungshandeln haben als in den zwei übrigen Gebieten. Zusätzlich oder verbunden damit mag es durchaus auch Mentalitätsunterschiede geben, die dazu führen, daß interpersonelle Variationen in der Einkaufshäufigkeit im Waldviertel geringer sind als in den südlich der Donau gelegenen stärker verstädterten Gebieten. Die größere Vielfalt an individuellen Versorgungsstilen könnte aber wiederum eine Folge der höheren Bevölkerungsdichte und größeren Auswahl an Einkaufsmöglichkeiten sein.

8. ZUSAMMENFASSUNG DER UNTERSUCHUNG

Die Zusammenfassung gliedert sich in folgende Abschnitte: Fragestellung und Untersuchungsansatz (8.1.), Ergebnisse der Literaturanalysen (8.2.), methodische Ergebnisse einschließlich Operationalisierungen (8.3.), Hauptergebnisse der Untersuchung (8.4). Den Abschluß bildet ein Resümee mit Ausblick (8.5).

8.1. Fragestellung und Untersuchungsansatz

Die *inhaltliche Hauptfragestellung* dieser Arbeit wurde in der Einleitung wie folgt formuliert: *Wie stark hängt das Versorgungsverhalten der Bevölkerung von „räumlichen" Eigenschaften ihres Wohnstandortes (...) ab? Sind die Verhaltensdifferenzierungen, die auf diese „räumlichen" Merkmale zurückgeführt werden können, stärker oder schwächer als jene, die sich durch demographisch-ökonomische Statusvariablen der Person und des Haushalts (...) erklären lassen?*

Dieser erste Teil der Hauptfragestellung ist bewußt so formuliert, daß er durch ein möglichst klares Ja oder Nein beantwortet werden kann. Die Antwort auf diese Frage besitzt nach Meinung des Autors grundlegende Bedeutung für die Geographie, auch im Hinblick auf ihren Stellenwert im Kreis der Wissenschaften.

Den zweiten, integrierenden Bestandteil der Hauptfragestellung bildet die Frage, *welche Merkmale der Raumstruktur und der Haushaltsstruktur nachweislich das raumzeitliche Versorgungsverhalten beeinflussen, und welche nicht.* Die Antworten auf diese Frage leisten einen Beitrag zur empirischen Einkaufsverhaltensforschung und besitzen Bedeutung für die Angebotsgestaltung und die Raumordnungspolitik im Bereich der Güterversorgung.

Zu diesen inhaltlichen Untersuchungszielen kommt als Sukkus aus der Analyse der einschlägigen empirischen Literatur ein *erhebungsmethodisches Untersuchungsziel* hinzu: *Parallele Anwendung der zwei Datengewinnungsmethoden „einmalige Haushaltsbefragung" und „tagebuchartiges Aktivitätenprotokoll",* zwecks vergleichender Abschätzung ihrer Eignung zur Erfassung des Versorgungsverhaltens und ihrer Auswirkung auf die erhobenen Daten. Die dabei gewonnenen Erfahrungen sind für die praktische Umfrage- und Einkaufsverhaltensforschung von Bedeutung.

Um die Hauptfrage empirisch konkret beantworten zu können, werden in Kapitel 1 einige *Basis-Festlegungen* vorgenommen. Die wichtigsten davon betreffen
- den zu untersuchenden Teilbereich des Versorgungsverhaltens: die *Deckung des Grundbedarfs* im Sinne von Nahrungsmitteln und zur Haushaltsführung notwendigen Gütern; die Eingrenzung wird vor allem damit begründet, daß die Absichten der Akteure im beobachteten Verhaltensbereich möglichst homogen sein sollen;
- die zu untersuchenden *Verhaltensdimensionen* der Grundbedarfsdeckung: Häufigkeit des Einkaufs in Geschäften, Häufigkeit anderer Grundbedarfsbezüge, personelle

Beteiligung am Einkaufen, Verkehrsmittelnutzung, Kopplungsaspekte und Weglängen / Wegezeiten [1]; die Zielortewahl wird aus methodologischen Gründen ausdrücklich aus der Untersuchung ausgeklammert;

– den Charakter der *räumlichen Merkmale:* überindividuell gleiche Angebots- und Distanzverhältnisse des Wohnstandorts;

– den Charakter der *nichträumlichen Merkmale:* demographisch-sozioökonomische Strukturvariablen der Haushalte;

– den *sozialwissenschaftlich-theoretischen Rahmen:* ein einfaches Basismodell des Bedarfsdeckungshandelns (Abb. 1-1, S. 5) und das zweckrationale Handlungsmodell nach Max Weber;

– die generelle *Untersuchungsmethodik* und den formalen Erklärungsrahmen: eine hypothesengeleitete Vorgangsweise unter Anwendung multivariater statistischer Verfahren, wobei das höchstmögliche Skalenniveau sowohl der Verhaltens- als auch der Erklärungsvariablen angestrebt wird, um die Hauptfrage quantitativ möglichst eindeutig beantworten zu können; dies legt ein *regressionsanalytisches Erklärungsmodell* nahe;

– das *Gebiet der empirischen Untersuchung:* das ländliche Niederösterreich, aus dessen Privathaushalten eine repräsentative Stichprobe gezogen wird (vgl. Kap. 4).

8.2. Ergebnisse der Literaturanalysen / Untersuchungshypothesen

Es wurden einschlägige Arbeiten aus folgenden Literaturbereichen analysiert: a) formalisierte mikroökonomische Modelle des Einkaufsverhaltens; b) empirische wirtschaftswissenschaftliche Konsum(enten)forschung; c) Verkehrswissenschaft und Verkehrsgeographie; d) geographische und regionalwissenschaftliche Versorgungs- und Einkaufsverhaltensforschung; e) zeitgeographische, soziologische und andere verhaltenswissenschaftliche Arbeiten; f) in Österreich durchgeführte Großbefragungen als Datenquellen des Einkaufsverhaltens.

Zusammenfassend ergeben sich aus der Literaturanalyse folgende *Erkenntnisse über die bisherige Behandlung der Fragestellung:*

1.) Die formalisierten Einkaufsverhaltensmodelle stimmen weitgehend darin überein, daß im Verhalten der Haushalte, wenn das Güterspektrum und die Präferenzstrukturen konstant gehalten werden, *vor allem die Einkaufshäufigkeit variiert.* Hauptursache für unterschiedliche Einkaufshäufigkeiten sind standörtlich differenzierte Fahrtkosten, die sich primär aus *unterschiedlichen Distanzen zwischen Wohnort und Einkaufsstätte* ergeben. Auch die Verkehrsmittelwahl ist laut diesen Modellen von standortspezifischen Fahrtkostenrelationen abhängig.

2.) Aus dem Bereich der empirisch orientierten Literatur bietet nur die *soziologische Aktionsraumforschung* Referenzaussagen zu unserer Frage in Form formulierter Hypothesen. J. FRIEDRICHS (1977) stellte Hypothesen über die Auswirkungen unterschiedlicher Wohnortlage auf das raum-zeitliche Verhalten auf: die *Restriktionshypothese,* wel-

---

[1] Die empirische Analyse der Weglängen und Wegezeiten erfolgt allerdings, gemeinsam mit regionalen Teilergebnissen, in einer gesonderten Publikation.

che besagt, daß es bei hoher Distanzbelastung zu einer Reduzierung der Dauer und/oder der Reichweite von Tätigkeiten oder sogar zu einem völligen Verzicht auf sie kommen kann; weiters die *Kompensationshypothese*, welche besagt, daß eine erhöhte Distanzbelastung durch erhöhte Rationalität und vermehrte *Koppelung* von Tätigkeiten kompensiert wird. Diese Hypothesen wurden in den empirischen Arbeiten der von FRIEDRICHS initiierten Sozialwissenschaftlichen Arbeitsgruppe Stadtforschung (SAS) bisher nur bivariat-korrelationsstatistisch und nur für den städtischen Raum verifiziert.

3.) Trotz der genannten theoretischen Erkenntnisse wurde in der empirischen Literatur bisher ein *Einfluß des Wohnstandorts,* näherhin seiner relativen Lage zu Einkaufsstätten und anderer Raumstrukturmerkmale, *auf das Versorgungsverhalten nur sehr selten* und kaum je systematisch *untersucht.* In geographischen Arbeiten über Einkaufsverhalten dominieren nach wie vor als Erkenntnisobjekt die Ziele der räumlichen Interaktion (mit Fragestellungen wie „Welche Einkaufsstätten oder -orte werden aufgesucht?" und „Welche Versorgungsgebiete bilden sich dadurch heraus?"), was durch das noch immer vorherrschende Paradigma der Zentralitätsforschung erklärbar ist. Sofern in deutschsprachigen geographischen Arbeiten die Einkaufshäufigkeit thematisiert wird, geschah dies bisher, ohne ihre theoretisch begründete Schlüsselrolle zu erkennen und bis in die jüngste Zeit fast nur in bivariatem Erklärungszusammenhang (als frühestes Beispiel einer multivariaten Analyse, die leider kaum Nachahmer fand, vgl. MÜLLER & NEIDHARDT 1972; als Beispiel für den Aufgriff einer neuen Fragestellung A. KAGERMEIER 1991). – In den Konsumentenuntersuchungen von absatzwirtschaftlicher Seite stehen in jüngster Zeit typisierende multivariate Verfahren – häufig mit Zielrichtung 'Lifestyle'-Abgrenzung – im Vordergrund.

4.) Ein *„dichotomer Ansatz"*, der Haushalts- und Raumstrukturmerkmale simultan zur Erklärung des Versorgungsverhaltens heranzieht, *findet sich nur in ganz wenigen empirischen Arbeiten* (vgl. Kapitel 2.2.): in den mikroökonomischen Modellen von VICKERMAN & BARMBY (1984) und J. R. BLAYLOCK (1989) und in den verkehrswissenschaftlich orientierten Arbeiten von M. WERMUTH (1978, 1982) und Susan HANSON (1982); einigermaßen befriedigende Erklärungsanteile werden nur von den drei letztgenannten Autoren erreicht. In diesen drei Modellen ist *der Erklärungsanteil der Raumstruktur deutlich geringer als jener der Haushaltsstruktur.* Dies steht im Einklang mit der in 2.2.c) zitierten zusammenfassenden Aussage von S. HANSON (1986), welche ebenfalls den Merkmalen des Individuums einen stärkeren Einfluß als den Raumstrukturmerkmalen zuschreibt. Diese Aussagen stellen die nächsten Referenzergebnisse für den eigenen Untersuchungsansatz dar.

Jedoch ist einschränkend folgendes dazu zu sagen: (1.) Die von HANSON (1986) überblickte Literatur umfaßt *nur städtische, keine ländlichen Räume* und das gesamte Verkehrsverhalten, nicht bloß das Versorgungsverkehrsverhalten. (2.) Nur von einem einzigen Autor – BLAYLOCK, für eine Stichprobe aus den USA – wurde die *Grundbedarfsdeckung* ('grocery shopping') von *Haushalten* untersucht, während die Untersuchungen von HANSON (1982) und WERMUTH das *gesamte Einkaufsverhalten* betrafen, und zwar von *Personen.* (3) Die multivariaten Analysen aller genannten Autoren beinhalten zwar zahlreiche, differenzierte Haushalts- und Personenvariablen, aber *nur wenige* bzw. *nicht versorgungsspezifische Raumstrukturvariablen.*

5.) In der *Erforschung des Versorgungsverhaltens in Österreich*, soweit es dessen nichtmonetäre Aspekte betrifft, wurden bisher sowohl von geographischer wie von verhaltenswissenschaftlicher Seite *fast nur deskriptive bzw. bivariate Erklärungszusammenhänge* berücksichtigt (Ausnahme: die multivariat angelegte psychologische Arbeit von LINDNER 1984). Weiters ist keine Arbeit zu finden, welche von einem dichotomen Erklärungsansatz „Haushalt oder Raum?" ausgeht.

Erkenntnisse über die hier gewählten Aspekte sind auf viele Literaturbereiche verstreut. In der einschlägigen geographischen Literatur dominiert bis heute das Erkenntnisobjekt Zielorte(wahl), die Einkaufshäufigkeit wurde bisher nur in einigen der von K. ARNOLD betreuten Diplomarbeiten thematisiert, Kopplungsaspekte auch in WEICH-HARTs Arbeit. Die von H. MARSCHNER und am Institut für Handel, Absatz und Marketing der Innsbrucker Universität durchgeführten Untersuchungen gestatten z. T. bereits Längsschnittvergleiche über Geschäftswahlverhalten und Einkaufshäufigkeit der Tiroler Bevölkerung. Einige punktuelle Aussagen über alternative Bezugsquellen findet man in sozialgeographischen und agrarwirtschaftlichen Universitätsarbeiten. Nicht speziell in Richtung Einkaufsverhalten ausgewertet wurden bisher die Primärdaten einzelner Mikrozensus-Sonderprogramme und der vielerorts durchgeführten Verkehrserhebungen.

Angesichts dieser Situation kann die Antwort auf die erste Hauptfrage der Untersuchung im voraus als durchaus offen bezeichnet werden.

Die *Ergebnisse der Literaturanalyse in bezug auf die zweite Hauptfragestellung* – mögliche Einflüsse einzelner Haushaltsstruktur- und Raummerkmale auf die einzelnen Verhaltensdimensionen zwecks Ableitung von testbaren Untersuchungshypothesen – sind in den Abschnitten 2.2. bis 2.7. dargestellt. Es zeigt sich, daß bereits sehr viele Haushalts- und Personenvariablen als Erklärungsgrößen des Einkaufsverhaltens herangezogen wurden. Bemerkenswert erscheinen vor allem folgende Ergebnisse: (1) Die oben genannten mikroökonomischen Arbeiten sowie absatzwirtschaftliche Studien (SCHANINGER 1981) wiesen nach, daß das Haushalts- oder Personen-*Einkommen keinen signifikanten Einfluß* auf die hier betrachteten Verhaltensaspekte ausübt; dasselbe gilt für die Höhe der *Ausgaben* für Grundbedarf (vgl. BLAYLOCK). Eine Erhebung dieser zwei monetären Sachverhalte kann daher unterbleiben. – (2) Im Hinblick auf die Einflußgrößen der Einkaufshäufigkeit ergab die verkehrsplanerische Arbeit von H. KÖLL (1989) für eine Innsbrucker Stadtrandsiedlung einen überraschend deutlichen *inversen Zusammenhang zwischen Pkw-Verfügbarkeit und Einkaufshäufigkeit*; dies steht zwar im Einklang mit dem zweckrationalen Handlungsmodell und der höheren Transportkapazität des Autos gegenüber anderen Verkehrsmitteln, aber nach den meisten bisherigen Untersuchungen wirkte sich höhere Pkw-Verfügbarkeit eher „einkäufe-fördernd" aus.

Eine Zusammenschau möglicher Erklärungsmerkmale bietet das **allgemeine Modell der Grundbedarfsdeckung** (vgl. Abbildung 3-2). Es enthält sechs Einflußfaktoren von seiten der Haushaltsstruktur – Bedarfsmenge, Lebensmittellagerkapazität, personelle und Zeit-Ressourcen, Motorisierung, Arbeitsort- und Pendeleinflüsse sowie soziologische Faktoren – und vier Einflußfaktoren von seiten der Raumstruktur, welche als Merkmale des Wohnstandorts definiert sind: Angebotsbreite, Distanz / relative Lage zu Geschäften, sonstige Bezugsquellen und Anbindung im öffentlichen Verkehr an Einkaufsorte; hinzu kommen auf beiden Seiten einige nicht direkt versorgungsspezifische „summarische" Faktoren, welche in der Literatur als Einflußgrößen des Versorgungsverhaltens genannt wurden, wie Lebenszyklusphase und Siedlungsstruktur. – Die *Untersuchungshypothesen* für die einzelnen Verhaltensaspekte sind in den empirischen Modellen in Abschnitt 3.2. enthalten. Da auch in der nachfolgenden Zusammenfassung der Hauptergebnisse (8.4.) auf die Untersuchungshypothesen Bezug genommen wird, werden sie hier nicht nochmals aufgelistet.

8.3. Methodische Ergebnisse

Dieser Abschnitt berichtet zusammenfassend über die vorgenommenen Operationalisierungen (8.3.1.), die erhebungsmethodischen Ergebnisse (8.3.2.) und die Ergebnisse bezüglich der angewandten regressionsanalytischen Auswertungsmethoden (8.3.3).

8.3.1. Vorgenommene Operationalisierungen

Die operationalen Festlegungen in Kapitel 3 betreffen in logischer Reihenfolge zunächst die zu messenden Verhaltensobjekte – Definition der Einkaufs- und sonstigen Bezugsakte und ihrer Merkmale einschließlich der sonstigen Nahrungsmittelquellen –, danach die heranzuziehenden Einflußvariablen des Haushalts und des Wohnstandorts. Generell wurde bei der Operationalisierung der Variablen soweit möglich auf vorhandene Klassifizierungen, vor allem der amtlichen Statistik, zurückgegriffen. In mehreren Sachbereichen erwies es sich aber als erforderlich, eigene Kategorisierungen zu entwikkeln.
– *Erfassung des Spektrums möglicher Nahrungsmittelbezugsarten:* Hiezu wird ein Klassifikationsschema vorgestellt, das die zwei Dimensionen Anbieterart und Vertriebs-/Bezugsform miteinander kombiniert (vgl. Abb. 3-1); es zeigt die große Vielfalt an „alternativen" Bezugsquellen und -kanälen, die im untersuchten ländlichen Raum existieren.
– Zur *Erfassung der physisch-biologischen Ressourcen des Haushalts* wird das Konstrukt „voll einkaufsfähige Person" eingeführt, das es ermöglicht, jene Haushalte zu identifizieren, in welchen mit alters- oder krankheitsbedingten Einschränkungen der Einkaufstätigkeit zu rechnen ist.
– Die *Zeitressourcen* des Haushalts werden sowohl über Merkmale der Berufstätigkeit der Haushaltsmitglieder als auch über die Kinderzahl und sonstigen Betreuungs- und Pflegeverpflichtungen erfaßt.

In stärkerem Maße waren eigene Kategorisierungen bei der *Operationalisierung der räumlichen Einflußvariablen,* die im vorliegenden Ansatz als überindividuell gleiche Eigenschaften des Wohnstandorts definiert sind, erforderlich. Dies betrifft zunächst die *räumliche Basiseinheit,* die als Trägerin aller räumlichen Merkmale fungiert. Als solche wird der „Wohnplatz" gewählt, der wie folgt definiert wird: Ein Wohnplatz ist bei kleineren Siedlungen, die zur Gänze fußläufig erschließbar sind, mit der Siedlung („Ortschaftsbestandteil" lt. amtl. Ortsverzeichnis) kongruent; Siedlungen, in denen größere als fußläufige Distanzen auftreten, werden in mehrere Wohnplätze aufgegliedert, wobei die Untergliederung in diesen Fällen den Grenzen der statistischen Zählsprengel folgt (vgl. 3.4.1).

Die grundbedarfsrelevanten räumlichen Merkmale umfassen, wie auch in der Literatur vielfach festgestellt wurde, vor allem die zwei Dimensionen Angebotsqualität und Angebotsdistanz. Zu ihrer Erfassung werden grundsätzliche Überlegungen angestellt, die zur Entwicklung von zwei Operationalisierungsverfahren führen.

– *Verfahren der vergleichenden Bewertung des standörtlichen Geschäfteangebots:* Basierend auf den Ergebnissen der eigenen Geschäfteerhebung in allen Teilen des Untersuchungsraums (vgl. Abschnitt 4), ergänzt durch unveröffentlichte Daten der Firma NIELSEN über die Sortimentsbreite, werden die Grundbedarfsgeschäfte nach ihrer *einkaufsfunktionellen Wertigkeit* eingestuft; da diese Variable auch die gegenseitige Substitution zwischen Einkäufen im jeweiligen Geschäftstyp berücksichtigt, geht ihr Skalenniveau über das einer ordinalen Maßzahl hinaus. Durch Zusammenführen dieser geschäftstypbezogenen Maßzahl mit den Bedarfsstrukturen der Haushalte wird das methodische Konstrukt (standörtliches) „ausreichendes Grundbedarfsangebot" (*AGBA*) gebildet, mit dessen Hilfe schließlich eine *vergleichende Maßzahl der Angebotsqualität* von Wohnplätzen bzw. von analog abgegrenzten Geschäftsstandorten definiert wird (vgl. 3.4.2).

– *Verfahren zur vergleichenden Bewertung der grundbedarfsrelevanten Distanzverhältnisse:* Unter Bezugnahme auf die Erreichbarkeits-Systematik von L. BACH und unter Verwendung des AGBA-Konstrukts wird als wichtigste verhaltensadäquate Maßzahl die *Mindestdistanz zur Deckung des Grundbedarfs* bestimmt und eine entsprechende Berechnungsvorschrift festgelegt. – Weiters wird eine die beiden Dimensionen Angebotsqualität und Angebotsdistanz kombinierende ordinale Maßzahl der *grundbedarfsbezogenen Lagequalität* entwickelt (vgl. 3.4.3).

8.3.2. Erhebungsmethodische Ergebnisse

In den bisher von geographischer Seite in Österreich durchgeführten empirischen Einkaufsverhaltensuntersuchungen wurde nur die Methode der einmaligen – schriftlichen oder mündlichen – Befragung angewandt. In methodischen Vergleichsstudien der Zeitbudgetforschung wurde nachgewiesen, daß Aktivitätenprotokolle in der Art von Tagebuch-Aufschreibungen validere Ergebnisse als Einmal-Befragungen liefern (vgl. Abschnitt 2.8. a). Um sowohl den Vergleich mit bisherigen Erhebungen zu ermöglichen als auch der Forderung nach Methodenadäquanz und maximaler Datenreliabilität zu genügen, wird eine *methodische Parallelstategie* gewählt: ein Teil der empirischen Daten wird mit Einmal-Befragung, ein Teil mit Tagebuch-Methode gewonnen. Die solcherart erhobenen Verhaltensdaten, aber auch die Strukturmerkmale der Haushalte werden vor der eigentlichen statistischen Auswertung auf ihre *Vergleichbarkeit* bzw. *Unabhängigkeit von der Erhebungsmethode überprüft*. Ebenfalls durch eine vorgeschaltete Datenanalyse wird ein eventueller *Einfluß der Erhebungssituation und des Interviewerpersonals* auf die gewonnenen Einkaufsdaten überprüft.

Bei der Gestaltung der verschiedenen Erhebungsinstrumente der zwei Methoden (vgl. Abschnitt 4.1. und Beilagen 1 – 4 im Anhang) werden die Erfahrungen mehrerer Pretests verwertet. Die Stichprobe wird, soweit Adressen der Haushalte verfügbar waren, als systematische Zufallsauswahl angelegt; in den übrigen Gebieten wird eine Quotenauswahl nach Haushaltstypen und zwei räumlichen Merkmalen, die eng mit der Angebotsqualität und Angebotsdistanz korreliert sind, vorgenommen. Die Auswahl der Untersuchungsgebiete in Niederösterreich erfolgt nach siedlungsgeographischen und großräumigen Lage-Kriterien (vgl. Abschnitt 4.2). Eine Besonderheit der empirischen Erhebungen war der Einsatz von Schülerinnen und Schülern als Interviewer. Die hiefür erforderlichen organisatorischen Maßnahmen und die dabei gesammelten Erfahrungen werden kurz berichtet (vgl. 4.1.1., am Ende, und 6.1.1., ad 1).

Tabelle 8-1: Vergleich der zwei Erhebungsmethoden hinsichtlich ihrer Eignung zur Erfassung des Versorgungsverhaltens – Ergebnis der Parallelstrategie

	Erhebungsmethode	
Verhaltensdimension	**Einmal-Interview**, Erhebungseinheit: Haushalt	**Tagebuch der Einkäufe**, Erhebungseinheit: Person
Häufigkeit von Einkäufen in Geschäften	geeignet zur Erfassung der Haushaltseinkäufe i. e. S. (haushaltsbezogen)	geeignet zur Erfassung der Einkäufe d. Haushaltsmitglieder (personenbezogen)
personelle Beteiligung am Einkaufen	geeignet nur f. kategoriale Angabe („Haupteinkäufer" des Haushalts)	gut geeignet: Angabe für jeden Einkauf erzielbar
Verkehrsmittelnutzung zum Einkaufen	bedingt geeignet: Einzelangaben lückenhaft	gut geeignet: Angabe für jeden Einkauf erzielbar
Kopplungsverhalten beim Einkaufen sowie *Weglängen und Wegezeiten*	ungeeignet: die geforderte Detailliertheit übersteigt die Möglichkeiten dieses Erhebungsinstruments	bedingt geeignet: sofern Eintragungen wirklich täglich und räumlich detailliert erfolgen
Bedarfsdeckungen aus alternativen Bezugsquellen	geeignet: auch über längeren / weit zurückliegenden Zeitraum erfragbar	bedingt geeignet: da Bezugsakte relativ selten

eigener Entwurf; Erläuterungen im Text.

Die mit der genannten Parallelstrategie gewonnenen *Erkenntnisse über die Eignung der zwei angewandten Erhebungsmethoden* sind in Tabelle 8-1 zusammengefaßt. Die im Laufe einer Woche getätigten Einkäufe in Geschäften werden zwar durch beide Methoden in zufriedenstellender Weise erfaßt; für das Einmal-Interview wurde dies eigens überprüft und bestätigt (vgl. Ergebnisse der vorgeschalteten Datenanalyse, unten). – Jedoch werden trotz weitgehend identer Fragestellung in den Erhebungsinstrumenten *durch die zwei Methoden zwei inhaltlich verschiedene Verhaltensausschnitte erfaßt*: mit dem einmaligen Interview die Haushaltseinkäufe im engeren Sinne, mit dem tagebuchartigen Protokoll die Einkäufe aller Haushaltsmitglieder. Eine Zusammenführung der zwei Einkaufshäufigkeiten erwies sich als undurchführbar, weil beim Interview eine Vorfilterung der Einkaufsakte nach ihrer tatsächlichen Bedeutung für die

Haushaltsversorgung durch die haushaltführende Person erfolgt, was bei den Tagebuch-daten nicht der Fall ist und nur mit zusätzlich zu erfragenden Informationen nachvollzo-gen werden könnte. Zur genaueren Charakterisierung des inhaltlichen Unterschieds vgl. Abschnitt 7.2.1., am Ende.

Für praxisorientierte Belange ist festzuhalten, daß die in punkto Ausgabenhöhe wichtigeren Einkäufe in der Regel die Haushaltseinkäufe der erstgenannten Art sind. Beide Arten von Einkaufsakten und -häufigkeiten haben ihre Berechtigung und können für empirische Untersuchungen von Bedeutung sein. Nach den hier gewonnenen Erfah-rungen ist es aber *nicht zulässig, empirische Daten über Einkaufshäufigkeit von Haus-halten, die mit einer haushaltsbezogenen Erhebungsmethode gewonnen wurden, mit solchen, die aus einer personenbezogenen Erhebung stammen, direkt zu vergleichen.*

Im Hinblick auf die Vollständigkeit der Daten erweist sich bei den meisten übrigen Verhaltensdimensionen die personenbezogene Tagebuch-Methode dem einmaligen haushaltsbezogenen Interview überlegen. Nur mit täglichen Aufschreibungen können verläßliche, metrisch skalierte Daten über die personelle Beteiligung an Einkäufen und die benutzten Verkehrsmittel gewonnen werden, ebenso Daten über weitere Erledigun-gen im Zuge eines Ausgangs zum Zweck der Charakterisierung des Kopplungsverhal-tens und zur Berechnung der Weglängen und des Wegezeitaufwands. Lediglich zur Er-fassung der Bezugsakte aus alternativen Quellen erweist sich das einmalige Interview als geeigneter (vgl. Tabelle 8-1).

In einem eigenen Abschnitt der vorgeschalteten Datenanalyse (6.2.2.) wurde ge-prüft, ob außer der Erhebungsmethode auch *situative Erhebungsmerkmale* einen Einfluß auf die Zahl der berichteten Einkaufsakte haben. Die ***Ergebnisse bezüglich des Einflus-ses erhebungskontextueller Merkmale***, die durch die multivariaten Analysen bestätigt wurden, lauten:

1) Das *Interviewergeschlecht* hat keinen Einfluß auf die Zahl der bei der Befragung aufgezeichneten Einkäufe.

2) Wenn der *Berichtszeitraum* nicht mehr als eine Woche beträgt und das Interview unmittelbar danach stattfindet, läßt sich keine "Vergessenskurve" für Einkäufe nachwei-sen; denn für den Tag unmittelbar vor der Befragung wurden jeweils nicht mehr Einkäu-fe berichtet als für den am weitesten, d. h. fast eine Woche zurückliegenden Tag.

3) Die *Auskunftspersonenzahl* pro Haushalt besitzt bei der Tagebucherhebung einen Einfluß: wenn nicht von allen „einkaufsfähigen" Haushaltsmitgliedern ein Protokoll vorliegt, ist die Zahl der berichteten Einkäufe signifikant niedriger als in vollständig be-richtenden Haushalten. Bei der Methode Haushaltsinterview ließ sich hingegen kein durchgehend signifikanter Einfluß der Zahl der bei der Befragung anwesenden Personen feststellen.

4) Die *Zahl möglicher Einkaufstage* – bei der Erhebung gab es maximal einen Feier-tag pro Berichtswoche – beeinflußt die Zahl der berichteten Einkäufe in differenzierter Weise, wobei es auf die Position des Feiertags im Wochenablauf ankommt: Feiertage am Wochenbeginn oder unmittelbar vor dem Wochenende vermindern die Einkaufs-häufigkeit proportional, ein Feiertag am Donnerstag führt hingegen nur zu geringfügiger Reduktion und vermehrt sogar das Aufsuchen von Nicht-Grundbedarfsgeschäften am darauffolgenden „Fenster-Freitag".

8.3.3. Angewandte regressionsanalytische Verfahren

Alle untersuchten Verhaltensdimensionen werden durch metrische Variablen beschrieben: die Einkaufshäufigkeit durch die Absolutzahl von Grundbedarfsgeschäftskäufen pro Woche, die übrigen Dimensionen durch Variablen, die Prozentanteile an den genannten Einkäufen bzw. an allen Grundbedarfsbeschaffungen ausdrücken. Da auch die Erklärungsvariablen der Haushaltsstruktur und der Raumstruktur zum überwiegenden Teil von Anfang an als metrische Variablen operationalisiert wurden und die übrigen binarisiert werden konnten, wurde als Verfahren der multivariaten „Erklärung" die Regressionsanalyse gewählt (vgl. BAHRENBERG ET AL. 1992, S. 13). Für jede Verhaltensdimension wird ein empirisches Regressionsmodell aufgestellt, in welchem neben Haushalts- und Raumvariablen auch verhaltensinterne Wechselbeziehungen – z. B. zwischen Verkehrsmittelwahl und Kopplungsintensität – sowie Einflüsse von Erhebungsbedingungen (vgl. oben) als Erklärungsvariablen spezifiziert sind. Vor Durchführung der Berechnungen wird die Linearitätsvoraussetzung der Regressionsanalyse überprüft (vgl. 7.1.3).

Entsprechend der zweigeteilten Hauptfragestellung werden zwei verschiedene regressionsanalytische Verfahren eingesetzt: Zur Beantwortung der dichotom formulierten Frage „Haben Haushalts- oder Raummerkmale einen stärkeren Einfluß auf die Grundbedarfsdeckung?" wird ein speziell adaptiertes regressionsanalytisches Vergleichsverfahren eingesetzt; für die Frage „Welche einzelnen Haushalts- und Raumvariablen beeinflussen dasselbe in signifikanter Weise?" die multiple Regressionsanalyse in ihrer gängigen, dem strukturell-statistischen Anwendungskontext entsprechenden Form. Folgende Überlegungen führten zu dieser Methodenwahl.

Angesichts der dargelegten geringen Behandlung der Hauptfragestellung in der bisherigen Literatur kann von gesicherten Einflußgrößen keine Rede sein; eine in gewissem Grad explorative Vorgehensweise ist daher sehr angebracht. Ein Vergleich des Erklärungsanteils der Raumstruktur mit jenem der Haushaltsstruktur soll möglichst alle potentiellen Erklärungsvariablen einschließen. Ein derartig reichhaltiges Regressionsmodell weist wegen der sachlichen Ähnlichkeit mancher Variablen eine erhöhte Multikollinearität auf, was zur Folge hat, daß keine statistisch abgesicherten Aussagen über die Einflußstärke einzelner Erklärungsvariablen möglich sind. Jedoch kann aus einem solchen „vollständigen" Modell, sofern *eine den genannten numerischen Bedingungen angepaßte Verfahrensweise* gefunden wird, nach Überzeugung des Verfassers in fundierterer Weise eine Antwort auf die Hauptfrage – d. h. eine Aussage über den aggregierten Einfluß einer Variablengruppe im Vergleich mit dem aggregierten Einfluß einer anderen Variablengruppe – abgeleitet werden als aus einem von Anfang an sparsam parametrisierten Modell, bei dem man Gefahr läuft, wesentliche Einflußgrößen übersehen zu haben.

Ein solches angepaßtes, trotz Multikollinearität anwendbares mehrstufiges Vergleichsverfahren für zwei Variablengruppen, das auch eine dritte Gruppe „sonstiger" Einflußvariablen berücksichtigt, wird – als *„Vergleichende Einflußanalyse"* bezeichnet – in Abschnitt 7.1. präsentiert; es dient zur Beantwortung des ersten Teils der Hauptfragestellung. Die empirischen Berechnungen ergaben, daß für jede Verhaltensdimension ein „vollständiges" Modell mit gültiger Regressionsfunktion erhalten wurde, aus dem die gesuchte Antwort abgeleitet werden konnte (vgl. unten, 8.4.2).

Zur Beantwortung des zweiten Teils der Hauptfrage wird dasselbe „vollständige" Modell jeder Verhaltensdimension herangezogen, das aber einer rückschreitenden Elimination von Variablen – zur methodischen Überlegenheit der 'Backward'-Variablenselektion über die schrittweise oder Vorwärts-Selektion vgl. CHATTERJEE & PRICE (1995, S. 180 ff.) – unterzogen wird. Sofern die sich daraus ergebenden Regressionsmodelle die formalen Bedingungen für eine strukturell-statistische Interpretation erfüllen, gestatten sie Aussagen darüber, *welche Haushalts- und Raumvariablen in welcher Richtung und in welcher relativen Stärke* die jeweilige Dimension der Grundbedarfsdeckung signifikant beeinflussen.

8.4. Hauptergebnisse der Untersuchung

Vor Darlegung der mit multivariaten Methoden gewonnenen Hauptergebnisse seien einige *Ergebnisse der deskriptiven Datenauswertung* kurz zusammengefaßt (8.4.1). Danach werden die multivariaten Analyseergebnisse präsentiert, und zwar zunächst die Ergebnisse der vergleichenden Einflußanalyse, also die Antworten auf die erste Hauptfrage „Haben Haushaltsmerkmale oder Raummerkmale einen stärkeren Einfluß auf die Grundbedarfsdeckung?" (8.4.2.), danach die Ergebnisse der strukturell-statistischen Regressionsanalysen, also die Antworten auf die Frage „Welche Variablen der Haushalts- und der Raumstruktur haben einen signifikanten Einfluß?" (8.4.3).

8.4.1. Ausgewählte deskriptive Ergebnisse

Obwohl die hier untersuchten Aspekte des Versorgungsverhaltens, mit Ausnahme der Daten zur Verkehrsmittelwahl, in Österreich bisher kaum systematisch erhoben wurden, seien einige empirische Eckdaten der Stichprobe angeführt, so daß sie für künftige Untersuchungen als Referenz dienen können. Weitere deskriptive Ergebnisse finden sich in Kapitel 6.

Einkaufshäufigkeit: Wie bereits erwähnt und begründet, besteht ein Niveauunterschied zwischen den mit einmaliger Haushaltsbefragung erhobenen Haushaltseinkäufen im engeren Sinne – durchschnittlich 5,5 Grundbedarfseinkäufe pro Woche – und den Grundbedarfseinkäufen aufgrund von Tagebuch-Aufschreibungen der einzelnen Haushaltsmitglieder – im Mittel 8,3 pro Haushalt und Woche. Der Unterschied ist in allen Haushaltstypen im ländlichen Niederösterreich hochsignifikant. Im Vergleich dazu sind *die regionalen Unterschiede der Einkaufshäufigkeit* wesentlich geringer (s. Abb. 6-9) und, wie multiple Mittelwertvergleiche nachwiesen, zwischen den Teilgebieten derselben Erhebungsmethode durchwegs *nicht signifikant.*

Personelle Einkaufsbeteiligung: Die Grundbedarfseinkäufe werden ganz überwiegend von der haushaltführenden Person, also in Mehrpersonenhaushalten von der Hausfrau, getätigt: sie ist in 66 % der Haushalte der Haupteinkäufer (lt. Haushaltsbefragung) bzw. sie führt 60 – 64 % der Einkäufe allein durch (lt. Tagebucherhebung). Beide Werte entsprechen ungefähr dem in den Mikrozensusergebnissen ausgewiesenen Durchschnitt der gesamtösterreichischen Bevölkerung.

Verkehrsmittelnutzung zum Grundbedarfseinkauf: Eine Differenzierung nach Pkw-Besitz bringt das überraschende Ergebnis, daß im ländlichen Niederösterreich die *nicht autobesitzenden Haushalte*, also vor allem ältere Alleinstehende, 16 % ihrer Grundbedarfseinkäufe – das ist etwa einen Einkauf pro Woche – mit dem Auto durchführen, was durch Mitfahren mit Verwandten und / oder Nachbarn zu erklären ist. Da diese Einkäufe durchwegs größere Geschäfte betreffen, ist nachgewiesen, daß die Tendenz zu e i n e m Großeinkauf etwa einmal pro Woche alle Haushalte im ländlichen Raum unabhängig von ihrer Motorisierung erfaßt hat. Öffentliche Verkehrsmittel werden hingegen wesentlich seltener zur Grundbedarfsdeckung genutzt – und weit seltener, als es die auf einer sehr summarischen Frageformulierung beruhenden Mikrozensusergebnisse erwarten ließen –, nämlich auch von den nicht autobesitzenden Haushalten nur für 8 % der Grundbedarfseinkäufe, von den autobesitzenden nicht einmal für 2 % (vgl. Abb. 6-11).

Kopplungsaspekte: Rund 70 % der Grundbedarfseinkäufe werden mit mindestens einer weiteren Erledigung außer Haus gekoppelt, rund 50 % mit dem Aufsuchen mindestens eines anderen Geschäfts. Auf dem Weg zur oder von der Arbeit und auf Dienstwegen bzw. in der Mittagspause werden knapp über 20 % der Grundbedarfseinkäufe getätigt – die Arbeits-/Dienstwegekopplung wurde nur für Haushalte mit mind. 1 berufstätigen Person berechnet, der Anteil bezieht sich nur auf diese Haushalte. Ein Vergleich des letztgenannten Anteils mit den gesamtösterreichischen Werten ist wegen der festgestellten Implausibilität der publizierten Mikrozensus-Ergebnisse problematisch (vgl. hiezu die ausführliche Literaturanalyse lt. Hinweis am Beginn von Kapitel 2).

Beschaffungen aus alternativen Bezugsquellen (es werden drei Arten unterschieden): Am häufigsten finden Direktbezüge von landwirtschaftlichen Produzenten (Ab-Hof-Käufe u.ä.) statt; sie werden von mehr als 50 % der Haushalte in wenigstens zweiwöchentlichem Abstand getätigt, wobei wenig Unterschiede zwischen den Teilgebieten festzustellen sind. Wesentlich seltener finden Hauszustellungen und Käufe bei fahrenden Händlern statt, welche aber immerhin von 33 bzw. 25 % aller ländlichen Haushalte in wenigstens zweiwöchentlichem Abstand in Anspruch genommen werden; hier bestehen allerdings größere regionale Unterschiede (vgl. Abb. 6-13). Der *Alternativanteil der Grundbedarfsdeckung* (bezogen auf die Summe aus Geschäftseinkäufen und Alternativ-Beschaffungen) beträgt im Durchschnitt der zwei Methoden-Teilmassen knapp 26 % bzw. 17 %; unter Berücksichtigung des festgestellten Niveauunterschieds der berichteten Geschäftseinkäufe sind die zwei Durchschnittswerte sehr ähnlich. Die Differenzierung nach Teilgebieten zeigt eine große Spannweite dieses Anteils, was natürlich im Zusammenhang mit der lokal unterschiedlichen Angebotsbreite und -frequenz gesehen werden muß.

Als eine Art Überleitung von der deskriptiven zur multivariaten Datenanalyse wird (in Abschnitt 6.3.2.) versucht, die erste Untersuchungshauptfrage aus bivariater Sicht – wie in der bisherigen österreichischen Einkaufsverhaltensliteratur vorherrschend – zu beantworten: Mittels eines induktiv-statistischen Extremgruppenvergleichs wird die „Abhängigkeit" der zwei Verhaltensaspekte Einkaufshäufigkeit und Verkehrsmittelwahl von je einem Haushalts- und Raummerkmal vergleichend untersucht, was aber zu keinem eindeutigen Ergebnis führt. Damit werden die Grenzen des bivariaten Erklärungsrahmens aufgezeigt und illustriert, daß eine schlüssige Antwort auf die Hauptfragestellung nur von *multivariaten Analysen* zu erwarten ist.

8.4.2. „Haushalt oder Raum?" – Antworten auf die erste Hauptfrage der Untersuchung

Für die einzelnen Verhaltensdimensionen wurden vergleichend die in Tabelle 8-2 angeführten Einflußgewichte von Haushaltsstruktur einerseits und Raumstruktur andererseits ermittelt. Der Erklärungsanteil der einzelnen „vollständigen" Modelle liegt zwischen 31 und 56 %, was nicht sehr hoch erscheinen mag. Hiezu ist aber zweierlei zu bedenken: (a) Die ausgewiesenen Erklärungsanteile liegen höher als in den zitierten empirischen Vergleichsarbeiten; vgl. Abschnitt 8.2. und Kap. 2. – (b) Es wurde von Anfang an betont, daß der Erklärungsansatz *nur strukturelle Merkmale* des Haushalts und des Raums umfaßt, nicht die individuellen Bewertungen dieser Strukturen durch das entscheidende Subjekt: vgl. Abb. 1-1. Selbstverständlich üben diese individuell-subjektiven Faktoren – wie Geschäfts- und Güterpräferenzen, Gewohnheiten, Rollenverteilung im Haushalt etc. – auch Einfluß auf das Verhalten aus, was sich in der Restvarianz niederschlägt; sie leisten jedoch keinen Beitrag zur Hauptfrage dieser Untersuchung.

Einkaufshäufigkeit der Haushalte: Die vergleichende Einflußanalyse ergibt, daß die zwei mit unterschiedlichen Erhebungsmethoden ermittelten Einkaufshäufigkeiten nicht nur quantitativ verschieden sind, sondern auch in ganz unterschiedlichem Ausmaß von den zwei „Megafaktoren" Haushalt und Raum abhängig sind. Die *Häufigkeit von Haushaltseinkäufen* im engeren Sinn wird eindeutig *stärker durch die Raumstruktur* beeinflußt, die *Häufigkeit von Grundbedarfseinkäufen der Haushaltsmitglieder* eindeutig *stärker durch die Haushaltsstruktur!* – Das Bestimmtheitsmaß des „vollständigen" Regressionsmodells für die zweitgenannte Einkaufshäufigkeit ist etwas höher, nämlich 49 % bzw. ohne sonstige Variablen 41 %, als jenes des Modells für die Haushaltseinkäufe i. e. S., welches nur 42 % bzw. 33 % erreicht; dieser Unterschied ist aber nicht besonders groß und erklärt sich z. T. aus der Zahl der Erklärungsvariablen in den Modellen (vgl. 7.2.1).

Dieses sehr bemerkenswerte Ergebnis wird, auch im Lichte des strukturell-statistischen Modells (vgl. unten), wie folgt interpretiert:

Ein Teil der Grundbedarfseinkäufe sind jene Einkäufe, die für die Haushaltsführung im engeren Sinn entweder von der haushaltführenden Person selbst oder in ihrem Auftrag getätigt werden. Es sind im wesentlichen nur diese Einkäufe, die von der haushaltführenden Person bei einer Einmal-Befragung rememoriert und genannt werden. Die Durchführung bzw. Häufigkeit solcher Einkäufe hängt stärker von der Lage des Wohnstandorts im Angebotsnetz der Grundbedarfsdeckung als von haushaltsstrukturellen Merkmalen ab.

Darüber hinaus werden von allen Haushaltsmitgliedern, auch von der Hausfrau selbst, *weitere Grundbedarfseinkäufe* durchgeführt. Diese werden bei einer einfachen ex-post-Befragung nicht erfaßt, aber sehr wohl durch tägliche Aufschreibung. Die Häufigkeit dieser zusätzlichen Einkäufe unterliegt anderen Einflüssen, wobei offensichtlich Raummerkmale des Wohnstandorts kaum eine Rolle spielen, sondern ganz überwiegend *Personen- und Haushaltsmerkmale*. Daher erweisen sich diese Einkäufe eindeutig stärker von der Haushaltsstruktur abhängig.

Tabelle 8-2: Überblick über die Hauptergebnisse der Untersuchung I – Vergleichende Einflußanalyse von Haushalts- und Raummerkmalen

Fragestellung:	I) Haushalt oder Raum?				II) Welche Einflußgrößen?
Verhaltensdimension der Grundbedarfsdeckung	Erklärungsanteil des „vollständigen" Modells		Größeres Erklärungsgewicht haben	Detailergebnisse siehe ...	Erklärungsanteil des strukt.-stat. Modells
	H+R+S	H+R	(H Haushalts-,	ad I	
untersuchte Verhaltensvariablen	%	%	R Raumvariablen)	ad II	%
Einkaufshäufigkeit in Geschäften:					
Haushaltseinkäufe i. e. S.	42	33	R	Tab. 7-1	38
Einkäufe der Haushaltsmitglieder	49	41	H	Abb. 7-3 f.	45
Personelle Einkaufsbeteiligung:					
% Einkäufe der Hausfrau allein	38	35	H	Tab. 7-2	28
% gemeins. Eink. mehrerer Hh-Mgl.	31	26	H	Abb. 7-5 f.	19
Verkehrsmittelwahl:					
% Einkäufe mit Pkw	49	46	???	Tab. 7-3	43
% Einkäufe zu Fuß oder per Rad	47	44	???	Abb. 7-7 f.	42
Kopplungsaspekte:					
% Einkfe auf Mehrstations-Ausgang	36	24	???	Tab. 7-4	31
% Einkfe a. Mehrgeschäfte-Ausgang	35	20	???	Abb. 7-9 f.	28
% Einkfe auf Arbeits-/Dienstwegen	46	44	H	Abb. 7-11	37
Anteil alternativer Bezugsakte					
an den Haushaltsbeschaffungen	48	36	R	Tab. 7-5	46
an d. Beschaffungen d. Haush.-mgl.	56	48	R	Abb. 7-12 f.	52

Erläuterung: H+R+S Regressionsmodell mit Haushalts-, Raumstruktur- und sonstigen Erklärungsvariablen
　　　　　　　H+R　　　Regressionsmodell ohne sonstige Variablen
　　　　　　　???　　　　Keine eindeutige Antwort im Rahmen der vergleichenden Einflußanalyse.
　　　　　　　Weitere Erläuterungen im Text.

Personelle Einkaufsbeteiligung: Diese Verhaltensdimension, die nur für Haushalte mit mehreren „einkaufsfähigen" Personen untersucht wurde, erweist sich eindeutig stärker von der Haushaltsstruktur als von der Raumstruktur abhängig. Dies gilt sowohl für den *Anteil der Einkäufe der Hausfrau allein* als auch für den Anteil der *gemeinsamen Einkäufe mehrerer Haushaltsmitglieder* (Familieneinkäufe). Die spezifizierten „vollständigen" Einflußmodelle besitzen nur einen Erklärungsanteil von 38 bzw. 31 % (ohne sonstige Variablen 35 bzw. 26 %), was auf große nichtstrukturbedingte Variabilität – individuell festgelegte, z. T. auch kurzzeitig wechselnde Rollenverteilung beim Grundbedarfseinkauf, u. ä. – in den untersuchten Haushalten hinweist.

Verkehrsmittelwahl zum Grundbedarfseinkauf: Für die beiden Verhaltensmerkmale *Anteil der Pkw-Einkäufe* und *Anteil der Fußgänger- und Fahrradeinkäufe* ergaben sich „vollständige" Modelle mit 49 bzw. 47 % Erklärungsanteil. In beiden Modellen besitzen die Haushalts- und die Raumstrukturvariablen etwa gleich großes Einflußgewicht, die erste Hauptfrage kann gemäß den festgelegten Kriterien der vergleichenden Einflußanalyse nicht entschieden werden. Eine indirekte Antwort kann jedoch aus den strukturell-statistischen Regressionsmodellen abgeleitet werden, vgl. unten.

Kopplungsaspekte des Grundbedarfseinkaufs: Es wurden drei Variablen des Kopplungsverhaltens näher untersucht, die sich, wie die folgenden Ergebnisse zeigen, in ihrer Raumabhängigkeit z. T. wesentlich unterscheiden.

Der *Anteil von Grundbedarfseinkäufen im Zuge von Mehrstationenausgängen* („allgemeine Kopplungsrate der Grundbedarfsdeckung") und der *Anteil im Zuge von Mehrgeschäfteausgängen* (die 'multi-shopping'-Rate) werden nur zu 36 bzw. 35 % durch das spezifizierte „vollständige" Modell erklärt. Ein wesentlicher Teil dieses Erklärungsanteils ist außerdem auf sonstige Variablen zurückzuführen, die Haushalts- und die Raumstruktur tragen zusammen nur 24 bzw. 20 % bei. Das relative Einflußgewicht von Haushalt und Raum – um das es hier in erster Linie geht – ist bei diesen zwei Kopplungsvariablen gemäß den Regeln der vergleichender Einflußanalyse in etwa gleich, die erste Hauptfrage kann also an dieser Stelle (noch) nicht entschieden werden.

Wesentlich anders zeigt sich die Einflußstruktur des dritten Kopplungsmerkmals, der *Arbeits- und Dienstwegkopplungsrate der Grundbedarfsdeckung.* Ihr Modell besitzt einen wesentlich höheren Erklärungsanteil (46 %), der auch ganz überwiegend auf H- und R-Variablen zurückgeführt werden kann (44 %). Das größere Einflußgewicht besitzen hier eindeutig die Haushaltsvariablen. Bei der Interpretation dieses Ergebnisses ist zu berücksichtigen, daß die Raumvariablen nur für den Wohnstandort, nicht für den Arbeitsort operationalisiert wurden, und daß die Arbeitspendelbeziehung ein Haushaltsmerkmal, kein überindividuelles Raummerkmal ist (vgl. Abschnitt 3.3).

Alternativanteil der Grundbedarfsdeckung: Diese Verhaltensdimension wird ausgedrückt durch den Anteil der nicht in Geschäften getätigten an allen Grundbedarfsbeschaffungen des Haushalts. Das betreffende „vollständige" Modell besitzt einen Erklärungsanteil von 48 %, bezogen auf Haushaltsbeschaffungen, bzw. sogar von 56 % bezogen auf die Beschaffungen der einzelnen Haushaltsmitglieder; ohne sonstige Variablen belaufen sich die Erklärungsanteile auf 36 bzw. 48 %. Der Löwenanteil hievon entfällt auf Einflüsse von Wohnplatzmerkmalen. Diese Verhaltensdimension wird also eindeutig stärker von Raum- als von Haushaltsvariablen beeinflußt.

Was besagen diese Ergebnisse im Hinblick auf die Raumabhängigkeit des Versorgungsverhaltens? Die wenigen in etwa vergleichbaren empirischen Arbeiten – sie bezogen sich zumeist auf Personen, einzig BLAYLOCK (1989) zog den Haushalt als Analyseeinheit heran – ergaben durchwegs eine wesentlich höhere Abhängigkeit des Einkaufsverhaltens von Personen- und Haushaltsstrukturmerkmalen im Vergleich zu Raummerkmalen des Wohnstandorts. Diese bisher nicht in Frage gestellte Aussage, die nur auf Analysen der Einkaufshäufigkeit und der Verkehrsmittelwahl beruhte, wird durch die Erkenntnisse der vorliegenden Arbeit, die ein breiteres Spektrum von Verhal-

tensaspekten einbezieht und die Raumstruktur differenzierter operationalisiert, nicht
unwesentlich modifiziert. Es finden sich im Grundbedarfsdeckungsverhalten von Haushalten im ländlichen und kleinstädtischen Raum zwar mehrere Aspekte – personelle
Beteiligung und Arbeitswegkopplung –, welche eindeutig stärker von Haushalts- (inkl.
Personen)merkmalen als von Raummerkmalen abhängen. Andere Aspekte des Verhaltens – Verkehrsmittelwahl und allgemeine Kopplungsrate der Grundbedarfsdeckung –
werden hingegen in etwa gleichem Ausmaß durch Haushaltsstruktur und Raumstruktur
beeinflußt. Und für zwei weitere Verhaltensmerkmale wird nachgewiesen, daß sie eindeutig stärker von Merkmalen der Raumstruktur abhängen: der Anteil der Grundbedarfsbezüge außerhalb von Geschäften, der auch als Ausmaß „alternativer" Grundbedarfsdeckung bezeichnet wird, und die Häufigkeit von Haushaltseinkäufen im engeren
Sinne. Die letztgenannte Aussage wird aber kontrastiert durch die ebenfalls gewonnene
Erkenntnis, daß die Häufigkeit von Grundbedarfseinkäufen der Haushaltsmitglieder,
personenbezogen erhoben, eindeutig stärker von Haushaltsstrukturmerkmalen abhängt;
dies steht im Einklang mit den Aussagen von HANSON (1982) und WERMUTH (1978,
1982) und zeigt, welch großen Einfluß die Erhebungsmethode auch auf kausalanalyti-
sche Aussagen der empirischen Verhaltensforschung hat.

8.4.3. Welche Einzelmerkmale der Haushalts- und Raumstruktur beeinflussen die Grundbedarfsdeckung? – Antworten auf die zweite Hauptfrage

Die zur Beantwortung dieser Frage durchgeführten Regressionsrechnungen ergaben
für jede Verhaltensdimension ein formal gültiges strukturell-statistisches Modell. Somit
können Aussagen über Einflußrichtung und relatives Einflußgewicht der einzelnen Erklärungsvariablen der Haushalts- und der Raumstruktur, wie angestrebt, mit statistischer
Signifikanz getroffen werden. Diese Aussagen werden hier vor dem Erwartungshinter-
grund der in den empirischen Modellen enthaltenen Untersuchungshypothesen (vgl.
3.2.) zusammenfassend präsentiert. Die nachfolgende zweiseitige Ergebnistabelle (Tab.
8-3) enthält des besseren Überblicks wegen nur die Einflußvariablen der Haushalts- und
Raumstruktur, nicht die sonstigen Variablen; zum Einfluß der letzteren vgl. 7.2.

Häufigkeit von Haushaltseinkäufen im engeren Sinn:

Gemäß Hypothesen sollten erhöhend auf die Einkaufshäufigkeit in Geschäften wirken: die Haushaltsmerkmale größere Bedarfsmenge (H1), größere Zahl „einkaufsfähiger" und nicht berufstätiger, darunter vor allem weiblicher Haushaltsmitglieder (H2),
und mehr Berufstätige in „Angebotsorten" (H5); ebenso die Raummerkmale besseres
Geschäfteangebot (R1), geringere Distanz bzw. bessere relative Lage zu Geschäften
(R2) sowie ein größerer und funktional vielfältigerer Wohnort; schließlich auch ein höherer Kleingeschäfte-Anteil der getätigten Einkäufe. – Als einkäufevermindernde Faktoren wurden angenommen: höherer Selbstversorgungsgrad (H1), umfangreichere Berufstätigkeit der Hausfrau und mehr Betreuungsverpflichtungen für Kinder oder andere Personen (H3), größeres Angebot alternativer Nahrungsmittelbezüge am Wohnplatz (R3)
sowie aus dem Kreis der übrigen Verhaltensaspekte ein höherer Anteil von Einkäufen
mit Pkw und mehr Nahrungsmittelbezüge aus alternativen Quellen. – Für die Indivi-
dualmotorisierung (H4), die Altersgruppe der Hausfrau und den generativen Haus-

haltstyp (Lebenszyklusphase) wurden ebenfalls Einflüsse vermutet, doch wurde deren
Richtung aufgrund widersprüchlicher Literaturaussagen nicht spezifiziert.

Tatsächlich wurde folgendes *Regressionsmodell der Häufigkeit von Haushaltseinkäufen i. e. S. empirisch verifiziert* (vgl. Tab. 8-3, erster Teil): Es dominieren, wie nach
der vergleichenden Einflußanalyse zu erwarten, die Raumstrukturfaktoren. Die größten
Einzel-Einflußgewichte besitzen die Variablen Geschäfteangebot (R1) und Bauernhöfe
am Wohnplatz (R3), gefolgt vom Kleineinkäufeanteil (sonstiges Verhaltensmerkmal),
der Distanz zum nächsten Lebensmittelgeschäft (R2) und dem Haushaltstyp „ältere Alleinstehende"; auch die Wohnortzentralität (Arbeitsstättenzahl) und die alternativen
Nahrungsmittelbezüge wirken signifikant und in der vermuteten Richtung (vgl. oben).
Pkw-Besitz des Haushalts wirkt signifikant einkäufevermehrend (wie auch in den meisten bisherigen Untersuchungen), in etwa gleichem Ausmaß wirkt aber ein höherer Anteil von Pkw-Einkäufen signifikant vermindernd (!), was bemerkenswert ist. – Andererseits konnten die *Hypothesen* eines Einflusses *der Bedarfsmenge* (H1) und *des Arbeits-
ortes* (H5) *nicht verifiziert* werden. Das erstgenannte Ergebnis bedeutet, daß beim Einkaufen nicht unbeträchtliche 'economies of scale' bestehen und daß vor allem kleinere
Haushalte hier nicht völlig zweckrational handeln. Ein weiteres wichtiges Ergebnis ist,
daß *kein einziges der* im Variablenset enthaltenen *soziologischen Merkmale* einen signifikanten Einfluß auf die Häufigkeit von Haushaltseinkäufen ausübt.

Häufigkeit von Grundbedarfseinkäufen der Haushaltsmitglieder:

Für diese Verhaltensvariable, die die Gesamteinkaufshäufigkeit in Grundbedarfsgeschäften kennzeichnet, wurden dieselben Hypothesen wie für die Haushalts-Einkaufs-
häufigkeit aufgestellt. Das empirisch verifizierte Modell enthält, wie nach der Antwort
auf die erste Hauptfrage zu erwarten, wesentlich mehr Haushalts- als Raumvariablen
(vgl. Tab. 8-3, Variable GBE2). Die meisten der einflußnehmenden Haushaltsvariablen
sind mit jenen von GBE1 sachlich verwandt, es handelt sich überwiegend um andere
Detailmerkmale aus demselben Hauptfaktor – z. B. um die einkaufsfähigen weiblichen
Haushaltsmitglieder anstelle der Nichtberufstätigen aus dem Kreis der personellen Ressourcen, oder um die Pkw-Verfügbarkeit der haushaltführenden Person, nicht des ganzen Haushalts, u. ä. – Von den hypothetischen Raumvariablen wirkt nur die Mindestdistanz zur Grundbedarfsdeckung in signifikantem Ausmaß ein (ebenso wie auf die Haushaltseinkäufe); die übrigen erwarteten Einflüsse haben sich nicht bestätigt. – Nicht erwartet wurden folgende Ergebnisse: (1) ein Wohnsitz im Streusiedlungsgebiet wirkt,
auch wenn die grundbedarfsbezogene Lage schon berücksichtigt ist, vermindernd auf
die Gesamteinkaufshäufigkeit, was nicht unplausibel ist. (2) Haushalte von nichtland-

Erläuterungen zu Tabelle 8-3 *(auf den folgenden zwei Seiten)*:

Normalschrift:	Variable lt. Hypothese als signifikante Einflußgröße empirisch verifiziert;
kursiv:	Einflußrichtung wie Hypothese, aber nicht signifikant;
~~durchgestrichen:~~	hypothetische Einflußgröße, aber nicht verifiziert;
fett:	empirisch verifizierte Einflußvariable, aber keine oder gegensinnige Hypothese;
fett kursiv:	nicht signifikante Variable, Einflußrichtung entgegen Hypothese.
Einflußrichtung *(hyp.* = lt. Hypothese, *verif.* = empirisch verifiziert):	
	0 kein Einfluß; + gleichsinnig; – invers; ? in Hypothese Richtung unspezifiziert;
	mod. Einflußrichtung gegenüber Hypothese modifiziert.

Tabelle 8-3: Überblick über die Hauptergebnisse der Untersuchung II – Einzelne Einflußvariablen der Grundbedarfsdeckung (lt. strukturell-statistischen Modellen)

Verhaltensaspekt Verhaltensvariablen	Einflußvariablen der Haushalts- (inkl. Personen-)struktur *)	Einfluß richtung hyp.|verif.	hyp.|verif.	Einflußvariablen der Raumstruktur (Wohnstandort) *)
Einkaufshäufigkeit in Geschäften				
Haushaltseinkäufe i. e. S. (GBE1)	~~Bedarfsmenge~~	+ | 0	+ | +	GB-Geschäfteangebot am Wohnpl.
	N Nichtberufstätige	+ | +	– | –	Distanz zu nächstgeleg. LM-geschäft
	Ältere Hausfr. / alleinst. ält. Person	– | –	– | –	Mindestdistanz zur GB-deckung
	~~Berufstätigkeitsgrad der Hausfrau~~	– | 0	– | –	*ambulantes Angebot am Wohnpl.*
	Betreuungsverpflichtungen insg.	? | +	– | –	Dichte landw. Betriebe
Details s. Abb. 7-3	Pkw-Verfügbarkeit insgesamt	? | +	+ | 0	~~Siedlungsgröße d. Wohnorts~~
	~~N Berufstätige in „Angebotsorten"~~	+ | 0	+ | +	N nldw. Arbeitsstätten i. Wohnort
Einkäufe der Haushaltsmitglieder (GBE2)	~~Bedarfsmenge~~	+ | 0	+ | 0	~~GB-Geschäfteangebot am Wohnpl.~~
	N einkaufsfähige weibl. Hh-mgl.	+ | +	– | 0	~~Distanz zu nächstgeleg. LM-geschäft~~
	Hausfrau mittl. Alters	+ | +	– | –	Mindestdistanz zur GB-deckung
	~~Berufstätigkeitsgrad der Hausfrau~~	– | 0	– | –	*ambulantes Angebot am Wohnpl.*
	Betreuungsverpflichtung / Kinderzahl	? | +	– | 0	~~Dichte landw. Betriebe~~
	Pkw-Verfügbark. d. hh-führ. Person	+ | +	+ | 0	~~Siedlungsgröße d. Wohnorts~~
Details s. Abb. 7-4	~~N Berufstätige in „Angebotsorten"~~	+ | 0	+ | 0	~~N nldw. Arbeitsstätten i. Wohnort~~
	nldw. Selbständigen-Haushalt	0 | –	0 | –	**Streusiedlung**
Personelle Einkaufsbeteiligung				
% Einkäufe der Hausfrau allein (EantHF)	N einkaufsfäh. Hh-mgl. /Hh-größe	– | –	+ | 0	~~GB-Geschäfteangebot am Wohnpl.~~
	Berufstätigkeitsgrad der Hausfrau	– |mod.	– | 0	~~Mindestdistanz zur GB-deckung~~
	~~Pkw-Verfügbarkeit der Hausfrau~~	+ | 0		
	~~Hh-Vorstand männl., Schichtdienst~~	– | 0		
	~~Arbeiter-Paar-Haushalt~~	+ | 0		
	~~nldw. Selbständigen-Haushalt~~	+ | 0		
Details s. Abb. 7-5	**Landwirtshaushalt**	– | +		
	N Nichtberufstätige	0 | +		
	N Schulkinder	0 | +		
% gemeinsame Einkäufe mehrerer Haush.-mitglieder (EantMP)	~~Berufstätigkeitsgrad der Hausfrau~~	+ | 0	– | 0	~~GB-Geschäfteangebot am Wohnpl.~~
	~~Pkw-Verfügbarkeit der Hausfrau~~	– | 0	+ | 0	~~Mindestdistanz zur GB-deckung~~
	~~Hh-Vorstand männl., Schichtdienst~~	+ | 0	0 | +	**N nldw. Arbeitsstätten i.Wohnort**
	~~Arbeiter-Paar-Haushalt~~	– | 0		
	~~nldw. Selbständigen-Haushalt~~	+ | 0		
	Hh-Typ Seniorenpaar	+ | +		
	N Tagespendler	0 | +		
Details s. Abb. 7-6	**jüng. Haushalte / Alter d. Hausfr.**	0 | –		
	N Kleinkinder	0 | +		
Verkehrsmittelwahl				
% Einkäufe mit Pkw od. Motorrad (PkwP)	Pkw-Verfügbarkeit insgesamt	+ | +	+ | +	kein Geschäft am Wohnpl.
	Pkw-Verfügbarkeit der Hausfrau	+ | +	+ | 0	~~Mindestdistanz zur GB-deckung~~
	Hausfrau Tagespendl. mit eig. Pkw	+ | +	– | 0	~~Siedlungsgröße d. Wohnorts~~
	N Berufstätige in „Angebotsorten"	– | –	0 | –	**ÖV-Verbindung zu Einkaufsort**
	~~Landwirtshaushalt~~	+ | 0		
Details s. Abb. 7-7	Dreigenerationen-Hh. / Kinderzahl	+ | +		
	Hh-Typ Seniorenpaar	– | +		

*) Erläuterungen: s. vorangestellten Kasten   Fortsetzung nächste Seite
Abkürzungen: GB Grundbedarf;   LM Lebensmittel;   ÖV öffentlicher Verkehr.

Fortsetzung d. Tab. 8-3   *) Erläuterungen: s. vorang. Kasten

Verhaltensaspekt Verhaltensvariablen	Einflußvariablen der Haushalts- (inkl. Personen-)**struktur** *)	Einfluß richtung hyp.|verif.	hyp.|verif.	Einflußvariablen der Raum-**struktur** (Wohnstandort) *)
% Einkäufe zu Fuß oder mit Fahrrad (FuRaP)	Pkw-Verfügbarkeit insgesamt	– | –	– | –	kein Geschäft am Wohnpl.
	Pkw-Verfügbarkeit der Hausfrau	– | –	– | –	Mindestdistanz zur GB-deckung
	Hausfrau Tagespendl. mit eig. Pkw	– | –	+ | 0	~~Siedlungsgröße d. Wohnorts~~
	~~N Berufstätige in „Angebotsorten"~~	+ | 0		
	~~Landwirtshaushalt~~	– | 0		
	Dreigenerationen-Hh. / Hh-größe	– | –		
Details s. Abb. 7-8	~~Pensionistenhaushalt~~	+ | 0		
	Hausfrau teilzeit-/vollbeschäftigt	0 | +		
Kopplungsaspekte % Einkäufe auf Mehr-Stationen-Ausgang (MSA)	~~N Berufstätige~~	+ | 0	? | 0	~~GB-Geschäfteangebot am Wohnpl.~~
	jüng. Hausfrau / Lebenszyklusphase	+ | +	? | +	Mindestdistanz zur GB-deckung
	N Schulkinder	+ | +	+ | –	**Siedlungsgröße d. Wohnorts**
	~~Berufstätigkeitsgrad der Hausfrau~~	+ | 0	? | 0	~~N nldw. Arbeitsstätten i. Wohnort~~
	Pkw-Verfügbarkeit insgesamt	+ | +	0 | –	**Dichte landw. Betriebe**
	~~Pkw-Verfügbarkeit der Hausfrau~~	+ | 0	0 | +	**ÖV-Verbindung zu Einkaufsort**
Details s. Abb. 7-9	**Haush.-größe / N Einkaufsfähige**	0 | –		
	nldw. Selbständigen-Haushalt	0 | –		
% Einkäufe auf Mehr-Geschäfte-Ausgang (MGA)	~~N Berufstätige~~	+ | 0	? | 0	~~GB-Geschäfteangebot am Wohnpl.~~
	~~Hausfrau in jüngerem Alter~~	+ | 0	? | +	Mindestdistanz zur GB-deckung
	N Schulkinder	+ | +	? | 0	~~Siedlungsgröße d. Wohnorts~~
	Hausfrau teilzeitbeschäftigt	? | –	? | 0	~~N nldw. Arbeitsstätten i. Wohnort~~
	~~Pkw-Verfügbarkeit insgesamt~~	+ | 0	0 | –	**ambulantes Angebot am Wohnpl.**
	~~Pkw-Verfügbarkeit der Hausfrau~~	+ | 0		
Details s. Abb. 7-10	**Haush.-größe / N Einkaufsfähige**	0 | –		
	nldw. Selbständigen-Haushalt	0 | –		
% Einkäufe auf Arbeits-/Dienstweg (ADW)	~~N Berufstätige~~	+ | 0	? | +	GB-Geschäfteangebot am Wohnpl.
	Hausfrau älter / Lebenszyklus	– | –	? | 0	~~Mindestdistanz zur GB-deckung~~
	N Schulkinder	+ | –	+ | 0	~~Siedlungsgröße d. Wohnorts~~
	Berufstätigkeitsgrad der Hausfrau	+ | +	– | –	N nldw. Arbeitsstätten i. Wohnort
	Pkw-Verfügbarkeit insgesamt	+ | +	0 | –	**Streusiedlung**
	~~Pkw-Verfügbarkeit der Hausfrau~~	+ | 0		
Details s. Abb. 7-11	Hausfr. berufstät. in „Angebotsort"	+ | +		
	N Tagespendler	+ | +		
	~~N Tagespendler mit eig. Pkw~~	+ | 0		
	~~Beamten-/Angestelltenhaushalt~~	+ | 0		
Anteil alternativer Bezugsakte ... an den Haushalts-beschaffungen (AlterA1)	~~N Einkaufsfähige~~	– | 0	– | +	**GB-Geschäfteangebot am Wohnpl.**
	Pflegeverpflichtungen	+ | +	+ | +	Distanz zu nächstgeleg. LM-geschäft
	~~Pkw-Besitz~~	– | 0	+ | +	kein Geschäft am Wohnpl.
	Wohndauer	+ | +	+ | +	ambulantes Angebot am Wohnpl.
	Verwandte im Ort	+ | –	+ | –	**Dichte landw. Betriebe**
Details s. Abb. 7-12	~~höhere Lebenszyklusphasen~~	+ | 0	– | –	Siedlungsgröße d. Wohnorts
	Arbeiter-Paar-Haushalt	0 | –	0 | –	**Streusiedlung**
... an den Beschaffungen der Haushaltsmitglieder (AlterA2)	N Einkaufsfähige	– | 0	– | –	GB-Geschäfteangebot am Wohnpl.
	Pflegeverpflichtungen	+ | –	+ | 0	~~Distanz zu nächstgeleg. LM-geschäft~~
	Pkw-Besitz	– | 0	+ | +	kein Geschäft am Wohnpl.
	Wohndauer	+ | 0	+ | +	ambulantes Angebot am Wohnpl.
	Verwandte im Ort	+ | +	+ | 0	~~Dichte landw. Betriebe~~
	höhere Lebenszyklusph./ält. Hausfr.	+ | +	– | –	Siedlungsgröße d. Wohnorts
Details s. Abb. 7-13	Hausfr. berufstät. in „Angebotsort"	0 | –	0 | +	**Streusiedlung**

wirtschaftlichen Selbständigen weisen eine signifikant geringere Gesamteinkaufshäufigkeit auf; eine Begründung dafür könnte im leichteren Zugang zu Großhandelskäufen und/oder in der stärkeren Orientierung dieser Haushalte auf Zweckrationalität liegen.

Für die empirische Einkaufsverhaltensforschung erscheinen zusammenfassend folgende *Erkenntnisse über die Häufigkeit von Grundbedarfseinkäufen* bedeutsam:

(1) Ebenso wie die Haushaltseinkäufe im engeren Sinne hängen die Einkäufe der Haushaltsmitglieder insgesamt in ihrer Häufigkeit von den strukturellen Haushaltsmerkmalen *Zahl einkaufsfähiger bzw. nichtberufstätiger Personen, Alter der Hausfrau bzw. Lebenszyklusphase* des Haushalts und *Pkw-Verfügbarkeit* ab. Die festgestellten Einflußrichtungen entsprechen vor allem bei der Pkw-Verfügbarkeit nicht dem zweckrationalen Handlungsmodell. Die einkäufevermehrende Wirkung höherer Pkw-Verfügbarkeit ist eher eine Folge der Bequemlichkeit von Pkw-Besorgungen.

(2) Beide Arten der Einkaufshäufigkeit *hängen nicht* von den Strukturmerkmalen *Bedarfsmenge, Beschäftigungsausmaß der Hausfrau* und ebenfalls nicht von *Arbeitsort- und Pendelmerkmalen ab.*

(3) Ein Einfluß der Sozialschichtzugehörigkeit läßt sich nur bei den Haushalten von Selbständigen, und auch dort nur für die Gesamteinkaufshäufigkeit, feststellen.

(4) Beide Arten der Einkaufshäufigkeit *sind abhängig von der relativen Lage des Wohnstandorts*, näherhin von dessen Lage im „Angebotsnetz" der Grundbedarfsgeschäfte. Je größer die meßbare physische Distanz, die ab Wohnplatz mindestens zurückzulegen ist, um den Nahrungsmittel-Grundbedarf zu decken – d.h. bis zu dem oder den jeweils nächstliegenden Geschäft(en) mit ausreichender Angebotsbreite –, desto seltener wird eingekauft.

(5) Die Häufigkeit von *Haushaltseinkäufen im engeren Sinne* hängt darüber hinaus von folgenden Raumstrukturmerkmalen ab: *Angebotsbreite* und *funktionale Vielfalt des Wohnplatzes* (je mehr Geschäfte und nichtlandwirtschaftliche Arbeitsstätten im Wohnumfeld, desto häufiger wird eingekauft) und *Agrarität* (je mehr Bauernhöfe, desto seltener wird eingekauft).

Personelle Beteiligung an der Grundbedarfsdeckung:

Die wichtigsten Ergebnisse bezüglich des *Hausfrauenanteils an den Grundbedarfseinkäufen* (Variable EantHF) sind: (1) In Haushalten mit Hausfrau über 60 J. geht deren Anteil, der vorher konstant hoch liegt, signifikant zurück. (2) Das *Beschäftigungsausmaß der Hausfrau* wirkt *nicht linear* vermindernd, sondern der Hausfrauenanteil ist am niedrigsten bei Gleitzeit oder Schichtarbeitszeit der Hausfrau, gefolgt von Teilzeitbeschäftigung (inkl. Mithilfe in Selbständigenhaushalten); eine Vollbeschäftigung mit starrer Arbeitszeit der Hausfrau bewirkt hingegen keine signifikante Verminderung (auch keine Erhöhung) ihres Einkäufeanteils im Vergleich zu nichtberufstätigen Hausfrauen. (3) Ein aufgrund der bisherigen, nur auf bivariaten Analysen beruhenden Literaturaussagen angenommener geringerer Hausfrauenanteil in bäuerlichen Haushalten hat sich nicht bewahrheitet, es ergibt sich in der multivariaten Analyse ganz im Gegenteil eine signifikante *Anteilserhöhung bei Landwirtinnen*. (4) Eine höhere *Pkw-Verfügbarkeit der Hausfrau hat keinen Einfluß*; anteilserhöhend wirkt lediglich ein höherer Anteil von Einkäufen zu Fuß oder mit Rad (sonstiges Verhaltensmerkmal). (5) *Einflüsse von Raumvariablen sind nicht* einmal in nichtsignifikantem Ausmaß *festzustellen.*

Die Einflußstruktur des *Anteils von Mehrpersoneneinkäufen* (Variable EantMP) weicht stärker als im ursprünglichen Modell angenommen von jener des Hausfrauenanteils ab: (1) Die Einflüsse von Merkmalen der Hausfrau beschränken sich auf die erwähnte Altersabhängigkeit (komplementär zu EantHF, vgl. oben). (2) Es überwiegen Einflüsse der *Lebenszyklusphase,* in Form einer Vermehrung gemeinsamer Einkäufe bei Paaren mit älteren Kindern und Seniorenpaaren, was die Aussagen von RUPPERT 1981 bestätigt. (3) An letzter Stelle der signifikanten Variablen tritt das Raummerkmal Arbeitsstättenzahl auf: *größere funktionale Vielfalt* (höhere Zentralität) *des Wohnorts wirkt also erhöhend auf Mehrpersoneneinkäufe.* (4) Die übernommene „Schichtarbeiterhypothese" (LINDNER 1984), wonach sich männliche Haushaltsvorstände mit Schichtarbeit mehr an Haushaltseinkäufen beteiligen als solche mit Regelarbeitszeit, kann nicht direkt verifiziert werden; ihre Gültigkeit wird aber in etwa nahegelegt durch das Ergebnis, daß der Mehrpersonenanteil, im Gegensatz zum Hausfrauenanteil, *nicht vom Arbeitszeitregime der Hausfrau abhängt.* (5) Es besteht überhaupt *keine Abhängigkeit von den gewählten soziologischen Strukturmerkmalen.*

Wegen des generell geringen Erklärungsanteils beider Modelle (28 bzw. 19 %) muß betont werden, daß die personelle Beteiligung an der Grundbedarfsdeckung in Mehrpersonenhaushalten *nur in geringem Ausmaß durch Strukturmerkmale des Haushalts und des Raums beeinflußt* wird. Sie hängt offensichtlich überwiegend von individuellen Faktoren wie Gewohnheit, Rollenverteilung im Haushalt u. ä. ab, welche im vorliegenden Erklärungsansatz nicht thematisiert werden.

Verkehrsmittelwahl zum Grundbedarfseinkauf:

Bei beiden Variablen dieser Verhaltensdimension konnte die erste Hauptfrage „Haushalt oder Raum?" in der vergleichenden Einflußanalyse nicht eindeutig entschieden werden. Umso interessanter sind die Ergebnisse der strukturell-statistischen Regressionsanalysen (vgl. Tab. 8-3, Variablen PkwP und FuRaP).

Der *Anteil der mit Pkw getätigten Grundbedarfseinkäufe* hängt signifikant von sechs Haushalts- und fünf Raumvariablen ab, außerdem von zwei sonstigen Merkmalen. Zieht man zur Beantwortung der ersten Hauptfrage die summierten Beta-Gewichte heran, so ergibt sich, daß das Einflußgewicht der Raumvariablen (Summe 0,98) knapp hinter jenem der Haushaltsvariablen (Summe 1,11) zurückbleibt; die Frage ist also eher zugunsten der Haushaltsstruktur zu entscheiden. Im Detail erweist sich aber die Einflußstruktur wie folgt:

(1) Den größten Einzeleinfluß besitzt das Raummerkmal '*kein Geschäft am Wohnplatz*' bzw. die entsprechenden Lagequalitätsvariablen Lage1 und Lage2. (2) Erst in etwas geringerem Ausmaß hängt der Pkw-Anteil der Grundbedarfseinkäufe von den Haushaltsvariablen der *Pkw-Verfügbarkeit* und der *Arbeitspendelverhältnisse* ab. Bei den bisher genannten Variablen entspricht die Einflußrichtung dem aufgestellten Modell. Ein nicht erwartetes Ergebnis ist hingegen (3), daß das *Vorhandensein einer öffentlichen Verkehrsverbindung den Pkw-Anteil signifikant erniedrigt,* was durchaus plausibel ist und als Zeichen eines Umdenkens in Richtung umweltschonenderes Verkehrsverhalten bei der untersuchten Bevölkerung interpretiert werden kann. (4) Die oft erwähnte geringere Pkw-Nutzung von Pensionisten wird nicht bestätigt, es ergibt sich sogar für Seniorenpaarhaushalte eine nicht signifikante gegenläufige Tendenz.

Auch der *Anteil der zu Fuß oder mit Fahrrad getätigten Grundbedarfseinkäufe* erweist sich, gemessen an den Beta-Gewichten der signifikanten Einflüsse, in Summe knapp mehr von Haushaltsvariablen als von Raumvariablen abhängig. Folgende Einzelergebnisse sind bemerkenswert: (1) Unter den Haushaltsmerkmalen ist am stärksten der *erhöhende* Einfluß einer *Berufstätigkeit der Hausfrau*, sowohl mit Teilzeit- als auch mit Vollbeschäftigung, was nicht erwartet wurde. (2) Der *vermindernde* Einfluß eines *größeren Haushalts* ist absolut stärker als der Einfluß einer geringeren *Pkw-Verfügbarkeit*, welche wie erwartet den Fuß-Rad-Einkäufeanteil erhöht. (3) Die *stärksten Einzeleinflüsse* gehen aber auch hier von Raummerkmalen aus, nämlich von der *Geschäftedistanz* und der Lagequalität *'kein Geschäft am Wohnplatz'*, wobei die Richtung bei beiden Variablen der Erwartung entspricht. – Schließlich ergeben sich aus der Zusammenschau beider Variablen der Verkehrsmittelnutzung noch folgende Aussagen: (4) Summarische Wohnortmerkmale üben auf die Wahl des Einkaufsverkehrsmittels keinen Einfluß aus. (5) Von den aus Mikrozensuspublikationen übernommenen Hypothesen wird nur der höhere Pkw-Einkäufeanteil in Dreigenerationen-Haushalten bestätigt; ein höherer Pkw-Einkäufeanteil in Landwirtshaushalten kann weder direkt noch indirekt (in Form eines niedrigeren Fuß-Rad-Anteils) verifiziert werden.

Kopplungsaspekte der Grundbedarfsdeckung:

Auch für die zwei Kopplungsmerkmale Mehrstationen-Anteil und Mehrgeschäfte-Anteil konnte die erste Hauptfrage in der vergleichenden Einflußanalyse nicht eindeutig beantwortet werden. Nach den summierten Beta-Gewichten ergibt sich für beide doch eher ein stärkerer Einfluß der Haushalts-, nicht der Raummerkmale.

Wie Tabelle 8-3 zeigt, stimmt die Einflußstruktur von *Mehrstationen-Anteil* (MSA) und *Mehrgeschäfte- oder Mehrfach-Einkäufe-Anteil* (MGA) nur zum Teil überein. *Erhöht* werden beide Kopplungsintensitäten durch (1) *höhere Schulkinderzahl* im Haushalt und (2) eine *größere Distanz zu Grundbedarfsgeschäften*; kopplungsmindernd wirken bei beiden (3) ein *größerer Haushalt*, (4) das Sozialschichtmerkmal Selbständigenhaushalt und (5) eine größere Verfügbarkeit alternativer Nahrungsmittelbezugsquellen am Wohnplatz (mit Unterschieden im Detail: bei MSA die Bauernhofdichte, bei MGA das ambulante Angebot).

Durch Ergebnis (2) wird die *Kompensationshypothese der soziologischen Aktionsraumforschung*, wonach eine höhere Distanzbelastung durch erhöhte Rationalität und durch Koppelung von Tätigkeiten kompensiert wird (FRIEDRICHS 1977), bei beiden Kopplungsvariablen *auch für den ländlichen Raum bestätigt*.

(6) Eine andere Aussage von FRIEDRICHS (1990), wonach *junge Hausfrauen tendenziell mehr koppeln*, wird nur für die allgemeine Kopplungsintensität (MSA) bestätigt, nicht jedoch für das Aufsuchen von Grundbedarfsgeschäften im Zuge von Mehrgeschäfte-Ausgängen (MGA). Dies steht im Einklang mit der zunehmenden Verfügbarkeit integrierter Geschäftstypen im Untersuchungsgebiet und mit der vielfach festgestellten Tatsache, daß große Supermärkte und Verbrauchermärkte bevorzugt von jüngeren Konsumenten aufgesucht werden.

Weitere Unterschiede betreffen (7) die Abhängigkeit von der Arbeitszeitstruktur der Hausfrau – diese hat nur auf den Mehrgeschäfte-Anteil einen signifikanten Einfluß: Teilzeitbeschäftigte besorgen seltener Grundbedarf im Zuge von Mehrgeschäfte-

Einkäufen – und (8) die kopplungsfördernde Wirkung einer ÖV-Verbindung, welche nur beim Mehrstationen-Anteil auftritt.

Insgesamt ist der Beitrag, den die einzelnen Haushalts- und Raumstrukturvariablen zusammen mit den übrigen Verhaltensvariablen zur Erklärung dieser beiden Kopplungsaspekte leisten, mit 31 bzw. 28 % ähnlich gering wie ihr Beitrag zur Erklärung der personellen Einkaufsbeteiligung (vgl. oben). Dessen ungeachtet legen es die festgestellten Unterschiede der Einflußstruktur zwischen *Mehrstationen- und Mehrgeschäfteanteil* nahe, diese beiden Kopplungsaspekte *in künftigen Untersuchungen des Versorgungsverhaltens auseinanderzuhalten* und getrennt zu analysieren.

Das *Ausmaß der Arbeits- und Dienstwegekopplung* der Grundbedarfseinkäufe in den Haushalten von Berufstätigen ist, wie bereits nach der vergleichenden Einflußanalyse zu erwarten war, überwiegend von Haushaltsmerkmalen abhängig (vgl. Tab. 8-3). Die wichtigsten Einflußgrößen sind: (1) an erster Stelle das *Arbeitszeitregime der Hausfrau* – wobei die kopplungsfördernde Wirkung bei Vollbeschäftigung mit Regelarbeitszeit am größten ist und über Gleitzeit oder Schichtdienst bis zu Teilzeitbeschäftigung kontinuierlich abnimmt, vgl. 7.2.4. –, (2) die Lebenszyklusphase (Maximum in Phase 1 = junge alleinstehende Berufstätige, danach fast kontinuerliche Abnahme), (3) in weit geringerem Ausmaß die Arbeitspendlermerkmale und die Motorisierung des Haushalts. (4) Nicht verifiziert wurden die vermutete Einflüsse von Merkmalen der Sozialschicht. (5) Der signifikant kopplungsfördernde Einfluß eines breiteren Geschäfteangebots am Wohnplatz, der größer ist als der Einfluß eines (im Vergleich zum Wohnort) besseren Geschäfteangebots im Arbeitsort auspendelnder Haushaltsmitglieder, deutet darauf hin, daß Berufstätige den Arbeitsweg – nach den vorliegenden Untersuchungen ist dies zumeist der Nach-Hause-Weg – eher für Grundbedarfseinkäufe im engeren Wohnumfeld als am Arbeitsort nützen. (6) Zum Unterschied von den beiden anderen Kopplungsvariablen haben grundbedarfsspezifische Distanzmerkmale auf die Arbeitswegekopplung keinen Einfluß, sie wird aber durch geringe funktionale Vielfalt des Wohnorts und einen Wohnsitz in Streulage vermindert.

Schließlich ist festzuhalten, daß die Arbeitswegkopplung in deutlich höherem Ausmaß durch die einzelnen Variablen der Haushalts- und der Raumstruktur (inkl. übrige Verhaltensvariablen zu 37 %) erklärt wird als die beiden anderen Kopplungsmerkmale.

Alternativanteil der Grundbedarfsdeckung:

Das Verhaltensmerkmal *Anteil alternativer Bezugsakte* wurde sowohl bezogen auf die Haushaltseinkäufe i. e. S. (Variable AlterA1) als auch bezogen auf alle Grundbedarfseinkäufe (AlterA2) berechnet und analysiert. Wegen der engen sachlichen Verwandtschaft wurden eine identische Einflußstruktur für beide angenommen.

Obwohl bei beiden Verhaltensvariablen die ermittelten Regressionsmodelle die formalen Voraussetzungen für eine strukturell-statistische Interpretation erfüllen, ist festzuhalten, daß die „erklärenden" Haushaltsvariablen bei AlterA1 und AlterA2 völlig verschieden sind (vgl. Tab. 8-3, letzter Teil). Es gibt unter ihnen keine einzige, die in beiden Modellen einen signifikanten Einfluß in der gleichen Richtung ausüben würde. Daher können auch die als signifikant ausgewiesenen Haushaltsvariablen nicht als empirisch verifiziert gelten. – Auf Seite der Raumstruktur treten hingegen trotz gewisser

Unterschiede in beiden Modellen übereinstimmend folgende Variablen als Einflußgrößen auf: *'kein Geschäft am Wohnplatz', Häufigkeit eines ambulanten Angebots* und *Siedlungsgröße*. Alle drei Variablen wirken in der erwarteten Richtung – die zwei ersten erhöhend, die dritte vermindernd – signifikant auf den Alternativanteil der Grundbedarfsdeckung ein.

Dieses Ergebnis besagt, daß im vorliegenden Erklärungsrahmen nur von Seiten der Raumstruktur ein Einfluß verifizierbar ist, während seitens des Haushalts offensichtlich keine Strukturmerkmale, sondern nur Präferenzen und andere subjektive Faktoren die Grundbedarfsdeckung aus alternativen Quellen beeinflussen. Dies steht durchaus im Einklang mit Konsumentenanalysen von absatzwirtschaftlicher Seite und mit Ergebnissen der Kaufkraftstromanalyse Niederösterreich (ARNOLD ET AL. 1988, Band 1, S. 73 f. und S. 113 f).

— — —

Im Anschluß an die hypothesenbezogenen Hauptergebnisse werden einige regionale Ergebnisse präsentiert, und zwar Modelle für die vier Untersuchungsbereiche Neunkirchen, Zwettl, Waidhofen/Thaya und Amstetten, welche Schätzungen der Einkaufshäufigkeit der jeweiligen Grundgesamtheit beinhalten; siehe Abschnitt 7.3.

8.5. Resümee und Ausblick

Grundbedarfsdeckung ist eine unabdingbare Funktion menschlicher Existenz. Die Formen, in denen diese Funktion ausgeführt wird, sind in einer arbeitsteiligen Gesellschaft vielfältig. In den meisten Fällen sind mit der Grundbedarfsdeckung Ortsveränderungen und eigene Transportleistungen der Konsumenten verbunden. Einige Aspekte des so verstandenen „Versorgungsverhaltens" – Einkaufshäufigkeit, personelle Beteiligung, Verkehrsmittelnutzung, Kopplungen und alternative Nahrungsmittelbezüge – wurden in dieser Studie untersucht; weitere Ergebnisse über die Länge zurückgelegter Versorgungswege und den Wegezeitaufwand werden in einer gesonderten Publikation erscheinen. Das leitende Erkenntnisinteresse dabei war, die „Abhängigkeit" dieser Verhaltensaspekte von strukturellen Eigenschaften des Haushalts einerseits und von Eigenschaften des Wohnstandorts andererseits vergleichend zu analysieren.

Entsprechend diesem Forschungsziel wurde mit Hilfe einleitend vorgenommener Festlegungen und weiterer dokumentierter Operationalisierungen ein hypothetischer Erklärungsrahmen für Regressionsanalysen errichtet, der mit selbst erhobenen Daten von Haushalten im ländlichen Niederösterreich gefüllt wurde und statistisch gesicherte Antworten ermöglichte. Die empirischen Ergebnisse der multivariaten Analysen geben sowohl eine Antwort auf die Frage „Hat die Haushalts- oder die Raumstruktur einen stärkeren Einfluß?" als auch auf die Frage, welche Haushalts- und Raummerkmale die genannten Verhaltensaspekte beeinflussen.

Die dargestellten Ergebnisse bestätigen, daß die Raumstruktur sehr wohl einen Einfluß ausübt, wobei das Ausmaß bei den einzelnen Verhaltensaspekten unterschiedlich ist: die Inanspruchnahme „alternativer" Nahrungsmittelquellen (außerhalb von Geschäften) hängt überwiegend von der Raumstruktur am Wohnstandort ab, die Einkaufshäufigkeit und die Verkehrsmittelwahl zu wesentlichen Teilen, in ähnlichem Ausmaß auch das Kopplungsverhalten; lediglich bei der personellen Einkaufsbeteiligung ist der Einfluß der Raumstruktur gering.

Obwohl die Untersuchungen primär aus theoretisch-grundsätzlichem Erkenntnisinteresse erfolgten, besitzen die erzielten Ergebnisse auch praktisch-prognostische Bedeutung sowohl für regionalpolitische als auch für einzelwirtschaftliche Entscheidungen. Dies sei kurz an einem Beispiel illustriert.

Anhand der in dieser Arbeit entwickelten strukturell-statistischen Modelle kann, nach einer entsprechenden regionsspezifischen Kalibrierung zwecks Verbesserung der Schätzqualität, für ein ländliches Gebiet, das aus Orten mit bestimmter Mindestdistanz zu Grundbedarfsgeschäften besteht, bei gegebenem Bevölkerungs- und Haushaltstypen-Mix errechnet werden, wie viele Grundbedarfseinkäufe pro Woche insgesamt getätigt werden, und wie viele davon im Rahmen des werktäglichen 'mandatory travel' mit Pkw auf dem Arbeitsweg. Derartige Daten stellen nicht nur einen wertvollen Informationsinput für die regionale Verkehrs- und Infrastrukturpolitik dar, sondern könnten auch für eine Einzelhandelskette interessant sein, die überlegt, ob sie ihr Teleshopping mit Hauszustelldienst, das sie seit kurzem im Agglomerationsraum Wien praktiziert, auf dieses ländliche Gebiet ausdehnen soll.

Die durchgeführten Untersuchungen liefern einen Baustein zur Beantwortung der Frage, wie groß der Einfluß des Standorts bzw. der Raumstruktur auf menschliches Verhalten ist. Eine Weiterführung und Vervollständigung ist in mehrfacher Hinsicht möglich und wünschenswert:

in modelltheoretisch-formaler Hinsicht: Bisher wurden die genannten Verhaltensaspekte nur nebeneinander analysiert, wobei allerdings Wechselbeziehungen bereits berücksichtigt wurden. Eine Integration der empirisch verifizierten einzelnen Regressionsmodelle zu einem Strukturmodell aus mehreren Gleichungen würde der faktischen Einheit und Mehrdimensionalität der analysierten Verhaltensakte besser gerecht und könnte den „Erklärungsanteil" insgesamt noch wesentlich erhöhen.

in bezug auf die Operationalisierung des „Raums" und seines Einflusses: Auch wenn „Raum" auf den Wohnstandort beschränkt wird, bestehen mehrere Möglichkeiten zu dessen Abbildung in statistischen Modellen. Bisher wurden nur quantitativ-distanzielle Eigenschaften des Wohnstandorts operationalisiert, was einem chorologisch-nomothetischen Raumverständnis entspricht. Eine Abbildung der einzelnen Standorte als Raum-Individuen – in idiographischer Betrachtungsweise – wäre in Regressionsmodellen durchaus möglich und könnte zu vertieften Erkenntnissen führen.

in bezug auf die regionale Reichweite der Erkenntnisse: Auch wenn die Stichprobe so angelegt war, daß sämtliche relevanten Siedlungsstrukturzonen des ländlichen Niederösterreich enthalten sind, kann nur durch eine Anwendung derselben Untersuchungsmethode auf andere Erdräume die Gültigkeit der Ergebnisse wirklich erhärtet werden.

in bezug auf das Spektrum untersuchten Verhaltens: Schließlich wäre es auch wünschenswert, die Untersuchungen über den Raumeinfluß nicht nur für die Grundbedarfsdeckung, sondern auch für andere Verhaltensbereiche durchzuführen.

Der Verfasser ist allerdings der Ansicht, daß eine Weiterarbeit in den genannten Richtungen am zielführendsten in einer Kooperation mehrerer Autoren durchzuführen wäre. Er nutzt die Gelegenheit, am Schluß dieses Bandes interessierte Fachkollegen dazu einzuladen.

8.6. Summary

Location of residence vs. household characteristics as influencing factors of consumer behaviour. A comparative quantitative analysis of basic needs provision in rural areas.
(Wiener Geographische Schriften, vol. 65, ed. by Klaus Arnold)

Basic needs provision is an indispensable task of human existence. The ways in which this task is performed are manifold in a labor-sharing society. In most cases movements and individual transportation by the consumers themselves are involved. Some aspects of the such defined consumer behaviour – such as shopping frequency, personal involvement, use of transportation means, coupling of shopping (i.e. joint-purpose trips) and alternative acquisition of foodstuffs – were examined in this study. Further results concerning the length of distances covered and the amount of time spent to obtain basic goods will be published in a separate publication. The overriding aim of the study was to analyse in a comparative manner the 'dependence' of these behavioural aspects from structural features of households on the one hand and from the characteristics of the place of residence on the other hand.

Pursuant to the aim of the study a hypothetical explanatory framework for regression analysis was established by means of introductory definitions and documented additional operationalisations. This frame was filled with self-obtained household data in rural Lower Austria thus enabling statistically warranted results. The empirical results of the multivariate analysis provide both an answer to the question 'Does the household structure or the spatial structure exercise a stronger influence?' and to the question 'Which household and spatial features influence the behavioural aspects mentioned?'

The results presented confirm that spatial structure does exercise influence, whereby the extent of it is different with the individual behavioural aspects: (i) The use of alternative sources of foodstuff depends mainly on the spatial structure of the place of residence; (ii) shopping frequency and (iii) choice of transportation means relate considerably to it, and similarily (iv) the coupling of shopping; only with (v) the personal involvement in shopping the influence of the spatial structure is minimal.

Although the study was primarily made for theoretical principal purposes of interest, the results possess a practical-prognostic significance both for regional economic planning as well as individual economic decisions. This will be illustrated briefly by an example.

By means of the structural-statistical models developed in this study it can be calculated, after a region-specific calibration in order to improve estimating quality, for any rural area with a particular spatial pattern of shops and distances and with a given population and household-type mix, how many shopping trips for basic needs per week are being done altogether and how many of them in course of „mandatory travel" by car on the way to work. Such results do not only represent a valuable information input for regional transportation and infrastructure policies but can also be interesting for a retailing chain which considers whether to extend its 'teleshopping' including home delivery services operating in the agglomeration area of Vienna, to this rural area.

The study carried out supplies some components to answer the question how big the influence of location and spatial structure is on human behaviour. A continuation and completion is feasible and desirable in various respects.

in a model-theoretical-formal respect: So far the different aspects of behaviour have only been analysed separately although interrelationships have already been taken into account. Integrating the empirically verified individual regression models to a structural model of several equations would better cope with the factual unit and the multidimensionality of the behaviour analysed and probably enhance the explanatory power of the model(s).

with respect to the conceptualization of 'space' and its influence: Even if the analysis of 'space' is limited to 'place of residence' there are several possibilities for its operationalisation in statistical models. So far, only quantitative and distancial features of places of residence were used – which corresponds with a chorologic-nomothetical concept of space. Alternatively, considering the locations as individual places – i.e., from an idiographic point of view – would also be feasible in regression models and could lead to in-depth findings.

with respect to the regional range of findings: Even though the sample was such arranged that all relevant settlement structure zones of rural Lower Austria are contained, the validity of the results can only be really corroborated by applying the same method to other areas.

with respect to the spectrum of behaviour studied: After all it would be desirable to carry out studies about the amount of spatial influences not only with regard to basic needs provision but also to other behavioural aspects.

The author, however, thinks that for continuing research efforts along the lines mentioned it would be most adequate to collaborate with others. At the end of the book he seizes the opportunity to invite researchers interested to do so.

Literatur- und Quellenverzeichnis

Vorbemerkungen: Das Literaturverzeichnis beschränkt sich auf die im Text zitierten Titel. Die kartographischen und statistischen Quellen stehen in je einem gesonderten Verzeichnis n a c h dem Literaturverzeichnis. Danach folgt als bibliographischer Anhang ein Verzeichnis der von K. ARNOLD betreuten Diplomarbeiten und Dissertationen zum Einkaufsverhalten und verwandten Themen.

Zitierte Literatur

Adlwarth, Wolfgang (1983): Formen und Bestimmungsgründe prestigegeleiteten Konsumverhaltens: eine verhaltenstheoretisch-empirische Analyse. München: Florentz, 262 S. (Hochschulschriften zur Betriebswirtschaftslehre, 15)

Allen, W. Bruce; Liu, D.; Singer, S. (1993): Accessibility Measures of U.S. Metropolitan Areas. In: Transportation Research B 27 (1993) 6, S. 439-449.

Amt der Vorarlberger Landesregierung, Landesstelle für Statistik [u.a.] (1995): Die regionale Kaufkraft der privaten Haushalte in Vorarlberg im Jahre 1994: gemeinsame Untersuchung des Amtes der Vorarlberger Landesregierung u. d. Wirtschaftskammer Vorarlberg. Bregenz [u.a.], VII, 180 S.

Amt der Oberösterr. Landesregierung (1995): Ergebnisse der Verkehrserhebung 1992. Linz: Amt d. OÖ. Landesregierung, Landesbaudirektion, Stabstelle f. Verkehrsplanung, 169 S.

Arnold, Klaus (1989): Das Einkaufsverhalten in niederösterreichischen Bezirken – Kaufkraftstromanalyse. Wien: Handelskammer NÖ, Sektion Handel. ca. 25 Hefte [Bezirke Amstetten ... Zwettl], als Manuskr. vervielf.

Arnold, Klaus (1990): Räumliche Einkaufsbeziehungen in Niederösterreich, Raumstrukturen und Interaktionsmuster. In: Wirtschaftsgeogr. Studien [Wien], H. 17/18, S. 45-68.

Arnold, Klaus, et al. (1988): Kaufkraftstromanalyse Niederösterreich. Endbericht (verfaßt i. A. d. NÖ Landesregierung u. d. Kammer d. gewerbl. Wirtschaft für NÖ). Wien: als Manuskr. vervielf., 3 Bände, 116 + 132 + 143 S.

Arnold, Klaus; Staudacher, Christian (1978): Das Einkaufsverhalten im Bezirk Hollabrunn (+ Anhangsband: Problemanalysen, Zielsetzungen, Maßnahmen). Wien: 182 S. + Anh. 22 S., Manuskr.

Bach, Lüder (1978a): Erreichbarkeits- und zugänglichkeitsbezogene Konzepte für die zentrale Lage von privaten und öffentlichen Einrichtungen. In: Raumforschung und Raumordnung 36 (1978) 1/2, S. 53-59.

Bach, Lüder (1978b): Methoden zur Bestimmung von Standorten und Einzugsbereichen zentraler Einrichtungen. Basel - Stuttgart: Birkhäuser, XIX, 346 S. (Interdisciplinary systems research, 55)

Bach, Lüder (1980): Locational Models for Systems of Private and Public Facilities based on Concepts of Accessibility and Access Opportunity. In: Environment and Planning A 12 (1980) 3, S. 301-321.

Bach, Lüder (1981): The Problem of Aggregation and Distance for Analyses of Accessibility and Access Opportunity in Location-Allocation Models. In: Environment and Planning A 13 (1981) S. 955-978.

Backhaus, Klaus et al. (1994): Multivariate Analysemethoden. Eine anwendungsorientierte Einführung; 7. Aufl. Berlin - Heidelberg: Springer, 404 S.

Bacon, Robert W. (1984): Consumer Spatial Behaviour: A Model of Purchasing Decisions over Space and Time. Oxford: Clarendon Press, 168 S.

Bacon, Robert W. (1992): The Travel to Shop Behaviour of Consumers in Equilibrium Market Areas. In: Journal of Transport Economics and Policy XXVI (1992) 3, S. 283-298.

Bahrenberg, Gerhard; Giese, Ernst; Nipper, Josef (1990): Statistische Methoden in der Geographie; Band 1: Univariate und bivariate Statistik; 3. Aufl. Stuttgart: Teubner, 233 S.

Bahrenberg, Gerhard; Giese, Ernst; Nipper, Josef (1992): Statistische Methoden in der Geographie; Band 2: Multivariate Statistik; 2. Aufl. Stuttgart: Teubner, 415 S.

Bänsch, Axel (1989): Käuferverhalten; 4. Aufl. München [u.a.]: Oldenbourg, VIII, 216 S.

Bauer, H.H.; Finck, G. (1980): Objektive und subjektive Versorgungssituation bei Waren des täglichen Bedarfs. In: Jahrbuch der Absatz- und Verbrauchsforschung 1/1980, S. 1-67.

Bebié, A. (1978): Käuferverhalten und Marketing-Entscheidung. Wiesbaden.

Berger, Peter A. (Hg.) (1990): Lebenslagen, Lebensläufe, Lebensstile. Göttingen: Schwartz, 524 S. (Soziale Welt, Sonderband 7)

Bertels, Lothar; Herlyn, Ulfert (Hg.) (1990): Lebenslauf und Raumerfahrung. Opladen: Leske + Budrich, 223 S.

Blass, Wolf (1980): Zeitbudget-Forschung: eine kritische Einführung in Grundlagen und Methoden. Frankfurt/Main - New York: Campus, 293 S. (Campus-Forschung, 126)

Blaylock, J.R. (1989): An economic model of grocery shopping frequency. In: Applied Economics 21 (1989) 6, S. 843-852.

Bleymüller, Josef; Gehler, Günther; Gülicher, Herbert (1994): Statistik für Wirtschaftswissenschaftler; 9. Aufl. München: Vahlen, 242 S.

Bobek, Hans (1948): Stellung und Bedeutung der Sozialgeographie. In: Erdkunde 2 (1948) 2, S. 118-125.

Bobek, Hans; Fesl, Maria (1978): Das System der Zentralen Orte Österreichs. Wien: Böhlau, 310 S.

Bobek, Hans; Hofmayer, Albert (1981): Gliederung Österreichs in wirtschaftliche Strukturgebiete. Wien: Verlag d. Österr. Akad. d. Wissenschaften, 116 S. (Beiträge z. Regionalforschung, 3)

Boesch, Martin (1989): Versorgungsstruktur und Versorgungspolitik in der Nordostschweiz. In: Der Kanton St. Gallen und seine Hochschule, Beiträge zur Eröffnung des Bibliothekbaus, hg. v. d. Hochschule St. Gallen, S. 69-78.

Böhm, Hans; Krings, Wilfried (1975): Der Einzelhandel und die Einkaufsgewohnheiten der Bevölkerung in einer niederrheinischen Gemeinde: Fallstudie Weeze (Ergebnisse kulturgeographischer Geländepraktika 1971 – 1973). Bonn: F. Dümmler, 240 S. (Arbeiten zur Rheinischen Landeskunde, 40)

Bökemann, Dieter, et al. (1992): Kaufkraftströme, Zentrenentwicklung und Versorgungsqualität in Wien, Bd. 2: Simulation der Auswirkungen von projektierten Einkaufszentren. Im Auftrag von: Magistrat der Stadt Wien (MA 18 - Stadtstrukturplanung), Wiener Handelskammer, Kammer für Arbeiter und Angestellte für Wien. Wien: o.P.

Bollnow, Otto F. (1963): Mensch und Raum. Stuttgart: Kohlhammer, 310 S.

Böltken, Ferdinand (1976): Auswahlverfahren: eine Einführung für Sozialwissenschaftler. Stuttgart: Teubner, 407 S. (Teubner Studienskripten, 38: Studienskripten zur Soziologie)

Bootz, P. (1968): Die Bestimmung der Einflußbereiche städtischer Absatzzentren im Konsumgütersektor der Wirtschaft. In: Akad. f. Raumf. u. Landesplanung (Hg.): Zur Methodik der Regionalplanung, Hannover, S. 63-84 (ARL, Veröff., Forschungs- u. Sitzungsberichte, 41)

Bortz, Jürgen (1984): Lehrbuch der empirischen Forschung für Sozialwissenschaftler. Unter Mitarb. v. D. Bongers. Berlin [u.a.]: Springer, 649 S.

Bost, Erhard (1987): Ladenatmosphäre und Konsumentenverhalten. Heidelberg: Physica-Verlag, 239 S. (Konsum und Verhalten, 12)

Brög, Werner (1985): Verkehrsbeteiligung im Zeitverlauf – Verhaltensänderung zwischen 1976 und 1982. In: Zeitschrift für Verkehrswissenschaft 56 (1985) 1, S. 3-49.

Buchacher, Christine (1985): Aspekte der Lebensbedingungen in peripheren Regionen (aufgezeigt am Beispiel des Bezirkes Hermagor). Klagenfurt: Diplomarb. Univ., 156 S. + Anh.

Buchegger, Reiner (1986): Konsumnachfrage und Haushaltsstruktur. München: Florentz, 181 S. (Volkswirtsch. Forsch. u. Entw., 19)

Buchinger, Gerhard (1988): Kaufentscheidungen in Familien. Graz, Univ., Diss., 140, 4 Bl.

Bufe, Ralfgeorg H. (1981): Güterbeschaffung des täglichen Bedarfs: ein Beitrag zur Ressourcenallokation privater Haushalte unter dem Einfluß der Einkaufsstättengestaltung. Berlin: Duncker & Humblot, 183 S. (Betriebswirtschaftliche Schriften, 108)

Burnett, Peter (1978): Markovian models of movement within urban spatial structures. In: Geographical Analysis 110 (1978), S. 142-153.

Carlstein, Tommy; Parkes, D.; Thrift, N. (Hg.) (1978a): Making Sense of Time. London: E. Arnold, 150 S. (Timing Space and Spacing Time, Vol. 1)

Carlstein, Tommy; Parkes, D.; Thrift, N. (Hg.) (1978b): Human Activity and Time Geography. London: E. Arnold, 286 S. (Timing Space and Spacing Time, Vol. 2)

Carlstein, Tommy; Parkes, D.; Thrift, N. (Hg.) (1978c): Time and Regional Dynamics. London: E. Arnold, 120 S. (Timing Space and Spacing Time, Vol. 3)

Carpenter, Susan; Jones, Peter (Hg.) (1983): Recent advances in travel demand analysis. Aldershot: Gower, 474 S. *(Reprint 1992)*

Cécora, James (1985): Standort und Lebenshaltung. Der Einfluß der Siedlungsstruktur auf die Lebenshaltung privater Haushalte. Berlin: Duncker & Humblot, 197 S. (Beiträge zur Ökonomie von Haushalt und Verbrauch, 19)

Cécora, James (1991): Ressourceneinsatz ländlicher Haushalte für die Lebenshaltung: ein Vergleich zwischen Landwirten, nichtlandwirtschaftlichen Selbständigen und Arbeitnehmern. Münster–Hiltrup: Landw. Verlag, 124 S. (Schriftenr. d. Bundesmin. f. Ernährung, Landwirtschaft u. Forsten, Reihe A, Angew. Wissenschaft; 400)

Cécora, James (Hg.) (1993): Economic Behaviour of Familiy Households in an International Context – Resource Income and Allocation in Urban and Rural, in Farm and Nonfarm Households. Bonn: Forschungsges. f. Agrarpolitik u. Agrarsoziologie [FAA], 335 S. (FAA-Schriftenreihe, 295)

Centonze, Emanuele (1978): Die Versorgungsstruktur des Einzelhandels in regionaler Sicht. Bern [u.a.]: Haupt, 371 S.

Chapin, F.S. (1974): Human activity patterns in the city. New York.

Chatterjee, Samprit; Price, Bertram (1995): Praxis der Regressionsanalyse; 2. Aufl. München - Wien: Oldenbourg, 297 S.

Clar, Michael; Friedrichs, J.; Hempel, W. (1979): Zeitbudget und Aktionsräume von Stadtbewohnern: Hamburg: Christians, 161 S. (Sozialwissenschaftliche Arbeitsgruppe Stadtforschung / Beiträge zur Stadtforschung, 4)

Coshall, John T. (1985): Urban Consumers' Cognitions of Distance. In: Geografiska Annaler 67 B (1985) 2, S. 107-119.

Crouchley, R.; Davies, R.B.; Pickles, A.R. (1982): A reexamination of Burnett's study of Markovian models of movement. In: Geographical Analysis 14 (1982) 3, S. 260-262.

Cullen, Ian; Godson, V. (1975): Urban Networks: The Structure of Activity Patterns. Oxford [u.a.]: Pergamon Press (Progress in Planning 4/1)

Dahlhoff, Hans-Dieter (1980): Kaufentscheidungsprozesse von Familien: empirische Untersuchung zur Beteiligung von Mann und Frau an der Kaufentscheidung. Frankfurt [u.a.]: Lang; Getr. Zählg. (Europ. Hochschulschriften; Reihe 5, Volks- u. Betriebsw., 257)

Dangschat, Jens et al. (1982): Aktionsräume von Stadtbewohnern: eine empir. Untersuchung in der Region Hamburg. Opladen: Westdt. Verl., 342 S. (Beiträge zur sozialwiss. Forschung, 36)

Davis, H.L.; Rigaux, B.P. (1974): Perception of marital roles in decision processes. In: Journal of Consumer Research 1 (1974), S. 51-62.

Denk, Gabriele (1989): Erreichbarkeit verschiedener Einrichtungen durch ältere Menschen. Ergebnisse des Mikrozensus Juni 1987. In: Statistische Nachrichten 44 (1989) 5, S. 373-376.

Dillman, A. Don (1978): Mail & Telephone Surveys – The Total Design Method. New York [u.a.]: Wiley, 325 S.

Dischkoff, Nikola (1974): Einkaufsstandorte und Siedlungsstruktur. Erfahrungen aus der Praxis der Regionalen Planungsgemeinschaft Untermain. In: Raumforschung und Raumordnung 32 (1974) 3/4, S. 129-138.

Dohle, B. (1978): Regionale Unterversorgung mit Einzelhandelseinrichtungen und Möglichkeiten einer bevölkerungsbezogenen Verbesserung der Einzelhandelsversorgung durch Dezentralisierung. Eine vergleichende Untersuchung. Diss. Aachen.

Doubek, Claudia; Kaufmann, Albert; Steinmann, Otto (1993): Einkaufsverhalten der Wiener. Wiener Kaufkraftströme. Wien: Magistrat der Stadt Wien, MA 18, 156 S. (Beitr. z. Stadtforschung, Stadtentw. u. Stadtgestaltung, 43)

Dürr, Heiner (1979): Planungsbezogene Aktionsraumforschung – Theoretische Aspekte und eine empirische Pilotstudie. Hannover: Veröff. d. Akad. f. Raumf. u. Landesplanung, Beiträge, 34, 128 S.

Eckelmann, Marion; Polumsky, Dieter; Rasch, Birgit (1985): Das Zentralitätsgefüge der Raumordnung in Abhängigkeit von Erreichbarkeiten. Aachen: Inst. f. Stadtbauwesen der RWTH, 222 S. (Berichte .B 34 Stadt-Region-Land)

Ecker, Susanne (1990): Die Landeshauptstadt St. Pölten. Zentralörtliche Stellung und Einzugsbereich. Wien: Diplomarb. Universität, 143 S.

Eder, Ingrid (1984): Probebefragung von Haushalten in Wien und im Waldviertel über die Haushaltsbevorratung. Wien: Diplomarb. Univ. f. Bodenkultur, 83 S.

Eichwalder, Reinhard (1993): Erreichbarkeit von bestimmten Einrichtungen: Ergebnisse des Mikrozensus September 1992 (Regionale Ergebnisse – 1. Teil). In: Statistische Nachrichten 48 (1993) 10, S. 853-859.

Engel, Ernst (1895): Die Lebenskosten belgischer Arbeiter-Familien früher und jetzt. In: Internat. Statist. Inst., Bull. 9 (1895) 1, S. 1-124.

Engel, James F.; Blackwell, Roger D.; Kollat, David T. (1978): Consumer Behavior; 3rd edition. Hinsdale, Ill.: Dryden Press, 690 S.

Escher, Anton; Jurczek, Peter; Popp, Herbert (1982): Zum aktionsräumlichen Verhalten und zur Ortsintegration von Alt- und Neubürgern am Rand von Verdichtungsräumen: Fallstudie Diepersdorf (Landkreis Nürnberger Land). In: Mitt. d. Fränk. Geogr. Ges. 27/28 (1982), S. 351-419.

Fegerl, Leopold (1985): Wechselbeziehungen zwischen Zweitwohnungswesen und Landwirtschaft, dargestellt am Beispiel des Gerichtsbezirkes Retz (Niederösterreich). Wien: Diplomarb. Univ. f. Bodenkultur, 137 S.

Fera, Karin (1985): Aspekte der Lebensweise der Krumpendorfer Bevölkerung. Klagenfurt: Diplomarb. Univ., 150 S. + Anh.

Fesl, Maria; Bobek, Hans (1983): Zentrale Orte Österreichs II. Ergänzungen zur Unteren Stufe; Neuerhebungen aller Zentralen Orte Österreichs 1980/81 und deren Dynamik in den letzten zwei Dezennien. Wien: Verlag der Österr. Akademie d. Wissenschaften, 110 S. (Beitr. zur Regionalforschung, 4)

[FfH] Forschungsstelle für den Handel Berlin e.V. (1977): Die Versorgung mit Lebensmitteln in ländlichen Gebieten der Bundesrepublik Deutschland. Berlin: FfH.

[FfH] Forschungsstelle für den Handel Berlin e.V. (1980): Die Versorgung mit Lebensmitteln in städtischen Randlagen. Berlin: FfH, 190 Bl.

[FfH] Forschungsstelle für den Handel Berlin e.V. (1981): Die Qualität der Versorgung mit Einzelhandelsleistungen in Bayern; Grundlagenstudie zur Ermittlung eines Versorgungsqualitäts-Indikators. Berlin: FfH.

Finck, Gerhard (1990): Versorgungszufriedenheit: ein Beitrag zur empfängerorientierten Versorgungsforschung. Berlin: Duncker & Humblot, 321 S. (Schriften zum Marketing, 31)

Friedrichs, Jürgen (1977): Stadtanalyse. Soziale und räumliche Organisation der Gesellschaft; 3. Aufl. Opladen: Westdt. Verlag, 383 S. (WV-Studium, 104).

Friedrichs, Jürgen (1982): Methoden empirischer Sozialforschung; 10. Aufl. Opladen: Westdt. Verlag, 429 S.

Friedrichs, Jürgen (1990): Aktionsräume von Stadtbewohnern verschiedener Lebensphasen: In: Bertels, L.; Herlyn, U. (Hg.): Lebenslauf und Raumerfahrung, loc. cit., S. 161-178.

Fuchs, Gabriele (1984): Untersuchung ländlicher Lebensformen am Beispiel der Gemeinde Albeck. Klagenfurt: Diplomarb. Univ., 245 S.

Gärber, Manfred (1985): Die Versorgungsfunktion der Lebensmitteleinzelhandelsbetriebe im polit. Bezirk Zwettl – unter Berücks. des Vordringens der Raiffeisenlagerhäuser in den Lebensmittelbereich und dessen mögliche Folgen für einen dünn besiedelten, überwiegend agrarisch strukturierten Raum (Empirische Untersuchung). Wien: Diplomarbeit Wirtschaftsuniv., 144 S. + Anh.

GESAMTVERKEHRSKONZEPT WIENER NEUSTADT 1992, Teil 1: Verkehrsverhalten. Im Auftrag d. Magistrats d. Stadt Wr. Neustadt, Verfasser: G. Sammer et al., 30 S. (Manuskr.)

Gessner, Hans-Jürgen (1982): Handelsmarketing und Raumökonomie: räumliche Aspekte der Verbraucherversorgung. Berlin: Duncker & Humblot, 321 S. (Schriftenreihe der Forschungsstelle f. d. Handel [FfH], 3. Folge, Bd. 8)

Golob, T.F. (1986): A nonlinear canonical correlation analysis of weekly trip chaining behavior. In: Transportation Research A 20 (1986), S. 385-399.

Gormsen, Erdmann (1992): Wochenmärkte in Deutschland: Entwicklung, Struktur, Zukunftsaussichten. In: Die Erde 123 (1992) 2, S. 137-151.

Graff, Dieter (1994): MIGROS: die Brücke vom Produzenten zum Konsumenten. Köln: Dt. Handels-Inst. [DHI], 68 S.

Grimmer, B.; Schulz-Borck, Hermann (1982): Auswirkungen verschiedener Standorte auf die Lebenshaltung privater Haushalte. In: Berichte über Landwirtschaft 60 (1982) 4, S. 543-563.

Gronau, Reuben (1988): Consumption Technology and the Intrafamily Distribution of Resources: Adult Equivalence Scales Reexamined. In: Journal of Political Economy 96 (1988) 6, S. 1183-1205.

Grundhöfer, Horst (1982): Konsumverhalten und -einstellungen im familienstrukturellen Kontext. Opladen: Westdt. Verlag, 194 S. (Forschungsberichte d. Landes NRW, Fachgruppe Wirtschafts- u. Sozialwiss., Nr. 3111)

Gustafsson, Knut (1973): Grundlagen der Zentralitätsbestimmung: dargestellt am Beispiel der Region Westküste Schleswig-Holstein. Hannover: Veröff. d. Akad. f. Raumf. u. Landesplanung, Abhandlungen, 66, 116 S.

Gutiérrez Puebla, Javier (1991): Indicadores de accesibilidad en transporte público en el medio rural: una propuesta metodológica. In: Estudios Geográficos [Madrid] Tomo LII, Nr. 203, S. 205-221.

Guy, C.; Wrigley, N.; O'Brien, L.G.; Hiscocks, G.K. (1983): The Cardiff consumer panel: a report on the methodology. Cardiff: Town Planning Dept., 265 S. (UWIST Papers in Planning Research, 68).

Guy, Clifford M.; Wrigley, Neil (1987): Walking trips to shops in British cities: An empirical review and policy re-examination. In: Town Planning Review 58 (1987) 1, S. 63-79.

Häcker, S.; Hundt, G.; Richter W. (1992): Verkehrsmittelwahl im Einkaufsverkehr. Münster: Stadtplanungsamt (Beiträge zur Stadtentwicklung, Stadtforschung, Stadtplanung 4/92).

Hägerstrand, Torsten (1970): What about People in Regional Science? In: Regional Science Association Papers, Vol. XXIV, S. 7-21.

Handelskammer Niederösterreich, Statistik-Referat (1981): Die geographische Verteilung der Betriebe des Lebensmittelhandels nach Sortiment und Ortschaften Niederösterreichs; Stand: Ende 1980. Allgemeiner Teil. Wien: HK NÖ, 49 S. + Anh. [Bezirkskarten].

Hanson, Susan (1982): The Determinants of Daily Travel Activity Patterns: Relative Location and Sociodemographic Factors. In: Urban Geography 3 (1982), S. 179-202.

Hanson, Susan (Hg.) (1986a): The Geography of Urban transportation. New York: Guilford Press, 420 S.

Hanson, Susan; Huff, James O. (1988): Systematic variability in repetitious travel. In: Transportation 15 (1988), S. 111-135.

Hanson, Susan; Schwab, Margo (1986): Describing Disaggregate Flows: Individual and Household Activity Patterns. In: Hanson, S. (Hg.): The Geography of Urban transportation, loc. cit., S. 154-178.

HAUSHALTSBEFRAGUNGEN ZUM VERKEHRSVERHALTEN (1986) – Einordnung, methodische Probleme und Ergebnisse der KONTIV und anderer Haushaltsbefragungen. Workshop I/85, 6.-8. Mai 1985 in Grainau/Eibsee. Bergisch-Gladbach: Dt. Verkehrswiss. Ges., 340 S. (Schriftenreihe d. Dt. Verkehrswiss. Ges., Reihe B, 85)

Hautzinger, Heinz; Kessel, Peter (1977): Forschungsbericht „Mobilität im Personenverkehr". Bonn–Bad Godesberg: BM f. Verkehr, Abt. Straßenbau, 90 S. (Forschung Straßenbau und Straßenverkehrstechnik, 231)

Heinritz, Günter (1979a): Zentralität und Zentrale Orte. Eine Einführung. Stuttgart: Teubner, 179 S. (Teubner Studienbücher Geographie).

Heinritz, Günter (1979b): Die aktionsräumliche Relevanz der Verhaltensdimension „Besucherfrequenz". In: Geographische Zeitschrift 67 (1979) 4, S. 314-323.

Heinritz, Günter (1989): Der „Wandel im Handel" als raumrelevanter Prozeß. In: Heinritz, G. et al., Geographische Untersuchungen zum Strukturwandel im Einzelhandel, loc. cit., S. 15-128.

Heinritz, Günter (Hg.) (1992a): The Attraction of Retail Locations: IGU-Symposium 5.-8. August 1991, Volume I. Kallmünz/Regensburg: Laßleben, 172 S. (Münchener Geographische Hefte, 69)

Heinritz, Günter (Hg.) (1992b): The Attraction of Retail Locations: IGU-Symposium 5.-8. August 1991, Volume II. München: Department of Geography, Technical Univ. of Munich, 185 S.

Heinritz, Günter; Kuhn, Walter; Meyer, Günter; Popp, Herbert (1979): Verbrauchermärkte im ländlichen Raum. Die Auswirkungen einer Innovation des Einzelhandels auf das Einkaufsverhalten. Kallmünz/Regensburg: Laßleben, 144 S. + Anhang (Münchener Geographische Hefte, 44)

Heinritz, Günter; Popien, Ralf; Holfeld, Hans; Becker, Andreas; Schneider, Andrea (1989): Geographische Untersuchungen zum Strukturwandel im Einzelhandel. Kallmünz/Regensburg: Laßleben, 242 S. (Münchener Geographische Hefte, 63)

Henke, Reinhard; Selmke Gisela; Selmke, Reinhard (1985): Potentialmaß oder Verkehrsarbeit? Anmerkungen zu Erreichbarkeitsberechnungen in Raumplanung und Verkehrsplanung. In: Zeitschrift f. Verkehrswissenschaft 56 (1985) 1, S. 63-76.

Herz, Raimund (1982): The influence of environmental factors on daily behaviour. In: Environment and Planning A 14 (1982) 9, S. 1175-1193.

Herz, Raimund (1984): Verkehrsverhaltensänderungen 1976–1982: Ergebnisse einer vergleichenden Auswertung der KONTIV 76 und KONTIV 82. Karlsruhe: Inst. f. Städtebau u. Landesplanung d.

Univ., 95 S.

Hofmayer, Albert (1990): Der Einfluß von Strukturvariablen auf die raum-zeitlichen Muster des Einkaufsverhaltens von Haushalten. Vorüberlegungen zu einem Erklärungsmodell. In: Wirtschaftsgeogr. Studien [Wien] 17/18, S. 69-87.

Hofmayer, Albert (1995): Räumliche Einkaufsorientierung und zentralörtliche Bereiche, Ergebnisse einer Haushaltsbefragung im Bezirk Zwettl (Niederösterreich) 1991. In: Wirtschaftsgeograph. Studien [Wien] 19/20, S. 59-84.

Holm, Kurt (Hg.) (1975 ff.): Die Befragung; Bände 1–6. München: Francke (UTB 372, 373, 433, 434, 435, 436)

Hoorn, T. van der (1979): Travel Behaviour and the Total Activity Pattern. In: Transportation 8 (1979), S. 309-328.

Horn, Klaus (1989): Erreichbarkeitsanalysen für die Zentren im Ruhrgebiet im Individual-(Straßen-) Fernverkehr. Bochum: 126 Bl., zahlr. Karten (Veröffentl. des RUFIS, 1)

Horton, F.E.; Reynolds, D.R. (1971): Effects of Urban Spatial Structure on Individual Behavior. In: Economic Geography 47 (1971) 1, S. 36-48.

Howard, John A.; Sheth, J.N. (1969): The theory of buyer behavior. New York: Wiley, 458 S.

Huber, Hans (1988): Einkaufsgewohnheiten der Innsbrucker Haushalte bei Nahrungsmitteln. Innsbruck: Diplomarb. Univ., 121 S.

Hübl, Richard (1980): Die versorgungsräumliche Orientierung der Haushalte des Politischen Bezirks Tulln. Wien: Diss. Univ., 262 S. + Anhang (Karten).

Huff, James O.; Hanson, Susan (1986): Repetition and Variability in Urban Travel. In: Geographical Analysis 18 (1986) 2, S. 97-114.

Hummell, Hans J.; Jagodzinski, Wolfgang; Langeheine, Rolf (1986): Kausalanalyse. München: Oldenbourg, 199 S. (= Band 8 von: Techniken der empirischen Sozialforschung, hg. v. J. van Koolwijk u. Maria Wieken-Mayser)

Ingene, Charles A.; Ghosh, Avijit (1990): Consumer and Producer Behavior in a Multipurpose Shopping Environment. In: Geographical Analysis 22 (1990) 1, S. 70-93.

Jeglitsch, Helmut (1989): Volkswirtschaftliche Gesamtrechnung nach Bezirken. Wien: Österr. Raumordnungskonferenz, 28 S. + Karten (ÖROK-Schriftenreihe, 24)

Jordan, Connor; Nutley, Stephen (1993): Rural Accessibility and Public Transport in Northern Ireland. In: Irish Geography 26 (1993) 2, S. 120-132.

Juster, F. Thomas; Stafford, Frank P. (Hg.) (1985): Time, goods and well-being. Ann Arbor: The University of Michigan. 545 S.

Kadletz, Jutta (1988): Eine aktionsräumliche Analyse des Konsumverhaltens von Bewohnern des ländlichen Raumes, durchgeführt für die Gemeinde Vordernberg. Wien: Diplomarb. Univ., 132 S.

Kagermeier, Andreas (1991): Versorgungsorientierungen und Einkaufsattraktivität. Empirische Studie zum Konsumentenverhalten im Umland von Passau. Passau: Passavia, 121 S. (Passauer Schriften zur Geographie, 8)

Kammer der gewerbl. Wirtschaft für Vorarlberg (1989): Die regionale Kaufkraft und die Kaufkraftströme der privaten Haushalte in Vorarlberg im Jahre 1988 [=.A]; .B: Kaufströme in Vorarlberg; Konsumentenmotive. Feldkirch: Kammer d. gew. Wirtschaft f. Vorarlberg; .A: 175 S., Abb., Tab. /.B: 93 S., Tab. + Anh.

Klein, Ralf (1988): Der Lebensmittel-Einzelhandel im Raum Verden: räumliches Einkaufsverhalten unter sich wandelnden Rahmenbedingungen. Flensburg: Pädag. Hochsch., Forschungsstelle für Regionale Landeskunde, 76 S. (Flensburger Arbeitspapiere zur Landeskunde und Raumordnung, 6)

Klein, Ralf (1992): Dezentrale Grundversorgung im ländlichen Raum. Interaktionsmodelle zur Abschätzung von Nachfragepotentialen im Einzelhandel. Osnabrück: Universität, 107 S. (Osnabrücker Studien zur Geographie, 12)

Klingbeil, Detlev (1978): Aktionsräume im Verdichtungsraum: Zeitpotentiale und ihre räumliche Nutzung. Kallmünz/Regensburg: Laßleben, 334 S. (Münchener Geogr. Hefte, 41)

Kloas, Jutta; Kunert, Uwe (1994): Über die Schwierigkeit, Verkehrsverhalten zu messen: die drei KONTIV-Erhebungen im Vergleich (2 Teile). In: Verkehr und Technik 1994, H. 3, S. 91-100; H. 5, S. 187-197.

Knirim, Christa; Krüll, Marianne; Peters, Richard (1974): Familienstrukturen in Stadt und Land. Eine Untersuchung der Rollenbeziehungen zwischen den Ehegatten, den Eltern und Kindern und den Generationen. Bonn: Forschungsges. f. Agrarpolitik u. Agrarsoziologie, 204 S. (FAA-Schriftenr., 222)

Köhli, Jörg (1990): Interkulturelle Unterschiede des Konsumentenverhaltens: eine empirische Untersuchung unter besonderer Berücksichtigung der Einkaufsgewohnheiten von Türken und Deutschen in Kiel. Münster: Lit, 304 S. (Empirische Wirtschaftsforschung, 10)

Köll, Helmut (1989): Untersuchung über das Verkehrsverhalten der Bewohner eines städtischen Wohngebietes, dargestellt am Beispiel der Peerhofsiedlung in Innsbruck. Innsbruck: Diplomarb. Univ., 123 S.

Kollarits, Stefan (1994): Mobilität und GIS: Probleme der Repräsentation und Analyse. In: Dollinger, F.; Strobl, J. (Hg.): Angewandte Geographische Informationsverarbeitung VI, Beiträge zum GIS-Symposium 6.-8. Juli 1994, S. 371-384 (Salzburger Geographische Materialien, 21).

Költringer, Richard (1993): Gültigkeit von Umfragedaten. Wien - Köln - Weimar: Böhlau, 233 S.

Kössler, Richard (1984): Arbeitszeitbudgets ausgewählter privater Haushalte in Baden-Württemberg: Ergebnisse einer Zusatzerhebung zur Einkommens- u. Verbrauchsstichprobe 1983. Stuttgart: Statistisches Landesamt Baden-Württemberg, 64 S. + Anhang (Materialien und Berichte der Familienwiss. Forschungsstelle, 12)

Kotler, Philip (1989): Marketing Management; 4. Aufl. Stuttgart: Poeschel, 763 S.

Kragler, Sigrid (1984): Untersuchung ländlicher Lebensformen am Beispiel der Gemeinde Glanegg. Klagenfurt: Diplomarb. Univ., 173 S.

Kreth, Rüdiger (1979a): Die Versorgungslage der Mainzer Bevölkerung: Determinanten der stadtteilspezifischen Versorgungssituation und des distanzbezogenen Einkaufsverhaltens. Mainz: Geogr. Inst. d. Univ., 259 S. (Mainzer Geographische Studien, 19)

Kreth, Rüdiger (1979b): Raumzeitliche Aspekte des Einkaufsverhaltens. In: Geographische Zeitschrift 67 (1979) 4, S. 266-281.

Kroeber-Riel, Werner (1992): Konsumentenverhalten; 5. Aufl. München: Vahlen, XIV, 784 S. (Vahlens Handbücher der Wirtschafts- und Sozialwissenschaften)

Kromrey, Helmut (1991): Empirische Sozialforschung: Modelle und Methoden der Datenerhebung und Datenauswertung; 5. Aufl. Opladen: Leske + Budrich, 453 S. (UTB, 1040)

Kunst, Friedemann (1985): Distanz und Siedlungsstruktur im dünn besiedelten Raum – Entfernungsvergrößerungen und ihre soziale Bedeutung. Berlin: Inst. f. Stadt- u. Regionalplanung d. TU Berlin, 335 S. (Arbeitshefte, 33)

Kuntschner, Jürgen (1988): Die Bedeutung von Zell am See als Einkaufsstadt für den Pinzgau. Innsbruck: Diplomarb. Univ., XXXVIII, 105 Bl.

Kunze, Eduard (1988): Die Qualität der Verkehrserschließung im ländlichen Raum Österreichs. In: Möglichkeiten und Grenzen der regionalen Erschließung durch den ÖPNV. Bergisch Gladbach: Dt. Verkehrswiss. Gesellschaft, S. 156-190 (Schriftenreihe d. DVWG, 106)

Lange, Siegfried (1972): Die Verteilung von Geschäftszentren im Verdichtungsraum. Ein Beitrag zur Dynamisierung der Theorie der zentralen Orte. In: Zentralörtliche Funktionen in Verdichtungsräumen. Hannover: Veröff. d. Akad. f. Raumf. u. Landesplanung, Forschungs- u. Sitzungsberichte, 72, S. 7-48.

Lange, Siegfried (1973): Wachstumstheorie zentralörtlicher Systeme. Eine Analyse der räumlichen Verteilung von Geschäftszentren. Münster: Univ., 140 S. (Beiträge zum Siedlungs- und Wohnungswesen und zur Raumplanung, 5)

Laurinkari, Juhani (1988): Alte Menschen als Konsumenten. In: Jahrbuch der Absatz- und Verbrauchsforschung 2/1988, S. 154-163.

Lenntorp, Bo (1979): Das PESASP-Modell: seine theoretische Grundlegung im Rahmen des zeitgeographischen Ansatzes und Anwendungsmöglichkeiten. In: Geographische Zeitschrift 67 (1979) 4, S. 336-353.

Lentnek, Barry; Harwitz, Michael; Narula, Subhash C. (1987): A Contextual Theory of Demand: Beyond Spatial Analysis in Economic Geography. In: Economic Geography 63 (1987), S. 334-348.

Lichtenberger, Elisabeth (1982): Der ländliche Raum im Wandel. In: Internationales Symposium „Das Dorf als Lebens- und Wirtschaftsraum" vom 28. bis 30.9.1981, Wien: Österr. Ges. f. Land- u. Forstwirtschaftspolitik (Bearb.: E. Scheiber), S. 16-37.

Linde, Hans (1977): Standortorientierung tertiärer Betriebsstätten im großstädtischen Verdichtungsraum (Stadtregion Karlsruhe). Entwicklung eines Ansatzes zur Reformulierung der Theorie Zentraler Orte. Hannover: Veröff. d. Akad. f. Raumf. u. Landesplanung, Beiträge, 8, 103 S.

Lindner, Horst (1984): Arbeitszeitstruktur und Partnerschaft. Die Arbeitszeitstruktur des Mannes als Determinante des familialen Rollenverhaltens. Salzburg: Diss. Univ., 169 S.

Lo, Lucia (1991): Substitutability, Spatial Structure, and Spatial Interaction. In: Geographical Analysis 23 (1991) 2, S. 132-146.

Lo, Lucia (1992): Destination interdependence and the competing-destinations model. In: Environment and Planning A 24 (1992) 8, S. 1191-1204.

Lötscher, Lienhard (1980): Studien zur Bedarfsreichweite und Bedarfssubstituierung in Peripherräumen der Bundesrepublik Deutschland (am Beispiel von Nord- und Ostfriesland im Vergleich zu Hamburg). Kiel: Verein z. Förderung regionalwiss. Analysen, 110 S. (Materialien zur geographischen Regionalforschung in Kiel [MARE], 5)

Maier, Gunther (1993): The Spatial Search Problem: Structure and Complexity. In: Geographical Analysis 25 (1993) 3, S. 242-251.

Maier, Gunther (1995): Spatial search: structure, complexity, and implications. Heidelberg: Physica, 254 S. (Studies in contemporary economics).

Marinell, Gerhard; van Staa, Herwig (Hg.) (1986): Der Lebensmittel-Einzelhandel, eine Repräsentativerhebung in Tirol. Innsbruck: Inst. f. Landesentwicklung, Manuskript.

Marschner, Hubert (1980a): Betriebs- und Kassenerhebung im Nahrungsmitteleinzelhandel. In: Arbeitspapiere des Inst. f. Industrie und Handel der Univ. Innsbruck, Heft 12.

Marschner, Hubert (1980b): Die subjektive Versorgungslage der Innsbrucker Haushalte mit „Gütern des täglichen Bedarfs". Innsbruck: Univ. (Arbeitspapiere des Inst. f. Industrie und Handel der Univ. Innsbruck, 13)

Marschner, Hubert (1981): Ausgewählte empirische Ergebnisse eines Stadt-/Landvergleichs über die Versorgung mit Nahrungsmitteln. In: Marschner, H. (Hg.): Handelsforschung – Handelspraxis, Festschrift für Walter Marzen zum 65. Geburtstag, Wien, S. 93-120.

Mayer, Hans; Boor, Werner (1988): Familie und Konsumentenverhalten. In: Jahrbuch der Absatz- und Verbrauchsforschung 2/1988, S. 120-153.

Meffert, Heribert (1992): Marketingforschung und Käuferverhalten; 2. Aufl. Wiesbaden: Gabler, 477 S.

Meyer, Günter (1977): Distance Perception of Consumers in Shopping Streets. In: Tijdschrift voor Economische en Sociale Geografie 68 (1977), S. 355-361.

Miller, E.; O'Kelly, M. (1983): Estimating shopping destination models from travel diary data. In: The Professional Geographer 35 (1983), S. 440-449.

Moseley, Malcolm J., et al. (1977): Rural Transport and Accessibility. Final Report to the Department of the Environment, publ. by Centre of East Anglian Studies, University of East Anglia, Norwich; 2 vols.

Moseley, Malcolm J.; Packman, John (1985): The Distribution of Fixed, Mobile, and Delivery Services in Rural Britain. In: Journal of Rural Studies 1 (1985) 1, S. 87-95.

Müller, Dirk (1989): Beiträge der Handlungstheorie für das Verständnis des Konsumentenverhaltens. 222 S. (Kölner Arbeiten zur Wirtschaftspsychologie, 2)

Müller, Ulrich; Neidhart, Jochen (1972): Einkaufsort-Orientierungen als Kriterium für die Bestimmung von Größenordnung und Struktur kommunaler Funktionsbereiche. [UT: Untersuchungen auf empirisch-statistischer Grundlage in den Gemeinden Reichenbach an der Fils, Baltmannsweiler, Weil der Stadt, Münklingen, Leonberg-Ramtel, Schwaikheim.] Stuttgart: Geogr. Inst. d. Univ., 110 S. (Stuttgarter Geographische Studien, 84)

Müller-Hagedorn, Lothar (1978): Bevorzugte Betriebsformen des Einzelhandels und das Lebenszykluskonzept. In: Zeitschrift für betriebswirtschaftl. Forschung 30 (1978), S. 106-124.

Müller-Hagedorn, Lothar (1986): Das Konsumentenverhalten – Grundlagen für die Marktforschung. Wiesbaden: Gabler, 275 S.

Mulligan, Gordon F. (1987): Consumer Travel Behavior: Extensions of a Multipurpose Shopping Model. In: Geographical Analysis 19 (1987) 4, S. 364-375.

NAHVERKEHRSKONZEPT ZENTRALRAUM SALZBURG, Verkehrsuntersuchung 1982, Bericht (1985); verfaßt v. d. Arbeitsgruppe f. Verkehrsplanung, TU Graz / Sozialforschung Brög, München, hg. v. Amt der Salzburger Landesregierung, 163 S. + Anhang.

Öberg, Sture (1976): Methods of Describing Physical Access to Supply Points. Lund: Lund Univ. Press, 141 S. (Lund Studies in Geography, Ser. B, 43)

O'Kelly, M.E. (1983): Multipurpose Shopping Trips and the Size of Retail Facilities. In: Annals of the

Association of American Geographers 73 (1983) 2, S. 231-239.

[ÖIR] Österr. Inst. f. Raumplanung (1989): Erreichbarkeitsverhältnisse in Österreich. Expertengutachten des ÖIR. Wien: Österr. Raumordnungskonferenz, 136 S. (ÖROK-Schriftenreihe, 75)

Pachner, Heinrich (1992a): Marktwirtschaftlicher Wettbewerb im Ländlichen Raum. Fachtheoretische Grundlagen und empirische Fallstudien zur Vielfalt von Vermarktungsformen für landwirtschaftliche Produkte in Südwestdeutschland. In: Die Erde 123 (1992) 2, S. 153-170.

Pachner, Heinrich (1992b): Räumliche Strukturen der Vermarktung landwirtschaftlicher Erzeugnisse in Württemberg. Struktur- und funktionsräumlicher Ansatz zum Verständnis von Vermarktungswegen und Marktregionen als Gestaltungselemente des ländlichen Raumes. Stuttgart: F.Steiner, 238 S. (Erdkundliches Wissen, 106).

Pammer, Franz (1991): Nahversorgung und Kommunikation der ländlichen Bevölkerung in Niederösterreich nördlich der Donau – Wald- und Weinviertel. Wien: Diplomarb. Univ. 1992, 176 S. + Anh.

Pertzsch, Bärbel (1975): Eine kritische Betrachtung der Einkaufsmöglichkeiten und des Einkaufsverhaltens privater Haushalte. Gießen: Diss. Univ. (Nahrungswirtschafts- und Haushaltswissenschaften), 274 S.

Pevetz, Werner (1984): Die ländliche Sozialforschung in Österreich 1972 – 1982. Wien: Österr. Agrarverlag, 343 S. (Schriftenr. d. Bundesanstalt f. Agrarwirtschaft, 41)

Pevetz, Werner (1986): Lebensverhältnisse von Altbauern und Altbäuerinnen in Österreich. In: Berichte über Landwirtschaft 64 (1986) 2, S. 339-350.

Pevetz, Werner (1987): Lebens- und Arbeitsverhältnisse von Haupterwerbslandwirten. Wien: Österr. Agrarverlag, 368 S. (Schriftenr. d. BA f. Agrarwirtschaft, 49)

Pevetz, Werner, u. Mitarb. v. R. Richter (1993): Haushaltsstrukturen und Lebensstile in österreichischen Landgemeinden. Wien: Bundesanstalt f. Agrarwirtschaft, 329 S. (Schriftenr. d. BA f. Agrarwirtschaft, 74)

Piorkowsky, Michael-Burkhard (1984a): Das Versorgungsverhalten der Verbraucher bei Gütern des Grundbedarfs. In: Verbraucherinformation und Verbraucherverhalten, Schriften zur Ökotrophologie [Hamburg], S. 23-46.

Piorkowsky, Michael-Burkhard (1984b): Die Bedeutung der inoffiziellen Wirtschaft für die Versorgung der privaten Haushalte mit Gütern und Diensten. In: Hauswirtschaft und Wissenschaft 3, S. 4-149.

Pirie, G. (1979): Measuring accessibility: a review and proposal. In: Environment and Planning A 11 (1979), S. 299-312.

Plessl, Ernst (1987): Die Siedlungsformen des Wald- und Weinviertels. Ein Vergleich auf siedlungsgeographischer Grundlage. In: Unsere Heimat 58 (1987), S. 241-262.

Popp, Herbert (1979): Zur Bedeutung des Koppelungsverhaltens bei Einkäufen in Verbrauchermärkten – Aktionsräumliche Aspekte. In: Geographische Zeitschrift 67 (1979) 4, S. 302-313.

Praschinger, Harald (1977): Der Einzugsbereich der Stadt St. Pölten. Analyse der Struktur zentralörtlicher Einrichtungen und gruppenspezifischer Verhaltensweisen. Wien: Diss. Univ., 535 S. *[gedruckte Ausgabe: 1984, Wien: Verlag Notring der wiss. Verbände Österr.]*

Priebs, Axel (1990): „Ansätze zur Errichtung integrierter Versorgungsstützpunkte im ländlichen Raum", Referat bei der 4. Tagung für Regionalforschung und Geographie, 25.-28.4.1990 in Kirchbach im Gailtal, Kärnten; Manuskript.

Ruhfus, Rolf E. (1976): Kaufentscheidungen von Familien: Ansätze zur Analyse des kollektiven Entscheidungsverhaltens im privaten Haushalt. Wiesbaden: Gabler, 181 S. (Schriftenreihe Unternehmensführung und Marketing, 7)

Ruppert, Erich et al. (1981): Einkauf-, Freizeit-, Arbeits- und Ausbildungsverkehr (EFA): Schritte zur Modellentwicklung auf der Grundlage von Entscheidungsprozessen unterschiedlicher Haushalte. Opladen: Westdt. Verlag, 126 S. (Forschungsbericht des Landes Nordrhein-Westfalen, 3057)

Sachs, Lothar (1988): Statistische Methoden: Planung und Auswertung; 6. Aufl. Berlin [u.a.]: Springer, 298 S.

Schaninger, Charles M. (1981): Social class versus income revisited: An empirical investigation. In: Journal of Marketing Research 18 (1981) 2, S. 192-208.

Scheffter, Matthias (1991): Haushaltsgröße und Privater Verbrauch: zum Einfluß einer steigenden Kinderzahl auf den Privaten Verbrauch. Frankfurt [u.a.]: Lang, 165 S. (Studien zur Haushaltsökonomie, 5)

Schönbauer, O. (1981): Einsatz eines ambulanten Lebensmittelhandels im Bezirk Waidhofen/Thaya.

Wien: Diplomarbeit Wirtschaftsuniv.

Schwarz, Steffen (1984): Zur Genauigkeit der Messung des Einkaufsverhaltens: ein empirischer Vergleich zwischen schriftlicher Ad-hoc- und Panel-Befragung. Memmelsdorf: Bader, 220 S.

Schwarz, Wolfgang (1992): Industrieräumliche Strukturen und Prozesse. Reflexionen über eine neue Industriekarte von Niederösterreich. In: Geograph. Jahresbericht aus Österreich IL (Berichtsjahr 1990), S. 23-59.

Seger, Martin (1987): Struktur und Dynamik kommerzieller-zentraler Beziehungen im Randbereich der Großstadt: Analyse von Einkaufspräferenzen vor und nach der Eröffnung von Stadtrand-Verbrauchermärkten im Süden von Wien. In: Aktuelle Beiträge zur angewandten Humangeographie, Festschrift zum 80. Geburtstag von Hans Bobek, S. 159-175 (ÖIR-Forum Reihe B, 7)

Smith, Geoffrey C. (1988): The Spatial Shopping Behaviour of the Urban Elderly: a Review of the Literature. In: Geoforum 19 (1988) 2, S. 189-200.

Staudacher, Christian (1990): Aktionsraum und Einkaufsverhalten. Empirische Ergebnisse aus der Kaufkraftstromanalyse Niederösterreich. In: Wirtschaftsgeogr. Studien [Wien] 17/18, S. 89-130.

Stegmüller, Wolfgang (1965): Hauptströmungen der Gegenwartsphilosophie. Eine kritische Einführung; 3. Aufl. Stuttgart: Kröner, 726 S. (Kröners Taschenausgabe, 308)

Steinbach, Josef (1985): Einflüsse der räumlichen und sozialen Umwelt auf das individuelle Verhalten – Beiträge der Sozialgeographie zur Theorie des menschlichen Handelns. In: Mitt. d. Österr. Geogr. Ges. 126 (1985), S. 12-28.

Stiglbauer, Karl (1975): Die Hauptdörfer in Niederösterreich. Eine Untersuchung über Zentrale Orte unterster Stufe. Wien: ÖIR, 147 S. + Anh. (Veröffentlichung des Österr. Inst. f. Raumplanung, 26)

Stiglbauer, Karl (1983): Die Erforschung der Zentralen Orte in Österreich. In: Mitteilungen der Österr. Geograph. Ges. 125 (1983), S. 5-30.

Strathman, James G.; Dueker, K.J.; Davis, J.S. (1994): Effects of household structure and selected travel characterstics on trip chaining. In: Transportation 21 (1994) 1, S. 23-45.

Thill, Jean-Claude; Thomas, Isabelle (1987): Toward Conceptualizing Trip-Chaining Behavior: A Review. In: Geographical Analysis 19 (1987) 1, S. 1-17.

Tiefenthaler, H.; Köll, H.; Brunner, P. (1989): Verkehrsverhalten der Bewohner einer städtischen Wohnsiedlung, gezeigt am Beispiel der Peerhofsiedlung in Innsbruck. In: Ber. z. Raumforschung und Raumplanung 33 (1989) 6, S. 42-48.

Timmermans, Harry; Golledge, R.G. (1990): Applications of behavioural research on spatial problems II: preference and choice. In: Progress in Human Geography 14 (1990) 3, S. 311-354.

Trommsdorff, Volker (1989): Konsumentenverhalten. Stuttgart: Kohlhammer-Edition Marketing, 313 S.

van der Hoorn, T. (1979): Travel Behaviour and the Total Activity Pattern. In: Transportation 8 (1979), S. 309-328.

VCÖ Verkehrsclub Österreich (1996): Einkaufsverkehr – Nahversorgung versus Einkaufszentren. Wien: VCÖ, 64 S. („Wissenschaft & Verkehr" Nr. 2/1996)

Vickerman, Roger W.; Barmby, T.A. (1984): The Structure of Shopping Travel: Some Developments of the Trip Generation Model. In: Journal of Transport Economics and Policy 18 (1984) 2, S. 109-121.

Vielhaber, Christian (1986): Sekundäre Aktionsräume von Wochenpendlern. Eine Untersuchung über das Beziehungsgefüge zwischen aktionsräumlichen Reichweiten, sozialen Interaktionen, Kontaktintensitäten und Wanderungsbereitschaft bei Bauarbeitern in Wien. In: Husa, K.; Vielhaber, C.; Wohlschlägl, H. (Hg.): Beiträge zur Bevölkerungsforschung, Festschrift Ernest Troger zum 60. Geburtstag, Bd. 1, S. 163-187.

Vollmann, Kurt (1985): Einkaufsgewohnheiten der Haushalte. Ergebnisse des Mikrozensus September 1984 (ausgewählte Hauptergebnisse). In: Statistische Nachrichten 40 (1985) 10, S. 699-704.

Weber, Elisabeth (1993): Der Einfluß des Wohnortes auf das Einkaufsverhalten: eine empirische Untersuchung zum Einkaufsverhalten von zugewanderten und eingesessenen Haushalten in der Stadt Mödling. Wien: Diplomarb. Wirtschaftsuniv., 121 S.

Wehling, H.-W. (1979): Suburbane Aktionsräume als Determinanten der Einzugsbereiche zentraler Einrichtungen in Verdichtungsräumen. In: Geographische Zeitschrift 67 (1979) 4, S. 282-301.

Weichhart, Peter (1988): Verbrauchermärkte in Salzburg. Einzugsbereiche, Kundenmotivation und Hierarchiestufen. Salzburg: Inst. f. Geographie d. Univ., 108 S. + Anh. (Salzburger Geogr. Materialien, 11)

Werlen, Benno (1988): Gesellschaft, Handlung und Raum. Grundlagen handlungstheoretischer Sozialgeographie; 2. Aufl. Stuttgart: F.Steiner, 314 S.

Wermuth, M.J. (1982): Hierarchical effects of personal, household, and residential location characteristics on individual activity demand. In: Environment and Planning A 14 (1982) 9, S. 1251-1264.

Wermuth, Manfred (1978): Struktur und Effekte von Faktoren der individuellen Aktivitätennachfrage als Determinanten des Personenverkehrs. Bad Honnef: Bock + Herchen, 260 S. (zugl. Diss. TU München, 1978).

Wermuth, Manfred (1980): Ein situationsorientiertes Verhaltensmodell der individuellen Verkehrsmittelwahl. In: Jahrbuch für Regionalwissenschaft 1, S. 94-123.

Westelius, O. (1972): The Individual's Pattern of Travel in an Urban Area. Stockholm: National Swedish Building Research, Document D 2.

Westelius, O. (1973): The Individual's Way of Choosing Between Alternative Outlets. Stockholm: National Swedish Building Research, Document D 17.

Wiebe, Dietrich (1983): Die wirtschafts- und sozialgeographische Bedeutung des Verkaufswagenhandels in Peripherräumen Schleswig-Holsteins. In: Die Heimat (Zs. f. Natur- und Landeskunde von Schleswig-Holstein und Hamburg), Jg. 90 (1983), S. 257-268.

Willi, Kurt H. (1986): Demographische Struktur des Haushalts, Konsumanalyse und Wohlstandsbewertung: Theorie und Empirie mikroökonomischer Äquivalenzskalen. Wien: Diplomarb. Univ., 100 S.

Williams, Peter A. (1988): A recursive model of intraurban trip-making. In: Environment & Planning A 20 (1988), S. 535-546.

Williams, Peter A. (1989): The Influence of Residential Accessibility on Household Trip-Making. In: Socio-Economic Planning Sciences 23 (1989) 6, S. 373-385.

Wolf, Walter (1985): Zeitaufwand für Besorgungen. Ergebnisse des Mikrozensus September 1984. In: Statistische Nachrichten 40 (1985) 10, S. 704-707.

Wolf, Walter (1990): Haushaltseinkommen: Auswirkungen alternativer Annahmen über Äquivalenzrelationen. In: Statistische Nachrichten 45 (1990) 1, S. 12-18.

Wölk, Andrea (1983): Funktion und Bedeutung mobiler Verkaufsstellen im Lebensmittelhandel in der Bundesrepublik Deutschland: wirtschaftspolitische, volkswirtschaftliche und versorgungspolitische Aspekte. Berlin: Forschungsstelle für den Handel Berlin e.V. [FfH], 117 S. + Anh.

Wolpert, Julian (1963/1970): Eine räumliche Analyse des Entscheidungsverhaltens in der mittelschwedischen Landwirtschaft. In: Bartels, D. (Hg.) (1970): Wirtschafts- und Sozialgeographie. Köln, Berlin: Kiepenheuer & Witsch, S. 380-387 [Erstveröff.: 1963].

Wolpert, Julian (1964): The Decision Process in Spatial Context. In: Annals of the Association of American Geographers 54 (1964), S. 537-558.

Wrigley, Neil; Dunn, R. (1984a): Stochastic panel data of urban shopping behaviour: 1. Purchasing at individual stores in a city. In: Environment and Planning A 16 (1984), S. 629-650.

Wrigley, Neil; Dunn, R. (1984b): Stochastic panel data of urban shopping behaviour: 2. Multi-store purchasing and the Dirichlet model. In: Environment and Planning A 16 (1984), S. 759-778.

Wrigley, Neil; Dunn, R. (1984c): Stochastic panel data of urban shopping behaviour: 3. The interaction of store choice and brand choice. In: Environment and Planning A 16 (1984), S. 1221-1236.

Wrigley, Neil; Dunn, R. (1985): Stochastic panel data of urban shopping behaviour: 4. Incorporating independent variables into the NBD and Dirichlet models. In: Environment and Planning A 16 (1985), S. 319-332.

Zeidler, Sylvia (1991a): Einkaufsgewohnheiten. Ergebnisse des Mikrozensus Juni 1990. In: Statistische Nachrichten 46 (1991) 11, S. 996-1001.

Zeidler, Sylvia (1991b): Lebensmittelvorräte in Haushalten. Ergebnisse des Mikrozensus Juni 1990. In: Statistische Nachrichten 46 (1991) 12, S. 1099-1102.

Zeidler, Sylvia (1992): Zeitaufwand für Einkäufe des täglichen Bedarfs – Großeinkäufe. Ergebnisse des Mikrozensus Juni 1990. In: Statistische Nachrichten 47 (1992) 12, S. 990-999.

Zeidler, Sylvia (1993): Einkaufsgewohnheiten: Haushaltsbezogene Ergebnisse. Ergebnisse des Mikrozensus Juni 1990. In: Statistische Nachrichten 48 (1993) 6, S. 475-480.

Kartographische Quellen

ATLAS DER REPUBLIK ÖSTERREICH, hg. v. d. Kommission für Raumforschung d. Österr. Akademie d. Wissenschaften unter d. Gesamtleitung v. Hans Bobek, Wien: 10 Lieferungen, 1960 – 1980.

ATLAS VON NIEDERÖSTERREICH (UND WIEN), hg. v. d. Kommission für Raumforschung u. Wiederaufbau d. Österr. Akad. d. Wiss. und v. Verein f. Landeskunde v. NÖ u. Wien, redig. v. Erik Arnberger, Wien: 7 Doppellief., 1951 – 1958.

Fesl, Maria (1986): Sozio-ökonomische Struktur der Wohnbevölkerung 1981 [Österreich 1: 1,000.000, nach Gemeinden und zentralörtl. Bereichen]. In: Fesl, Maria; Bobek, Hans: Karten zur Regionalstruktur Österreichs. Ein Nachtrag zum Atlas der Republik Österreich. Wien: Verlag d. Österr. Akademie d. Wiss. (Beiträge z. Regionalforschung, 7)

ÖROK-Atlas (1987): Lagetypisierung im öffentlichen Verkehr 1981 und im Individualverkehr 1985 [Österreich 1: 1.000.000 nach Gemeinden; 1: 3,000.000 nach polit. Bezirken]. In: Atlas zur räumlichen Entwicklung Österreichs, Blatt 09.04.01/87, 09.04.02/87.

ÖROK-Atlas (1990a): Standorte allgemeinbildender höherer Schulen 1987/88 (inkl. theoret. Einzugsbereiche) [Österreich 1: 1,000.000, nach Gemeinden]. In: Atlas zur räumlichen Entwicklung Österreichs, Blatt 07.05.01/90.

ÖROK-Atlas (1990b): Standorte berufsbildender höherer Schulen 1987/88 (inkl. theoret. Einzugsbereiche) [Österreich 1: 1,000.000, nach Gemeinden]. In: Atlas zur räumlichen Entwicklung Österreichs, Blatt 07.05.03/90.

ÖROK-Atlas (1990c): Motorisierung 1960, 1970, 1980, 1990: Pkw und Kombi je 1.000 Einwohner [4 Karten Österreich 1: 3,000.000, nach polit.Bezirken]. In: Atlas zur räumlichen Entwicklung Österreichs, Blatt 09.05.02/90.

ÖROK-Atlas (1993a): Betriebsformen in der Land- und Forstwirtschaft 1990 [Österreich 1: 1,000.000, nach Gemeinden]. In: Atlas zur räumlichen Entwicklung Österreichs, Blatt 03.02.03/92.

ÖROK-Atlas (1993b): Betriebsformen in der Land- und Forstwirtschaft 1990 / Standarddeckungsbeiträge in der Land- und Forstwirtschaft 1990 [2 Karten Österreich 1: 3,000.000, nach polit. Bezirken]. In: Atlas zur räumlichen Entwicklung Österreichs, Blatt 03.02.04/92.

ÖROK-Atlas (1993c): Wohnungsbestand 1991 und Veränderung 1981 – 1991 [Österreich 1: 1,000.000, nach Gemeinden]. In: Atlas zur räumlichen Entwicklung Österreichs, Blatt 08.01.03/92.

ÖROK-Atlas (1993d): Wohnungsbestand 1991 und Veränderung 1981 – 1991 / Wohnnutzfläche pro Bewohner in m² [2 Karten Österreich 1: 3,000.000, nach polit. Bezirken]. In: Atlas zur räumlichen Entwicklung Österreichs, Blatt 08.01.04/92

Österr. Inst. f. Raumplanung (1974): Karten zur ländlichen Raumstruktur Österreichs. Wien: ÖIR (7 Karten 1: 2 Mio.).

[ÖSTAT] Österr. Statist. Zentralamt (1985): Karten der Statistischen Zählsprengel; 2. Aufl. Niederösterreich, Wien [Kartenmappe].

Statistische Quellen

Gesellschaft für Konsumforschung [GfK] (1990): Das GfK-Haushaltspanel. Wien.

Institut für Gewerbeforschung [IfG] (1991): Daten über Arbeitsstätten, Versorgungsquellen, Arbeitnehmerbetriebe und Zahl der unselbst. Beschäftigten nach Gemeinden in den einzelnen Fachgruppen der Sektionen Handel und Gewerbe. Auszüge aus der Regionaldatenbank des IfG, Wien, unveröff. Tabellen.

Märkteverzeichnis – Märktejahrbuch 1991 bzw. 1992, hg. v. Landesgremium Wien des Markt-, Straßen- und Wanderhandels mit Ausnahme des Marktviktualienhandels, Wien, o.J., je Band ca. 150 S.

NIELSEN Marketing Research (1992a): LH-ADRESSLISTE nach Politischen Bezirken 12/92 (Unveröffentl. Adressenlisten der Lebensmittelhandelsgeschäfte Österreichs). Wien: A.C. Nielsen Company, o.P.

NIELSEN Marketing Research (1992b): Statistisches Jahrbuch 1992 Österreich. Wien: A.C. Nielsen Company, 79 S.

[ÖSTAT] Österr. Statist. Zentralamt (1986a): Konsumerhebung 1984 – Hauptergebnisse. Wien: 113 S. (Beiträge z. österr. Statistik, 812)

[ÖSTAT] Österr. Statist. Zentralamt (1986b): Konsumerhebung 1984 – Sozialstatistische Auswertungen. Wien: 69 S. (Beiträge z. österr. Statistik, 817)

[ÖSTAT] Österr. Statist. Zentralamt (1987): Konsumerhebung 1984 – Regionalstatistische Auswertungen. Wien: 143 S. (Beiträge z. österr. Statistik, 851)

[ÖSTAT] Österr. Statist. Zentralamt (1988/1991): Ergebnisse der Bereichszählung „Handel, Lagerung" 1988 nach Gemeinden (selbsterstellte Auszüge aus der Datenbank ISIS, interaktive Abfrage Herbst 1991).

[ÖSTAT] Österr. Statist. Zentralamt (1989b): ÄLTERE MENSCHEN – Ergebnisse des Mikrozensus Juni 1987. Wien: 176 S. (Beiträge zur österr. Statistik, 955)

[ÖSTAT] Österr. Statist. Zentralamt (1988 bis 1994): Statistisches Jahrbuch für die Republik Österreich 1987 ... 1993. Wien: versch. Bände.

[ÖSTAT] Österr. Statist. Zentralamt (1991): Personen- und Haushaltseinkommen von unselbständig Beschäftigten / Ausstattung der Haushalte. Ergebnisse des Mikrozensus Juni 1989. Wien: 145 S. (Beiträge z. österr. Statistik, 1.013)

[ÖSTAT] Österr. Statist. Zentralamt (1993): Ortsverzeichnis 1991 Niederösterreich, Wien. 2 Bände, Wien (Beiträge zur österr. Statistik, 1.080/3.1, 3.2)

[VLG] Verband ländlicher Genossenschaften in Niederösterreich regGenmbH (o.J.): Standorte der HG-Märkte in Niederösterreich. Unveröff. Liste, Korneuburg: VLG-NÖ.

Bibliographischer Anhang:

Verzeichnis der von Klaus Arnold, Wirtschaftsuniversität Wien, betreuten Diplomarbeiten und Dissertationen über Einkaufsverhalten und verwandte Themen

Bauer, Hannes M. (1992): Das Einzelhandelsangebot der Wiener Geschäftsstraßen: eine wirtschaftsgeographische Analyse der Struktur und Entwicklung des Einzelhandelsangebots auf ausgewählten Geschäftsstraßen. Wien, Wirtschaftsuniv., Dipl.-Arb., 175, [15] Bl.

Baumann, Martina (1992): Das Einkaufsverhalten der Bevölkerung der Stadt Salzburg. Wien, Wirtschaftsuniv., Dipl.-Arb. 1993, 4, 133, IV Bl.

Bernhart, Barbara (1993): Das Einkaufsverhalten der Bevölkerung der Region Rust – Oggau – Oslip – Schützen. Wien, Wirtschaftsuniv., Dipl.-Arb., 153, 10 Bl.

Bernscherer, Silvia (1992): Regionale Kaufkraft und regionale Aspekte des Einkaufsverhaltens der Bevölkerung des 8. Wiener Gemeindebezirks. Wien, Wirtschaftsuniv., Dipl.-Arb., 141 Bl.

Bruckmüller, Karl C. (1991): Kaufkraftströme und regionale Aspekte des Einkaufsverhaltens der Bevölkerung in der Einkaufsregion Wieselburg. Wien, Wirtschaftsuniv., Dipl.-Arb. 1992, IX, 165 Bl.

Cerhan, Petra J. (1993): Käuferstruktur und Einkaufsverhalten der Bevölkerung des Linzer Umlandes: Fallstudie Leonding und Pasching. Wien, Wirtschaftsuniv., Dipl.-Arb., 187 Bl.

Daroczi, Gyöngyver (1991): Der Einkaufstourismus der Ungarn in Österreich. Wien, Wirtschaftsuniv., Dipl.-Arb. 1992, 144, [22] Bl.

Derold, Christian (1991): Kaufkraftströme in gründerzeitlichen Wohnvierteln: am Beispiel des siebten Wiener Gemeindebezirkes. Wien, Wirtschaftsuniv., Dipl.-Arb. 1992, IV, 286 Bl.

Drexler, Wilfried R. (1990): Regionale Kaufkraft und regionale Aspekte des Einkaufverhaltens der Bevölkerung des politischen Bezirkes Oberwart–Nordwest (Pinkafeld und Umgebung). Wien, Wirtschaftsuniv., Dipl.-Arb. 1991, 208, [20] Bl.

Eder, Stefan (1991): Einkaufen in Währing: eine Untersuchung des Einkaufsverhaltens der Bevölkerung in einem Viertel mit gründerzeitlich dichter Bebauung (Kreuzgasse) und einem Villenviertel (Pötzleinsdorf). Wien, Wirtschaftsuniv., Dipl.-Arb., 214 Bl.

Filz, Oliver (1992): Regionale Kaufkraft und regionale Aspekte des Einkaufsverhaltens der Bevölkerung im südwestlichen Teil des politischen Bezirkes Mattersburg (Gemeinden Forchtenstein und Wiesen). Wien, Wirtschaftsuniv., Dipl.-Arb. 1993, VI, 199 Bl.

Fischer, Florian (1996): Das Einkaufsverhalten der US-Amerikaner in Wien. Wien, Wirtschaftsuniv., Dipl.-Arb., 118 Bl.

Gerber, Katalin (1996): Konsumentenverhalten der Ungarn im österreichischen Grenzgebiet. Wien, Wirtschaftsuniv., Dipl.-Arb. 199, [46] Bl.

Glantschnig, Margit (1989): Kaufkraftströme und regionale Aspekte des Einkaufsverhaltens der Bevölkerung der Gemeinden Korneuburg, Leobendorf und Spillern. Wien, Wirtschaftsuniv., Dipl.-Arb. 1990, getr. Zählg.

Groebl, Peter R. (1989): Das Einkaufsverhalten der Bevölkerung des Hochwaldviertels: eine Fallstudie aus den Bezirken Groß Gerungs und Ottenschlag. Wien, Wirtschaftsuniv., Dipl.-Arb., 151 Bl.

Gumpold, Jutta (1992): Einzugsbereiche und Konsumverhalten von Kunden an Tankstellen: am Beispiel des 22. Wiener Gemeindebezirkes. Wien, Wirtschaftsuniv., Dipl.-Arb., 189, [45] Bl.

Havelka, Gerold (1990): Einkaufsverhalten und Kaufkraftströme im westlichen Grenzraum Niederösterreichs (St. Valentin – Haag). Wien, Wirtschaftsuniv., Dipl.-Arb. 1991, 98 Bl.

Heise, Gerlinde (1990): Das Einkaufsverhalten der Bevölkerung des 20. Wiener Gemeindebezirkes. Wien, Wirtschaftsuniv., Dipl.-Arb. 1991, 144, [23] Bl.

Hörl, Evelyn (1996): Das Einkaufsverhalten der japanischen Touristen in der Stadt Salzburg. Wien, Wirtschaftsuniv., Dipl.-Arb., X, 167, [109] Bl.

Hrobar, Wolfgang (1991): Das Einkaufsverhalten der Bevölkerung des 10. Wr. Gemeindebezirkes. Wien, Wirtschaftsuniv., Dipl.-Arb. 1993, 161 Bl.

Jank, Hermann (1991): Das Einkaufsverhalten der Bevölkerung des 9. Wiener Gemeindebezirkes. Wien, Wirtschaftsuniv., Dipl.-Arb. 1992, 166, [27] Bl.

Jannach, Leonore (1991): Einkauf im Stadtumland von Wien: eine Untersuchung des Einkaufsverhaltens der Bevölkerung von Mödling und Hinterbrühl (Niederösterreich). Wien, Wirtschaftsuniv., Dipl.-Arb. 1992, 155, [14] Bl.

Kaplan, Philipp (1996): Eine Untersuchung über die kulturell bedingten Unterschiede im Einkaufsverhalten der Touristen aus Nordamerika, Südostasien und den GUS-Ländern in Wien. Wien, Wirtschaftsuniv., Dipl.-Arb., 113 Bl.

Kinhirt, Thomas R. (1989): Regionale Kaufkraft und regionale Aspekte des Einkaufsverhaltens der Bevölkerung des politischen Bezirkes Wiener Neustadt–Süd. Wien, Wirtschaftsuniv., Dipl.-Arb., 182 Bl.

Kögler, Sylvia (1996): Das Einkaufsverhalten von japanischen und amerikanischen Touristen in Wien. Wien, Wirtschaftsuniv., Dipl.-Arb., VII, 131, [127] Bl.

Kohler, Sabine (1991): Die Kaufkraft und das räumliche Einkaufsverhalten der Bevölkerung in südlichen Randbezirken Wiens: eine empirische Studie des 11. und 23. Wiener Gemeindebezirkes. Wien, Wirtschaftsuniv., Dipl.-Arb., 163, [33] Bl.

Kohlmayr, Walter (1994): Das Einkaufszentrum Arkade in Liezen: eine wirtschaftsgeographische Analyse des Einkaufsverhaltens in einem Kleinstadteinkaufszentrum in der Obersteiermark. Wien, Wirtschaftsuniv., Dipl.-Arb. 1995, III, 106 Bl.

Kovacs, Peter (1992): Einkaufsverhalten der Bevölkerung des mittleren Burgenlandes. Wien, Wirtschaftsuniv., Dipl.-Arb., III, 144 Bl.

Kovarik, Eva (1990): Regionale Aspekte des Einkaufsverhaltens in einem Teilgebiet des Bezirks Waidhofen/Thaya. Wien, Wirtschaftsuniv., Dipl.-Arb., VIII, 172 Bl.

Krammer, Friedrich (1991): Regionale Kaufkraft und regionale Aspekte des Einkaufsverhaltens der Bevölkerung einer Waldviertler Gemeinde. Wien, Wirtschaftsuniv., Dipl.-Arb. 1993, IX, 190 Bl.

Krispel, Rudolf (1991): Regionale Kaufkraft und regionale Aspekte des Einkaufsverhaltens der Bevölkerung im nordöstlichen Teil des politischen Bezirkes Mattersburg. Wien, Wirtschaftsuniv., Dipl.-Arb. 1995, III, 154 Bl.

Krumbiegel, Clifford (1993): Das Einkaufsverhalten der Bewohner des 23. Wiener Gemeindebezirkes, unter besonderer Berücksichtigung von Kaufkraftabflüssen in angrenzende niederösterreichische Umlandgemeinden. Wien, Wirtschaftsuniv., Dipl.-Arb., III, 133 Bl.

Kulnik, Andreas (1992): Einkaufsagglomeration Langenzersdorf: eine wirtschaftsgeographische Analyse des Einkaufsverhaltens in einer gewachsenen Standortagglomeration des Groß- und Einzelhandels an der Peripherie von Wien. Wien, Wirtschaftsuniv., Dipl.-Arb. 1993, V, 124, [42] Bl.

Lehner, Klaus (1991): Räumliche Aspekte des Einkaufsverhaltens privater Haushalte: eine wirtschaftsgeographische Untersuchung von Wiener Neustadt (Stadt). Wien, Wirtschaftsuniv., Diss. 1992, 242, [31] Bl., [52] S.

Liskutin, Paul (1990): Das Einkaufsverhalten und die Kaufkraftströme im weiteren Stadtumland von Wien: Fallstudie Tulln. Wien, Wirtschaftsuniv., Dipl.-Arb., 215 Bl.

Luschnig, Ursula G. (1993): Regionale Kaufkraft und regionale Aspekte des Einkaufverhaltens der Bevölkerung der Gemeinden Grafenstein und Ebental. Wien, Wirtschaftsuniv., Dipl.-Arb. 1995, III, 175, 10 Bl.

Mang, Karl (1995): Kaufkraftströme und Einkaufsverhalten der Bevölkerung der mittleren Wachau (Gde. Weißenkirchen). Wien, Wirtschaftsuniv., Dipl.-Arb., III, 158, [97] Bl.

Mayer, Elisabeth (1989): Das Einkaufsverhalten der Bevölkerung von St. Pölten. Wien, Wirtschaftsuniv., Dipl.-Arb. 1990, 206, 8 Bl.

Meindl, Valerie (1996): Freizeit- und Ausgabeverhalten ausländischer Touristen in Wien während der Weihnachts- und Faschingssaison 1994/95. Wien, Wirtschaftsuniv., Dipl.-Arb. 1997, 89, [30] Bl.

Moser, Maria S. (1992): Einzugsbereiche und Konsumverhalten von Kunden an Tankstellen: am Beispiel von Krems an der Donau. Wien, Wirtschaftsuniv., Dipl.-Arb. 1994, 217, [32] Bl.

Neuberger, Robert F. (1996): Einkaufstourismus in Wien: Reise- und Einkaufsverhalten der Flugtouristen aus Nordamerika, Südostasien und der GUS im Wiener Städtetourismus. Wien, Wirtschaftsuniv., Dipl.-Arb., 159, [95] Bl.

Nittmann, Ingrid M. (1994): Das Einkaufsverhalten der englischsprachigen Touristen in Wien. Wien, Wirtschaftsuniv., Dipl.-Arb., 91, 25 Bl.

Obermayr, Andrea (1989): Ein wirtschaftsgeographischer Vergleich zwischen Shopping City Süd und Donauzentrum. Wien, Wirtschaftsuniv., Dipl.-Arb., 142 Bl. + Anh.

Pfeifer, Wolfgang (1991): Das Einkaufsverhalten der Haushalte in suburbanen Gemeindebausiedlungen: am Beispiel der Wiener Großfeldsiedlung und angrenzender Siedlungen. Wien, Wirtschaftsuniv., Dipl.-Arb., 130, [10] Bl.

Plaschka, Michael (1992): Einkaufen in Floridsdorf: eine wirtschaftsgeographische Analyse des Einkaufsverhaltens der Bevölkerung des 21. Wiener Gemeindebezirkes. Wien, Wirtschaftsuniv., Dipl.-Arb. 1995, IV, 188 Bl.

Pribyl, Albert (1989): Einzugsbereiche und Käuferverhalten der österreichischen Bevölkerung in Ungarn. Wien, Wirtschaftsuniv., Dipl.-Arb. 1991, VII, 145, [37] Bl.

Pulferer, Bernhard (1990): Verbrauchermärkte: Einkaufsverhalten und Auswirkungen auf den regionalen Einzelhandel; ein wirtschaftsgeographischer Vergleich zweier Verbrauchermärkte im Osten Niederösterreichs. Wien, Wirtschaftsuniv., Dipl.-Arb., X, 132 Bl.

Resch, Hildegard T. (1993): Einkaufsverhalten, Kaufkraft und Kaufkraftströme: eine wirtschaftsgeographische Untersuchung der Bevölkerung des 22. Wiener Gemeindebezirkes. Wien, Wirtschaftsuniv., Dipl.-Arb. 1994, 167, [94] Bl.

Rittenau, Roland (1992): Der Einkaufstourismus der Tschechen im nordwestlichen Waldviertel. Wien, Wirtschaftsuniv., Dipl.-Arb. 1993, 185 Bl.

Saller, Helmut (1992): Kundenstruktur und raumwirtschaftliche Auswirkungen der beiden Verbrauchermärkte DOGRO und Adler. Wien, Wirtschaftsuniv., Dipl.-Arb. 1997, V, 151, [67] Bl.

Sari, Viktoria (1996): Konsumentenverhalten der Österreicher im ungarischen Grenzgebiet. Wien, Wirtschaftsuniv., Dipl-Arb., 199, [46] Bl.

Schachl, Roland J. (1991): Die Bedeutung der Variablen „Alter" beim Einkaufsverhalten am Beispiel von Pensionisten- versus Nicht-Pensionisten-Haushalten des 18. und 19. Wiener Gemeindebezirkes. Wien, Wirtschaftsuniv., Dipl.-Arb. 1993, VI, 175, [16] Bl.

Scharinger, Gerhard (1990): Untersuchung des Einkaufsverhaltens von Pensionisten in Wiener Stadtrandbezirken: Fallstudie 21. Wiener Gemeindebezirk. Wien, Wirtschaftsuniv., Dipl.-Arb. 1991, IV, 181 Bl.

Schneider, Elisabeth (1989): Räumliche Einkaufsbeziehungen und Konsumgruppen: eine wirtschaftsgeographische Analyse zum Einkaufsverhalten im Raum Baden (Niederösterreich). Wien, Wirtschaftsuniv., Diss., VI, 344 Bl.

Schreiber, Stephan K. (1994): Die Nahversorgung im Burgenland und die regionale Kaufkraft sowie das regionale Einkaufsverhalten unterversorgter Haushalte im politischen Bezirk Oberwart. Wien, Wirtschaftsuniv., Dipl.-Arb. 1995, IV, 211, XXII Bl.

Schuh, Margund (1990): Regionale Aspekte des Einkaufsverhaltens in der Stadt Schwechat und in Rannersdorf. Wien, Wirtschaftsuniv., Dipl.-Arb. 1991, 123, 10, [13] Bl.

Schuscha, Barbara (1994): Der Einzelhandel mit Bekleidung in Klagenfurt: eine wirtschaftsgeographische Analyse des Angebotes und des Einkaufsverhaltens der Kunden. Wien, Wirtschaftsuniv., Dipl.-Arb., V, 210, [61] Bl.

Schuster, Christian (1989): Räumliche Beziehungen und Verhaltensformen beim Einkaufen: eine wirtschaftsgeographische Analyse zum Einkaufsverhalten in den Gemeinden Brunn am Gebirge, Maria Enzersdorf und Vösendorf. Wien, Wirtschaftsuniv., Dipl.-Arb., 180 Bl.

Schwarzinger, Ruth (1989): Das räumliche Einkaufsverhalten der heimischen Bevölkerung und der Zweitwohnbesitzer des unteren Piestingtales und die Auswirkungen des Baues einer Umfahrungsstraße. Wien, Wirtschaftsuniv., Dipl.-Arb., IV, 264 Bl.

Schwarz-Vartok, Claudia (1989): Die Einkaufsagglomeration Vösendorf: eine wirtschaftsgeographische Analyse des Einkaufsverhaltens in einem Geschäftszentrum an der Peripherie von Wien. Wien, Wirtschaftsuniv., Dipl.-Arb. 1990, 127, [45] Bl.

Schwarz-Vartok, Claudia (1992): Räumliche Einkaufsbeziehungen und Einkaufsgewohnheiten großstädtischer Haushalte: eine wirtschaftsgeographische Untersuchung am Beispiel von Hernals (Wien). Wien, Wirtschaftsuniv., Diss. 1993, 363, 6 Bl.

Schwinner, Gertrude (1989): Das Einkaufsverhalten im nördlichen Bezirk Hollabrunn. Wien, Wirtschaftsuniv., Dipl.-Arb. 1990, 157 Bl.

Strausz, Michael (1990): Kundenstruktur, Einkaufsverhalten und regionalwirtschaftliche Auswirkungen von städtischen Einkaufszentren. Fallstudie Donauzentrum in Wien. Wien, Wirtschaftsuniv., Dipl.-Arb. 1991, VIII, 122, [41] Bl.

Tschemernjak, Maria-Luise (1991): Das Einkaufsverhalten der Bevölkerung des 19. Wiener Gemeindebezirkes: eine empirische Untersuchung unter regionalen und sozialen Aspekten. Wien, Wirtschaftsuniv., Dipl.-Arb., III, 142, [30] Bl.

Wallner, Norbert (1991): Einkaufsverhalten und Kundenstruktur im 15. Wiener Gemeindebezirk. Wien, Wirtschaftsuniv., Dipl.-Arb., 149 Bl.

Weber, Elisabeth (1993): Der Einfluß des Wohnortes auf das Einkaufsverhalten: eine empirische Untersuchung zum Einkaufsverhalten von zugewanderten und eingesessenen Haushalten in der Stadt Mödling. Wien, Wirtschaftsuniv., Dipl.-Arb., 121 Bl.

Werba, Stephan (1995): Regionale Kaufkraft und räumliche Aspekte des Einkaufsverhaltens der Bevölkerung von Melk und Umgebung: unter besonderer Berücksichtigung des Melker Einzelhandels. Wien, Wirtschaftsuniv., Dipl.-Arb., X, 282 Bl.

Wolf, Martin F. (1990): Das Einkaufsverhalten der Bevölkerung des mittleren Ybbstales zwischen Amstetten und Waidhofen an der Ybbs. Wien, Wirtschaftsuniv., Dipl.-Arb. 1991, 194 Bl.

Anhang

Tabellen, Karten und Erhebungsmaterialien

Anhang 1   Anzahl der befragten Haushalte, nach Gemeinden und Ortschafts-
bestandteilen 223

Karte 4-1   Lage der Untersuchungsgebiete in Niederösterreich..................... nach 223

Anhang 2   Korrelationsmatrix der Verhaltens- und Erklärungsvariablen................ 224

Anhang 3   Regressionsanalyse der Einkaufshäufigkeit, „vollständiges Modell" der
Erklärungsvariablen, Teilmasse 1 und 2... 228

Anhang 4   Regressionsanalyse der Einkaufshäufigkeit, strukturell-statistisches
Modell, Teilmasse 1 und 2... 232

Beilage 1   Fragebogen des Haushaltsinterviews, Einmal-Befragung (Teilmasse 1) 236

Beilage 1a Beiblatt für nicht anwesende Haushaltsmitglieder, Einmal-Befragung... 240

Beilage 2a Einkaufsprotokollbogen für 1 Person bei der Tagebuch-Erhebung
(Teilmasse 2).. 241

Beilage 2b Fragebogen des Haushaltsinterviews bei Teilmasse 2............................. 245

Beilage 3a Protokollblatt für die Interviewer (Version Teilmasse 1)....................... 247

Beilage 3b Protokollblatt für die Interviewer (Version Teilmasse 2)....................... 248

Anhang 1:

Anzahl der befragten Haushalte, nach Gemeinden und Ortschaftsbestandteilen

Gem, Ortschaftsbest.		Gem, Ortschaftsbest.		Gem, Ortschaftsbest.		Gem, Ortschaftsbest.	
30502		31409		32018 (Wolfpassing)		32516	
Amstetten	61	Fahrabach	2	Linden	1	Kainrathschlag	1
Hausmening	3	Gaupmannsgraben	4	32134		**Langschlag**	1
Mauer	2	Haraseck	2	**Tulbing**	40	Mitterschlag	2
Neufurth	4	Kieneck	1	32202		Stierberg	1
Ulmerfeld	3	Oberhöhe	1	Alt-Dietmanns	1	32518	
30503		**Ramsau**	16	32203		Bernreit	5
Ardagger Markt	4	Schneidbach	2	**Dobersberg**	9	**Ottenschlag**	11
Stephanshart	4	Unterried	2	32207		32519 (Altmelon)	
30504		Unterried Sdl.	10	**Gr.Siegharts**	9	Großpertenschl.	3
Aschbach Markt	2	31505		32210		Kleinpertensch.	1
30511		**Blindenmarkt**	5	**Kautzen**	5	32522	
Euratsfeld	4	Hubertendorf	1	32212		Grainbrunn	5
30512		31527		Blumau/Wild	1	Kamles	1
Ferschnitz	1	**Neumarkt/Ybbs**	2	**Ludweis**	3	Rabenhof	1
30517		31617		Oedt/Wild	1	**Sallingberg**	1
Kematen/Ybbs	1	Althöflein	15	Seebs	1	Voitschlag	4
30520		**Großkrut**	26	32216		32523	
Abschleifing	1	31802		**Raabs/Thaya**	5	Kl.Siegharts	1
Brandstetten	2	**Aspang Markt**	7	- - - - - - -		Lengau	1
Neuhofen/Ybbs	2	31803 (Aspangberg)		32217		**Schönbach**	5
Perbersdorf	1	Vögelhöfen	3	**Thaya**	2	Ulrichschlag	1
Schindau	4	31804		32219		32524	
Trautmannsberg	1	**Breitenau**	3	Kaltenbach	4	Ganz	1
Unterthal	1	31810		**Vitis**	7	Gr.haselbach	4
30521		**Gloggnitz**	7	32220		Hausbach	1
Neustadtl	3	31811		Hollenbach	2	**Schwarzenau**	5
Weg	1	Grafenbach	4	Matzles	2	32525 (Schweiggers	
30522		St.Valentin	1	Puch	1	Streitbach	5
Öhling	2	31812		Vestenötting	3	32528 (Traunstein)	
30527		Grimmenstein	4	**Waidhofen/Th.**	43	Buchegg	1
Hart	1	Hochegg	3	32221 (Waidh.-Land)		32529	
St.Georgen/Ybb.	2	31814		Brunn	1	Brand	5
30538		Au	1	Buchbach	4	**Waldhausen**	3
Igelschwang	1	**Kirchberg/Wech.**	3	Sarning	1	32530	
Ried	2	31817		32501		Eschabruck	1
Wallsee	8	**Natschbach**	3	**Allentsteig**	16	Friedersbach	3
30541		31818		Kaufholz	1	Jagenbach	2
Hart	3	**Neunkirchen**	8	Reinsbach	3	Kleinschönau	1
Wieden	2	Peisching	1	Thaua	2	Rieggers	3
Winklarn	1	31820		Zwinzen	2	Rudmanns	5
30544 (Zeillern)		**Otterthal**	1	32502 (Arbesbach)		U-rosenauerwald	1
Gebetsberg	1	31827		Neumelon	1	**Zwettl-NÖ**	16
Kirchholz	4	**Raach am Hochg.**	3	Rammelhof	5		
30826		Schlagl	2	32503 (Bärnkopf)			
Hauskirchen	26	31829		Lichteck	1		
Prinzendorf	7	Hirschwang	1	32504			
Rannersdorf	7	**Reichenau/Rax**	2	**Echsenbach**	8		
30856		Schneedörfl	2	Wolfenstein	1		
Strasshof	41	31835		32505 (Göpfritz)			
30904		**Schwarzau a.St.**	2	Breitenfeld	4		
Eggern	5	31837		Kirchberg/Wild	1		
30916		**Seebenstein**	1	32508			
Dietweis	1	31839		Dietmanns	1		
Heidenreichst.	8	Pottschach	5	**Groß-Gerungs**	2		
Kl.perth	1	Raglitz	1	Hypolz	5		
30925		Sieding	3	Mühlbach	1		
Litschau	8	St.Johann a.St.	2	O-rosenauerw.	11		
Loimanns	1	**Ternitz**	10	Sitzmanns	1		
Schlag	1	31840 (Thomasberg)		Thail	3		
30935 (Schrems)		Lehensiedlung	1	Wendelgraben	1		
Gebharts	5	31844 (Wartmannst.		Wurmbrand	3		
31336		Gramatl	5	Zeil	1		
Rastenfeld	1	31847		32515			
		Würflach	1	**Kottes**	1		
				- - - - - - -			

Anmerkungen:

Der fünfstellige Gemeindecode entspricht den Nummern auf Karte 4-1.

Gemeindehauptorte sind **fett** gedruckt.

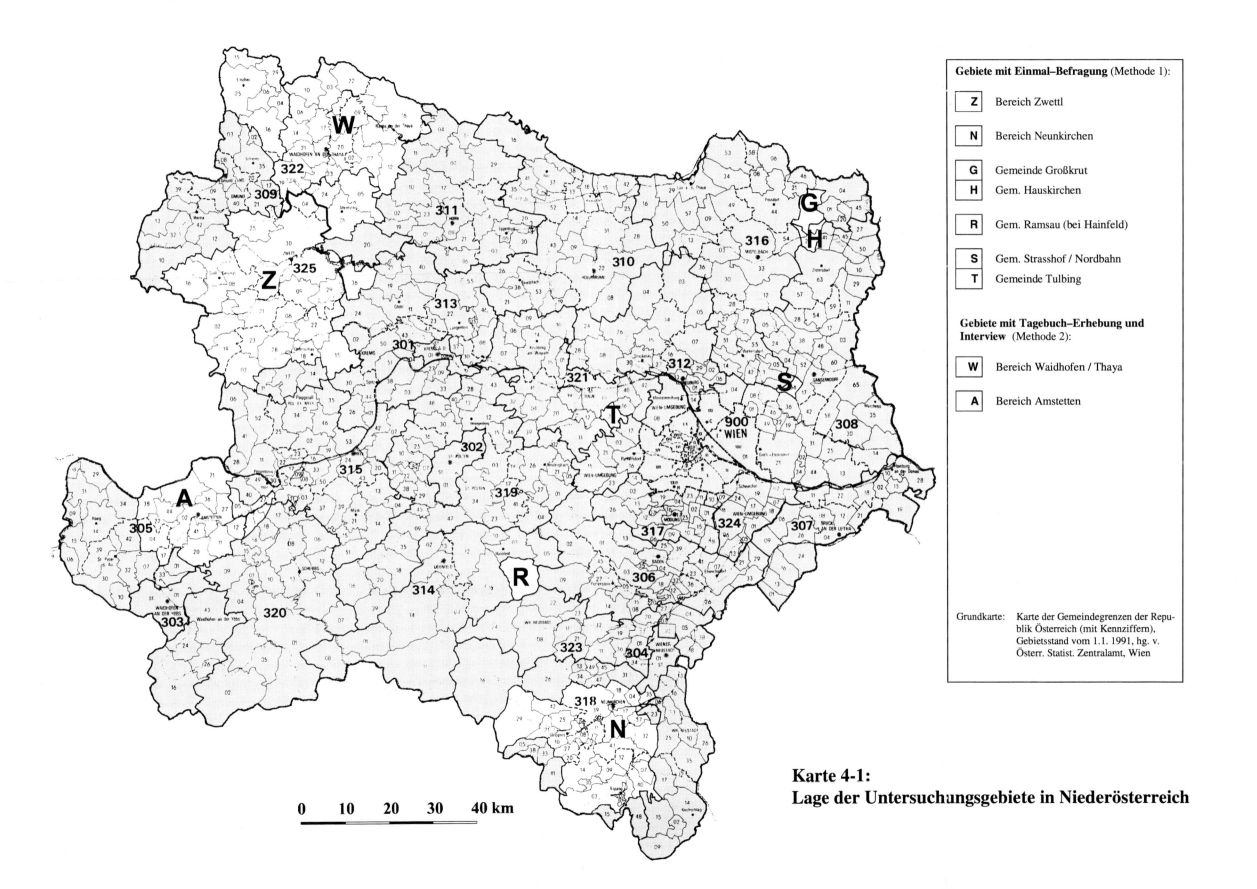

Gebiete mit Einmal–Befragung (Methode 1):

Z Bereich Zwettl

N Bereich Neunkirchen

G Gemeinde Großkrut
H Gem. Hauskirchen

R Gem. Ramsau (bei Hainfeld)

S Gem. Strasshof / Nordbahn
T Gemeinde Tulbing

Gebiete mit Tagebuch–Erhebung und
Interview (Methode 2):

W Bereich Waidhofen / Thaya

A Bereich Amstetten

Grundkarte: Karte der Gemeindegrenzen der Repu-
blik Österreich (mit Kennziffern),
Gebietsstand vom 1.1. 1991, hg. v.
Österr. Statist. Zentralamt, Wien

Karte 4-1:
Lage der Untersuchungsgebiete in Niederösterreich

0   10   20   30   40 km

– geordnet nach Verhaltensdimensionen und Hypothesen (vgl. Kapitel 3) –

Häufigkeit von Einkäufen in Grundbedarfsgeschäften (GBE)

--- Teilmasse 1 (METHODE 1, nur Interview):

	F4	MZPW	LWBT	VEFP	VEFPW	XNIBERU	RNIBERU	HFUNT30	HF30_59	HFAB60
GBE	,1856**	,1863**	-,0841	,0921	,0284	-,0330	-,1866**	,0058	,2317**	-,2676**

	LZ1	LZ2	LZ3	LZ4	LZ5	LZ6	LZ7	H7T1	H7T7
GBE	-,0249	-,0204	,0443	,1130*	,0919	-,1122*	-,2033**	-,0597	-,1908**

	HHT1	HHT2	HHT3	HHT4	HHT5	HHT6	HHT7	HHT8	HHT9
GBE	-,0807	-,0152	-,0263	,0275	,0617	,1875**	-,1502**	-,0132	-,1990**

	HILFSBED	U6	SCHULKI	U15	UNT18	PFLEGE
GBE	-,0599	,0629	,1112*	,1234*	,1909**	,0754

	KEINPKW	NAUTOS	EINAUTO	ZWEIAUTO	RELAUTOS	FSHF	HFBENAUT	HFTAPPE
GBE	,0186	,	,	,	,	,	,	,

	BERUFHF	HFBAUS1	HFBAUS2	HFBAUS3	BESSAO	HFBESSAO	KUEHL
GBE	,0824	,1190*	-,0608	,0813	,0553	-,0098	

	NGBARTEN	NGBGESCH	LMGDIST	MINDIST	AMBFREQ	AMBREITE	OBLFREL	ARZ	WBEV
GBE	,3680**	,3653**	-,3259**	-,2065**	-,1208*	-,1113*	-,1533**	,3139**	,1534**

	STREU	LAGE1	LAGE2	LAGE3	LAGE4	LAGE5	LAGE6
GBE	-,1451**	-,2215**	-,1632**	,0166	,0533	,0288	,2298**

--- Teilmasse 2 (METHODE 2, Tagebuch + Interview):

	F4	MZPW	LWBT	VEFP	VEFPW	XNIBERU	RNIBERU	HFUNT30	HF30_59	HFAB60
GBE	,2718**	,2824**	-,0783	,2598**	,3430**	,1387*	-,0449	-,1096	,2138**	-,1602**

	LZ1	LZ2	LZ3	LZ4	LZ5	LZ6	LZ7	H7T1	H7T7
GBE	-,0962	-,0967	-,0117	,1393*	,2584**	-,0417	-,2664**	-,1458**	-,2392**

	HHT1	HHT2	HHT3	HHT4	HHT5	HHT6	HHT7	HHT8	HHT9
GBE	-,1590**	-,0505	-,0969	,0292	,0921	,2374**	,0191	-,1615**	-,1811**

	HILFSBED	U6	SCHULKI	U15	UNT18	PFLEGE
GBE	-,1580**	-,0405	,0777	,0561	,1858**	,0441

	KEINPKW	NAUTOS	EINAUTO	ZWEIAUTO	RELAUTOS	FSHF	HFBENAUT	HFTAPPE
GBE	-,2051**	,1726**	,2117**	,0535	,0631	,1961**	,1945**	,1022

	BERUFHF	HFBAUS1	HFBAUS2	HFBAUS3	BESSAO	HFBESSAO	KUEHL
GBE	,1039	,1117*	-,0271	,0585	,1819**	,0047	,2429**

	NGBARTEN	NGBGESCH	LMGDIST	MINDIST	AMBFREQ	AMBREITE	OBLFREL	ARZ	WBEV
GBE	,1863**	,1374*	-,2179**	-,2261**	-,1195*	,0080	-,2093**	,1386*	,2617**

	STREU	LAGE1	LAGE2	LAGE3	LAGE4	LAGE5	LAGE6
GBE	-,1303*	-,1871**	-,1716**	-,0387	-,0324	,0635	,2012**

Personelle Beteiligung am Einkaufen (HKOMB bzw. EANTHF, EANTMP)
- nur Haushalte mit mehreren einkaufsfähigen Personen -

--- Teilmasse 1:

	VEFP	BERUFHF	HFBAUS1	HFBAUS2	HFBAUS3	HHT7	FSHF	HFBENAUT	HFTAPPE	LWBT
HKOMB1	-,0776	,0311	,0623	-,0291	,0060	-,0948	,			,0077

	NGBARTEN	NGBGESCH	LMGDIST	MINDIST	LAGE1	LAGE2	LAGE3	LAGE4	LAGE5	LAGE6
HKOMB1	,0666	,0395	-,0164	-,0080	,0216	,0025	-,0327	,0352	-,0569	,0284

--- Teilmasse 2:

	VEFP	BERUFHF	HFBAUS1	HFBAUS2	HFBAUS3	HHT7	FSHF	HFBENAUT	HFTAPPE	LWBT
EANTHF	-,0772	-,0959	-,0289	-,1044	,1204	-,1356*	,1720**	,1497*	,0058	-,0353
EANTMP	,0182	,0268	-,0444	,0078	-,0004	,2272**	-,2003**	-,1744**	-,0856	-,0789

	NGBARTEN	NGBGESCH	LMGDIST	MINDIST	LAGE1	LAGE2	LAGE3	LAGE4	LAGE5	LAGE6
EANTHF	,0518	,0432	-,0368	,0458	-,0061	-,0678	,1083	,0072	-,0378	,0269
EANTMP	,1413*	,1206	-,0940	-,1100	-,0204	-,1070	-,0420	,0164	-,0620	,1437*

Produktmomentkorrelationskoeffizienten: * signifikant auf 95 %-Niveau,
** signifikant auf 99 %-Niveau   } t-Test, zweiseitig
, Koeffizient nicht berechenbar

--- nur Mehrpersonenhaushalte mit mindestens 1 berufstätigen Person :
--- Teilmasse 1 :   --- Teilmasse 2 :

	AARBHH	NLWSELB			AARBHH	NLWSELB
HKOMB1	,0634	,0410		EANTHF	,0788	,0349
				EANTMP	,0769	-,1166

--- nur Haushalte m. unselbst. beschäftigt. männl.Partner:
--- Teilmasse 1 :   --- Teilmasse 2 :

	SCHICHTA			SCHICHTA
HKOMB1	-,0462		EANTHF	-,0675
			EANTMP	,0639

Verkehrsmittelwahl (PKWP, FUSSRADP)
- nur Teilmasse 2 -

	KEINPKW	NAUTOS	RELAUTOS	FSHF	HFBENAUT	HFTAPPE	LWBT
PKWP	-,3756**	,3620**	,3020**	,3670**	,3718**	,2264**	,1981**
FUSSRADP	,2389**	-,2649**	-,2089**	-,2568**	-,2684**	-,1755**	-,2196**

	NGBARTEN	NGBGESCH	LMGDIST	MINDIST	LAGE1	LAGE2	LAGE3	LAGE4	LAGE5	LAGE6
PKWP	-,2147**	-,1485**	,3827**	,2476**	,2103**	,2745**	-,0026	-,0425	-,0536	-,2484**
FUSSRADP	,2583**	,1825**	-,4270**	-,2938**	-,2301**	-,3598**	,0237	,0377	,0881	,2939**

Kopplungsverhalten (GBMSA, GBMGA, GBADW)
- nur Teilmasse 2 -

	ANTBT	HFUNT30	HF30_59	HFAB60	U6	SCHULKI	U15	UNT18
GBMSA	,1111*	,0953	,0349	-,0956	-,0026	,1355**	,1197*	,1069
GBMGA	-,0827*	,0656	-,0429	-,0027	,0255	,0719	,0802	,0213

	KEINPKW	NAUTOS	RELAUTOS	FSHF	HFBENAUT	HFTAPPE	HFBESSAO	BESSAO
GBMSA	-,0998*	,1132*	,1027*	,1244*	,1457**	,1406**	,0490	,0058
GBMGA	-,0174	-,0160	,0168	-,0141	-,0176	-,0828	-,1117*	-,1190*

	NGBARTEN	NGBGESCH	LMGDIST
GBMSA	,0890	,0560	-,0133
GBMGA	,1115*	,1005*	-,0242

	MINDIST	SMVMDIST	LAGE1	LAGE2	LAGE3	LAGE4	LAGE5	LAGE6
GBMSA	-,0821	,0260	-,0186	-,0836	-,0436	-,1131*	,0324	,1138*
GBMGA	-,0932	,0132	-,0432	-,0756	-,0390	-,1265*	,0348	,1195*

--- nur Haushalte mit mindestens 1 berufstätigen Person -

	ANTBT	HFUNT30	HF30_59	HFAB60	U6	SCHULKI	U15	UNT18
GBADW	,2607**	,1150	-,0986	-,0168	-,0994	-,0594	-,1040	-,1202

	KEINPKW	NAUTOS	RELAUTOS	FSHF	HFBENAUT	HFTAPPE	HFBESSAO	BESSAO
GBADW	-,0657	,0295	,1340*	,0919	,0702	,3569**	,2656**	,0768

	NGBARTEN	NGBGESCH	LMGDIST	TAPPE	BERUFHF	HFBAUS1	HFBAUS2	HFBAUS3	ANGBEA
GBADW	-,0547	-,1191*	,0779	,2185**	,2857**	-,0029	,0164	,2940**	,0927

	MINDIST	SMVMDIST	LAGE1	LAGE2	LAGE3	LAGE4	LAGE5	LAGE6
GBADW	,0827	-,0088	,0428	-,0110	,0230	,0753	,0257	-,0630

Wöchentliche Beschaffungsakte aus den einzelnen alternativen Bezugsquellen

A) Hauszustellungen (ZUST), Direktkäufe beim Bauern (ABHOF):
- Gesamte Stichprobe -

	VEFP	HILFSBED	XNIBERU	RNIBERU	U6	PFLEGE	KEINPKW	RWOHNDAU	VERWORT1	VERWORT2
ZUST	,1315**	-,0259	,0615	-,0038	,0178	,0747*	-,0172	,0906*	-,1027**	-,0569
ABHOF	-,0514	-,0140	-,0407	-,0543	-,0182	-,0139	-,0389	,0376	,0603	,0166

	LZ1	LZ2	LZ3	LZ4	LZ5	LZ6	LZ7	H7T1	H7T7
ZUST	,0024	,0005	,0367	,0138	,0203	-,0465	-,0166	-,0104	-,0104
ABHOF	,0462	-,0301	-,0049	,0027	,0690	-,0266	,0004	-,0326	-,0016

	HHT1	HHT2	HHT3	HHT4	HHT5	HHT6	HHT7	HHT8	HHT9
ZUST	-,0528	,0268	-,0283	-,0153	-,0126	,0670	-,0282	-,0383	,0064
ABHOF	-,0145	-,0296	-,0056	,0340	,0061	,0495	-,0250	-,0216	,0083

	NAUTOS	RELAUTOS	EINAUTO	ZWEIAUTO	HFEENAUT	FSHF	OBLFREL
ZUST	,0432	-,0040	,0065	,0206	-,0330	-,0986	,1744**
ABHOF	,0649	,0659	,0947	-,0151	,1343*	,1221*	,1157**

	NGBARTEN	NGBGESCH	LMGDIST	MINDIST	LAGE1	LAGE2	LAGE3	LAGE4	LAGE5	LAGE6
ZUST	-,1414**	-,1264**	,2568**	,0974**	,0783*	,1924**	-,0496	-,0106	,0021	-,1471**
ABHOF	-,0449	-,0463	,1370**	,0246	,0312	,0472	-,0046	,0072	-,0163	-,0437

B) Käufe bei fahrendem Händler bzw. Verkaufswagen (AMBUL, FBANEU, FFLNEU):
- Gesamte Stichprobe, nur Wohnplätze mit ambulantem Angebot:

	BERUFHF	HFBAUS1	HFBAUS2	HFBAUS3	XNIBERU	RNIBERU	U6	PFLEGE
AMBUL	-,0895	-,0143	-,0110	-,0959*	,0491	,0944*	-,0649	,0584

	KEINPKW	NAUTOS	RELAUTOS	RWOHNDAU
AMBUL	-,0848	-,0115	-,0028	,1418**

	LZ1	LZ2	LZ3	LZ4	LZ5	LZ6	LZ7	H7T1	H7T7
AMBUL	-,0453	,0588	-,0500	-,0186	-,0391	,0886	,0121	-,0224	,0064

	HHT1	HHT2	HHT3	HHT4	HHT5	HHT6	HHT7	HHT8	HHT9
AMBUL	,0331	-,0450	,1033*	-,0870	-,0687	-,0680	,0907	-,0433	,0289

	NGBARTEN	NGBGESCH	LMGDIST	MINDIST	LAGE1	LAGE2	LAGE3	LAGE4	LAGE5	LAGE6
AMBUL	-,3060**	-,2783**	,1210*	,3621**	,2087**	,0900	,0644	,2496**	-,0931*	-,3222**

	AMBREITE	AMBFREQ
AMBUL	,1864**	,5237**

--- Käufe bei fahrendem Bäcker : ---------   --- Käufe bei fahrendem Fleischer : ---

	BROT	BA_A	XBA		FLEISCH	FL_A	XFL
FBANEU	,5073**	-,1675**	-,1566**	FFLNEU	,3089**	-,0593	-,0188

C) Anteil der Bezugsakte aus alternativen Quellen an allen Grundbedarfsdeckungsakten (ALTERANT):

--- Teilmasse 1:

	VEFP	VEFPW	XNIBERU	RNIBERU	HFUNT30	HF30_59	HFAB60	HILFSBED	PFLEGE
ALTERANT	-,0387	,0222	,0465	,1076*	-,0896	-,0878	,1561**	,0809	,0543

	LZ1	LZ2	LZ3	LZ4	LZ5	LZ6	LZ7	H7T1	H7T7
ALTERANT	-,0277	-,0433	-,0617	-,0521	,0026	,0602	,1189*	-,0253	,1284**

	HHT1	HHT2	HHT3	HHT4	HHT5	HHT6	HHT7	HHT8	HHT9
ALTERANT	-,0563	,0093	-,0039	,0100	-,0493	-,0598	,0671	-,0548	,1609**

	KEINPKW	NAUTOS	EINAUTO	ZWEIAUTO	RELAUTOS	FSHF	HFBENAUT	HFTAPPE
ALTERANT	-,1185*	,	,	,	,	,	,	,

	RWOHNDAU	VERWORT1	VERWORT2
ALTERANT	,2090**	-,0439	-,1093*

	NGBARTEN	NGBGESCH	LMGDIST	MINDIST	AMBFREQ	AMBREITE	OBLFREL	ARZ	WBEV
ALTERANT	-,3256**	-,2946**	,3877**	,2306**	,1862**	,2431**	,1787**	-,2132**	-,3266**

	STREU	LAGE1	LAGE2	LAGE3	LAGE4	LAGE5	LAGE6
ALTERANT	,1550**	,2417**	,2378**	-,0886	,0663	-,1069*	-,2475**

--- Teilmasse 2:

	VEFP	VEFPW	XNIBERU	RNIBERU	HFUNT30	HF30_59	HFAB60	HILFSBED	PFLEGE
ALTERANT	,0119	-,0196	,0369	,0254	-,0424	-,0075	,0459	,0984	-,0343

	LZ1	LZ2	LZ3	LZ4	LZ5	LZ6	LZ7	H7T1	H7T7
ALTERANT	-,0932	,0618	,0440	-,0187	-,0827	-,0065	,1003	-,0304	,0824

	HHT1	HHT2	HHT3	HHT4	HHT5	HHT6	HHT7	HHT8	HHT9
ALTERANT	,0258	-,0601	,0336	-,0663	-,0582	-,0042	,0034	,0992	,0403

	KEINPKW	NAUTOS	EINAUTO	ZWEIAUTO	RELAUTOS	FSHF	HFBENAUT	HFTAPPE
ALTERANT	,0293	-,0425	-,0178	-,0577	,0017	-,0660	-,0427	-,0919

	RWOHNDAU	VERWORT1	VERWORT2
ALTERANT	,1537**	-,0269	-,0049

	NGBARTEN	NGBGESCH	LMGDIST	MINDIST	AMBFREQ	AMBREITE	OBLFREL	ARZ	WBEV
ALTERANT	-,3790**	-,3213**	,4264**	,5144**	,2910**	-,0225	,4317**	-,3655**	-,3973**

	STREU	LAGE1	LAGE2	LAGE3	LAGE4	LAGE5	LAGE6
ALTERANT	,1928**	,3970**	,2676**	,2031**	,0029	-,0540	-,4207**

Interdependenzen zwischen den Verhaltensvariablen inkl. Geschäftsartenmix (GROSSANT, KLEINANT)

A) Einkaufshäufigkeit mit alternativen Beschaffungen, Geschäftsartenmix, Verkehrsmittelwahl:

--- Gesamte Stichprobe:

	ALTERBEA	GROSSANT	KLEINANT	PKWP	FUSSRADP
GBE	-,1910**	-,1600**	,1991**	-,2026**	,2301**

--- Teilmasse 1:

	ALTERBEA	GROSSANT	KLEINANT	PKWP	FUSSRADP
GBE	-,1942**	-,1887**	,2079**	-,1697**	,1476*

--- Teilmasse 2:

	ALTERBEA	GROSSANT	KLEINANT	PKWP	FUSSRADP
GBE	-,1450*	-,2487**	,2851**	-,1657**	,2229**

B) Geschäftsartenmix mit personeller Beteiligung:
- nur Mehrpersonenhaushalte -

	HKOMB1	EANTHF	EANTMP
GROSSANT	-,0737	,0101	-,0254
KLEINANT	,1248*	-,0139	,0491

C) Geschäftsartenmix mit Verkehrsmittelwahl:

--- Gesamte Stichprobe: ------   --- Teilmasse 1 : -----------   --- Teilmasse 2 : -----------

	PKWP	FUSSRADP		PKWP	FUSSRADP		PKWP	FUSSRADP
GROSSANT	,1067**	-,1392**	GROSSANT	,1132*	-,1567*	GROSSANT	,1408*	-,1401*
KLEINANT	-,1837**	,1996**	KLEINANT	-,1904**	,2065**	KLEINANT	-,2050**	,2101**

D) Personelle Beteiligung mit Verkehrsmittelwahl:
- nur Mehrpersonenhaushalte -

	HKOMB1	EANTHF	EANTMP
PKWP	-,0926	-,1668**	,1385*
FUSSRADP	,0689	,1581*	-,1306*

** Anhang 3, S.1 ** REGRESSION EINKAUFSHÄUFIGKEIT, VERGLEICHENDE EINFLUSSANALYSE **

* * * * M U L T I P L E   R E G R E S S I O N * * * *

Listwise Deletion of Missing Data

Equation Number 1   Dependent Variable.. GBE1 Haushaltseinkäufe in Grundbedarfsgeschäften

Block Number 1. Method: Enter

KLEINANT	PKWP	ALTERBEA	KURZWO1	NAUSK1	H1PERS1	H1PERS2	H1PERS3	H3PERS2	H3BER1
H3ALTHF1	H3ALTHF2	H3KIND1	H3KIND2	H3KIND3	H3BERHF1	H3BERHF2	H3BERHF3	H3PFLEG1	H3SCHICH
H4PKW1	H5BESS1	H5BESS2	H6BER1	H6BER3	H6LW1	H6WOHND1	H6VERW3	LZ2	LZ3
LZ4	LZ5	LZ6	LZ7	PENSPAAR	R11	R12	R21	R23	R3AMB1
R3AMB2	R3LW1	R4	ARZ	OBWBEV	STREU	LAGE1	LAGE2	LAGE3	LAGE4
LAGE5								

		Analysis of Variance			
Multiple R	,64833		DF	Sum of Squares	Mean Square
R Square	,42034				
Adjusted R Square	,33465	Regression	51	1247,28098	24,45649
Standard Error	2,23287	Residual	345	1720,06410	4,98569

F =   4,90533   Signif F = ,0000

-------------------------- Variables in the Equation --------------------------

Variable	B	SE B	Beta	Tolerance	VIF	T	Sig T
KLEINANT	,021816	,004318	,255853	,655022	1,527	5,052	,0000
PKWP	-,014886	,004996	-,240828	,257230	3,888	-2,980	,0031
ALTERBEA	-,163427	,061788	-,129464	,701290	1,426	-2,645	,0085
KURZWO1	-,459793	,554760	-,041606	,666743	1,500	-,829	,4078
NAUSK1	,496262	,389941	,056411	,855158	1,169	1,273	,2040
H1PERS1	-,174950	,277868	-,105736	,059575	16,786	-,630	,5294
H1PERS2	-,111106	,175058	-,031321	,689943	1,449	-,635	,5261
H1PERS3	,311130	,271349	,055444	,718577	1,392	1,147	,2523
H3PERS2	-,390466	,338379	-,085051	,309285	3,233	-1,154	,2493
H3BER1	,709815	,257776	,223635	,254732	3,926	2,754	,0062
H3ALTHF1	,662767	,738933	,078319	,220364	4,538	,897	,3704
H3ALTHF2	,775620	,528516	,134635	,199628	5,009	1,468	,1431
H3KIND1	,861448	,631878	,170899	,106922	9,353	1,363	,1737
H3KIND2	,384297	,380242	,099571	,173104	5,777	1,011	,3129
H3KIND3	,249935	,309326	,057138	,335991	2,976	,808	,4196
H3BERHF1	,376653	,559954	,041926	,432491	2,312	,673	,5016
H3BERHF2	,468472	,542561	,068084	,270230	3,701	,863	,3885
H3BERHF3	1,055688	,505340	,142884	,359168	2,784	2,089	,0374
H3PFLEG1	,034461	,017264	,093165	,771280	1,297	1,996	,0467
H3SCHICH	-,107279	,434083	-,011126	,829075	1,206	-,247	,8049
H4PKW1	-1,566241	,496650	-,241726	,285974	3,497	-3,154	,0018
H5BESS1	,261569	,183609	,106887	,298460	3,351	1,425	,1552
H5BESS2	-,748558	,460641	-,106067	,394387	2,536	-1,625	,1051
H6BER1	-,514633	,341094	-,075859	,664654	1,505	-1,509	,1323
H6BER3	,358656	,624715	,027293	,743431	1,345	,574	,5663
H6LW1	-,283764	,569780	-,035581	,329165	3,038	-,498	,6188
H6WOHND1	-,001381	,093176	-8,028E-04	,572597	1,746	-,015	,9882
H6VERW3	-,064273	,135729	-,022522	,742796	1,346	-,474	,6361
LZ2	-,062478	,933804	-,003751	,534595	1,871	-,067	,9467
LZ3	-,292025	,923465	-,041597	,097105	10,298	-,316	,7520
LZ4	,414890	,725589	,063034	,138259	7,233	,572	,5678
LZ5	,797254	,673300	,115867	,175474	5,699	1,184	,2372
LZ6	,516302	,681088	,073924	,176682	5,660	,758	,4489
LZ7	-,857411	,754262	-,100379	,215480	4,641	-1,137	,2564
PENSPAAR	-1,096778	,716021	-,138591	,205247	4,872	-1,532	,1265
R11	,122770	,194381	,119367	,047040	21,259	,632	,5281
R12	,370114	,244241	,237409	,068454	14,608	1,515	,1306
R21	-4,95935E-04	1,8993E-04	-,214680	,248552	4,023	-2,611	,0094
R23	-,115798	,107390	-,103555	,182178	5,489	-1,078	,2817
R3AMB1	-,254760	,237995	-,097508	,202491	4,939	-1,070	,2852
R3AMB2	-,001797	,079754	-,002441	,143051	6,991	-,023	,9820
R3LW1	-,021735	,006673	-,265426	,253034	3,952	-3,257	,0012
R4	,276234	,488743	,034089	,461884	2,165	,565	,5723
ARZ	,009308	,012940	,089183	,109306	9,149	,719	,4724
OBWBEV	5,80075E-05	9,5816E-05	,046929	,279620	3,576	,605	,5453
STREU	,766147	,491207	,094546	,457262	2,187	1,560	,1197
LAGE1	1,861899	,941807	,260985	,096409	10,373	1,977	,0488
LAGE2	1,795723	,843300	,199884	,190685	5,244	2,129	,0339
LAGE3	1,449635	,760155	,222875	,123012	8,129	1,907	,0573
LAGE4	2,026875	,816182	,198916	,261878	3,819	2,483	,0135
LAGE5	1,336013	,522084	,151868	,477050	2,096	2,559	,0109
(Constant)	3,373019	1,438904				2,344	,0196

End Block Number 1   All requested variables entered.

```
** Anhang 3, S.2  * * * * * * * * * * * * * * * * * * * * * * * * * * * *

Casewise Plot of Standardized Residual

Outliers = 3,    *: Selected   M: Missing
                 -6,          -3,  3,           6,
   Case # NFN   O:.............:  :.............:O   GBE     *PRED     *RESID
      11 211    .                    ..      *      .   18   8,1133    9,8867
     422 413    .                    .. *           .   12   4,7481    7,2519
       2 Outliers found.


             * * * * * * * * * * * * * * * * * * * * * * * * * * * *

Residuals Statistics:
              Min      Max     Mean   Std Dev     N
*PRED      -,7863  10,8681   5,4307    1,7747   397
*RESID     -5,3964   9,8867    ,0000    2,0841   397
*ZPRED     -3,5030   3,0637    ,0000    1,0000   397
*ZRESID    -2,4168   4,4278    ,0000     ,9334   397
Total Cases =       431
Durbin-Watson Test =    1,96461


             * * * * * * * * * * * * * * * * * * * * * * * * * * * *

Histogram - Standardized Residual

 N Exp N        (* = 1 Cases,    . : = Normal Curve)
 2   ,31   Out **
 1   ,61  3,00 :
 2  1,55  2,67 *:
 2  3,54  2,33 ** .
 6  7,24  2,00 ******.
11 13,27  1,67 ********** .
16 21,78  1,33 ****************        .
29 32,02  1,00 ******************************- .
29 42,17   ,67 ****************************          .
51 49,74   ,33 **************************************************:*
71 52,55   ,00 ******************************************************:******************
63 49,74  -,33 *********************************************:************
44 42,17  -,67 ******************************************:**
29 32,02 -1,00 ****************************        .
25 21,78 -1,33 ********************:***
11 13,27 -1,67 ********** .
 4  7,24 -2,00 ****   .
 1  3,54 -2,33 *  .
 0  1,55 -2,67 .
 0   ,61 -3,00 .
 0   ,31   Out


             * * * * * * * * * * * * * * * * * * * * * * * * * * * *

Standardized Scatterplot
Across - *ZRESID   Down - *ZPRED
```

```
Out +---+----------+----------+---+
  3 -      .                 .      +   Symbols:
             .        .      .
                 . .     ...     .       Max N
  2 -       .      ...   ...   .
            . ........ .        .  .  .      2,0
            . . .    .*. .          :      4,0
  1 -  .    . : .. *:. :. .    . .    +  *      8,0
            . ...: .*:* :..:.
            .......*.*....:* *
  0 -    . .: *: *::* :: : :: ..  .
            *. :.** *:.*...  : .
            .. : ** ** ...: .. ..
 -1 -       .. . *:.:... * ..        .
               . .:.: *:
 -2 +           ..: ... .:
                  ... ..
 -3 +
Out +---+----------+----------+---+
    -3   -2   -1    0    1    2   3 Out
```

** Anhang 3, S.3 ** * * * M U L T I P L E   R E G R E S S I O N * * * *
Listwise Deletion of Missing Data

Equation Number 1   Dependent Variable..   GBE2 Grundbedarfseinkäufe d.Haushaltsmitglieder
Block Number 1. Method: Enter
    H1PERS1   H1PERS2   H1PERS3   H3PERS2   H3BER1   H3ALTHF1 H3ALTHF2 H3KIND1   H3KIND2   H3KIND3
    H3BERHF1 H3BERHF2 H3BERHF3 H3PFLEG1 H3SCHICH H5BESS1   H5BESS2   H6BER1   H6BER3   H6LW1
    H6WOHND1 H6VERW3   LZ2   LZ3   LZ4   LZ5   LZ6   LZ7   PENSPAAR H4HF2
    H4PKW2   H4PKW5   H5PEND2   H5PEND3   KLEINANT PKWP   ALTERBEA KURZWO1   NAUSK1   R11
    R12   R21   R23   R3AMB1   R3AMB2   R3LW1   R4   ARZ   OBWBEV   STREU
    LAGE1   LAGE2   LAGE3   LAGE4   LAGE5

Multiple R   ,70269   Analysis of Variance
R Square   ,49377   DF   Sum of Squares   Mean Square
Adjusted R Square   ,37324   Regression   55   3002,60057   54,59274
Standard Error   3,65048   Residual   231   3078,31233   13,32603

                       F =   4,09670   Signif F =   ,0000

--------------------------- Variables in the Equation ---------------------------

Variable	B	SE B	Beta	Tolerance	VIF	T	Sig T
H1PERS1	-,768295	,697241	-,273571	,035553	28,127	-1,102	,2716
H1PERS2	-,493313	,351181	-,087599	,563534	1,775	-1,405	,1614
H1PERS3	-2,526979	,733354	-,190151	,719633	1,390	-3,446	,0007
H3PERS2	2,773156	,685234	,325920	,337893	2,960	4,047	,0001
H3BER1	,785641	,649591	,153479	,136083	7,348	1,209	,2277
H3ALTHF1	-,557811	1,499985	-,033546	,269303	3,713	-,372	,7103
H3ALTHF2	,944935	1,085963	,099267	,168382	5,939	,870	,3851
H3KIND1	-1,349620	1,705188	-,113450	,106661	9,376	-,791	,4295
H3KIND2	,727394	,849698	,125247	,102379	9,768	,856	,3929
H3KIND3	,945412	,734372	,135175	,198770	5,031	1,287	,1993
H3BERHF1	,965740	1,182525	,075590	,255801	3,909	,817	,4150
H3BERHF2	,735082	1,192838	,060089	,230487	4,339	,616	,5383
H3BERHF3	,830346	1,232838	,066756	,223080	4,483	,674	,5013
H3PFLEG1	,113126	,081485	,074466	,761718	1,313	1,388	,1664
H3SCHICH	,656608	,942198	,040944	,634869	1,575	,697	,4866
H5BESS1	,408795	,471912	,093524	,188006	5,319	,866	,3873
H5BESS2	-,294315	1,033154	-,022820	,341503	2,928	-,285	,7760
H6BER1	-,751730	,892517	-,049220	,641699	1,558	-,842	,4005
H6BER3	-1,675284	1,104840	-,081002	,767934	1,302	-1,516	,1308
H6LW1	,692918	1,244820	,035536	,537721	1,860	,557	,5783
H6WOHND1	,040402	,202652	,013529	,475900	2,101	,199	,8422
H6VERW3	,434397	,234641	,093825	,853231	1,172	1,851	,0654
LZ2	-,254385	1,484388	-,013741	,340878	2,934	-,171	,8641
LZ3	3,531711	1,977902	,227661	,134808	7,418	1,786	,0755
LZ4	,610182	1,475588	,053904	,128966	7,754	,414	,6796
LZ5	1,651915	1,346929	,133931	,183761	5,442	1,226	,2213
LZ6	-2,489918	1,351274	-,218601	,155707	6,422	-1,843	,0667
LZ7	-,484178	1,542977	-,037897	,150247	6,656	-,314	,7540
PENSPAAR	1,588879	1,469602	,125510	,162613	6,150	1,081	,2808
H4HF2	1,253054	,634579	,157196	,345792	2,892	1,975	,0495
H4PKW2	-,806854	,854224	-,118181	,139984	7,144	-,945	,3459
H4PKW5	1,241754	1,090841	,101607	,275062	3,636	1,138	,2562
H5PEND2	-,207799	,777763	-,019748	,401122	2,493	-,267	,7896
H5PEND3	-1,246870	1,039271	-,066136	,721180	1,387	-1,200	,2315
KLEINANT	,045823	,009038	,287985	,679271	1,472	5,070	,0000
PKWP	-,017140	,007714	-,144201	,520276	1,922	-2,222	,0273
ALTERBEA	-,053063	,167814	-,020729	,509922	1,961	-,316	,7521
KURZWO1	-,271771	,614578	-,025231	,673167	1,486	-,442	,6588
NAUSK1	-2,131382	1,390772	-,190556	,141741	7,055	-1,533	,1268
R11	,175285	,201226	,156282	,068083	14,688	,871	,3846
R12	-,410638	,388564	-,171140	,083565	11,967	-1,057	,2917
R21	1,23297E-04	4,9573E-04	,031348	,137954	7,249	,249	,8038
R23	,231823	,599778	,073307	,060922	16,414	,387	,6995
R3AMB1	,259392	,438255	,073160	,143432	6,972	,592	,5545
R3AMB2	-,308846	,310282	-,113597	,168255	5,943	-,995	,3206
R3LW1	-,015348	,030741	-,038920	,360617	2,773	-,499	,6181
R4	1,105439	1,383745	,061148	,374049	2,673	,799	,4252
ARZ	-,005612	,018871	-,040504	,118121	8,466	-,297	,7665
OBWBEV	-1,13876E-05	8,1205E-05	-,012573	,272606	3,668	-,140	,8886
STREU	-2,228280	1,290264	-,128789	,394055	2,538	-1,727	,0855
LAGE1	-4,182018	2,523667	-,188933	,168587	5,932	-1,657	,0989
LAGE2	-2,701674	1,688170	-,222621	,113248	8,830	-1,600	,1109
LAGE3	-2,316459	2,881968	-,082841	,206305	4,847	-,804	,4224
LAGE4	-1,696187	1,621793	-,070746	,478950	2,088	-1,046	,2967
LAGE5	,075019	1,133191	,004986	,386298	2,589	,066	,9473
(Constant)	3,254280	2,838116				1,147	,2527

End Block Number 1 All requested variables entered.

```
** Anhang 3, S.4  * * * * * * * * * * * * * * * * * * * * * * * * * * * * * * *

Casewise Plot of Standardized Residual

Outliers = 3,    *: Selected    M: Missing
                -6,              -3, 3,              6,
   Case # NFN  O:.............:  :.............:O  GBE    *PRED     *RESID
    208 834  .              .. *            .      20    7,5527    12,4473
          1 Outliers found.

           * * * * * * * * * * * * * * * * * * * * * * * * * * * * * *

Residuals Statistics:
             Min      Max     Mean   Std Dev    N
*PRED     -1,1987  21,9832   8,4460  3,2402   287
*RESID    -8,9359  12,4473    ,0000  3,2808   287
*ZPRED    -2,9766   4,1780    ,0000  1,0000   287
*ZRESID   -2,4479   3,4098    ,0000   ,8987   287
Total Cases =        315
Durbin-Watson Test =    1,85406

            * * * * * * * * * * * * * * * * * * * * * * * * * * * * *

Histogram - Standardized Residual

 N Exp N     (* = 1 Cases,    . : = Normal Curve)
 1   ,22   Out *
 1   ,44  3,00 *
 2  1,12  2,67 :*
 3  2,56  2,33 **:
 5  5,24  2,00 ****:
 2  9,59  1,67 **       .
13 15,75  1,33 *************   .
14 23,15  1,00 **************            .
29 30,48   ,67 *****************************.
43 35,95   ,33 ***********************************:*******
47 37,99   ,00 *************************************:*********
51 35,95  -,33 ***************************************:***************
30 30,48  -,67 ***************************:
20 23,15 -1,00 ********************    .
17 15,75 -1,33 ***************:*
 5  9,59 -1,67 *****    .
 3  5,24 -2,00 *** .
 1  2,56 -2,33 * .
 0  1,12 -2,67 .
 0   ,44 -3,00
 0   ,22   Out

            * * * * * * * * * * * * * * * * * * * * * * * * * * * * *

Standardized Scatterplot
Across - *ZRESID    Down - *ZPRED
Out ┼───────────────┼────────┼────┼
  3 ─                     .              ─  Symbols:
                     .          .
  2 ─                               ..          Max N
              .   . :       :       ..
        .   .   .:.  ..                 .        1,0
  1 ─     . : :*   *  .*..     .:..  .    :        2,0
        ..* :*.*:****.     .:.. .        *        5,0
        :.::*.:*****.**.*
  0 ─   ....:   :****:**. : :
              :.:..:**** ...
             ::..*:.::..:.  ..
         .. :*.:...  .
          . :::*..:::.   . .
            . ...*::.   :
 -2 ─        .  .  .
                 .
 -3 ─          .
Out ┼───────────────┼────────┼────┼
     -3   -2   -1    0    1    2    3 Out

** Ende Anhang 3.
```

** Anhang 4, S.1 *** STRUKTURELL-STATISTISCHE REGRESSIONSANALYSE DER EINKAUFSHÄUFIGKEIT ***

* * * *   M U L T I P L E   R E G R E S S I O N   * * * *
Equation Number 1   Dependent Variable..   GBE1   Haushaltseinkäufe in GB-Geschäften

Block Number 1. Method: Enter

Step	MultR	Rsq	AdjRsq	F(Eqn)	SigF	RsqCh	FCh	SigCh		Variable	BetaIn	Correl
1									In:	LAGE5	,0311	,0311

+++ usw. +++

| 51 | ,6483 | ,4203 | ,3346 | 4,905 | ,000 | ,4203 | 4,905 | ,000 | In: | R11 | ,1194 | ,3657 |

End Block Number 1   All requested variables entered.

Block Number 2. Method: Backward   Criterion   POUT ,1000

KLEINANT	PKWP		ALTERBEA	KURZWO1	NAUSK1	H1PERS1	H1PERS2	H1PERS3	H3PERS2	H3BER1
H3ALTHF1	H3ALTHF2	H3KIND1	H3KIND2	H3KIND3	H3BERHF1	H3BERHF2	H3BERHF3	H3PFLEG1	H3SCHICH
H4PKW1	H5BESS1	H5BESS2	H6BER1	H6BER3	H6LW1	H6WOHND1	H6VERW3	LZ2	LZ3
LZ4	LZ5	LZ6	LZ7	PENSPAAR	R11	R12	R21	R23	R3AMB1
R3AMB2	R3LW1	R4	ARZ	OBWBEV	STREU	LAGE1	LAGE2	LAGE3	LAGE4
LAGE5									

Step	MultR	Rsq	AdjRsq	F(Eqn)	SigF	RsqCh	FCh	SigCh		Variable	BetaIn	Correl
52	,6483	,4203	,3366	5,018	,000	,0000	,000	,988	Out:	H6WOHND1		-,1169
53	,6483	,4203	,3385	5,135	,000	,0000	,000	,983	Out:	R3AMB2		-,1092
54	,6483	,4203	,3404	5,257	,000	,0000	,004	,947	Out:	LZ2		,0071
55	,6482	,4202	,3421	5,382	,000	-,0001	,064	,800	Out:	H3SCHICH		,0258
56	,6481	,4201	,3438	5,511	,000	-,0002	,102	,749	Out:	LZ3		,0476
57	,6478	,4197	,3453	5,640	,000	-,0004	,235	,628	Out:	H6LW1		-,0867
58	,6474	,4192	,3465	5,773	,000	-,0005	,307	,580	Out:	H6VERW3		-,0159
59	,6470	,4187	,3478	5,912	,000	-,0005	,303	,582	Out:	OBWBEV		,1330
60	,6467	,4182	,3492	6,058	,000	-,0005	,287	,592	Out:	R11		,3657
61	,6462	,4176	,3504	6,209	,000	-,0006	,346	,557	Out:	H1PERS2		,0281
62	,6457	,4169	,3514	6,364	,000	-,0007	,406	,524	Out:	R4		,1977
63	,6451	,4162	,3524	6,526	,000	-,0007	,449	,503	Out:	H3BERHF1		,0767
64	,6449	,4159	,3539	6,708	,000	-,0003	,187	,666	Out:	H3BERHF2		-,0547
65	,6443	,4151	,3548	6,886	,000	-,0008	,491	,484	Out:	KURZWO1		-,0864
66	,6437	,4143	,3557	7,073	,000	-,0008	,503	,479	Out:	H1PERS1		,1747
67	,6431	,4135	,3567	7,273	,000	-,0007	,461	,498	Out:	H3KIND2		,1194
68	,6426	,4129	,3577	7,487	,000	-,0007	,401	,527	Out:	H3KIND3		,1436
69	,6419	,4120	,3585	7,708	,000	-,0009	,543	,462	Out:	H3ALTHF1		,0307
70	,6413	,4113	,3595	7,946	,000	-,0007	,461	,498	Out:	LZ6		-,0949
71	,6404	,4101	,3600	8,185	,000	-,0012	,731	,393	Out:	H6BER3		,1118
72	,6391	,4084	,3599	8,422	,000	-,0017	1,044	,308	Out:	R23		-,2229
73	,6375	,4064	,3595	8,663	,000	-,0020	1,248	,265	Out:	H5BESS1		,0569
74	,6363	,4049	,3597	8,944	,000	-,0014	,885	,347	Out:	H5BESS2		-,0201
75	,6341	,4020	,3583	9,188	,000	-,0029	1,800	,181	Out:	H1PERS3		,0351
76	,6319	,3993	,3571	9,459	,000	-,0027	1,690	,194	Out:	NAUSK1		,0282
77	,6298	,3967	,3560	9,758	,000	-,0026	1,601	,207	Out:	STREU		-,1540
78	,6272	,3934	,3542	10,051	,000	-,0033	2,036	,154	Out:	H3PERS2		,0165
79	,6242	,3896	,3519	10,350	,000	-,0038	2,336	,127	Out:	H3BERHF3		,1021
80	,6214	,3862	,3501	10,695	,000	-,0034	2,076	,151	Out:	H3ALTHF2		,1972
81	,6190	,3832	,3486	11,092	,000	-,0030	1,839	,176	Out:	H3KIND1		,0691
82	,6164	,3800	,3470	11,521	,000	-,0032	1,934	,165	Out:	LZ4		,1133
83	,6149	,3781	,3467	12,062	,000	-,0019	1,149	,285	Out:	LZ5		,0798

Multiple R	,61488		Analysis of Variance			
R Square	,37808			DF	Sum of Squares	Mean Square
Adjusted R Square	,34674		Regression	19	1121,89423	59,04706
Standard Error	2,21249		Residual	377	1845,45085	4,89510

F =   12,06250   Signif F = ,0000

--------------------------- Variables in the Equation ---------------------------

Variable	B	SE B	Beta	Tolerance	VIF	T	Sig T
H3BER1	,386490	,148750	,121768	,751082	1,331	2,598	,0097
H3PFLEG1	,026294	,015610	,071085	,926268	1,080	1,684	,0929
H4PKW1	-1,449037	,470195	-,223637	,313262	3,192	-3,082	,0022
H6BER1	-,570874	,300864	-,084149	,838763	1,192	-1,897	,0585
LZ7	-2,152819	,377657	-,252035	,843899	1,185	-5,700	,0000
PENSPAAR	-1,662984	,396841	-,210137	,656041	1,524	-4,191	,0000
KLEINANT	,021901	,003988	,256859	,753928	1,326	5,491	,0000
PKWP	-,013237	,004672	-,214148	,288751	3,463	-2,833	,0049
ALTERBEA	-,181222	,057341	-,143561	,799479	1,251	-3,160	,0017
R12	,537790	,168834	,344964	,140653	7,110	3,185	,0016
R21	-5,85912E-04	1,5674E-04	-,253629	,358362	2,790	-3,738	,0002
R3AMB1	-,242889	,124940	-,092964	,721391	1,386	-1,944	,0526
R3LW1	-,023571	,005299	-,287852	,393947	2,538	-4,448	,0000
ARZ	,014902	,007212	,142780	,345546	2,894	2,066	,0395
LAGE1	1,520427	,639092	,213120	,205565	4,865	2,379	,0179
LAGE2	2,201180	,708176	,245015	,265482	3,767	3,108	,0020
LAGE3	,885412	,465057	,136128	,322683	3,099	1,904	,0577
LAGE4	1,524980	,545088	,149660	,576468	1,735	2,798	,0054
LAGE5	1,274958	,465674	,144928	,588729	1,699	2,738	,0065
(Constant)	5,105886	,712673				7,164	,0000

End Block Number 2   POUT =   ,100 Limits reached.

```
*** Anhang 4, S.2 * * * * * * * * * * * * * * * * * * * * * * * * * * * * * *

Casewise Plot of Standardized Residual

Outliers = 3,    *: Selected   M: Missing
               -6,            -3,  3,           6,
   Case # NFN  O:.............:  :.............:O  GBE    *PRED    *RESID
      11 211   .               ..      *       .    18   7,6295   10,3705
      20 220   .                   ..M          .    14   7,3429    6,6571
      85 285   .              M ..             .     1   8,2366   -7,2366
          3 Outliers found.

              * * * * * * * * * * * * * * * * * * * * * * * * * * * * * *

Residuals Statistics:
             Min      Max     Mean   Std Dev    N
*PRED      -,3073  10,7831   5,4732   1,7003   409
*RESID    -7,2366  10,3705   -,0356   2,2073   409
*ZPRED    -3,4090   3,1799    ,0253   1,0102   409
*ZRESID   -3,2708   4,6873   -,0161    ,9976   409
Total Cases =       431
Durbin-Watson Test =   1,87817

              * * * * * * * * * * * * * * * * * * * * * * * * * * * * * *

Histogram - Standardized Residual

 N Exp N     (* = 1 Cases,    . : = Normal Curve)
 1  ,32   Out *
 4  ,63   3,00 :***
 2 1,60   2,67 *:
 3 3,65   2,33 ***.
 7 7,46   2,00 ******:
13 13,67  1,67 *************.
18 22,44  1,33 ******************  .
21 32,99  1,00 ********************    .
39 43,44   ,67 ***************************************  .
50 51,24   ,33 ****************************************************.
56 54,14   ,00 ***********************************************:**
66 51,24  -,33 ***********************************************:***************
50 43,44  -,67 *********************************************:*******
31 32,99 -1,00 ****************************  .
30 22,44 -1,33 **********************:********
12 13,67 -1,67 ************ .
 3 7,46  -2,00 ***   .
 1 3,65  -2,33 *  .
 1 1,60  -2,67 *.
 0  ,63  -3,00 .
 1  ,32   Out *

              * * * * * * * * * * * * * * * * * * * * * * * * * * * * * *

Standardized Scatterplot
Across - *ZRESID   Down - *ZPRED
```

```
Out +---------------------+----+
 3 +           .          .    |      Symbols:
   |         .                 |
   |              ..     .      .    Max N
 2 +       .     . .. .   .. .  |
   |.   .  ..  .      .         .      2,0
   |  .    ..:.::! :..  ..   .        :  4,0
 1 +   . ..:.  .:..   ...      .    *  10,0
   |    ....::  .. :: *....
   |   :...:.*: !: * **  .: .
 0 +  . . :*.*...:.:. : .*...    .
   |    *..*.:* **.:..:.  .
   |    .. ..*:.*:.*.. .* .. .:    .
-1 +   .    ::* **   . . .  .
   |     . :: :. *.. .
   |         .. ... .:
-2 +        .  . .  .
   |          ... .
   |
-3 +
Out +---------------------+----+
   -3   -2   -1   0   1   .  2   3 Out
```

```
** Anhang 4, S.3   * * * *   M U L T I P L E   R E G R E S S I O N   * * * *
Equation Number 1    Dependent Variable..  GBE2   GB-Einkäufe der Haushaltsmitglieder

Block Number  1.  Method:  Enter
Step   MultR    Rsq   AdjRsq    F(Eqn)   SigF   RsqCh      FCh  SigCh      Variable  BetaIn  Correl
  1                                                               In:  LAGE5      ,0535   ,0535
++++++++++++++++++++++++++++++++++++++++++++ usw. +++++++++++++++++++++++++++++++++++++++++++++
 55   ,7027  ,4938   ,3732    4,097   ,000   ,4938    4,097  ,000  In:  R23        ,0733  -,2590
End Block Number   1    All requested variables entered.

Block Number  2.  Method:  Backward     Criterion   POUT  ,1000
   H1PERS1   H1PERS2   H1PERS3   H3PERS2   H3BER1    H3ALTHF1  H3ALTHF2  H3KIND1   H3KIND2   H3KIND3
   H3BERHF1  H3BERHF2  H3BERHF3  H3PFLEG1  H3SCHICH  H5BESS1   H5BESS2   H6BER1    H6BER3    H6LW1
   H6WOHND1  H6VERW3   LZ2       LZ3       LZ4       LZ5       LZ6       LZ7       PENSPAAR  H4HF2
   H4PKW2    H4PKW5    H5PEND2   H5PEND3   KLEINANT  PKWP      ALTERBEA  KURZWO1   NAUSK1    R11
   R12       R21       R23       R3AMB1    R3AMB2    R3LW1     R4        ARZ       OBWBEV    STREU
   LAGE1     LAGE2     LAGE3     LAGE4     LAGE5

Step   MultR    Rsq   AdjRsq    F(Eqn)   SigF   RsqCh      FCh   SigCh       Variable  BetaIn  Correl
 56   ,7027  ,4938   ,3759    4,190   ,000   ,0000      ,004   ,947  Out:  LAGE5              ,0535
 57   ,7027  ,4937   ,3786    4,287   ,000   ,0000      ,017   ,897  Out:  OBWBEV             ,0304
 58   ,7026  ,4937   ,3811    4,387   ,000  -,0001      ,031   ,861  Out:  LZ2               -,1080
 59   ,7025  ,4936   ,3836    4,490   ,000  -,0001      ,052   ,821  Out:  H6WOHND1          -,0383
 60   ,7024  ,4934   ,3861    4,597   ,000  -,0001      ,069   ,794  Out:  R21               -,2033
 61   ,7023  ,4933   ,3885    4,708   ,000  -,0002      ,070   ,792  Out:  LZ7               -,2639
 62   ,7022  ,4931   ,3909    4,824   ,000  -,0001      ,067   ,796  Out:  H5PEND2            ,0831
 63   ,7020  ,4929   ,3931    4,942   ,000  -,0002      ,115   ,735  Out:  ALTERBEA          -,1162
 64   ,7018  ,4926   ,3953    5,065   ,000  -,0003      ,137   ,711  Out:  H5BESS2           -,0067
 65   ,7017  ,4923   ,3975    5,194   ,000  -,0002      ,116   ,734  Out:  H3ALTHF1          -,1031
 66   ,7014  ,4920   ,3996    5,326   ,000  -,0004      ,168   ,683  Out:  ARZ                ,1501
 67   ,7011  ,4915   ,4015    5,463   ,000  -,0005      ,220   ,640  Out:  KURZWO1           -,0758
 68   ,7007  ,4910   ,4034    5,604   ,000  -,0005      ,238   ,626  Out:  H3BERHF2          -,0037
 69   ,7004  ,4906   ,4053    5,754   ,000  -,0005      ,218   ,641  Out:  H3BERHF3           ,0553
 70   ,7001  ,4902   ,4073    5,913   ,000  -,0004      ,188   ,665  Out:  LZ4                ,1233
 71   ,6999  ,4898   ,4092    6,080   ,000  -,0004      ,178   ,673  Out:  H3BERHF1           ,1332
 72   ,6993  ,4890   ,4107    6,246   ,000  -,0008      ,368   ,545  Out:  R3AMB1            -,0110
 73   ,6984  ,4878   ,4117    6,409   ,000  -,0012      ,599   ,440  Out:  H6LW1             -,0532
 74   ,6978  ,4869   ,4130    6,590   ,000  -,0009      ,435   ,510  Out:  H1PERS1            ,2967
 75   ,6973  ,4862   ,4146    6,787   ,000  -,0007      ,329   ,567  Out:  H5BESS1            ,1696
 76   ,6968  ,4855   ,4161    6,995   ,000  -,0007      ,337   ,562  Out:  H3KIND2            ,0746
 77   ,6961  ,4846   ,4173    7,208   ,000  -,0010      ,476   ,491  Out:  H3SCHICH           ,0617
 78   ,6955  ,4837   ,4187    7,437   ,000  -,0008      ,411   ,522  Out:  H6BER1             ,0404
 79   ,6947  ,4826   ,4197    7,673   ,000  -,0011      ,558   ,456  Out:  H3BER1             ,1422
 80   ,6936  ,4811   ,4203    7,911   ,000  -,0015      ,758   ,385  Out:  R3LW1              ,0619
 81   ,6926  ,4797   ,4210    8,171   ,000  -,0014      ,670   ,414  Out:  R23               -,2590
 82   ,6920  ,4789   ,4223    8,466   ,000  -,0009      ,423   ,516  Out:  R4                 ,1395
 83   ,6909  ,4774   ,4229    8,762   ,000  -,0015      ,734   ,392  Out:  R11                ,1536
 84   ,6895  ,4755   ,4230    9,064   ,000  -,0019      ,944   ,332  Out:  H5PEND3            ,0275
 85   ,6879  ,4732   ,4227    9,377   ,000  -,0023    1,132   ,288  Out:  H4PKW2             ,1807
 86   ,6872  ,4723   ,4239    9,770   ,000  -,0009      ,444   ,506  Out:  H4PKW5             ,0632
 87   ,6851  ,4694   ,4230   10,115   ,000  -,0029    1,443   ,231  Out:  LAGE3             -,0578
 88   ,6828  ,4662   ,4218   10,482   ,000  -,0031    1,555   ,214  Out:  R12                ,1980
 89   ,6799  ,4623   ,4197   10,849   ,000  -,0040    1,954   ,163  Out:  H3PFLEG1           ,0589
 90   ,6777  ,4593   ,4186   11,298   ,000  -,0030    1,474   ,226  Out:  LAGE4             -,0391
 91   ,6747  ,4552   ,4164   11,741   ,000  -,0041    2,023   ,156  Out:  LZ5                ,2669
 92   ,6712  ,4505   ,4135   12,204   ,000  -,0047    2,317   ,129  Out:  H6VERW3            ,1207

Multiple R              ,67116       Analysis of Variance
R Square                ,45046                        DF      Sum of Squares    Mean Square
Adjusted R Square       ,41355       Regression       18        2739,18958       152,17720
Standard Error         3,53116       Residual        268        3341,72332        12,46912
                                     F =     12,20433    Signif F =  ,0000
---------------------------- Variables in the Equation ------------------------
Variable              B         SE B       Beta    Tolerance      VIF        T    Sig T
H1PERS2          -,499296     ,298302   -,088661    ,730813     1,368   -1,674   ,0953
H1PERS3         -2,386312     ,657775   -,179566    ,836986     1,195   -3,628   ,0003
H3PERS2          2,923307     ,436005    ,343567    ,780926     1,281    6,705   ,0000
H3ALTHF2         1,276486     ,618250    ,134097    ,486108     2,057    2,065   ,0399
H3KIND1         -2,170557    1,241319   -,182458    ,188329     5,310   -1,749   ,0815
H3KIND3           ,990101     ,380514    ,141564    ,692747     1,444    2,602   ,0098
H6BER3          -2,108697     ,995351   -,101957    ,885329     1,130   -2,119   ,0350
LZ3              2,837694    1,641812    ,182923    ,183068     5,462    1,728   ,0851
LZ6             -2,578780     ,920718   -,226403    ,313818     3,187   -2,801   ,0055
PENSPAAR         2,661298    1,074406    ,210224    ,284677     3,513    2,477   ,0139
H4HF2            1,089620     ,453963    ,136693    ,632238     1,582    2,400   ,0171
KLEINANT          ,042725     ,007598    ,268516    ,899257     1,112    5,623   ,0000
PKWP             -,018394     ,006590   -,154747    ,667038     1,499   -2,791   ,0056
NAUSK1          -1,724473     ,729461   -,154176    ,482103     2,074   -2,364   ,0188
R3AMB2           -,230809     ,133572   -,084894    ,849548     1,177   -1,728   ,0851
STREU           -2,239437    1,029620   -,129434    ,579022     1,727   -2,175   ,0305
LAGE1           -2,342069    1,122502   -,105809    ,797351     1,254   -2,086   ,0379
LAGE2           -1,495240     ,761540   -,123210    ,520731     1,920   -1,963   ,0506
(Constant)       3,796342    1,018702                                   3,727   ,0002

End Block Number   2    POUT =      ,100 Limits reached.
```

```
** Anhang 4, S.4    * * * * * * * * * * * * * * * * * * * * * * * * * * * * * *

Casewise Plot of Standardized Residual

Outliers = 3,    *: Selected   M: Missing
                 -6,          -3,  3,          6,
  Case # NFN   O:.............: :.............:O    GBE     *PRED      *RESID
     207 833   .               ..*            .     25    14,4051    10,5949
     208 834   .               ..    *        .     20     6,8960    13,1040
     235 861   .             M..             .      3    13,9285   -10,9285
     294 920   .               .. *          .     22     9,9992    12,0008
        4 Outliers found.
                 * * * * * * * * * * * * * * * * * * * * * * * * * * * * * *

Residuals Statistics:

             Min      Max     Mean   Std Dev    N
*PRED     -1,0405  21,8741   8,4932   3,1059   297
*RESID   -10,9285  13,1040   -,0857   3,4517   297
*ZPRED    -3,0653   4,3390    ,0152   1,0036   297
*ZRESID   -3,0949   3,7110   -,0243    ,9775   297
Total Cases =       315
Durbin-Watson Test =    1,78680
                 * * * * * * * * * * * * * * * * * * * * * * * * * * * * * *

Histogram - Standardized Residual

 N Exp N        (* = 1 Cases,    . : = Normal Curve)
 2   ,23   Out **
 3   ,46   3,00 ***
 0  1,16   2,67 .
 3  2,65   2,33 **:
 3  5,42   2,00 *** .
 8  9,93   1,67 ******** .
13 16,29   1,33 ************* .
17 23,95   1,00 ***************** .
28 31,54    ,67 **************************** .
41 37,21    ,33 *************************************:****
40 39,31    ,00 **************************************:*
44 37,21   -,33 *************************************:*******
42 31,54   -,67 ****************************:*********
22 23,95  -1,00 ********************** .
15 16,29  -1,33 **************.
11  9,93  -1,67 *********:*
 3  5,42  -2,00 *** .
 1  2,65  -2,33 * .
 0  1,16  -2,67 .
 1   ,46  -3,00 *
 0   ,23   Out

                 * * * * * * * * * * * * * * * * * * * * * * * * * * * * * *

Standardized Scatterplot
Across - *ZRESID    Down - *ZPRED
Out +--------+--------+--------+        Symbols:
  3 -             .              -
                                        Max N
  2                . .          .-
       .        .       ..         .     .      1,0
       . .  .:*. .:.      ..        :      2,0
  1 -  .  . . .:* *. *. .::          *      6,0
       ::. :*.*:* .*. . .
       . : .*.*.**::.::...  ..
  0    ...*.*: *:****:**.:.:    .    -
       :.. *.**..**.. .
       ..*:*: ::.*:.
 -1 -    . ....*:*: .:... .
         : *:::  .: : .   .
              . .  .. .
 -2            .   ..:..
              . .
 -3 -         . .
              .
Out +--------+--------+--------+
    -3   -2   -1    0    1    2    3 Out

** Ende Anhang 4.
```

Hier beginnt's →

Bitte nur mit Bleistift ausfüllen!!! Fragebogen-Nummer: . . . .

Interviewer (FAMILIENNAME, Vorname): . . . .

FRAGEBOGEN ÜBER DIE GÜTERVERSORGUNG VON PRIVATHAUSHALTEN

1. Wohnen Sie schon lange in diesem Haus? Seit wann? *Nur 1 der 3 Antwortmöglichkeiten vermerken!*

    O seit Geburt oder Kindheit   seit . . . . . Jahren   seit dem Jahr 19 . . . . . ;

2. Wohnt jemand von Ihren Angehörigen schon länger hier als Sie? ①|ⓝ
    Wenn ja: Seit wann?

    O seit Geburt oder Kindheit   seit . . . . . Jahren   seit dem Jahr 19 . . . . . .

IVW: Wenn GP (= Gesprächspartner) seit Geburt oder Kindheit im Haus wohnt, dann Frage 3 nicht stellen, sondern gleich Frage 4 !

---

3. Wo haben Sie vorher gewohnt, bevor Sie in dieses Haus gezogen sind?

IVW notiert Ort(schaft) und bei kleineren Orten auch die Gemeinde des früheren Wohnsitzes. Wenn IVW nicht weiß, zu welcher Gemeinde Ort gehört, bitte fragen. Wenn IVW diese Gemeinde noch nie gehört hat, auch fragen: In welchem Bezirk oder Land liegt das? *und auch notieren!*

In *Ort(schaft):* . . . . *Gemeinde:* . . . .

    (Bezirk:) . . . . *(Land:)* . . . .

4. Wie viele Personen umfaßt dieser Haushalt, einschließlich Sie selbst und noch hier wohnende

Kinder? . . . . . . *(Sollte bei einer Person unklar sein, ob sie hier oder woanders wohnt, Zuordnung wie bei der Volkszählung)*

5. Wohnen im selben Haus oder in diesem Ort Verwandte von Ihnen? ①|ⓝ →
    Wenn ja: Wie nah sind sie verwandt, und wie weit entfernt wohnen sie?

1. Verwandte, Verwandtschaftsgrad: . . . . *Wohnentfernung:* . . . . *Meter* (**H**= *im selben Haus*)

2. Verwandte, Verwandtschaftsgrad: . . . . *Wohnentfernung:* . . . . *Meter*

6. Hat jemand von Ihnen eine kranke oder behinderte Person zu betreuen oder zu pflegen, und zwar seit längerem und regelmäßig? (kurzfristige Krankheiten, z.B. Pflegeurlaubsfälle, zählen nicht)

O Nein →

O Ja, ich selber *(habe eine solche Pflege-Verpflichtung)*

O Nicht ich, aber mein(e) . . . . *(Verwandtschaftsgrad des HhM)*

    Wohnt die pflegebedürftige Person bei Ihnen, das heißt gehört sie zum Haushalt? ①|ⓝ
    Wenn nein: Wo wohnt sie? *(nur 1 Antwort ankreuzen - außer es sind verschiedene Personen zu betreuen)*

        O im selben Haus   O im gleichen Ort   O weiter weg, in . . . .

    Wieviel Zeit nimmt diese Pflege in Anspruch, in Stunden pro Woche ungefähr? . . . .

7. Haben Sie ein Haustier? ①|ⓝ Wenn ja: Welche(s)? . . . .

INTERVIEWER, ACHTUNG: Frage 8 hat 2 Versionen.
Wenn es ein reiner Pensionisten-Haushalt (= ohne Berufstätige) oder ein 1-Person-Hh ist, 8.A. *fragen. In den übrigen Fällen:* 8.B.

Pensionisten- oder Einpersonen-Haushalt:	*Alle anderen Haushalte:*
8.A. Darf ich fragen, ob Sie sich selbst verpflegen?	**8.B.** Sind alle Haushaltsmitglieder während der Woche zum Essen hier?
O*1* ja, immer oder zumeist → O*2* teils - teils O*3* nein, nie oder selten	O ja, alle → O nein, nicht alle. *Bei* nein *fragen:* Wer ißt auswärts? *HhM (Verw.grad) und* **0M/0A** *für nicht Mittag-/Abendessen eintragen!*
Wenn Antw.2 oder 3 war: Von wem bekommen Sie	. . . .
dann das Essen, wenn Sie nicht selbst kochen?	. . . . (Wenn mehrere Personen,
. . . . *(Person oder Institution)*	*Kontrollfrage:)* Also . . . Personen essen außer Haus?

9. Haben Sie jemanden, der Ihnen bei der Hausarbeit hilft, und wenn ja, bei welchen Arbeiten?
O nein, niemand ➝
O ja, und zwar beim ....

Wenn ja: Wer ist diese Person? .... (z.B. Freundin, Tochter, Nachbarin, Bedienerin)

10. Kommen wir nun zum Einkaufen. Wer macht die laufenden Einkäufe für Ihren Haushalt?
(Bei 1-Person-Hh ist die Frage hier zu beenden, bei den übrigen Haushalten ist hier ohne Pause weiterzureden:)
Kaufen Sie alles allein ein, oder gemeinsam mit einem Familienmitglied, oder kauft jemand anderer für Sie ein, unter Umständen auch jemand, der nicht bei Ihnen wohnt?
Zuerst reden lassen und genau zuhören, falls nötig nachfragen, nur 1 Antwort ankreuzen und Person(en) eintragen:
O$_1$ Gesprächspartner (GP) immer oder zumeist allein ➝ **In diesem Fall gleich zu Frage 11.**
O$_2$ GP oft oder fallweise gemeinsam mit and. Hh-Mitglied(ern), und zwar mit ....
O$_3$ immer oder zumeist ein anderes Hh-Mitglied allein, und zwar der/die ....
O$_4$ verschiedene Haushaltsmitglieder abwechselnd, und zwar ....
O$_5$ eine nicht zum Hh gehörende Person, und zwar der/die ....

> **Wenn die Antwort nicht 1, sondern 2 / 3 / 4 / 5 war:**
> Wäre(n) der/die .... (die als [Mit-]Einkäufer genannte[n] Person[en]) jetzt da? (j)(n)
>
> Wenn ja: Könnte(n) er/sie vielleicht jetzt zum Interview kommen, es sollen wenn möglich alle Personen, die einkaufen, anwesend sein. **IVW wartet, bis diese Person[en] kommt[kommen].**
>
> Wenn keine weitere Person dazugekommen ist: Es ist schade, daß er/sie jetzt nicht dabei ist, denn ich soll die Einkäufe des ganzen Haushalts erfassen. Ich bitte Sie, die folgenden Fragen nicht nur für sich selber, sondern für alle Haushaltsmitglieder zusammen zu beantworten.

11. Ich bitte Sie jetzt, mit mir gemeinsam einen RÜCKBLICK AUF DIE EINKAUFSWOCHE zu machen. Ich will nicht wissen, wieviel Geld Sie ausgegeben haben, sondern IN WELCHEN GESCHÄFTEN und WANN eingekauft wurde, und zwar nur in der vergangenen Woche.
  Ich werde Ihnen die Arten von Geschäften vorlesen, und Sie sagen mir bitte zuerst, ob jemand von Ihnen in der letzten Woche in einem solchen Geschäft gewesen ist, und wenn ja, an welchem Tag. Bei einem Bäcker?
IVW liest die Geschäftsarten, die in der Tabelle stehen, mit Pausen dazwischen, vor und kreuzt in Spalte ja|nein an. Wenn Antwort ja, fragt IVW:
An welchem Tag war das? vormittag oder nachmittag? *und macht ein* **X** *im entsprechenden Feld.*
Sollten Erinnerungslücken bestehen, sagt IVW: Wenn es Ihnen leichter fällt, können wir Tag für Tag durchgehen:
  In welchem Geschäft waren Sie gestern vormittag? *usw. für jeden Tag.*

Geschäftsart (G = Geschäft, FG Fachgeschäft)	letzte Woche aufgesucht: ja|nein	Montag vor-|nachm.	Dienstag vor-|nachm.	Mittwoch vor-|nachm.	Donnerstag vor-|nachm.	Freitag vor-|nachm.	Samstag
Bäcker	j | n						
Fleischer	j | n						
kleines Lebensm.-G oder Greißler	j | n						
Wochenmarkt (Lebensm./Obst/Gemüse)	j | n						
großes Lebensm.-G oder Supermarkt, Verbrauchermarkt u.dgl.	j | n						
Einkaufszentrum, z.B. SCS	j | n						
Bekleidungs-/Wäsche-/Textil-FG	j | n						
Schuh- oder Lederwaren-FG	j | n						
Hartwaren- oder Elektro-FG	j | n						
Apotheke	j | n						
Tabak-Trafik	j | n						
Handwerker, Gewerbebetrieb	j | n						
Andere Geschäfte, und zwar:	j | n						
Lagerhaus, Großhandel (nur wenn Hh-Bedarf)	j | n						

Erst wenn alle Geschäftsarten und Tage durchgefragt sind, zur nächsten Frage weitergehen!

Verwendete Ortsnamen-Abkürzungen hier erläutern: ....

12. Es ergibt sich, daß von Ihrem Haushalt am ...., am .... (IVW nennt die angegebenen Tage, gegebenenfalls: an jedem Tag) irgendetwas eingekauft wurde. Etwas wäre noch interessant: Ist jemand von Ihnen auch in einem Geschäft gewesen, ohne etwas zu kaufen? Es kann ja sein, daß man das Gesuchte nicht gleich im ersten Geschäft findet. Ist das in der letzten Woche vorgekommen? (j)(n) ➝
Wenn ja: In welchen Geschäften war das, und an welchem Tag? IVW trägt jeden Geschäftsbesuch ohne Kauf in obiger Tabelle durch ein eingeklammertes kleines **(X)** am betreffenden Platz ein.

13. Jetzt eine Frage, die für das Forschungsprojekt besonders wichtig ist. In welchem Ort liegen die Geschäfte, in denen Sie in der vergangenen Woche waren? (Genau zuhören, dann nur 1 der 2 Kreise ankreuzen) **Alle Ortsnamen abgekürzt notieren und die Abkürzungen links unten im vorgesehenen Feld erläutern!**

O Alle Geschäfte, die wir aufsuchten, sind in .... **In diesem Fall gleich zur Frage 14 weitergehen!**

O Die aufgesuchten Geschäfte sind in ...... , in ...... , in ...... , in ...... und in ....
Von Ihrem Haushalt war also jemand zum Einkaufen zunächst in .... (erster genannter Ort).
Bitte sagen Sie mir, in welchen Geschäften (von den vorher genannten) und an welchem Tag!

IVW trägt die Ortsnamen-Abkürzung im entsprechenden Feld der obigen Tabelle (Frage 11) ein!

Weiters waren Sie zum Einkaufen auch in .... (zweiter genannter Ort). Bitte sagen Sie mir, in welchen Geschäften (von den vorher genannten) und an welchem Tag! IVW notiert ebenso.

Falls auch ein dritter Ort genannt wurde: Außerdem waren Sie zum Einkaufen auch in ...... IVW notiert

Falls auch ein vierter Ort genannt wurde: Schließlich waren Sie zum Einkaufen auch noch in ...... etc.

14. Welche von den genannten Geschäftsbesuchen wurden mit dem Auto getätigt? War es vielleicht bei jedem Einkauf der Fall? (j)(n) Wenn ja, gleich zu Frage 15.
Wenn nicht bei allen: Mit welchem Verkehrsmittel haben Sie die einzelnen Geschäfte aufgesucht?
IVW trägt in obiger Tabelle das Verkehrsmittel abgekürzt ein: **A** für Auto, **F** zu Fuß, **B** Bus, **S** Sonstiges.
Zu jedem Geschäftsbesuch

15. Bitte denken Sie nochmals an die einzelnen Tage der letzten Woche zurück! War das Einkaufen jedesmal der einzige Zweck, zu dem Sie unterwegs waren, oder haben Sie dabei noch etwas anderes erledigt?
Folgende andere Zwecke kommen z.B. in Betracht: der Weg zur Arbeit oder Schule und zurück, ein privater Besuch oder Krankenbesuch, eine Erledigung bei der Behörde, ein Arztweg und vieles andere mehr. Beginnen wir mit dem ersten Tag, den Sie mir vorher genannt haben (IVW schaut auf die Tabelle von Frage 11), das war der .... Haben Sie (bzw. die Person, die eingekauft hat) an dem Tag das Einkaufen mit anderen Erledigungen verbunden?
IVW notiert zunächst die von selbst kommenden Antworten durch ein **X** im richtigen Feld der untenstehenden Tabelle und fragt dann:
Haben Sie (bzw. Hat er/sie) bei der Gelegenheit vielleicht sonst noch was erledigt, z.B. ....
oder .... (liest mehrere weitere Möglichkeiten vor) und wartet auf Antwort. Erst wenn sämtliche vorgegebenen Antwortmöglichkeiten wenigstens 1 Mal genannt wurden, zum nächsten Einkaufstag weitergehen:
Und wie war's am .... (vormittag/nachmittag)?

Nur die Tage fragen, an denen überhaupt ein Geschäftsbesuch stattfand (vgl. F. 11)	Montag vor-|nachm	Dienstag vor-|nachm	Mittwoch vor-|nachm	Donnerstag vor-|nachm	Freitag vor-|nachm	Samstag
Nein, mit nichts anderem, nur Einkaufen oder Auslagen anschaun ("Shopping")						
tägl. Weg zur Arbeit oder zurück						
Dienstweg oder Mittagspause						
tägl. Schulweg (inkl. Rückweg)						
Kind zu/v. Kindergarten bringen/holen						
privater Besuch oder Krankenbesuch						
Arztbesuch, Training, Sport u.ä.						
Friseur, Kosmetiksalon						
Behörde, Rechts-/Versicherungssache						
Geldinstitut, auch Bankomat						
Lokalbesuch, Kinobesuch						
Reparatur oder Reklamation						
Sonstige Erledigungen, und zwar:						

16. Wo ist eigentlich von hier aus das nächstgelegene Lebensmittelgeschäft?

In .... Wie weit ist das zirka von Ihrem Haus? ...... *Meter*

Wie oft gehen Sie dorthin? ..... mal pro .... O nie. Und warum kaufen

Sie dort nicht öfter (wenn "nie": überhaupt nicht) ein? ....

17. Lassen Sie sich manchmal etwas per Versandhandel zuschicken? ⓙ| ⓝ →

   Wenn ja: Welche Waren? ....

.... Und wie oft? .... mal pro ......

18. Werden Ihnen manche Lebensmittel <u>regelmäßig</u> zugestellt? ⓙ| ⓝ →

   Wenn ja: Welche? ....

.... Und wie oft? .... mal pro ......

Aus welchem/n Ort(en) werden sie geliefert? ....

19. Versorgen Sie sich mit gewissen Lebensmitteln oder Bedarfsgütern aus dem eigenen Betrieb oder Besitz - auch wenn er verpachtet ist - oder aus dem eigenen Garten? ⓙ| ⓝ →

   Wenn ja: Welche Lebensmittel? ....

Und welche sonstigen Güter? ....

20. Beziehen Sie manche Lebensmittel oder sonstige Bedarfsgüter bei einem Bauern oder bei einem anderen Produzenten, z.B. bei Weinbauern, Imker, Forstverwaltung, usw.? ⓙ| ⓝ →

Wenn ja: Welche Produkte? ~~Von wem?~~ Wieviel % Ihres Verbrauchs am betreff.Produkt sind das?

....

....

Ist dieser Bauer oder sonstige Produzent vielleicht mit Ihnen verwandt? ⓙ| ⓝ ;

Warum kaufen Sie diese Waren direkt beim Produzenten und nicht im Geschäft? Sie können hier mehrere Gründe angeben, auch verschiedene für die einzelnen Produkte.

(IVW: Wenn mehrere Produkte genannt wurden, bitte Gründe getrennt notieren)

....

....

21. Kommen in Ihren Ort auch fahrende Händler? ⓙ| ⓝ   Wenn ja: Wie oft? ... mal pro ....

Was gibt es da zu kaufen? ....

.... Und was kaufen <u>Sie</u> bei denen? Zutreffendes <u>unterstreichen</u>!

22. Wir sind am Ende der Fragen zum Thema Güterversorgung. Ich darf Sie nur noch um ein paar statistische Angaben über Sie selbst (*bei Mehrpersonen-Hh:* und Ihre Angehörigen) bitten, nämlich Alter, Schulbildung, Berufstätigkeit und Arbeitszeit. *In die erste Zeile unbedingt (Haupt-)Gesprächspartner eintragen!*

Verwandtschaftsverhältnis gegenüber GP (GP selbst: „Rolle" im Haushalt)	Alter in Jahren	Schulbildung (nur höchste abgeschlossene)	Berufsgruppe (wenn Pensionist: P + ehem.Beruf)	Arbeitsort oder wenn Kind, Ort der Schule/Kindergartens	Nur wenn unselbständig tätig: Arbeitszeit
GP = ...	......	......	......	......	......
....	......	......	......	......	......
....	......	......	......	......	......
....	......	......	......	......	......
....	......	......	......	......	......

Spalte Verwandtschaftsverhältnis: (HAUS)FRAU, Gattin, Mutter, Großmutter, U.großm., Tochter, Sonst.weibl.Verwandte, (EHE)MANN, Gatte, Vater, Großvater, U.großvater, Sohn, Sonst.männl.Verwandter, Lebensgefährte, Lebensgefährtin

Spalte Schulbildung: 1 nur Pflichtsch. ohne Lehrabschl. 2 Pflichtsch.und Lehrabschluß 3 Berufsbild.mittl.Schule (FachS) 4 AHS (auch BORG u.dgl.) 5 BHS (z.B.HAK,HTL) 6 Universität, Hochschule Nur bei Personen > 18 J. fragen!

Spalte Berufsgruppe: 1 selbst.Landw. 2 and. Selbständ. 3 Mithelfende(r) 4 Angestellte(r) 5 Beamte,öff.Dst 6 Facharbeiter 7 Sonst.Arbeiter in 8 Lehrling 9 ohne berufstätig Pensionist: P + früherer Beruf

Spalte Arbeitszeit: Frage nur wenn Beruf 4/5/6/7: Wie sieht die Dienstzeit aus? R Regelarbeitszeit tgl.gleich lang S Schicht- oder Turnusdienst G Gleitzeit T Teilzeitbeschäftigt.

In die Spalten **Verwandtschaftsverhältnis** und **Arbeitsort/Schulort** sind Worte einzutragen, in die übrigen nur Ziffern bzw. Code!

Damit sind wir mit der Befragung fertig. Ich möchte Ihnen im Namen der Projektleitung für Ihre Geduld und Auskunftsbereitschaft danken. Auf Wiedersehen!

Beiblatt für nicht anwesende Haushaltsmitglieder   **gehört zu Fragebogen-Nummer** .....

1. Ich möchte Sie bitten, einen RÜCKBLICK AUF DIE EINKAUFSWOCHE zu machen. Wir wollen nicht wissen, wieviel Geld Sie ausgegeben haben, sondern WANN und WO von Ihnen etwas für Ihren Haushalt eingekauft wurde, und zwar nur in der vergangenen Woche.

Bitte füllen Sie die nachstehende Tabelle aus, indem Sie jeweils ein. **X** im entsprechenden Feld machen. Sie können sowohl nach Geschäftsarten oder nach Tagen vorgehen, wie es Ihnen leichter fällt.

Geschäftsart (G = Geschäft, FG Fachgeschäft)	letzte Woche aufgesucht: ja|nein	Nur Tage der letzten Woche !!!					
		Montag vor-|nachm	Dienstag vor-|nachm	Mittwoch vor-|nachm	Donnerstag vor-|nachm	Freitag vor-|nachm	Samstag
Bäcker	j | n						
Fleischer	j | n						
kleines Lebensm.-G oder Greißler	j | n						
Markt (Lebensm./Obst/Gemüse)	j | n						
großes Lebensm.-G oder Super- markt, Verbrauchermarkt u.dgl.	j | n						
Großes Universal-Warenhaus / -Kaufhaus, oder Einkaufszentrum	j | n						
Bekleidungs-/Wäsche-/Textil-FG	j | n						
Schuh- oder Lederwaren-FG	j | n						
Hartwaren- oder Elektro-FG	j | n						
Apotheke	j | n						
Tabak-Trafik	j | n						
Handwerker, Gewerbebetrieb	j | n						
Andere Geschäfte, und zwar:	j | n						
Lagerhaus, Großhandel (nur wenn Hh-Bedarf)	j | n						

Erst wenn alle Geschäftsarten und Tage durchgegangen worden sind, zur nächsten Frage weitergehen!

2. Sind Sie in der vergangenen Woche auch in einem Geschäft gewesen, ohne etwas zu kaufen? Es kann ja sein, daß man das Gesuchte nicht gleich im ersten Geschäft findet.

Wenn ja: In welchen Geschäften war das, und an welchem Tag? Bitte für jeden Geschäftsbesuch ohne Kauf in obiger Tabelle ein eingeklammertes kleines **(X)** am betreffenden Platz machen.

3. Oft ist es so, daß man nicht alles im selben Ort kriegt. In welchem Ort liegen die Geschäfte, in denen Sie in der vergangenen Woche waren? Nur eine der beiden Antwortmöglichkeiten ausfüllen!

O Alle Geschäfte, die ich aufsuchte, sind in ....

O Die meisten der aufgesuchten Geschäfte sind in ...., aber einige anderswo.

In diesem Fall die übrigen Orte in obige Tabelle eintragen, Ortsnamen dürfen abgekürzt werden - dazu eine BITTE: die gewählten Abkürzungen unten auf dieser Seite erläutern! oder auf Rückseite

4. Für welche dieser Geschäftsbesuche haben Sie ein Auto benutzt? War es vielleicht bei jedem Einkauf der Fall? **(J)|(N)** Wenn nein, die einzelnen Fälle mit Auto oben im jeweiligen Feld mit **(A)** eintragen. Wenn **nie Auto :** O hier ankreuzen

5. Jetzt noch eine Frage, die für das Forschungsprojekt sehr wichtig ist. Bitte denken Sie nochmals an die einzelnen Tage der letzten Woche zurück! War das Einkaufen jedesmal der einzige Zweck, zu dem Sie unterwegs waren, oder haben Sie dabei noch etwas anderes erledigt? Zutreffendes: **X** im entsprech. Feld machen

Nur die Tage ......, an denen überhaupt ein Geschäftsbesuch stattfand (vgl. obige Tabelle)	Montag vor-|nachm	Dienstag vor-|nachm	Mittwoch vor-|nachm	Donnerstag vor-|nachm	Freitag vor-|nachm	Samstag
Nein, mit nichts anderem, nur Einkaufen oder Auslagen anschaun ("Shopping")						
tägl. Weg zur Arbeit oder zurück						
Dienstweg oder Mittagspause						
tägl. Schulweg (inkl. Rückweg)						
Kind zu/v. Kindergarten bringen/holen						
privater Besuch oder Krankenbesuch						
Arztbesuch, Training, Sport u.ä.						
Friseur, Kosmetiksalon						
Behörde, Rechts-/Versicherungssache						
Geldinstitut, auch Bankomat						
Lokalbesuch, Kinobesuch						
Reparatur oder Reklamation						
Sonstige Erledigungen, und zwar:						

Vielen Dank! Ich werde dieses Blatt am ... . abholen. Ihr Interviewer/in: ....

(Blockschrift !)

INSTITUT FÜR WIRTSCHAFTS- UND SOZIALGEOGRAPHIE
Abteilung

praxisorientierte Wirtschaftsgeographie und räumliche Integrationsforschung

Peter Jordan-Straße 6, A-1190 Wien
Telefon: (0222) 36 92 099, 36 92 999. Fax: 36 92 999-18.

Einkaufsbogen

für 1 Person

Dr. Albert Hofmayer

Wien, September 1992

Sehr geehrtes Haushaltsmitglied,

das oben genannte Universitätsinstitut führt in Zusammenarbeit mit
der Landesregierung eine Folgeuntersuchung zum Einkaufsverhalten
der Niederösterreicher durch. Damit sollen die bei einer früheren
Erhebung erzielten Ergebnisse aktualisiert werden. Ihr Haushalt
wurde aufgrund eines räumlichen Stichprobenplans ausgewählt.

Auf den folgenden drei Seiten haben Sie einen Fragebogen, in den
Sie bitte Ihre Einkäufe der nächsten Woche - jeweils in die
schraffierten Kästchen - eintragen. Es geht dabei nicht darum,
wieviel Geld Sie ausgeben, sondern lediglich, wann Sie einkaufen
gehen. Alle Ihre Angaben dienen für wissenschaftliche Forschungen
und bleiben anonym; aus diesem Grund bitte ich Sie, die Fragen ge-
wissenhaft zu beantworten. Der Zeitaufwand für das Ausfüllen beträgt pro Tag etwa eine Minute. Dieser Fragebogen soll bitte von
allen Haushaltsmitgliedern ausgefüllt werden, die das 15. Lebens-
jahr überschritten haben.

Ihr/Ihre Interviewer/-in wird den Fragebogen nach einer Woche bei
Ihnen abholen.

Vielen Dank im voraus für Ihre Mitarbeit.

1.) Einkäufe in dieser Woche: *Bitte jeden Geschäftsbesuch angeben, auch wenn nichts gekauft wurde!*

Bitte so eintragen:	✗ *Geschäftsbesuch mit Einkauf* | *(✗) Geschäftsbesuch ohne Einkauf*

(G = Geschäft)	Montag vor- |nachm.	Dienstag vor- |nachm.	Mittwoch vor- |nachm.	Donnerstag vor- |nachm.	Freitag vor- |nachm.	Samstag vormittag
Bäcker						
Fleischer						
kleines Lebensmittel-G						
Wochenmarkt						
Supermarkt, Verbrauchermarkt (z.B. Billa, Hofer, ...)						
Textil-/Wäsche-/Bekleidungs-G						
Schuh-/Lederwaren-G						
Hartwaren- oder Elektro-G						
Apotheke						
Tabak-Trafik						
Handwerker, Gewerbebetrieb						
Lagerhaus (nur Haushaltsbedarf)						
Andere Geschäfte, und zwar:						

2.) Mit welchem Verkehrsmittel waren Sie dabei unterwegs? *Bitte Angabe für jeden Einkauf extra!*

Bitte Buchstabe eintragen:	**A** *Auto (selbst am Steuer)* **(A)** *Auto (Mitfahrer)*	**B** *Bus* **E** *Eisenbahn* **F** *zu Fuß*	**M** *Motorrad, Moped, Mofa* **R** *Fahrrad* **S** *Sonstiges (z. B. Traktor)*

	Montag vor- |nachm.	Dienstag vor- |nachm.	Mittwoch vor- |nachm.	Donnerstag vor- |nachm.	Freitag vor- |nachm.	Samstag vormittag
Bäcker						
Fleischer						
kleines Lebensmittel-G						
Wochenmarkt						
Supermarkt, Verbrauchermarkt (z.B. Billa, Hofer, ...)						
Textil-/Wäsche-/Bekleidungs-G						
Schuh-/Lederwaren-G						
Hartwaren- oder Elektro-G						
Apotheke						
Tabak-Trafik						
Handwerker, Gewerbebetrieb						
Lagerhaus (nur Haushaltsbedarf)						
Andere Geschäfte (wie oben)						

3.) Geben Sie bitte zu jedem Einkauf den Ort an, in dem das Geschäft liegt:

Bitte ins jeweilige Feld den Ortsnamen abgekürzt eintragen (Anfangsbuchstaben) und die Abkürzung unten erklären*

	Montag vor- |nachm.	Dienstag vor- |nachm.	Mittwoch vor- |nachm.	Donnerstag vor- |nachm.	Freitag vor- |nachm.	Samstag vormittag
Bäcker						
Fleischer						
kleines Lebensmittel-G						
Wochenmarkt						
Supermarkt, Verbrauchermarkt *(z.B. Billa, Hofer, ...)*						
Textil-/Wäsche-/Bekleidungs-G						
Schuh-/Lederwaren-G						
Hartwaren- oder Elektro-G						
Apotheke						
Tabak-Trafik						
Handwerker, Gewerbebetrieb						
Lagerhaus (nur Haushaltsbedarf)						
Andere Geschäfte *(wie oben)*						

* Bitte die verwendeten Ortsnamen-Abkürzungen hier erklären:

```
...... = ...............    ...... = ...............    ...... = ...............
...... = ...............    ...... = ...............    ...... = ...............
```

4.) Was haben Sie auf Ihrem Einkaufsweg sonst noch erledigt?

Bitte das Zutreffende in der jeweiligen Spalte ankreuzen	Montag vor- |nachm.	Dienstag vor- |nachm.	Mittwoch vor- |nachm.	Donnerstag vor- |nachm.	Freitag vor- |nachm.	Samstag vormittag
Nichts, ich war nur zum Einkaufen unterwegs						
den täglichen Weg zur Arbeit						
Dienstweg oder Mittagspause						
den täglichen Schulweg						
Kind (Kinder) zum bzw. vom Kindergarten bringen/abholen						
einen privaten Besuch oder Krankenbesuch						
Arztbesuch, Training, Sport						
Friseur, Kosmetiksalon						
Behördenweg						
Geldinstitut oder Bankomat						
Lokalbesuch, Kinobesuch						
Reparatur						
Sonstige Erledigungen, u.zwar:						

Angaben zur Person

5. Stellung im Haushalt:

Bitte zutreffendes Feld ankreuzen

	männl.	weibl.
Bin selbst Haushaltsvorstand		
Gatte/Gattin		
Lebensgefährte/in		
Vater/Mutter		
Sohn/Tochter		
sonstige verwandte Person		
nicht verwandte Person		

6. Wie alt sind Sie?

Bitte zutreffende Altersgruppe ankreuzen

15 - 19 J.		50 - 54 J.	
20 - 24 J.		55 - 59 J.	
25 - 29 J.		60 - 64 J.	
30 - 34 J.		65 - 69 J.	
35 - 39 J.		70 - 74 J.	
40 - 44 J.		75 - 79 J.	
45 - 49 J.		80 u.mehr	

7. Welche Schul- und Berufsausbildung besitzen Sie?

Bitte nur die jeweils höchste abgeschlossene ankreuzen

Volksschule/Hauptschule	
abgeschlossene Lehre	
Meisterprüfung	
Handelsschule	
technische Fachschule	
HAK, HTL, andere BHS	
AHS (Gymnasium)	
Pädag.Akademie, Hochschullehrgang	
Hochschul-/Universitätsabschluß	

8. Welchen Beruf üben Sie aus?

Bitte ankreuzen

Schüler, Student	
Lehrling	
selbständiger Landwirt	
Selbständiger	
Mithelfender	
Angestellter	
Öffentlich Bediensteter	
Facharbeiter	
sonstiger Arbeiter	
Haushalt, Karenz	
Arbeitslos	
Rentner, Pensionist	

9. Wie sieht Ihre Dienstzeit aus?

Bitte ankreuzen

Regelarbeitszeit	
Schicht/Turnusdienst	
Teilzeit	
Gleitzeit	

10. In welchem Ort liegt Ihr Arbeitsplatz bzw. Ihre Schule?

In

11. Mit welchem Verkehrsmittel fahren Sie derzeit zur Arbeit bzw. zur Schule?

Bitte ankreuzen

Auto, selbst am Steuer	
Auto, Mitfahrer	
Bus	
Eisenbahn	
Motorrad, Moped, Mofa	
Fahrrad	
Mit keinem, gehe alles zu Fuß	
Sonstiges, und zwar:	

Bitte nur mit Bleistift ausfüllen!!!   *Fragebogen-Nummer:* .....

Interviewer (FAMILIENNAME, Vorname): . . . .

FRAGEN AN DIE HAUSHALTFÜHRENDE PERSON,
beim Abholen der Einkaufsbögen zu stellen

Zunächst möchte ich Ihnen [*wenn mehrere Einkaufsbögen ausgefüllt wurden:* und Ihren Angehörigen] dafür danken, daß Sie sich die Mühe gemacht haben, die Einkaufsbögen auszufüllen. Ich darf sie mir kurz durchsehen. *IVW kontrolliert, ob Bögen sinngemäß und vollständig ausgefüllt sind, v. a. die letzte Seite "Angaben zur Person". Wenn nicht, bitte nachfragen!* Jetzt hätte ich noch ein paar ergänzende Fragen zu stellen, die am besten von der Person beantwortet werden können, die den Haushalt führt. Haben Sie noch ein paar Minuten Zeit?

H1. Wie viele Einkaufsbögen wurden in Ihrem Haushalt ausgefüllt? ... *(IVW kann hier selbst antworten)*
Wie viele Personen wohnen in Ihrem Haushalt insgesamt? ...   Wenn mehr Personen sind als ausgefüllte
Einkaufsbögen: Wie viele Haushaltsmitglieder sind unter 15 J. alt? ... Und wie viele unter 6 J.? ...

H2. Wie lange wohnen Sie schon in diesem Haus? Schon von Kindheit an? *Nur 1 der 3 Möglichkeiten ausfüllen!*

O seit Geburt oder Kindheit   seit ..... Jahren   seit dem Jahr 19 ..... ;

IVW: Wenn Gesprächspartner(in) seit Geburt oder Kindheit im Haus wohnt, Fragen H3 und H4 nicht stellen, sondern gleich zu Frage H5 !

H3. Wohnt jemand von Ihren Angehörigen schon länger hier als Sie? **J | N**
Wenn ja: Seit wann? *Nur 1 der 3 Antwortmöglichkeiten ausfüllen!*

O seit Geburt oder Kindheit   seit ..... Jahren   seit dem Jahr 19 ..... .

H4. Wo haben Sie vorher gewohnt, bevor Sie in dieses Haus gezogen sind?
IVW notiert Ort(schaft) und bei kleineren Orten auch die Gemeinde des früheren Wohnsitzes. Wenn IVW nicht weiß, zu welcher Gemeinde Ort gehört, bitte fragen. Wenn die Gemeinde unbekannt ist, bitte auch fragen: In welchem Bezirk oder Land liegt das? *und notieren!*

In Ort(schaft): . . . .   *Gemeinde:* . . . .

(*Bezirk:*) . . . .   (*Land:*) . . . .

H5. Wohnen hier in . . . . *(IVW nennt Wohnort)* Verwandte von Ihnen? **J | N** →
Wenn ja: Wie nah sind sie verwandt, und wie weit entfernt wohnen sie?

1. Verwandte, Verwandtschaftsgrad: . . . .   *Wohnentfernung:* . . . . Meter (1 = im selben Haus)

2. Verwandte, Verwandtschaftsgrad: . . . .   *Wohnentfernung:* . . . . Meter

H6. Hat jemand von Ihnen eine kranke oder behinderte Person zu betreuen oder zu pflegen, und zwar seit längerem und regelmäßig? (kurzfristige Krankheiten, z.B. Pflegeurlaubsfälle, zählen nicht)
O Nein →
O Ja, ich selber *(muß jemanden pflegen oder betreuen)*
O Ja, aber nicht ich selbst tue das, sondern mein(e) . . . . *(Verwandtschaftsgrad d. Hh-Mitgl.)*

Wohnt die pflegebedürftige Person bei Ihnen in diesem Haushalt? **J | N**

Wenn nein: Wo wohnt sie? *Nur 1 der 3 Antworten ausfüllen – außer es sind mehrere verschiedene Personen zu betreuen*

O im selben Haus   O im gleichen Ort   O weiter weg, in . . . .

Wieviel Zeit nimmt diese Betreuung in Anspruch, in Stunden pro Woche ungefähr? . . . . . .

INTERVIEWER, ACHTUNG: Frage H7 hat 2 Versionen.
Wenn es ein Einpersonen- oder ein reiner Pensionisten-Haushalt ist, H7.A. fragen. In den übrigen Fällen: H7.B.

Einpersonen- oder Pensionisten-Haushalt:

H7.A. Darf ich fragen, ob Sie sich immer selber verpflegen?
O₁ ja, immer oder zumeist → *Frage H8.*
O₂ teils – teils
O₃ nein, nie oder selten

Wenn Ring 2 od.3 angekreuzt: Von wem bekommen Sie das Essen, wenn Sie nicht selbst kochen?

. . . . *(Person oder Institution)*

Alle anderen Haushalte:

H7.B. Sind alle Haushaltsmitglieder während der Woche zu allen Mahlzeiten hier?
O ja, alle → *Frage H8.*
O nein, nicht alle. *Bei nein fragen:* Wer ißt auswärts?
HhM (Verw.grad) und 0m/0a *für nicht Mittag-/Abendessen eintragen!*

. . . .

. . . . Wenn mehrere Personen,

Kontrollfrage: Also ... Personen essen außer Haus?

H8. Hilft Ihnen jemand bei der Hausarbeit, und wenn ja, bei welchen Arbeiten?

O nein, niemand →

O ja, jemand hilft mir beim ....

Wer ist diese Person? .... *(z.B. Bedienerin, Nachbarin, Tochter, Freund/-in)*

Kauft sie auch für Ihren Haushalt ein? Ⓙ | Ⓝ   Wenn ja: Wie oft? .... mal pro .... *(Woche | Monat | Jahr)*

H9. Wo ist eigentlich von hier aus das nächstgelegene Lebensmittelgeschäft? *(in Städten Angabe d.Straße, sonst*

Ort) .... Wie weit ist das zirka von Ihrem Haus? .... Meter

Wie oft kaufen Sie dort ein? .... mal pro .... *(W|M|J)*   O nie.

H10. Lassen Sie sich manchmal etwas per Versandhandel zuschicken? Ⓙ | Ⓝ →

Wenn ja: Welche Waren? ....

.... Und wie oft? .... mal pro .... *(W|M|J)*

H11. Werden Ihnen manche Lebensmittel <u>regelmäßig</u> ins Haus zugestellt? Ⓙ | Ⓝ →

Wenn ja: Welche Lebensmittel sind das, und wie oft und aus welchem Ort werden sie geliefert?

(1.LM:) .... , ... mal pro .... *(W|M|J)*, geliefert aus ....

(2.LM:) .... , ... mal pro .... *(W|M|J)*, geliefert aus ....

(3.LM:) .... , ... mal pro .... *(W|M|J)*, geliefert aus ....

H12. Versorgen Sie sich mit gewissen Lebensmitteln oder Bedarfsgütern aus dem eigenen Betrieb oder Besitz – auch wenn er verpachtet ist – oder aus dem eigenen Garten? Ⓙ | Ⓝ →

Wenn ja: Welche Lebensmittel? ....

Und welche sonstigen Güter? ....

H13. Beziehen Sie manche Lebensmittel oder sonstige Bedarfsgüter bei einem Bauern oder von einem anderen Produzenten, z.B. von Weinbauern, Imker, Forstverwaltung, usw.? Ⓙ | Ⓝ →

Wenn ja: Welche Produkte? Wieviel Prozent Ihres Gesamtverbrauchs an diesen Produkten macht das

aus? (1.) .... % (4.) .... % (7.) .... %

(2.) .... % (5.) .... % (8.) .... %

(3.) .... % (6.) .... % (9.) .... %

Ist dieser Bauer oder sonstige Produzent vielleicht mit Ihnen verwandt? Ⓙ | Ⓝ;

Warum kaufen Sie diese Waren direkt beim Produzenten und nicht im Geschäft? Sie können hier mehrere Gründe angeben, auch verschiedene für die einzelnen Produkte.

IVW: Wenn mehrere Produkte genannt wurden, bitte Gründe für jedes Produkt (Nummer angeben) extra erfragen und notieren!

....

....

....

H14. Kommen in Ihren Ort auch fahrende Händler? Ⓙ | Ⓝ   Wenn ja: Wie oft? .... mal pro ....

Was gibt es da zu kaufen? ....

.... Und was kaufen <u>Sie</u> bei denen? *Zutreffendes unterstreichen!*

H15. Und nun die letzte Frage: Welche Fahrzeuge werden von den Haushaltsmitgliedern [*bzw. in Einpersonen-Hh:* von Ihnen] benutzt, wer fährt damit hauptsächlich, wer seltener, und für welche Zwecke?

(Nr.) Auto/Motorrad o.ä./Rad   Hauptbenutzer   weitere Benutzer   Fahrzweck (Arbeit/Einkauf/Freizeit/Schule; Sonst: ausschreiben)

(1.) ....

(2.) ....

(3.) ....

(4.) ....

(5.) ....

Damit sind wir am Ende des Interviews. Ich möchte Ihnen im Namen der Projektleitung für Ihre Geduld und Auskunftsbereitschaft vielmals danken. Auf Wiedersehen!

BEFRAGUNGSPROTOKOLL   Interviewer (FAM.NAME, Vorname): ....

Zugeordnetes Gebiet:

Gemeinde(n) ....

Ort(schaften) ....

Auswahl der Haushalte: 1-2 Einpersonen-Hh; 1-2 Rentner-Hh; 1-2 Hh mit Berufstätigen, aber ohne Kinder;
("struktur der Stichprobe") 1-2 Mehrpersonen-Hh mit 1 Kind; mindestens 2 Mehrpersonen-Hh mit mehreren Kindern.

Frage-bogen-Nummer	Genaue Adresse: Gemeinde, Ort(schaft), Straße/Gasse/Platz Hausnummer	LAGE: E Einzeln O Im Ort	Haustyp Erläuterung* siehe unten	Auskunfts-person(en) Zahl, "Rolle"	Beiblatt verteilt? j|n, Anzahl	Datum, Beginn-zeit des Interviews	Fragebg. kontrol-liert? j|n	Bemerkung

*) Haustyp: B Bauernhaus; 1F Einfamilienhaus; 2F Zweifamilienhaus; MF Mehrfamilienhaus; WG übervgd Wohnhaus, aber m.Geschäften,Büros usw.; GB übervgd Geschäfts-,Bürogebäude; Ög öffentl.Gebäude (z.B.Schule,Bahnhof); SG Sonstiges Gebäude; Wenn mit Garten, bitte Zusatz: +G

Nötigenfalls Fortsetzung auf der Rückseite!

PROTOKOLLBLATT   Interviewer (FAM.NAME, Vorname): ....

Zugeordnetes Gebiet: Gemeinde(n) ....

Ort(schaften) ....

Auswahl der Haushalte: 1 Einpersonen-Hh; 1 Rentner-Hh; 1 Hh mit Berufstätigen, aber ohne Kinder;
("Struktur der Stichprobe")   1 Mehrpersonen-Hh mit 1 Kind; mindestens 1 Mehrpersonen-Hh mit mehreren Kindern.

FRAGE-BOGEN-NUMMER	GENAUE ADRESSE: Gemeinde, Ort(schaft), Straße/Gasse/Platz und Hausnummer	LAGE E Einzelh. O im Ort	HAUSTYP (siehe* unten)	1.BESUCH (Schritt 2) war am	Zahl der VERTEILTEN Kuverts	2.BESUCH (Schritt 3) war am	Zahl der ERHALTENEN Einkf-bgn.	KONTROLLE d.Einkaufs-bgn (j|n)	WIE hab ich d.Einkaufsbgn GEKENNZEICHNET? (Nr.A,B)	INTERVIEW WAR MIT (Hausfrau,...)
1										
2										
3										
4										
5										

*) Haustyp: B Bauernhaus; 1F Einfamilienhaus; 2F Zweifamilienhaus; MF Mehrfamilienhaus; UG überwgd Wohnhaus, aber m.Geschäften,Büros usw.; GB überwgd Geschäfts-,Bürogebäude; ÖG Öffentl.Gebäude (z.B.Schule,Bahnhof); SG Sonstiges Gebäude;
Wenn mit Garten, bitte Zusatz: +G

Nötigenfalls Fortsetzung auf der Rückseite!

WIENER GEOGRAPHISCHE SCHRIFTEN
GEGRÜNDET VON LEOPOLD SCHEIDL
HERAUSGEBER und SCHRIFTLEITUNG: Klaus ARNOLD

Eigentümer (Zuschriften bezüglich des Schriftentausches):
Österreichische Gesellschaft für Wirtschaftsraumforschung
an der Wirtschaftsuniversität Wien
A-1190 Wien, Peter Jordan-Straße 6

Bestellungen: SERVICE FACHVERLAG, Wirtschaftsuniversität Wien,
A-1090 Wien, Augasse 2–6, Tel. 317 91 62

Übersicht über die bisher erschienenen Bände

1 Jochen KULIGOWSKI: Die Seehäfen des österreichischen Außenhandels. 1957, 54 Seiten, 6 Karten und Pläne.

2 Karl KNOBLEHAR: Die oberösterreichische Industrie – Standort, Entwicklung und Leistung. 1957, 56 Seiten, 1 Karte.

3 Josef MATZNETTER: Der Seeverkehr der Kanarischen Inseln. 1958, 56 Seiten, 4 Karten und Pläne.

4 Josef DORNER: Wiener Neustadt – Wiederaufbau einer Industriestadt. 1958, 51 Seiten, 5 Kartenskizzen und 1 Plan.

5 Helmut SCHMID: Das Autobusnetz Österreichs. 1958, 62 Seiten, 2 Diagramme und 1 Karte.

6 Matthias SAILER: Der Hafen Wien. 1959, 48 Seiten, 4 Karten und 1 Diagramm.

7 Adolf TSCHEITSCHONIG: Die Magnesitwirtschaft Österreichs. 1959, 62 Seiten, 1 Karte, 3 Profile, 2 Diagramme und 4 Bilder.

8 Elfriede KLEE – Rudolf BÜTTNER: St. Pölten als Industriestandort. 1959, 67 Seiten, 5 Karten und Pläne.

9 Peter BENDA: Die Industrie- und Gewerbebetriebe in Wien. 1960, 58 Seiten, 1 Kärtchen, 6 Diagramme und 1 Karte.

10 Franz LANG: Der Güterverkehr der österreichischen Eisenbahnen. 1960, 80 Seiten, 4 Kartenskizzen, 2 Diagramme und 1 Karte.

11 Friedrich JAUSZ: Die Elektrizitätswirtschaft Kärntens. 1961, 64 Seiten, 3 Diagramme, 1 Kartogramm, 1 Karte und 5 Kraftwerksbeschreibungen.

12/13 Erhart WINKLER: Die Wirtschaft von Zonguldak, Türkei. Eine geographische Untersuchung. 1961, 127 Seiten, 4 Kartenskizzen, 1 Diagramm, 1 Profil, 2 Karten, 1 Plan und 16 Bilder.

14 Eugen SWOBODA: Die Standorte der Elektroindustrie Österreichs. 1962, 77 Seiten, 3 Diagramme, 1 Karte und 11 Bilder.

15 Elmar SCHNEIDER: Die Wirtschaftsgeographie des Arlbergs. 1962, 63 Seiten, 3 Karten und 12 Bilder.

16 Leopold SCHEIDL: Die Probleme der Entwicklungsländer in wirtschaftsgeographischer Sicht. 1963, 67 Seiten.

17 Kurt SCHÖMIG: Österreichs Buntmetallwirtschaft. 1963, 77 Seiten, 1 Kartenskizze, 5 Diagramme und 5 Bilder.

18 – 23 Festschrift Leopold G. Scheidl zum 60. Geburtstag, I. Teil. 1965, 32 Beiträge, herausgegeben im Auftrag des Vorstandes der Österreichischen Gesellschaft für Wirtschafts-

raumforschung von H. BAUMGARTNER, L. BECKEL, H. FISCHER, F. MAYER u. F. ZWITTKOVITS, 396 Seiten, 31 Karten und Kartenskizzen, 8 Diagramme und 3 Bilder.

24 – 29 Festschrift Leopold G. Scheidl zum 60. Geburtstag, II. Teil. 1967, 32 Beiträge, herausg. im Auftrag des Vorstandes der Österr. Gesellschaft für Wirtschaftsraumforschung v. L. BECKEL u. H. LECHLEITNER; kartograph. Bearbeitung: F. MAYER u. K. SCHAPPELWEIN, 398 Seiten, 93 Karten und Kartenskizzen, 12 Diagramme und 30 Bilder.

30 Franz LUGMAIR: Die Landmaschinenerzeugung in Österreich. 1968, 95 Seiten, 1 Karte, 1 Kartenskizze, 4 Diagramme und 23 Bilder.

31/32 Otmar KLEINER: Österreichs Eisen- und Stahlindustrie und ihre Außenhandelsverflechtungen. 1969, 184 Seiten, 1 Kartenskizze und 9 Diagramme.

33 Alice BARGIEL: Die Standorte der Wirtschaftstreuhänder in Österreich. 1969, 19 Seiten und 1 Karte.

34 Stefan SKOWRONEK: Die Standorte der österreichischen Kreditunternehmungen. 1970, 59 Seiten und 1 Karte.

35 Klaus NOZICKA: Die österreichische Ziegelindustrie. 1971, 90 Seiten u. 1 Kartenskizze.

36/37 Herwig LECHLEITNER: Die Rolle des Staates in der wirtschaftlichen und sozialen Entwicklung Libanons. 1972, 171 Seiten, 5 Kartenskizzen.

38/39 Peter SCHNITT: Die Regionalstruktur des Außenhandels Belgien–Luxemburgs. 1973, 126 Seiten.

40 Zehn Jahre Österreichische Gesellschaft für Wirtschaftsraumforschung. 1973, 36 Seiten.

41/42 Leopold G. SCHEIDL: Die Wirtschaft der Republik Südafrika. Eine geographische Untersuchung. 1976, 173 Seiten, 18 Karten.

43/44/45 Beiträge zur Wirtschaftsgeographie (dem Andenken an Leopold G. Scheidl gewidmet), I. Teil, herausgegeben von E. WINKLER und H. LECHLEITNER. 1975, 296 Seiten, 22 Karten, Skizzen, Diagramme.

46/47/48 Beiträge zur Wirtschaftsgeographie (dem Andenken an Leopold G. Scheidl gewidmet), II. Teil, herausgegeben von E. WINKLER und H. LECHLEITNER. 1976, 231 Seiten, 31 Karten, Skizzen und Diagramme, 4 Bilder.

49/50 Wolfgang ENTMAYR: Der Hafen von London. 1977, 126 Seiten, 11 Abbildungen und Karten.

51/52 Beiträge zur Fremdenverkehrsgeographie, I. Teil, herausgegeben von K. A. SINNHUBER und F. JÜLG. 1978, 233 Seiten, 39 Karten, Skizzen und Diagramme, 4 Bilder.

53/54 Beiträge zur Fremdenverkehrsgeographie, II. Teil, herausgegeben von K. A. SINNHUBER und F. JÜLG. 1979, 200 Seiten, 31 Karten, Skizzen und Diagramme.

55/56 Klaus ARNOLD – Christian STAUDACHER: Urlaub auf dem Bauernhof. Eine empirische Untersuchung der Struktur und Entwicklung einer spezifischen Erholungsform und ihrer Auswirkungen auf die Land- und Forstwirtschaft in Niederösterreich. 1981, 120 Seiten, 9 Kartogramme, 24 Diagramme.

59/60 Österreichische Beiträge zur Geographie der Ostalpen, herausgegeben von H. PASCHINGER. 1984, 187 Seiten, 2 Karten, 35 Diagramme und Kartogramme.

61 Gedanken und Visionen eines Raumordners und Geographen. Walter Strzygowski zum 80. Geburtstag – Gedächtniskolloquium. Herausgegeben von F. JÜLG und Ch. STAUDACHER, 1989. 108 Seiten, 22 Abbildungen, Verzeichnis der Arbeiten von W. Strzygowski.

62/63 Christian STAUDACHER: Wirtschaftsdienste. Zur räumlichen Organisation der intermediären Dienstleistungsproduktion und ihrer Bedeutung im Zentren-Regions-System Österreichs. 1992, 282 Seiten, 31 Abbildungen, 36 Tabellen.

64 Tourismus im Hochgebirge – Die Region Großglockner. Symposium über ökologische, ökonomische und soziale Fragen in Heiligenblut, 1992. Herausgegeben von F. JÜLG und Ch. STAUDACHER, 1993, 177 Seiten, zahlreiche Abbildungen.